洗腦

宋永毅、夏明——主編

毛澤東和後毛時代的中國與世界

「洗腦」（brainwashing）的理論原是由美國記者愛德華・亨特於1950年首度提出，專門為研究與討論中共的思想改造而創立，並在其1951年出版的著作《紅色中國的洗腦：對人的思想的有計畫破壞》一書中將此概念介紹給大眾。換言之，洗腦不是科幻小說的恣意創作，而是真實存在於中共對其人民進行思想控制的手段。除了1950年代西方世界針對投共的韓戰戰俘之研究以外，洗腦的科學性亦已由美國心理學最權威的DSM-5（《精神障礙診斷與統計手冊》第五版）加以確認。

導論：洗腦和中共
——研究的新突破和新開端

宋永毅

　　英文中的「洗腦」（brainwashing）一詞，在中文中又被稱為再教育（reeducation）、強行說服（coercive persuasion）、思想改造（thought reform）等等。[1] 有關「洗腦」的奠基性的經典著作，幾乎都和中共的思想改造密切相關。[2] 由此，中共毫無疑問有著關於「洗腦」的專利權。然而，自愛德華・亨特（Edward Hunter, 1902-1978）第一次在他的開拓性的著作中使用洗腦理論以來，西方學者很少使用這一理論來分析中共的歷史和政治運動。一個典型的案例是：哈佛著名學者馬若德教授（Roderick MacFarquhar, 1930-2019）在他三卷本的研究文革的權威著作《文化大革命的起源》[3] 中就從來沒有運用過「洗腦」的理論。而由毛澤東發動的文化大革命中，卻無處無時都充斥著對中國民眾的「洗腦」實踐。這不能不說是當下西方學界對當代中國研究的一大缺憾。

　　這一空白在最近美國內華達州的拉斯維加斯舉行的一個名為《洗腦：毛澤東和後毛時代的中國與世界》的學術研討會打破了。該會於2023年5月29日至6月1日，由紐約城市大學研究生院、勞改研究基金會、華盛頓大學東亞圖書館以及加州現代中國研究中心聯合主辦，計有二十多位學者專家參加。

　　這次會議的成功，首先表現在它從理論的源起和研究回顧上確立了洗腦理論作為研究極權政治的重要工具的地位。美國賓州約克學院的周澤浩博士的論文題名為〈愛德華・亨特與洗腦的起源〉，[4] 他介紹了這位閱歷廣泛富於傳奇的美國記者和作家，如何以他在1950年首次在報紙上提及「洗腦」這一新詞，和他在1951年出版的《紅色中國的洗腦：對人的思想的有計畫破壞》一書[5] 中首次使用了「洗腦」一詞，並以把這個概念介紹給大眾而聞名於世。周澤浩指出：亨特的特殊貢獻論證了「洗腦」這個詞「來自中國人民的痛苦。他們承受著微妙和粗暴的精神和身體壓力和折磨並因此發現了一種模式並稱之為洗腦……。亨特顯然覺得他負有強烈和特別的使命感，要把一個他所熟知的而大眾卻毫無知曉而極權政府又竭力想掩蓋的一個真相揭露出來」。簡言之，亨特的獨特點是他建立了這種洗腦手段和共產主義紅色

政權的直接關係。

紐約城市大學的夏明教授的論文題為〈洗腦理論研究：肇始、流變和新視野〉。他以五十多本洗腦經典著作的回顧研究、總結了洗腦及其研究在近百年的演變，歸納出三種不同的模式：（1）古典洗腦、（2）現代洗腦，和（3）21世紀高科技下的洗腦。作為全球最大的極權體的中共正試圖向外輸出它的高技術極權主義模式，洗腦全世界。普林斯頓中國學社的陳奎德博士，以〈洗腦：一個思想史的追蹤〉為題從政治哲學與思想史的視角討論洗腦的精神淵源。他指出，「洗腦」一詞起源於共產中國。然而「洗腦」的精神和思想淵源卻可以追溯更遠。除馬克思（Karl Marx, 1818-1883）之外，他主要梳理了德國哲學家尼采（Friedrich Wilhelm Nietzsche, 1844-1900）、義大利哲學家葛蘭西（Antonio Francesco Gramsci, 1891-1937）的文化霸權理論以及法國哲學家傅柯（Michel Foucault, 1926-1984）的「唯權主義」對洗腦的思想影響。

值得一提的是：陳文中對當今社會中氾濫的「泛洗腦主義」的現象發出了警訊，即：「洗腦無是非，所有人和群體都在洗腦和被洗腦。洗腦與人類社會一直就存在的『教育、傳播和宣傳』這些行業行為並沒有根本區別。」他認為：「和宣傳不同，洗腦具有壟斷性、強制性、長期性和不對稱性，即組織被遊說者解除對立的訊息，也就是封鎖訊息。封閉社會是洗腦的必要條件和核心要素。社會是否存在公開的反對意見，則是洗腦與否的判別標準。」在許多學者的論文中，對此也提出了思考縝密的見解。如夏明教授補充說：「『洗腦』和『教育』、『說服』、『灌輸』儘管都是試圖改變人們觀念看法的行為，但它們在使用強制手段上存在量的差異，在是否服務於受眾的利益上存在著質的差異。」這裡的關鍵區別是：受害者沒有選擇退出的自由。「洗腦不同於宗教轉宗。教會傳教士會不斷招募新的信徒，但也有老的信徒不斷流失退出。邪教組織與正常宗教不同，從信徒層面來看，個人一旦接受洗腦，可能喪失自由意志，也就失去了自由選擇；但在民主國家裡，家人和同事、朋友還有自由與警方、新聞媒體或社會福利機構聯繫，進行救助。從家庭和社會層面來看，脫離洗腦的黑手控制還是有可能。但在一個極權國家，除去合法和非法的移民（機率甚小），居民沒有遷徙自由和退出自由。」對思想改造有系統研究的民運理論家胡平在他的論文〈從思想改造到「不准妄議」〉中指出：「嚴格的思想控制應該包括兩個必要條件：（1）控制者要能夠控制不同思想和資訊的傳播。（2）控制者要對不接受控制的人施加暴力懲罰。按照這種嚴格的定義，我們就可以把洗腦和一般的政治宣傳、商業廣告、宗教修行、社交媒體以及諸如此類區別開來。」加州聖瑪麗學院的徐賁教授也在他的〈當今中國後真相社會的專家宣傳

和洗腦〉指出：「宣傳和洗腦不是同一個概念，但在中國這樣的社會環境裡卻是緊緊地聯繫在一切，難解難分。宣傳原本並沒有貶義，是散播資訊，廣而告之，通常是為了爭取對自己的好感。在言論自由的環境裡，你對我宣傳，我也可以對你宣傳，不允許所謂的『強制性說服』（coercive persuasion）。但在一個專制國家裡，政府宣傳的目的是強制性說服，而涉及政治和意識形態的時候，就會成為企圖改變人們世界觀、價值觀和思維方式的洗腦。」

　　除了對洗腦的理論和觀念的澄清，會議的另一個重要貢獻便是具體地聯繫中共發動的歷次政治運動來形象地闡釋洗腦在極權統治中的作用。論及中共的洗腦，一般的讀者會聯想到它們都發生在中共在全中國執政以後。但原上海財經大學文學院院長，中共黨史研究專家裴毅然在他的論文〈從「洗禮」到「洗腦」——延安整風的歷史定位〉裡揭露：所謂的「延安整風」運動，並不是對來參加抗日的數萬知識青年的革命洗禮，而是一場殘酷的洗腦運動。這甚至在當時共產國際駐延安的代表弗拉基米洛夫（Petr Parfenovich Vladimirov, 1905-1953）日記中就已經用「洗腦」來進行描述了。具體到分析為什麼中共在其執政後的思想改造運動能夠在中國自由派知識分子中——如朱光潛、馮友蘭、蕭乾、費孝通、潘光旦、吳景超等——能獲得如此的成功，一般的研究都認為是江山易代、山河變色給他們帶來的「不理解而信從」的外在的歷史壓力。與此不同的是：洛杉磯加州州立大學榮休教授宋永毅的論文〈為什麼「思想改造運動」對知識分子的洗腦能夠成功？〉還揭示了他們在改朝換代之際主動向中共乃至毛澤東本人輸誠效忠，企圖走「由士而仕」的追逐傳統功名道路的潛意識。在中共的所謂「土地改革」中，這些知識分子又積極參與「鬥地主」，成為共產大軍中的迫害者群體的成員，交出了參加共產革命的「投名狀」。而在土改中流行的中國知識分子對農民的盲目崇拜，其實質是中共以反智主義和民粹主義的愚昧來治國治民，刻意製造知識分子農民化和非知識化的異化過程。最終在「思想改造運動」中，來自外在的強制便會通過持續不斷的鬥爭和「檢討」轉化為他們內心的自覺。這還不僅僅使他們的道德急速蛻化，還使他們最終或成為當權者的瘋狂的幫凶，或成為政治運動中麻木的幫閒。如果說宋文從中國知識分子內因的角度分析了他們缺乏抵抗中共的思想體系，那麼紐約佩斯大學李榭熙、周翠珊博士的論文〈毛澤東治下對基督教的洗腦〉卻提供了另一幅頗具暖色的歷史圖景。中共在1950年代推行的「三自愛國運動」，但是已在中國生根的基督教組織及領袖們進行了不屈的抵抗。他們為了保全對信仰體系的忠貞和維護個人獨立自主的精神世界，盡力使教會群體在政治無孔不入的現實中依然反照純潔無瑕的團體生命。他們中後來還出現了不少林昭、倪柝聲那樣的反抗思想改造而至死不渝的英

雄。論及中共用洗腦來達到社會控制的政治運動，人們比較熟悉的恐怕還是上世紀50年代初的「思想改造運動」，文化大革命中的「鬥私批修」和「接受再教育」運動等。對於發生在1958年初到1959年中的「向黨交心」運動，恐怕知之者不會太多。作為物理學博士，卻又是中共黨史研究專家的丁抒教授填補了這一歷史空白。他的論文揭示了毛澤東親自發動的對全國知識分子、民主黨派和民族資產階級人士又一場新的殘酷的階級鬥爭。其要害是強制上述人士向中共坦白出他們在反右鬥爭裡沒有做或沒有說的「與黨不一致」的思想，達到對其「誅心」的目的。這次運動發動時，雖然中共信誓旦旦地鄭重承諾：「對於自動交出有過反黨反社會主義言行的人不按右派分子處理。」但最後這場「交心運動」還是成了大規模的「反右補課」，把至少十多萬坦誠卻幼稚的「向黨交心者」打成了右派分子。

　　除了反證中共洗腦的歷史性，這次會議的論文還具有鮮明的當代性和挑戰性。從毛澤東到習近平，中共的極權制度和其洗腦操作，不僅有延續還有新發展。加州克萊蒙學院講座教授裴敏欣的論文〈中國監控體系的現狀和歷史衍變〉以其嚴謹查證，揭示了習近平時代就公安幹警的人數到達了兩百萬（不含武警）。就預算而言，比毛時代漲了足足二十四倍！而中國公安系統的「特情」和「耳目」至少擴充到了一百萬。澳門大學教授郝志東的論文題名為〈1949年以後中小學教科書洗腦內容、方式與功能簡析〉。一方面，他揭示了七十年以來中共的教科書的內容一直向中共的政策認同。另一方面，他又指出2012年習近平上臺以後強調「核心教材傳授什麼內容、倡導什麼價值，體現國家意志」。意識形態和黨的領導被強調到了一個更高的層次。尤其是表現在對領袖的個人崇拜上更有過之而無不及，如吹捧毛主席是「大救星」，習總書記是「定盤星」等等。美國華憶出版社主編喬晞華博士的論文〈洗腦、宣傳和電影——以傳播學和文字探勘視角析〉從電影的視角對近年來中共的大外宣電影《長津湖》、《戰狼2》等進行了別開生面的分析。他認為：如果僅從網路和影視劇看，中國現在無疑是最有血性的時代。不少人一開口就是民族的生存、國家的安危與世界的格局。網路上總是熱血沸騰，今天滅日本，明天幹美帝。但一觸碰到現實，一走出電影院，一離開網路，面對眼前的社會，中國人就慫了。這是極度的精神分裂，這種分裂不僅是導演和整個製作團隊的問題，也是中國國民現狀的一種反映。打著愛國主義的旗幟，其實是民族主義的心態。民族主義的崛起是因為長期以來中國一直陷於一種民族自卑。如果是一個非常自信的民族，它就不需要用這種方式強調自己厲害。越是強調自己厲害的，都是內心非常深刻的無法擺脫的自卑。

　　關於習近平洗腦的新發展，在中國大陸內外廣受歡迎的啟蒙作家和自由思想者

徐賁教授還指出：與毛澤東時代一切聽從「最高指示」的命令式宣傳相比，後毛時代的官方宣傳明顯地加強了對政權合法性和正當性的宣傳。今天的政治宣傳更是已經從毛時代工農「毛澤東思想宣傳隊」的初級形態，變化和發展成為由專家、教授為主打的政策、制度和政治文化宣傳。這是極權主義宣傳的一種更高級形態：「專家宣傳」──包括他們發揮的智囊、智庫、謀士、顧問、教授、學者、網路大V（KOL）等「正能量」角色功能。他們除了在最高層打造出各種「劃時代」的執政合法性理論──三個代表、科學發展觀、中國特色的社會主義等等──之外，更多地是在馭民政策和專制文化方面貢獻「專家見解」和「專業知識」，對公眾施展誘導、說服和蒙騙的影響作用。與上述橫向的截面研究不同，史丹佛大學的吳國光教授在他的論文〈從洗腦到認知戰：試析中共的宣傳大戰略〉中採取了在長階段歷史（the longue durée）上著眼宏觀制度研究的視角，把中共在不同時代所形成的宣傳大戰略分別概括為：毛時代的洗腦、後毛時代的精緻宣傳和習近平時代的認知戰。但是這三個階段也有著始終如一的特點，即灌、騙、戰，是中共宣傳大戰略的必備因素，從洗腦到認知戰莫不如此；只是，毛式洗腦重在灌，後毛精緻宣傳重在騙，習近平的認知戰重在戰。以多元反抗「灌」，以真實反抗「騙」，以獨立自由反抗「戰」，方能破解中共政權對我們大腦的改造、控制和摧毀。只有當這樣的破解奏效時，中國人才能恢復為大腦功能正常的人，中國才有希望。

　　歷史的發展總是變幻莫測，曾幾何時，文革結束以後，中共在痛定思痛中亦有所改觀。不幸的是：在習近平2012年上臺以來，毛時代的意識形態和政治政策都發生了大規模的復辟回潮。中共在對中國社會大規模的「洗腦」中使用的工具，不僅有原教旨的馬列主義─毛澤東思想，更有瘋狂的民粹主義和民族主義。這一不幸的回潮不僅發生毛後的中國，還具有當代性和世界性的。2022年2月由普丁（Vladimir Putin, 1952- ）發動的俄國侵烏戰爭中，竟然出現了俄民眾中有80%以上支持侵略戰爭的現象。即使在民主世界的美國，導致企圖推翻合法選舉結果和民主政府的陰謀論和民粹主義思潮至今還很有市場。在這些非理性的政治運動的背後，我們也不難發現或由政府，或由宗教、政黨進行的「洗腦」的痕跡。面對這樣一個世界性的現象，參加這次會議的學者，也盡力進行了有益的探討。

　　近年來活躍於網路的獨立學者郭伊萍的論文題為〈意識形態因素在蘇聯後俄國民主轉型失敗中所起的重要作用〉。她指出：俄國民主的失敗是一種很經典的失敗，因為俄國民主是不自由的民主。在海耶克（Friedrich August von Hayek, 1899-1992）主義自由觀的影響下，葉爾欽（Boris Yeltsin, 1931-2007）開始了他在蘇聯解體後的俄國所進行的體制改造，改革的重點被放在了推行經濟私有化上，所謂「最

大自由」，重點在於給予資本主義以無限自由，如何改造權力腐敗氾濫的蘇聯式政
治體制問題被嚴重忽略。普丁時代的俄國，社會上犯罪率明顯下降，普丁禁止了街
上的黑幫，自己卻用黑幫手段統治俄國。在意識形態上，普丁用保守主義替代了蘇
聯時代的共產主義，他的保守主義思想核心是一種基督教、民族主義和傳統帝國意
識的混合物。俄國民主改革失敗經驗給我們帶來的一個重要教訓是：民主政治所需
要的自由絕不等同於市場自由或資本主義自由。追求民主自由單憑一腔熱情是遠遠
不夠的，民主是一個人類理想，也是一門科學，是一項系統工程，建設民主需要領
導者有高超的思想和智慧，有考慮周全的科學性制度設計和法律建設，還需要有來
自政府和民間，尤其是政治菁英和社會菁英們的共同努力，才可能完成。威斯康辛
大學郭建教授的論文題名為〈陰謀論與覺醒文化：殊途同歸的美國兩極政治〉，直
面於近年來眾說紛紜的美國政治。他事先說明：根據我們的親身經歷和由此而來的
通常理解，在政治意義上的「洗腦」是自上而下的、強制性的政府行為，而我要
討論的美國社會的「洗腦」──一個連官方媒體都不允許存在的國家的「洗腦」
──並非強制性的政府行為，而是在民主體制下仍然能夠出現的蠱惑人心的宣傳與
教化，是某些個人或群體推銷政治商品的行為，目標在於影響民意，或以自身的
政見和意識形態同化大眾（尤其是年輕人）的頭腦。他進一步指出：川普（Donald
Trump, 1946-）本人是一個沒有任何政治立場和意識形態的、自我膨脹到不斷有妄
想溢出的商人，以至於政治上的「左」與「右」對他來說並沒有任何意義。他與右
翼勢力聯手，靠右翼勢力當選和執政，不過是一種偶然。而他搞民粹、蠱惑群眾的
本領卻是地道的右翼政客望塵莫及的，以至於共和黨為得到選票而被川普綁架至
今。另一方面，郭文也沒有放棄對美國極左派的「覺醒文化」即以膚色為標誌的壓
迫者／受害者兩分法、歷史修正主義、政治正確論等等的批判。儘管左右兩極在意
識形態上針鋒相對，卻從各自不同的途徑走向現代民主的反面，在顛覆理性、客
觀、寬容、自由等民主社會的基本價值方面，兩者是一致的。而且，兩者從各自不
同的側面折射出極權政治的特色。這種相似匪夷所思，卻又十分真切。20世紀左右
兩極的歷史教訓應該能夠成為對當下兩極分化的美國和國際社會的警示。在會議這
方面的論文中，美國德拉瓦州立大學歷史教授程映虹的論文〈法西斯主義新人與共
產主義新人：探討思想改造的新視角〉和紐約州尤蒂卡大學政治學教授權準澤博士
與人合作的論文〈金正恩的偶像化〉都不僅提供了全新的研究角度，還提供了國際
政治領域的全新知識。

　　這次會議致力於從國際的格局中來透視和剖析極權政權的洗腦活動，其中一
個別開生面又令人興趣盎然的報告當屬余茂春教授的〈國際外交中的中共洗腦宣

傳〉。余教授曾擔任美國前國務卿蓬佩奧（Mike Pompeo, 1963-）的首席中國政策和規劃顧問，現已回歸學界任海軍學院中國史教授並兼任智庫哈德遜研究所中國中心主任。余的演講指出：共產黨洗腦的意識形態根源存在於經典的馬克思主義理論中。在世界歷史上，思想改造最成功的典範，就是中國共產黨，而且中共的洗腦運動比歐威爾（George Orwell, 1903-1950）的警示還要早得多。中共對於國際洗腦並不因為其暴力管轄的範圍而加以放棄，反而是投入更大的資本和人力，採取完全不同的手段，其中主要的方式方法是統一戰線和大外宣。其手法也數不勝數。第一，是「菁英抓捕」（elite capture）。以美國為例，中共統戰部門對大批美國前政府官員下了非常大的功夫。正是這一群人，成了中共在美國政界、財界，甚至軍界的代言人。他們為一己私利替中國政府和中國國營公司做說客，影響美國的對華政策，長期以來對美國的國家利益造成了嚴重的傷害。第二，中國政府不遺餘力地在全世界煽動蠱惑，把世界上所有重大問題都描繪成美國所為，為人類公敵。其目的是想欺騙世界輿論，把中美關係中因為政治制度和價值觀的衝突而帶來的雙邊關係的冷卻全部歸罪於美國，而忽略一個最根本的事實，那就是，有關中國的問題，根本就不是中國和美國兩個國家之間的問題，而是中國這個獨裁專制的統治模式與全世界所有的自由民主制度之間的根本衝突。第三，最近十幾年來，中共輸出自己統治模式的一個很重要的方式就是在世界各國設立所謂的孔子學院，借儒學之名搞滲透和國際洗腦，美其名曰占領國際輿論高地和控制「話語權」（The Discourse Power）。美國人對東方社會尤其是中國社會缺乏整體的深層了解也是對中共的洗腦式掉以輕心的原因之一。第四，在國際交流中利用翻譯來為全世界進行思想改造。第五，在其大外宣中向世界隱瞞中國仍然是一個不折不扣的馬克思列寧主義的共產主義政權這個基本現實。余教授總結道，美國自尼克森（Richard Nixon, 1913-1994）總統以來的對華政策基本上是失敗的。具有諷刺意味的是，在1972年尼克森重新制定美國對華政策的時候，也說過同樣的話，他認為以前的幾十年來，美國對華政策也是不對的，需要改變。更具有諷刺意味的是，1948年美國國務院發表了上千頁的《中國問題白皮書》，其中心思想也是說美國到那個時候為止的對華政策也是錯誤的。所以總的來講，在2016年以前，美國對華政策基本上都是錯來錯去的。這是一個非常悲慘的歷史。

　　由於時間、財政等等方面的限制，這次突破性的學術會議只持續了兩天就只能結束了。然而，意猶未盡的與會者都堅信它絕不是這個有意義的課題探討的結束，相反，是它的一個更有意義的開端而已。

注釋

1   Wikipedia: en.wikipedia.org/wiki/Brainwashing.

2   如Edward Hunter, *Brain-Washing in Red China: The Calculated Destruction of Men's Minds* (New York: Vanguard Press), 1951.又如Robert Jay Lifton, *Thought Reform and the Psychology of Totalism: A Study of "Brainwashing" in China* (New York: Norton), 1961.

3   Roderick MacFarquhar, *The Origins of the Cultural Revolution, I-III* (New York: Columbia University Press), 1974-1999.

4   本文中所引用的所有論文，都包含在本書中。下面的引用亦完全相同，故不再另做注。

5   Edward Hunter, *Brainwashing in Red China* (New York: Vanguard Press), 1951.

代序：洗腦和洗嘴之間

林培瑞

感謝宋永毅先生、夏明先生，和加州當代中國研究中心、勞改研究基金會、華盛頓大學東亞圖書館和紐約城市大學研究生院共同舉辦次題名「Brainwashing in Mao's Era of China and Beyond（中國毛澤東時代及以後的洗腦）」的研究會議。

什麼叫「洗腦」？本來，一個人的腦袋影響另一個人的腦袋是正常的，影響一群人的思想也無可厚非。人群裡交換意見，互相影響，是健康的活動，也是民主社會的基礎。所謂的groupthink（群體思維）也不一定是洗腦。groupthink常常只是趕時髦，為了保護自己的安全感而配合主流思想。

「洗腦」的意思是一個站在眾人上面的權威，為了自己的某種利益，往下強加概念和價值觀，懲罰出軌者。前蘇聯和東歐是明顯的例子。史達林（Joseph Stalin, 1878-1953）說作家是「靈魂的工程師」，前提是政治權威能塑造人的思想。納粹化的德國，波布（Pol Pot, 1925-1998）的柬埔寨也是例子。歷史上有許多例子，古今中外的邪教也很會洗腦。

中國共產黨的洗腦工程是歷史上規模最大的，而且侵入人們的意識比蘇聯的還厲害，甚至能夠比肩邪教。

洗腦的途徑和手法大致兩類：吸引人的和嚇唬人的。吸引類常常是預測一個美好的未來：元代的紅巾起義、清代的白蓮教起義都預測彌勒佛的到來，洪秀全的太平天國說保證信徒死後會上天堂，馬列主義預告理想共產社會實現，習近平的中國夢宣布中華民族的偉大復興的來臨。這些諾言儘管多麼不同但有兩點是相同的：（1）獎勵要等到將來，和（2）必須服從的指示是現在的。

嚇唬人的工具還更多，更有效。你不服從，我們給你警告。你不聽警告，懲罰就來，你越不聽懲罰越厲害：侮辱、隔離、監督、竊聽、軟禁、解雇、威脅家人、綁架、失蹤、毆打、坐監、勞改、酷刑，一直到死刑。這些懲罰都不是祕密。人人事先都清楚，都有理由怕。洗腦的關鍵不是懲罰本身，是對懲罰的恐懼。恐懼對思維的影響是最大的。

在資訊時代裡，與害怕相輔相成的一個很重要的洗腦工具是愚民措施。到加州大學來念書的中國大陸大學生很多不知道大躍進、文化大革命、「六‧四」屠殺是

怎麼回事，沒聽說過劉賓雁是誰，對今日在新疆的危害人類罪根本沒意識到，應該說是不允許意識到。

但畢竟，人腦是很複雜的東西，有很多層面。外在的權威，從上往下洗，究竟能洗百分之多少？沒洗的層面還在那兒。不一定十分正常，甚至矛盾分裂，可是還在那兒。

今日的許多中國人有意識分裂現象，這也能理解。在當前的環境裡，意識分裂是很正常的現象。比如晚上跟朋友吃飯喝酒，講故事、說笑話罵習近平是「習禁評」，不亦樂乎，但第二天上班做國家機器的零件。意識分裂是很明顯的，而不只是老百姓或知識分子這樣，國家幹部，一直到高級幹部的位置，恐怕也常常分裂。

從自己的經驗裡，我就能舉不少例子。比如，大約是2002年，清華大學派了一位副校長和一位漢辦主任到普林斯頓大學訪問，研究學術交流的前景。我和普大的幾位高級官員跟他們在「教授俱樂部」吃了一頓雅緻的午餐以後，兩個客人問能否到我自己的辦公室去進一步談語言教學問題，是否能夠安排普大大學部學生到清華來進修。我當然同意。談了可能半個鐘頭以後，有一位說要上廁所，問我在哪兒。我說出門向左，右側第二個門就是。他走了。剛一出門，第二位客人問我：「有沒有天安門文件？」說的是我前一年和黎安友合編的極其「敏感」的《The Tiananmen Papers》。我書架子上有幾本，拿了一本準備送給他，打開準備簽字，他心急地說：「不必不必，有信封嗎？」我拿了個大信封，把書塞在裡面，遞給他。過幾分鐘，上過廁所的朋友回來了。要是這位去了，那位留了，會不會發生同樣的事情？不知道。但我相信兩個人的腦子都有矛盾分裂的「層面」。

毫無疑問，在今天的中國社會裡，甚至在海外華人社會裡，意識分層面現象相當明顯。外面的表層是洗腦工程的產品，外表底下很可能藏著一些別的念頭和價值觀。但我們不能說那層外表只是假的、騙人的東西。從洗腦制度的角度來看，外表常常是最重要的層面。外表標誌你服不服從外面的權威。下面舉兩個例子說明。

張愛玲的小說《赤地之戀》裡，有一位年輕婦女在一場批鬥會上受到很嚴厲的謾罵之後，悄悄離去，在暗地裡痛哭。別人發現她，指責她剛才接受群眾的批評是裝的。她反應快，登時說：「不，群眾那麼關心我，那樣鼓勵我進步，哭的是感恩淚。」這麼一句聰明話能幫她逃脫困境嗎？能，但並不是因為別人看不穿她的謊言，而是因為她說這句話等同於說：「我向組織低頭，我接受我的卑下地位。」在洗腦者的角度看來，這句話就夠了。表層比內心重要。你服從我是我的目標，你自己怎麼想是次要的。

第二個例子是我的一個很好的中國朋友，住在海外，跟我合寫了一篇文章，到

出版時，他問，能否用筆名？我沒意見，出版社也答應，可是我不明白為什麼需要筆名。我們合寫這篇文章並不是祕密，很多人已經知道，難道北京的有關部門蒙在鼓裡嗎？朋友解釋，筆名的關鍵作用不是保密而是跟對方保持一種默契：你知道我在批評你，我知道你不喜歡我的批評，你知道我知道你不喜歡，等等。誰不騙誰。但我不用真名挑戰你，撕破你的臉皮。我「考慮」你，也希望你考慮我，睜一隻眼閉一隻眼，照舊允許我回國。這個例子也夠清楚，官方的主要目標是控制一個人的外表，內心如何是另一個問題。與其說是「洗腦」倒不如說是「洗嘴」。

宋永毅先生給我的題目是「比較毛時代與習時代的崇拜偶像現象」。這裡的確有很重要的不同：毛時代的洗腦更進入了內心。毛對年輕紅衛兵說「炮打司令部」、「靈魂深處幹革命」，真點燃了他們火熱的內心。當然，毛時代裡也有很多外表和內心不同的例子，但到了習時代，幾乎一切都在外表。我請問，今天的「習近平新時代中國特色社會主義思想」點燃了多少內心的熱火？從外面看，毛和習都達到了「思想統一」的目標，但相對地來說，毛的成就是更實質的，習統一的是語言表層。

劉曉波2002年寫了一篇〈法輪功與人權意識的普及〉的論說文，把毛時代的「強迫統一」和2002年對待法輪功的強迫統一做比較。表面上看是一樣的：報紙上，電視上，學校裡，會議裡，罵法輪功是完全一樣的，甚至用詞一模一樣，讓曉波聯想到文革的語言。但進一步想，他意識到2002年與文革有一點是很不一樣的。在毛時代裡，喊瘋狂口號的人一般都相信自己喊的內容。思想統一是真統一。但2002年的統一是為了保護自己的安全而說的配套話。話起作用就行，信不信是次要的。必要的話，向自己的良心說謊也都可以。在文章結尾曉波問：哪種「統一」是更可怕的？思想的統一？還是對良心說謊的統一？然後他更進一步地問：哪種政權更可怕？要求思想一致的政權？還是要求人們對良心說謊的政權？

有沒有辦法逃脫中國共產黨的洗腦制度？我說有。這個龐大的工程，儘管存在了幾十年，還沒有能澈底消除人們的正常認識和正常價值觀。人的基本價值觀是人性的產物，不容易改變。中共踐踏了人性幾十年沒能把它撲滅。在我看來，精神分裂不是最糟糕的局面。精神要是沒分兩個層面，那就更糟了。

目次

IV 國際視野下的極權和洗腦

I

洗腦的理論源起與研究回顧

愛德華・亨特與洗腦的起源

周澤浩

　　愛德華・亨特（Edward Hunter）於1902年出生於紐約，是一位閱歷廣泛富於傳奇的美國記者和作家。他以他在1950年首次在報紙上提及「洗腦」這一新詞，和他在1951年出版的《紅色中國的洗腦：對人的思想的有計畫破壞》一書[1]中首次使用了「洗腦」一詞，並把這個概念介紹給大眾而聞名於世。亨特在職業生涯初期曾擔任報人和國際新聞社的外國通訊員。熟悉滿洲地理的他報導了許多人認為是第二次世界大戰真正開始的日本在1931年對滿洲的入侵，並且首次揭示了日本意欲無限期地駐留在滿洲的意圖。他就這個問題向《紐約太陽報》（*The New York Sun*）聯合通訊社發出的報導，與日方當時在日內瓦召開的國聯發表的安撫性聲明形成了如此鮮明的對比，以至於他的那份報導被記錄在國聯的檔案中。其後他在西班牙度過了五年的時間，報導了西班牙內戰。他還在紐華克、紐奧良以及他的家鄉紐約等地不同報社中任記者。

　　在第二次世界大戰期間，亨特加入了中央情報局的前身戰略情報局（Office of Strategic Services, OSS，中央情報局的前身）任宣傳員和心理戰分析人員。二戰後，他擔任雜誌《戰術》的出版商和編輯，該雜誌是一份對當前事件進行分析，並評估心理戰發展的月刊。這個經歷使得他對心理戰有了進一步的了解和接觸。亨特二戰後重操舊業繼續擔任國際記者，廣泛地在亞洲地區旅行，並報導了中國內戰和朝鮮戰爭等事件。1950年代初他還一度被美國空軍聘請為研究對抗洗腦的顧問。亨特是一個中國通，具有廣泛的國際視野，和由多年記者職業而獲得的對各種社會階層和政治制度的深度接觸，對冷戰前後的共產國家和制度了解尤為深刻。

　　雖然韓戰的爆發是使「洗腦」這個新的詞彙的出現並廣泛進入英語的大眾以及學術語言的主要原因，但是亨特對洗腦的研究卻先於韓戰的爆發。他第一本關於洗腦的書名，就表明紅色中國的洗腦是這本書的主要內容，事實也確實是如此。1949年中共建政以後，在東亞和東南亞，尤其是香港和新加坡作為記者的他，開始採訪大量的從中國大陸逃離的中國的難民和被釋放後返回自由世界的西方僑民，並傾聽了這些人講述他們在紅色政權下經歷的磨難。除此之外，他還採訪了從西伯利亞的戰俘營回來，唱著共產主義歌曲，喊著紅色口號，舉起握緊的拳頭敬禮的，顯然是

被洗腦的而一年後又從狂熱中恢復過來的日本戰俘。通過這些目擊者的描述以及他在中國多年從事各種工作而積累的豐富個人經驗和知識，亨特得一個結論。他認為共產黨是通過採用一種獨特的，他稱之為「洗腦」的方式，在統治這個他們剛剛獲得的新政權和管理他們治下的臣民。他早年在中國工作的時候，從一個德國出生的能流利地講現代漢語和古代漢語的漢學家馬克斯‧佩爾伯格（Max Perleberg, 1900-1972）那兒學到的「洗腦」這個概念的，佩爾伯格告訴他這個術語很可能來自佛教用語「洗心」。亨特覺得用這個中國詞彙來表達他所觀察到的情況更確切。[2]

一

　　雖然亨特在中共建政初期的1950-1951年期間才逐漸推出「洗腦」這個用語，但是他認為洗腦作為實踐起碼可以追溯到蘇聯蘇維埃政權早期，並大量講述了生理學家和心理學家巴甫洛夫（Ivan Petrovich Pavlov, 1849-1936）在蘇俄初期和蘇維埃政權在洗腦手段產生過程中的淵源關係。他認為在朝鮮戰爭之前，自由世界就陸陸續續地見證了他書中描述的類似強制控制的洗腦做法。其中最引人注目的兩個例子分別是蘇俄革命家布哈林（Nikolai Ivanovich Bukharin, 1888-1938）和匈牙利的閔真諦（Mindszenty József, 1892-1975）紅衣主教的命運。前者是一個舉世公認的堅定不移的革命家，而後者是一個虔誠的牧師和宗教領袖。然而兩者都做出來讓人匪夷所思的坦白和認罪。布哈林在1938年對他的審判中做了多項認罪供述，這些供述包括承認從事反革命活動、從事間諜活動、密謀反對蘇維埃政府以及和與外國勢力勾結。這些認罪供述顯然是在布哈林受到了嚴重的心理壓力、威脅和折磨等極端的威逼後獲得的。匈牙利的閔真諦紅衣主教在監禁期間受到了各種折磨，包括被剝奪睡眠、肉體虐待，和在狹小黑暗的牢房中長時間單獨禁閉。這些折磨的目的是為了擊垮他的意志，迫使他做出虛假的供詞，並削弱他對共產主義政權的抵抗。閔真諦最初在1949年的公開審判中被迫做了一份認罪書，宣稱放棄了他的信仰。
　　亨特自己也在書中對洗腦的早期實踐做了闡述：「洗腦最早是在1936年的紅色清洗審判中首次亮相，當時全世界都被在莫斯科的『老布爾什維克』被告上法庭的景象嚇壞了，他們宣稱自己是叛徒，背叛了他們為蘇維埃奪取政權而奮鬥的布爾什維主義信仰。他們是蘇維埃奪取政權的主要人物。現在，他們卻在自我譴責中稱自己反蘇。隨後，其他大型審判也在短時間內接踵而至，每個審判都為世界提供了一場自我指控的令人費解的表演，堅稱個人有罪，並乞求死刑。這些人行為像是被附體了一樣。在占領匈牙利等國家並將其吸收入共產主義軌道後，像主教閔真諦這樣

敏銳的大腦也在同樣明顯但未被證明的情況下崩潰了。這給了全世界的共產主義者和反共產主義者們看似不可辯駁的證據：莫斯科所聲稱的一切都是正確的。這些男女已經承認了。還能要求什麼？」[3] 在亨特看來，這些似乎讓世人令人費解的現象真正的原因毫無疑問的就是洗腦的結果。

韓戰的爆發無疑是使「洗腦」這個新的詞彙廣泛進入英語乃至全球的大眾以及學術語言的直接原因。在韓戰期間，令人震驚的是許多美國戰俘開始與他們的共產主義囚禁者合作，並公開做出了美國政府在韓戰中使用了細菌戰等虛假指控。甚至有少數戰俘在朝鮮戰爭結束後拒絕返回美國。雖然有一萬四千名「志願軍」士兵選擇投奔自由世界而僅僅二十一名美國士兵叛逃到中華人民共和國，這還是讓美國公眾感到驚恐和震驚。[4] 他們不明白為何在這樣一個富裕、成熟的國家享受著地球上前所未有的最高生活水平的美國公民卻選擇留在一個極度落後和極度貧困的國家。這個事態發展引起了愛德華·亨特的特別注意。他開始一一採訪大量回到自由世界的美軍戰俘，聽這些人講述他們在紅色囚禁者下經歷的苦難和折磨。通過這些目擊者的描述，以及他在中國多年從事各種工作而積累的豐富個人經驗和知識，亨特得一個結論。他認為紅色政權是通過採用一種獨特的「洗腦」的方式導致了那些戰俘提供了讓人難以置信的供詞和與共產主義者的合作。與此同時，這個美國戰俘選擇留在大陸政權下的中國讓美國大眾覺得匪夷所思的行為，也大大地提高了美國大眾、政府和軍隊對亨特推出的「洗腦」這個迄今為止還沒有被廣泛接受的詞彙的興趣。洗腦這個概念從此到處流行。

二

亨特也對「洗腦」這個詞語的迅速傳播做出了他自己的解釋。在他的1956年出版的《洗腦：它的歷史、極權共產主義政權對其的使用，以及反抗它的美國和英國士兵和俘虜的故事》一書中，他開宗明義地做了以下有力的論述：新詞「洗腦」在極短的時間內進入了我們的思想和字典。這個詞被迅速接受的原因是它不僅僅是一個對已知事物的巧妙同義詞，而是描述了一種尚未被命名的策略，語言上存在了一個真空。沒有一個詞能夠將構成共產黨人期望創造其「蘇維埃新人」的過程中而使用的各種策略聯繫在一起。這個詞來自中國人民的痛苦，他們承受著微妙和粗暴的精神和身體壓力和折磨並因此發現了一種模式並稱之為洗腦。共產黨人希望人們相信這個概念可以被某些熟悉的表述，如教育、公共關係，和勸說，或一些誤導性的術語，如「思想改造」和「再教育」。但是，沒有這類表述可以定義洗腦，因為它

遠遠超出了任何一個單獨的定義。中國人知道他們所經歷的不僅僅是教育或勸說，更為嚴重與醫學治療在許多特殊方式上有相似之處的事情發生在他們身上。他們經歷的更像是巫術，帶有咒語、恍惚、毒藥和藥劑，同時又伴隨著奇怪的科學特質。共產主義領導層更希望人們相信洗腦是不存在的，只要他們能夠保持它的隱祕性，不給它起名，反對它的力量就會分散無效。[5] 綜上所述，亨特顯然覺得他負有強烈和特別的使命感要把一個他所熟知的，而大眾卻毫無知曉，而極權政府又竭力想掩蓋的一個真相揭露出來。

亨特確實也身體力行不遺餘力地通過各種管道進行有關洗腦的啟蒙教育——白宮玫瑰園、國會、五角大樓、退伍軍人協會、學校等等，無處沒有他的足跡和聲音。

從1950年他第一次在報刊上公開使用「洗腦」這個詞語到20世紀60年代初，亨特寫了大量的和洗腦有關的書和報刊文章。他的成名作是1951年韓戰初期年出版的《紅色中國的洗腦：對人的思想的有計畫破壞》。有興趣的讀者可以去Internet Archives (archive.org) 上去直接閱讀。這本書主要描述對象是從中國大陸逃出來的受過迫害的中國人和在中國生活和工作的外籍人士。隨後他又陸陸續續寫了幾個關於戰俘抗禦洗腦和巴甫洛夫和心理戰的關係等的單行本。本文將在下面介紹亨特在他在1956年出版的《洗腦：它的歷史、極權共產主義政權對其的使用，以及反抗它的美國和英國士兵和俘虜的故事》一書中提出的主要論點，他所描繪的洗腦技術，以及他在洗腦研究領域的主要貢獻。內容主要基於他書中介紹「洗腦」作為一個新詞的第一章，和介紹以及洗腦過程和要素的第八章，和若干其他相關資料。此書的特點是綜合了他在此之前出版的各種題材，如戰俘、巴甫洛夫和心理戰，以及如何從教育、家庭、教會著手抵禦洗腦等論述。讀者如果想看一本有助於全面了解亨特關於洗腦的觀點的書的話，這本書應該是一個最佳選擇。

亨特在他的書中把洗腦敘述成是由兩個過程組成的：一個是主要用於控制目的的調節或軟化過程，另一個是用於轉化目的的教育或說服過程。兩者可以同時進行，也可以先後進行。他認為共產黨人對此非常冷靜，實際會根據他們的目標來調整方法。對他們來說，只有結果才重要。如果他們尋求的只是宣傳或某些直接目標的宣誓聲明，如廣播講話或法庭證據，只要使用第一個過程，即軟化，就能夠獲取，他們就不會浪費時間和精力進行洗腦。他舉了在布拉格被捕的美國記者威廉・奧提斯（William Nathan Oatis, 1914-1997）為例。當奧提斯要求閱讀史達林主義文獻以作為一種對對方的意識形態感興趣的一種姿態時，他驚訝地發現管理人員拒絕了他！他們想從奧提斯那裡得到的只是為了一個非常具體的目的，即提供認罪書。當這個目標達到後，他就失去了利用價值。[6]

　　反之，另一個用於轉化目的的教育或說服過程的洗腦過程就會被啟動。愛德華‧亨特對洗腦的定義為：「洗腦是一種混淆人的大腦，使其陷入接受原本對他來說是令人憎惡的事物的一個誘惑系統。在洗腦過程中，迷霧籠罩著患者的思維，直到他與現實脫離聯繫。事實和幻想紛亂交織，引發幻覺……。洗腦是一種與人類本性背道而馳、與共產主義緊密相連的新事物。洗腦不再僅僅是灌輸。」[7]其後的把「洗腦」收入到其詞彙中的《牛津英語詞典》對洗腦則有一個更簡潔的定義：「通過一種系統而常常強制性的做法從一個人的思想中消除所有既定的觀念，特別是政治觀念，以便用其他一套觀念取而代之；這個過程被視為某些極權主義國家對政治異見者進行的一種強制性轉變的形式。」[8]這個洗腦的定義和亨特的定義有類似之處，即通過特定強制手段以一種觀念來替換另一個觀念。亨特的獨特點是他建立了這種洗腦手段和共產主義紅色政權的直接關係。

　　亨特在書中用大量的篇幅對兩種被用於洗腦程序的他稱之為「元素」的做法逐一做了詳盡介紹和描述，並舉了詳盡的具體例子來佐證。這些元素包括飢餓、疲勞、緊張、威脅、暴力。而在更嚴重的情況下，藥物和催眠也被使用。而所謂的「學習」和「坦白」被廣泛用來作為實行貫徹這些洗腦元素的方式。特別值得指出的是亨特對洗腦者把科學應用在實施這些洗腦方法的做法做了詳盡的觀察和描述。比如洗腦者的策略是提供足夠的食物以維持生存，但不足以讓一個人的大腦充分發揮作用。於是營養師被賦予了一個全新的顛倒的角色。這個職業是由自由世界發展出來的，目的是給人們提供均衡的飲食。在共產主義下，它卻將食品配額調整到政治壓力的目的上。同樣，作者認為疲勞像飢餓一樣也是經過科學計算和巧妙應用的。他引用喬治‧華盛頓大學醫學院的勞夫林（Henry P. Laughlin）博士研究結果表明：「受過睡眠剝奪的個體更容易接受暗示。他更有可能執行那些要求他進行某些特定行為的人的要求，並且他更不可能對權威人士的要求提出反抗。」[9]

　　特別值得一提的是藥物和催眠術的使用。亨特認為它們的使用是和共產主義這樣殘酷無情的唯物主義意識形態和自身的哲學是一致的。當意志力特別強以至於在普通的洗腦策略之前就被證明是無效的時候，藥物和催眠術就會被使用。藥物可以被用來破壞個人的自然警覺性和堅強性格，催眠術則可以用來解除被洗腦者的抵制。作者認為藥物和催眠術就是被用於不容易輕易洗腦的閔真諦大主教的。他認為蘇俄在這方面比中國的新政權所運用的更嫻熟，但是中國的紅色洗腦者也在這方面迎頭趕上。一個生動的例子就是一位生於中國的美國律師羅伯特‧布萊恩（Robert T. Bryan Jr., 1892-1974）。在他直截了當地拒絕了這個要求他承認自己是間諜後，就被吊到一張桌子上，一根皮下注射針刺入了他的脊椎。第二天他在牢房裡醒來時

感到頭暈目眩。之後，有人向他展示了一份由他簽名的手寫文件，雖然他不記得這個文件。他確定他們一定是在他服藥期間口授給他的。獄方終於看到了他們尋求的最後供詞。[10] 由此可見藥物和催眠術是洗腦的過程中的「保留節目」。在其他方法的嘗試都失敗後，藥物和催眠術就登場了。

三

　　愛德華・亨特對洗腦的研究貢獻諸多。首先，「洗腦」一詞是他富有創意之作。在介紹和推行中國新概念的時候，他遇到了種種阻礙。當這個術語第一次出現在香港的報紙上時，他的同行們反應非常強烈。恐懼、不信和懷疑是所有人初次接觸這個術語時的典型反應。人們對「洗腦」視而不見，有些學者對洗腦這種做法感興趣，但因為覺得有關資料不足而放棄深入研究。也有記者同行嘲諷他，認為這種事不可能發生，並問他是否在寫小說。更有報社因為使用他「洗腦」一詞而受到嚴厲指責的。然而亨特卻力排眾議，鍥而不捨地採訪了大量的從紅色政權中逃出來或者放出來的受害者，並收集了大量其他有關資料。終於寫出大量文字報導使「洗腦」一詞在今天既被廣泛接受為通俗用語也是研究領域的常用語。與其他類似表達（如心靈控制、心靈殺戮、強制勸說、思維控制、思想改造）相比，「洗腦」一詞在專業文獻和公眾討論中使用得遠遠更廣泛。洗腦也在社會學、心理學、政治學、傳播學、宗教學等學術領域廣泛使用。連心理學最權威的DSM-5（《精神障礙診斷與統計手冊，第五版》）也把「洗腦」作為一個專業詞條列入其中。此外，在學術研究中廣泛使用的「谷歌圖書」和「谷歌學術」兩個網站上洗腦的出現率也比同類詞彙多出幾十甚至數百倍。在此，亨特的貢獻功不可沒。

　　值得一提的是把洗腦成為一個家喻戶曉的以洗腦為題材的電影《滿洲候選人》（*The Manchurian Candidate*）是一部1962年上映的政治驚悚片，故事圍繞美國士兵雷蒙德・蕭（Raymond Shaw）展開，他作為戰爭英雄從朝鮮戰爭歸來。然而蕭在滿洲俘擄期間受到共產主義組織的洗腦。電影探討了政治操控和心理戰的概念。可以說沒有愛德華・亨特就不會有這部極為成功的電影。

　　亨特關於洗腦的著作在普及大眾對各國尤其是北京的新極權實行的尚不為外界所知的專制措施的了解起了極大的作用。美國退伍軍人協會在其全美範圍內推薦的圖書清單中，列出了十二本與共產主義相關的書籍，其中包括亨特的《紅色中國的洗腦》。這份書單在1952年5月1日由當時的參議員、後來的副總統理查德・尼克森在國會中提出的這份閱讀書單，然後將其納入國會紀錄。美國非美活動委員會邀請

他作為顧問幫助解釋「洗腦」。不少書評也對此書予以正面評價,認為:「它對公眾產生了良好的影響,因為它成功地提醒了公眾對受專制政府控制下的專業心理學家操縱人類思維的警惕。」[11]《先驅論壇報》(*Herald Tribune*)在1951年末的年度書評專欄中,將這本書列為當年最傑出的書籍之一。他的書被評為當時在香港可能是英語書籍中關於中國寫得最好的一本,其銷售量比其他任何一本書都多。因為這本書是「對今天紅色中國的『灌輸和學習』系統的第一部詳細記述」。[12]

亨特的另一貢獻是把洗腦和科學做法緊密結合起來了。如前所述,他把藥物使用和催眠等科學手段在洗腦過程中的使用介紹給了讀者。不獨如此,他還對蘇俄早期的將諾貝爾獎獲得者巴甫洛夫的研究被紅色政權用於洗腦做了研究和分析。值得一提的是他對洗腦對象的研究並不侷限於在韓戰中被俘的美軍,而是對蘇軍洗腦的日本關東軍被俘人員、被俘的英軍人員,中國大陸出來的學生、牧師、軍人、學者、商人等各行各業的人,都做了廣泛深入的採訪和調查。尤其值得一提的是,他還專門在書中寫了一章關於紅色管理人員是如何在黑人美軍士兵中下功夫,讓他們從種族歧視的角度來攻擊美國做法和制度,卻遭到了黑人士兵的成功的抵制,從而遭遇了出乎異常的失敗。這些黑人士兵公開展示了他們的反抗,組建了反共主義的「黃金十字會」,他們在耳垂上戴著一個小十字架或用稻草代替,特意穿孔用於此目的,把信仰作為武器,成了最為堅決和成功的抵抗洗腦的人群。

作者也專門寫了一章,提供了對抗洗腦的辦法和反洗腦的各種成功案例,並特別以他接觸到了一些堅定地拒絕回到共產主義中國的聯合國戰俘營中的一萬四千名中國人軍人為例子。雖然這些士兵在極端困難的情況下,憑著不屈不撓的毅力直面最狡猾、最強大的壓力,成功地抗衡了那些試圖將他們逼回共產主義懷抱的種種陰謀嘗試。

作者的另一大貢獻就是把洗腦這個祕密公布於世了。他認為共產主義俄國通過對資訊的澈底控制,使蘇聯內的每個人和機構都成為一座孤島,從而能夠保持洗腦的祕密。除非通過經過批准的管道,否則任何個人或機構都不敢與任何其他人或機構進行通信。當中國大陸淪陷於共產主義者之手時,洗腦開始以一種草率和野蠻的方式被用作全民的國家政策。在這種草率、不熟練的大規模使用中,安全被犧牲了。莫斯科在歐洲大門處成功守衛的祕密從中國的後門溜了出去。但是這個祕密沒有亨特的不懈的努力,也未必會如此快捷地為世人所知。

四

　　亨特在書中特意指出「洗腦」這個詞來自中國人民的痛苦，可見他對中國人在新政權下遭受的苦難的深度認識和同情。他的努力不但使喬治‧歐威爾的《1984》在出版僅僅兩年後就變為現實，而他和歐威爾都是對極權政府的做法有很強預見性的開創性的作家、極權主義觀察者和自由思想的倡導者。在中國的文化大革命期間，洗腦達到了登峰造極的程度，而且很多做法和亨特對洗腦的分析不但相似而且還有變異發展。在文化大革命期間使用的一些亨特描述過的洗腦方法及類似的例子，包括：政治學習會、挑動群眾鬥群眾、相互懷疑、舉報和揭發、坦白、鬥私批修、批評與自我批評、思想灌輸、關牛棚、暴力毆打、強制勞動、五七幹校，不一而足。其中有的已經超越了亨特的描述和想像了。如果布哈林和閔真諦大主教的所謂坦白交代是因為監禁和脅迫等原因造成的話，那麼無數的像老舍這樣的文革時的受害者在自殺、甚至於被槍斃的時候，還要書寫或者高呼「毛主席萬歲！」的人，則是超過亨特想像力的案例了。

　　亨特對極權社會的深刻認識對今天的中國也有現實意義。他指出洗腦的成功基本上取決於被洗腦者對其的無知，當被識別後，紅色實驗室所能產生的最可怕的效果都可以被自由人的人格挫敗。當共產主義洗腦的技術成為常識時，這個體系要麼會被完全粉碎，要麼會變得如此困難和昂貴，以至於對紅色洗腦人員而言已經不值得一試了。揭露真相，建立人格，這就是促進民主的志士仁人今天要做的功課的一部分。

　　總之，此書提醒公眾對專制政府操縱人類思維的行為的警惕，是一本研究紅色政權洗腦的起源、發展、概念、手段和意義的值得推薦的專著。

注釋

1   Edward Hunter, *Brainwashing in Red China* (New York: Vanguard Press, 1951).

2   Edward Hunter, *Brainwashing: Its History; Use by Totalitarian Communist Regimes; and Stories of American and British Soldiers and Captives Who Defied It* (n.p.: Pantianos Classics, 1956), 6.

3   同上，頁9。

4   Joel E Dimsdale, *Dark Persuasion: A History of Brainwashing from Pavlov to Social Media* (New Haven and London: Yale University Press, 2021), p.72.

5   Edward Hunter, *Brainwashing: Its History; Use by Totalitarian Communist Regimes; and Stories of American and British Soldiers and Captives Who Defied It* (n.p.: Pantianos Classics, 1956), p.6.

6   同上，頁136。

7   同上，頁138。

8   《牛津英語詞典》中收入的「洗腦」（brainwashing）詞條，2023年6月18日檢索。https://www.oed.com/view/Entry/276425?rskey=bzNz2U&result=1&isAdvanced=false#eid

9   同上，頁140。

10 同上，頁160。

11 Vincent P. Wilber, "Review of 'Brainwashing in Red China' by Edward Hunter," *World Affairs,* Winter 1952.

12 Varloy Sandra, *South China Morning Post,* 1952.

洗腦理論研究：肇始、流變和新視野

夏　明

　　東、西方文化共同強調的文明基礎或是文明特徵在於心性對肉體的掌控。基督教相信人與動物的區別在於人有靈魂，並對大腦施予命令控制；印度教和佛教把人體比喻為一駕馬車：身體是車輿，欲望是奔騰的馬，大腦的心性是駕馭馬的車夫。但人類在進入21世紀第三個十年時，卻被一個恐懼所纏繞：人類社會是否失去了對大腦／心性的主權控制，肉體／肉欲奔騰之馬有脫韁之虞，身心都被「惡魔的使臣們」[1]引上了一條邪路？某些國家或機構對肉體的操控、折磨和扭曲是否已經永久地改變了某些人群的根本思維能力和思維模式？而這種被操控的思維模式和信念是否已經危害了思想主體的根本利益，卻在服務一個邪惡的第三方？至少自從笛卡兒（René Descartes, 1596-1650）的「我思，故我在」引領人類文明追求個人思想主權自由獨立以來，任何摧毀思想自由的手法必然引起人們的擔憂、警惕，甚至恐懼。這是過去一個世紀「洗腦」／「腦控」一直成為世人關注的主要原因。

　　無所不在的「洗腦」／「腦控」突顯成為當下人類生存的重大危機，是因為下面一系列原因：中、俄回歸到極權／集權主義道路並復興和提升了洗腦手段在國內和國際上的廣泛使用；電腦、網際網路帶來的資訊通訊、監控技術和大數據、人工智能、腦神經研究的結合催生了「電子人」（Cyborg）；現代企業廣泛運用監控技術、精確算法塑造人們的審美價值和誘導人們的市場消費選擇；世界主要國家，甚至包括美國這樣的民主大國，都見證了一批民粹主義的政客信奉或推行虛無主義、犬儒主義、相對主義、反科學反理性政見，以致假資訊和謊言把世界帶進了一個「後真相」時代。在經歷2020年全球新冠大危機帶來的多元危機（polycrisis，經濟、政治、國際戰爭、社會動盪、氣候生態、食品等危機）後，人類受創傷的集體心理陷入更易受暗示、催眠和操控的狀態，人類社會如何避免走進黑暗深處、集體走出深重的陰影並構建一個自由、民主、開放、多元、和平的世界秩序就必須從重建理性人和理性的價值開始。「洗腦／腦控」就是吞噬人類理性的癌症，對它的研究認識必須成為當下知識界的重中之重。作為「洗腦」專用名詞濫觴之地的中國，也是人類歷史上受到洗腦傷害範圍最廣、持續時間最長、受害程度最深的國度，對洗腦的研究不僅應該成為一項顯學，也是現在或過去生活在這個洗腦體制下的人群

集體脫魔和個人重生的必經之門。在洗腦專題上，推動西方學術界理論研究貢獻與中國問題研究的交叉互動，一定會幫助我們更深地認識中共極權主義思想意識形態、政治制度構建、國家對社會控制和權力的真實運作。

本文的主要目的是對過去一百年有關洗腦理論的誕生、發展和最新進展進行一個概括梳理和評析批判。儘管人們可以把洗腦歷史上溯千年，但洗腦的最大危害是作為一種國家行為或國家鼓勵的工程，因此，1919年巴甫洛夫和列寧（Vladimir Lenin, 1870-1924）的關鍵會面成為我界定洗腦百年史的起點，而三年的全球新冠大危機和它引發的政治、經濟、社會多重危機是百年回顧的終程。由於在洗腦國家對洗腦理論的研究要麼是國家機密，要麼對國民來說是禁區，所以，涉入洗腦研究就是踏入雷區（中國第一部專著《洗腦的歷史》和作者傅志彬2014年的牢獄之災就是例子）。[2] 有鑑於此，在國際學術界中國研究的語境下，本文的重點是介紹、評論中國本土以外的重要理論研究，以推動國際學術與中國案例的結合互補。

從時間線上，本文分為三個階段：（1）20世紀初期世界大戰和極權主義興起推動的宣傳（對外戰爭宣傳或對內政治宣傳）出現，以俄國為中心並運用巴甫洛夫心理學構建的共產主義政權引發人們對專制制度擴展、民主自由喪失的擔憂。在這樣的大背景下，三部「反面烏托邦」（dystopia或anti-utopia，作家康正果譯之為「歹托邦」）[3] 文學著作在歐洲的出現引導20世紀思想界對思想灌輸、強制洗腦的早期關注。[4]（2）20世紀中期（冷戰期間），在第二次世界大戰結束不久，又爆發韓戰，中共政權對在華西方文教人員和韓戰戰俘的「思想改造」引起美國對這一現象的高度重視，並明確提出了「洗腦」的概念，在理論上對「洗腦」的手段方法、機制原理、危害後果以及反制洗腦等都提出了重要的概念和研究方法。（3）冷戰結束後，尤其在21世紀隨著電腦、網際網路、大數據、人工智能的興起，數位專制主義／技術極權主義可以表現在某個國家或者生活、生產的某個面向（也就是說民主國家也不能免災）；與此同時，從20世紀70年代開始，邪教或者新興宗教的興起，都給人類的自由民主未來蒙上陰影。法國哲學家傅柯提出的「生物政治權力」對人類從毛細血管到大腦的深層控制從猜想變成可能。人們對新的一輪洗腦的恐懼表現在「反面烏托邦」文學，尤其是科幻文學作品和給青少年閱讀的文學作品（代表作為《飢餓遊戲》系列小說）受到了極大的影響。如何認識在社交媒體、高科技環境下的洗腦，如何防止被洗腦、避免成為洗腦的犧牲品，成為文學、生理學、心理學／心理分析、生物醫學、哲學、宗教學、社會學、犯罪學、大眾傳媒研究、廣告學、語言學、政治學等多學科共同關注的焦點。

在文章後面將要評點的一部最新著作是精神分析專家、加利福尼亞大學聖地牙

哥分校榮退教授喬爾・蒂姆斯達爾（Joel E. Dimsdale, 1947-）的重要貢獻：《暗黑說服：從巴甫洛夫到社交媒體的洗腦歷史》。作者在本書提出了一個20世紀洗腦歷史的歷史框架。為了便於讀者跟蹤本文的敘述脈絡，我先把這個歷史框架放在前面（見圖一）。

| 皈依和拷打：20世紀之前 | 審訊使用各種藥物：1922-1957 | 冷戰時期西方國家反攻：1953-1973 | 宗教團體內的謀殺和自殺：1978-1997 |

| 巴甫洛夫的科學和史達林操控的審判：1914-1938 | 冷戰共產黨國家進攻性洗腦：1946-1954 | 恐怖主義人質的快速轉變：1973-2010 | 21世紀神經科學和社交媒體成為焦點 |

圖一：20世紀洗腦演變時間線

資料來源：Joel Dimsdale, *Dark Persuasion: A History of Brainwashing from Pavlov to Social Media*, New Haven, CT: Yale University Press, 2021, p. xi.

　　如果過去百年三段主要歷史構成本章的時間脈絡，具體在每一個時期討論重要代表作時，作者都會聚焦下面一系列重大問題：洗腦的內容和實質、洗腦的主體和客體（洗腦者和被洗腦者）、洗腦產生的環境、洗腦的主要手段和機制、洗腦的後果，以及如何反制洗腦和從洗腦創傷中治癒。

一、定義：什麼叫洗腦？

　　「洗腦」是一個被過度使用的詞，其概念內涵也被隨意擴展，在使用時也經常摻雜著情緒、情感和價值判斷。有人把它濫用為一個語言進攻的標籤，只要是自己牴觸的資訊傳遞統統被歸為洗腦。有人把它用在國家行為層面、正式組織行為層面（監獄、警察、精神病院、學校等），或者非正式組織層面（市場營銷、邪教、新興宗教團體、黑幫、青少年幫派等）。也有女權主義者用性別差異來透視男權對女性的洗腦。那麼，什麼是「洗腦」？根據《大英百科全書》：「洗腦是一種旨在說服非信徒接受某種忠誠、命令或教義的系統努力。它更普遍地適用於任何旨在操縱人類思想或行動以違背個人的願望、意志或知識的技巧手段。」[5] 牛津大學生理

／解剖／遺傳系科學家泰勒（Kathleen Taylor）給出了一個較新也較完整的定義：
「洗腦是由記者／中央情報局特工愛德華・亨特在1950年造出的一個詞，用來描述
中共完全澈底改變美國被囚人士信仰的手段。以後又被常用來描述各種沒有徵得同
意的有意改變人們思想的各種場景。我把它們分為兩類（儘管它們更可能是一個深
層統一體的各個面向，任何一種場景都可能包含兩方面的因素）：第一類，用強力
洗腦，更快捷、更強烈，是一種用強制甚至酷刑來擊垮受害者的抵抗。第二類，隱
形洗腦，較慢、較低強度，主要依賴不大為人所察覺的方法，所以不易激發立即的
反抗。」[6]

　　「洗腦」和「教育」、「說服」、「灌輸」儘管都是試圖改變人們觀念看法的
行為，但它們在使用強制手段上存在量的差異，在是否服務於受眾的利益上存在著
質的差異。但鑑別是否涉嫌洗腦的另一個重要試金石是「極權主義」、「全權主
義」思想的存在。極權國家的一系列配套的洗腦制度、程序、方法都是服務於獨裁
領導或權力小集團實現對全民的完全控制，是反對個人自由的；而在民主國家，多
元、開放、自由、道德等因素使得全權主義難以生存、擴展，教育是為個人實現自
立和自由服務的；涉及強制手段的心理治療機構、監獄等也是在維護個人生命和自
由、同時維護社會秩序和自由的目標下設計管理的。「教育」是在普遍的社會規範
的約束下，由受教育對象或其監管人主動志願接受的活動，其主要目的是賦予受教
育者，尤其是未成年人，健康自立生活和有參與工作的能力。儘管義務教育具有強
制性，但因為它是公權代表了公益做出的立法，它具有權利和義務的雙重性。「說
服」是一種用來影響人們的信念和態度的技巧，它會使用邏輯、推理和其他形式的
論證來勸說人們接受特定的觀點。一般來說，它不具備有明確的和暗裡的強迫性。
「灌輸」是一種更微妙的操縱形式，它主要使用宣傳、教育和其他形式的說服來影
響人們的信仰和態度，儘管受眾並沒有完全失去可以離開的自由，但通常因為環境
的壓力，團體或組織影響或通過成員同輩壓力（peer pressure），可以對受眾形成
一定的心理和社會壓力。「洗腦」是一種通過使用武力、脅迫或其他形式的壓力來
改變人們的信仰和態度的手段方法。武力、脅迫的使用通常是在人們被俘擄或無自
由選擇離開的情況下使用，而且通常是用於描述以國家暴力為後盾，加之與監獄、
勞改營、勞教中心、精神病院而系統推行的公開官方行為。儘管綁匪或恐怖分子可
以對人質或受害者進行洗腦，並帶來個人或少數人的心理創傷而導致的心理改變
（例如「斯德哥爾摩症候群」），但本文論述的重點不是心理個案，而是政治現
象，而這種政治現象是基於政治心理學的，更多是國家和制度的行為。另外一個重
要區別是，洗腦不同於宗教轉宗。教會傳教士會不斷招募新的信徒，但也有老的信

徒不斷流失退出。邪教組織與正常宗教不同，從信徒層面來看，個人一旦接受洗腦，可能喪失自由意志，也就失去了自由選擇；但在民主國家裡，家人和同事朋友還有自由與警方、新聞媒體或社會福利機構聯繫，進行救助。從家庭和社會層面來看，脫離洗腦的黑手控制還是有可能。但在一個極權國家，除去合法和非法的移民（機率甚小），居民沒有遷徙自由和退出自由。洗腦的終極目的是要消滅「內心遷移」（inner migration）、「乘道德而飄遊」，所以極權國家是洗腦的最大淵藪。蒂姆斯達爾強調：「關鍵是有沒有進出集團的自由。在洗腦的案例中沒有這項自由。」[7]所以，本章重點傾向於把「洗腦」與專制政體（尤其是極權主義）和民主政體下反自由的政策聯繫在一起。

　　因為「洗腦」不是一個科學專用名詞，而且具有大眾宣傳的情緒性，人們在使用時經常把它作為一個解釋某種神祕現象的最後手段，洗腦似乎成為一個不言而喻、不證自明的獨立變量。其實，洗腦是一個複雜的現象和手段，它本身作為一個應變量，需要心理學、社會學、政治學、宗教學、語言學、教育學、犯罪學、生物學、藥理學等多學科解釋。心理學家羅伯特・利夫頓（Robert Jay Lifton, 1926-）在他的《思想改造與全能主義心理》（*Thought Reform and the Psychology of Totalism*）中減少使用「洗腦」一詞，更喜歡使用「思想改造」。[8]美國著名記者白修德（Theodore H. White, 1915-1986）在他的回憶錄《尋找歷史》（*In Search of History*, 1979）中提到他在1941年聽到中共領導人闡述「提高覺悟」（consciousness-raising），這算是西方較早接觸到的中共的洗腦—思想改造工程。[9]美國另一位荷蘭裔心理學家米爾盧（Joost A. M. Meerloo, 1903-1976）發明了「心智屠殺」（menticide）一詞，認為：「洗腦是進行系統灌輸、轉化和自己認罪的精細程序，目的是把非共產黨人轉化為黨的馴服的跟隨者。（洗腦和心智屠殺）兩個詞彙都是把折磨變得更變態的細化，把它放在了似乎更能被接受的層面。但其實它們是上千倍的壞，對審訊人來說是上千倍的有用。」他繼續寫道：「心智屠殺是心理干預和司法變態造就的有組織犯罪，通過它，審訊者可以把他的機會主義的想法刻印在他想摧毀的人們的心上。被恐嚇的被犧牲者被強迫表達他們對暴君願望的完全順從。」[10]

　　美籍華裔哲學家胡平在他的研究中把思想改造稱為「人的馴化」，「從某種角度講，共產黨統治的興衰史，就是人的馴化、躲避和反叛的歷史」。[11]在胡平看來，不僅「洗腦」一詞屬於中共的發明，就連整個思想改造運動也應視為中共的一大創造。他寫道：「第一，和一般的控制人心的手段不同，思想改造不僅意味著要輸入一套觀念，它首先是要改變一套既有的觀念。因此，思想改造勢必包含著相當自覺，相當明確的觀念與觀念之間的衝突。第二，嚴格地講，思想改造必須限制人

們的自由選擇，因而它只有在一個封閉社會中方可實行。第三，從另一方面講，思想改造又唯有經過被改造者的某種自願才名副其實。」[12] 他繼續寫道：「灌輸是灌輸，改造是改造，兩者不是一回事。灌輸只是假定了對方預先並沒有一套正確的無產階級世界觀，改造卻是假定了對方預先就已經具有一套錯誤的資產階級世界觀。」[13]

　　心理學家蒂姆斯達爾在總結酷刑和洗腦的共通性時，發現了如下一系列共同特徵：恐怖、剝奪睡眠、強制寫日記和坦白書、與家庭和朋友隔絕、審訊員具有耐心、審訊員在仁慈和殘忍之間互換、祕密、無司法保護。[14] 他還通過20世紀重大政治、戰爭、宗教、恐怖主義等案例總結出洗腦的四個重要共同特徵（見表一）。

表一：「洗腦」的四個特徵

經典例子	脅迫／操控	故意詭祕	無視犧牲者利益	睡眠剝奪
史達林操控的審判	＋＋＋	＋＋	＋＋＋	＋＋＋
匈牙利閔真諦主教審判	＋＋＋	＋＋	＋＋	＋＋＋
朝鮮戰爭被中朝俘擄戰俘	＋＋＋	＋	＋＋	＋＋
中情報局超級「心控」研究	＋＋＋	＋＋＋	＋＋＋	＋＋＋
斯德哥爾摩症候群	＋＋＋		＋	＋＋
帕特里夏・赫斯特綁架案	＋＋＋	＋	＋＋	＋＋
圭亞那瓊斯城集體自殺	＋＋＋	＋	＋＋＋	＋＋
加州天堂門邪教集體自殺	＋	＋	＋＋＋	＋

資料來源：Dimsdale, *Dark Persuasion,* 2021, p. 208.
＋表示強烈程度，從低到高三等：低（＋）、中（＋＋）、高（＋＋＋）。

二、洗腦的古老起源

　　米爾盧認為：「強姦心智和陰險心智控制是在人類歷史最古老的罪惡榜上有名的。他們可能可以回溯到史前期，當人類第一次發現他可以利用人性的同情心和理智力而對他的同胞行使權力。」[15] 從古希臘算起，柏拉圖（Plato, 427-347BC）在《理想國》裡討論的「洞穴的囚徒」和「牆壁上的幻影」已經提出了洗腦的根本理念：把虛幻植入人的意識中，讓他接受並相信這是真實，從而最終拒絕真實和仇視傳播真實的人。亞里斯多德（Aristotle, 384- 322BC）在《政治學》一說中所說的，「人是天生的政治動物」，強調人的社會性，也揭示了人和社會環境的緊密關係，而把人與社會割離，也是洗腦的重要手段。人的天然的社會動物、政治動物、語言動物，都成為洗腦操控者利用的入口。《聖經》也和洗腦聯繫在一起。

有作者挑戰《聖經》作為真理和權威的來源，指責它是洗腦工具。例如，著名的無神論者和生物學家理查德・道金斯（Richard Dawkins）的《上帝的錯覺》（*The God Delusion*），指出，《聖經》充滿了矛盾和暴行，對上帝的信仰是不合理和有害的。《聖經》學者和不可知論者巴特・埃爾曼（Bart Ehrman, 1955-）的《誤引耶穌》的書，聲稱《聖經》隨著時間的推移已被抄寫員篡改，我們不能相信它的原始資料。把它奉為經典也是教會和牧師的一種洗腦。從《創世記》開始，以蛇的誘惑、夏娃／亞當都吃智慧果和被懲罰為例，《聖經》在洗腦嗎？女人最初由男人的一根肋骨造成，女權主義者有理由問：這是夫／父權主義在洗腦嗎？西班牙16世紀的宗教裁判所對異教的迫害和酷刑，並用心理干預手段來強迫人們認罪懺悔、靈魂拯救、宗教轉宗為後來的洗腦留下許多負面啟發。在宗教史上，天主教和新教衝突、泛神論挑戰教會權威，都出現過教權對異端學說、異教徒的迫害。[16]

三、洗腦研究百年三個階段：1919年到現在

俄國生理學家巴甫洛夫一般被認為是「腦控開山鼻祖」。作為俄國第一個諾貝爾獎獲得者（1904），他創立了條件反射理論。通過對狗的實驗，他發現了超限抑制（Trans Marginal Inhibition, TMI）的不同階段：大腦皮層活動的等價階段（所有不同強度的刺激都只產生同量反應）、悖論階段（強刺激只會增加保護性抑制狀態，而弱刺激能產生積極反應）、超悖論階段（反應變得與以前的所有條件反射相反，比如喜歡和恐懼對調）。巴甫洛夫在研究中把狗區分出四種基本氣質：「膽汁質」（choleric）／「暴躁強興奮型」、「多血質」（sanguine）／「樂觀活潑型」、「黏液質」（phlegmatic）／「平靜的、不受干擾的」、「抑鬱質」（melancholic）／「弱抑制型」。面對壓力，「樂觀活潑型」、「平靜型」不易崩潰，「暴躁強興奮型」和「弱抑制型」則易崩潰。巴甫洛夫的發現和1924年列寧格勒水災有點關係：巴甫洛夫的實驗室被水淹，實驗室的狗受到驚恐，有的狗忘記了過去的心理條件訓練，過去溫順的狗變得狂躁，過去狂躁的狗變得沉默，有的對過去喜歡的主人變得凶狠等等。[17] 我們可以猜測，「洗腦」詞語和原理可能和狗被洪水洗掉記憶有關係。

1919年列寧訪問了巴甫洛夫主持的實驗醫學研究所，對巴甫洛夫的實驗非常感興趣，認為這一理論發現可以幫助蘇維埃政權。1921年，列寧邀請巴甫洛夫在克里姆林宮和他見面，巴甫洛夫小住在克里姆林宮，寫出並留下四百頁的「密卷」，幫助列寧製造蘇維埃「新人」，實現了巴甫洛夫和列寧的「魔鬼擁抱」。狗和人一樣

還是不一樣？巴甫洛夫的理論在政治上找到應用：人和狗、生理與心理的關係、壓力引發心理崩潰點、條件反射的遺忘和重新培養，這些都成為後來史達林審判反對派和清洗黨內異己的手段，巴甫洛夫也因「科學與政治」的複雜關係而變成富有爭議的歷史人物。或許，他是一個與魔鬼簽約的浮士德？

　　巴甫洛夫的重要性還表現在他與一切洗腦理論和實踐、歷史和未來糾纏在一起！他生活的國家有著俄國沙皇專制／酷刑傳統，它的祕密警察（Okhrana）就以濫施酷刑臭名遠揚。神父的兒子巴甫洛夫對酷刑的宗教源流也不會陌生：天主教會、宗教裁判所都留下了酷刑／洗腦最黑暗的一頁。巴甫洛夫的研究涉及生理學、心理學，並在腦神經科學上進行了卓有遠見的預測，比如他猜測腦神經活躍會產生光亮等。他和俄國／蘇維埃政權、列寧、史達林（他和巴甫洛夫一樣人生早期都是受的東正教宗教教育）合作，並開始對人體做實驗：人和狗成為實驗品。他也試驗藥物（bromides，溴化物）觀察對狗的行為的改變。[18] 他的研究也為軍隊服務。以後，蘇聯向中國／朝鮮／匈牙利等共產黨國家輸出理論。1953年9月郭沫若在北京主持的巴甫洛夫大會，號召中國生理學家、心理學家和醫務界人士「把巴甫洛夫的理論貫徹進實踐」。[19] 中國洗腦的理論和實踐也和巴甫洛夫密不可分。

　　洗腦研究的重要作家亨特、米爾盧、溫恩（Denise Winn）、薩甘特（William Sargant, 1907-1988）、斯特里特菲爾德（Dominic Streatfeild）、泰勒、蒂姆斯達爾都在研究洗腦時找到了巴甫洛夫。在20世紀，心理戰成為酷刑以外的改變人們思想行為的新武器！

四、三部「歹托邦」（反面烏托邦）經典著作與洗腦的早期描述

　　文學經常可以幫助人們提早和深刻認識政治發展，因為創造力和想像力是天才的必備素質，而文學家是不乏天才人物的。20世紀早期，蘇聯作家札米亞京（Yevgeny Zamyatin, 1884-1937）就敏銳地感受到極權主義對個人的威脅，集體主義消滅個人主義。如米哈伊爾・巴枯寧（Mikhail Bakunin, 1814-1876）在1866年寫給他的朋友尼古拉・奧加列夫（Nikolay Ogarev, 1813-1877）的一封信所說：「我不想成為我，我想成為我們。我不想過我的生活，我想過我們的生活，所有為我們的共同事業而奮鬥、為之受苦和犧牲的人的生活。我不想有任何個人利益、任何個人感受、任何個人想法；我希望所有這些都融入我們所有人的共同興趣、共同感受、共同思想中。」[20] 正是在俄國思想界吹起共產主義風潮的大背景下，反面烏托邦的傑作《我們》誕生了。

（一）札米亞京（**1884-1937**）：《我們》（**1921**）

　　親眼目睹布爾什維克帶來的紅色恐怖，札米亞京，一個海洋工程師、數學家看到了未來更大的恐怖場景：兩百年戰爭造就「所有人戰勝個人、整體戰勝局部的勝利」，一個消滅個體、集體主義的「壹國」（One State，又譯為「單一國」），在「恩人」的領導下，人們在「氣桶」（Gas Bell/Gas Room）裡做了「大腦想像力切除術」：「根除想像力。手術是唯一的答案……。除了手術，別無他策！」[21]那裡的人只有編號，沒有家庭婚姻，領取「粉紅單」（Pink Ticket）走婚，生育交給「育兒工廠」，人們生活在「有韻律的、泰羅制化的幸福囚籠裡」；[22] 在這裡，「靈魂是一種疾病」，「自我意識是一種疾病」，在牆內，人們享受「沒有自由的幸福」；而越過「綠牆」，牆外生活的是野蠻人、「荒蠻的國家叫自由」。因為札米亞京和巴甫洛夫生活在同一時代，前者對後者的觀察是近距離的和第一時間的。作為最早的一批蘇聯共產主義政權的反叛者，札米亞京預言了一個荒唐的反面烏托邦時代的降臨，並直接影響了後面兩位作家：赫胥黎和歐威爾。

（二）赫胥黎（**1894-1963**）：《美麗新世界》（**1932**）

　　阿道斯・赫胥黎（Aldous Leonard Huxley, 1894-1963）是英國著名生物學家、達爾文（Charles Robert Darwin, 1809-1882）的支持者托馬斯・亨利・赫胥黎（Thomas Henry Huxley, 1825-1895）的孫子。出生於這樣一個科學意義上的革命的家庭，赫胥黎敏銳地感覺到科學可能給人類帶來的災難。他的《美麗新世界》一書描述了優生學、巴甫洛夫實驗室、試管嬰兒工廠、培育出生的五個標準同質的種姓等級、迷幻藥（Soma）消除一切煩惱，在「世界統領」（World Controller，世界控制者）穆斯塔法的指引下，福特主義和泰羅制帶來的大機器化生產線建設出「福利加暴政的烏托邦」，實現「社區、認同、穩定」的治理理念。赫胥黎警告人類：「當下實施的洗腦，是一項混合手段，它的有效性部分靠系統使用暴力，部分靠嫻熟運用心理操控。」[23] 他描繪了「睡眠教學法」，把各種「世界統領」的教條傳送進人們的大腦。赫胥黎在伊頓公學任教，應該教授過歐威爾，歐威爾指責赫胥黎沒有公開承認受到札米亞京的影響，滑向了剽竊；而歐威爾自己也承認他的著作受到《我們》的影響。[24]

（三）歐威爾（**1903-1950**）：《一九八四》（**1948**）

　　英國作家歐威爾的《1984》和《動物農莊》（1945）都是諷刺洗腦的經典名

著。在《1984》裡，「老大哥」統治下的大洋國有思想警察、思想罪、電幕、告密、兩分鐘仇恨時刻、永無止境的戰爭喧囂、實施酷刑和洗腦的「101房」、強制勞改營、「真理部」消除／篡改歷史的「記憶洞」、新語、雙面語、雙重思維，內核黨和外圍黨統治著「無產階級」，國家格言是：「戰爭即和平，自由即奴役，無知即力量！」歐威爾的一個重要貢獻是看到語言與洗腦的密切關係。如果說人是社會動物，是語言動物，那對人的控制的一項有效武器就是控制語言。

歐威爾還強調了「思想罪」的危害性。行刑人奧布萊恩對主人翁溫斯頓解釋為何要把他帶進101室，說：「不[是懲罰]！不只是要獲得你的供詞，也不是要懲罰你。要我告訴你為什麼把你帶到這兒來嗎？要療癒你！要讓你清醒！溫斯頓，沒有人被我們帶到這裡會不被治癒而離開我們手掌，你能明白嗎？我們對你犯下的愚蠢的罪行不感興趣。黨對你的公開行動不感興趣，我們只關心思想。我們不僅止消滅我們的敵人，我們改造他們。」[25]

五、美國研究中共洗腦的兩位最重要作者和他們的三部著作

美國資深新聞記者（主要駐外報導國際事務，尤其是亞洲、中國）愛德華・亨特在1951年發表《紅色中國的洗腦》一書，副標題是：「蓄意破壞人類心智」。出版社介紹說，這本書「第一次揭祕把整個國家置於催眠控制的恐怖手段，解釋無辜者自願供認的背後謎團」，是歐威爾《1984》的現實版。據他在1958年的一次作證中透露，在第二次世界大戰時他曾為美國戰略情報局服務兩年，擔任「宣傳專家」（Propaganda Specialist）。在1950至1951兩年間他在東亞（遠東）和東南亞收集情報、採訪完成該書。該書從「思想改造」、「自我批評會」、「小組民主討論」開始，向西方介紹「洗腦」、「轉化腦子」和「思想鬥爭」。[26]他明確地說：「實際上，發現宣傳指令就像破解一個國家的密碼一樣。」[27]破解洗腦宣傳，很大程度上就是破解中共統治密碼。

《紅色中國的洗腦》主要分為兩大部分：前部分採訪了十來位人士，受訪人有清華、北大、上海交大的畢業生、旅華猶太人、記者、海關雇員、國民黨軍人、公司主管等。作者也深入馬來亞叢林採訪那裡受中共支持的華僑游擊隊。第二部分主要是文獻、出版物和戲劇分析，從話劇、漫畫、連環畫、民間說書、教科書、歷史、文學、科學和調查研究來分析「文學必須為政治服務」，洗腦在各個領域（尤其針對年輕人）是如何精心貫徹執行的。中共洗腦的一個重要組成部分是「藝術必須服務於政治」。[28]在談到出版物時，亨特描述了中共是如何籠絡和控制藝術家、

作家的：「這方面不要有誤解；這些藝術家更想要什麼，像所有藝術家一樣，無論好壞，最重要的是觀眾。共產黨人不僅提供了觀眾，而且是廣大觀眾。因此，紅軍不費吹灰之力就抓住了中國的藝術家為自己的事業服務，就像他們俘獲了大部分作家一樣。共產黨在這方面的成功，就像他們在軍事上的成功一樣，不是基於他們自己的功績，而是主要基於利用敵人的愚蠢和盲目。」[29] 本書的第一個採訪和最後一篇附錄都突出了中共著名哲學家艾思奇在洗腦理論和實踐的作用。和美國的精神病院治療病人相比，中國似乎成了一個大精神病院，只是它是修理正常人的。前者行精神病學，後者行精神病江湖騙術。[30] 亨特還把中共洗腦和福音派宣教相比較，是一種扭曲的福音傳播：冷血和算計。[31] 他寫道：「中國人創造的短語『洗腦』和『轉化腦子』是再對不過了。兩者之間還是有區別的：洗腦就是灌輸，程序相對簡單；但轉換腦子過程卻險惡複雜無比。而你只需要進行一次大腦清洗就可以擺脫『帝國主義流毒』，為了讓你換腦必須清空你心中的舊觀念和記憶。」[32] 亨特認為中國在向蘇聯學習，但還有一定差距；同時，「中共的帝國主義擴張」也在東南亞：「顯然，在換腦過程中，一個人生命中過去特定的一段時期的回憶被抹去，就像它們從未發生過一樣。然後，為了填補記憶中的這些空白，當局把想要這個人該記住的想法放進他的大腦。催眠術、藥物和狡猾的壓力折磨著身體，但不一定需要明顯的身體暴力，這些都是改變大腦所必需的。中國顯然還沒有那麼『先進』。她正在使用洗腦，當它不起作用時，求助於更簡單的清洗系統。但很快地她也會使用換腦過程。」[33] 這些「控制大腦」的全新做法發生在20世紀中葉，就像原子彈爆炸一樣令人震驚，冷戰的實質就是心理戰，就是用非常規的武器進行戰爭，比如用傳單、催眠師的各種指令，或者是「紅色中國的自我批評會議」。[34] 亨特採訪的一位西化的所謂白中國人是這樣描述「學習班」的恐懼的：因為他擔心接受採訪帶來的麻煩，亨特問他：

「他們會對你做什麼？把你扔進監獄？揍你？」

「哦，不，他們可能不會那樣做，」他回答道，「如果那是他們所做的一切，我不介意。」

「嗯？」我很困惑。

「不，他們會做的是送我去學習。我會被洗腦。哦，我再也不想經歷那樣的事了。」[35]

儘管中共一直冒用民主的牌號，但亨特觀察到：「我了解到，民主討論是同意已經決定的事情的特權，但沒有不同意的權利。自我批評會也一樣。」[36] 洗腦的實質就是：「共產主義與背叛和暴力結盟。它傾向於催眠人類，相信錯就是對。」[37]

在分析中共對教育的控制、用謊言充斥教科書時，亨特評論說：「巧妙地植入這些不成熟的頭腦中的想法和觀點因此生根發芽。隨著年齡的增長，學生們形成了自己看待歷史的方式——黨的方式。他們的大腦得到了淨化，因此無論呈現給他們的是什麼事實，都在這個框架中得到檢驗，他們只能在這個狹窄的框架內為自己思考。」[38] 他還觀察到：「黨很清楚，中國人民是在一所苦難學校裡受教的，這所學校教他們讀懂字裡行間，並懷疑他們被告知的有自私的、有偏見的動機。但是黨也知道，通過不斷地重複，即使是那些表示懷疑的人也會吸收一部分宣傳，並且通過更多的重複，這一部分人會不斷增加。共產主義等級制度像林肯一樣清楚，你只能在某些時候愚弄所有人。但在強權政治的算計中，如果人們能被愚弄足夠的時間讓黨能實現其目標，那就足夠了，沒有必要更多。」[39] 在談到臺灣的大陸籍軍人，他們不願透露姓名、害怕身分被公開、他們的親人會被大陸「人民政府」動手動腳，亨特提出了「遙控的折磨」和「遙控的灌輸」，「實際上，共產黨人已經實現了一個結合二者的戰略，並且還在繼續」。[40] 通過研究、解釋「思想誘導師」（thought-seduction worker）、「神經戰」（war of nerves）、「腦袋」（brain pocket）、「檢查思想」（inspection of ideas）、「思想總結」（Thought conclusion）、「積極分子」（positive elements）／「落後分子」（backward elements, lagging-behind elements），亨特把這些詞彙介紹到西方，同時給當今的中國人一個反思荒謬的機會。

　　在1951年的特定歷史時期，因為中華人民共和國剛建立，中美在朝鮮半島兵戎相見，反美（包括虛構「細菌戰」）和種族主義仇視成為中共洗腦宣傳的重要內容。亨特注意到：「在共產主義掀起這場仇恨運動中，沒有任何東西可以卑鄙到編造和攻擊美國人的指控；因為它是如此極端和令人反感，我們忽視了它。我們假裝這種惡毒的指責自然沒有效果，只要我們閉上眼睛就行了。這種自以為是的態度對共產黨人來說正是小菜一碟。」[41] 談到朝鮮戰爭，亨特說：「美國的最大的敵人不是共產黨軍隊。美國最大的敵人是一廂情願。」[42]「過度樂觀」和「極度悲觀」，在二者輪迴，是美國在朝鮮戰爭上犯的錯誤，「這其實也是心理戰，但我們是犧牲品」。[43] 在亨特看來，美國士兵／戰俘在朝鮮戰場上的經歷是一種「中國療法」（the China treatment）。[44] 七十多年以後，我們會發現，無論在研究中共極權體制還是中美關係，亨特的第一部有關洗腦的著作都還有現實意義。

　　繼第一步書的成功後，愛德華‧亨特五年後發表了又一部有關中共洗腦的著作：《洗腦：那些成功挑戰洗腦的人的故事》（1956）。[45] 由於朝鮮戰爭後交戰方交換俘虜，有二十三名（後減到二十一名）美軍士兵決定不返回美國，許多戰俘

〔包括空軍軍官，有名的海軍陸戰隊施瓦布爾（F. H. Schwable, 1908-1988）上校案〕認罪坦白，甚至「供認」美國使用「細菌戰」，回國的被俘士兵許多人表現出古怪言行，戰俘高死亡率、大量士兵受到軍法處置，所有這些都讓美國政界、軍界和美國社會震驚。亨特的第二部洗腦著作也是以採訪為主，主要是採訪朝鮮戰爭歸來的戰俘和拒絕回到中國的志願軍戰俘，同時利用醫療診斷書作為原始材料，目的就是要解釋背後的原因，最後試圖總結哪些人、他們的哪些素質在成功抵制洗腦中表現突出。亨特向美國和西方再次介紹他翻譯的新詞「洗腦」，據說來自孟子「修四心」的思想和佛教的修心思想——「洗心革面」（heart washing）。[46]本書揭示肉體酷刑和心靈拷打的各種手段和謊言，揭露了「細菌戰」的謊言，宣布宣傳戰（心理戰、腦戰，針對、破壞和控制大腦）成為熱戰的一個重要部分。[47]他還詳細描述了洗腦的兩個階段：感化／軟化階段、灌輸／轉化階段；也細緻描述了洗腦組成內容：飢餓、疲乏、緊張、壓力、無休止小組學習討論、恐嚇、暴力、審訊、關單間、酷刑、孤獨、用藥、催眠、坦白交代。亨特做出一個重要結論：「心靈戰是全面戰爭。」[48]

　　和他的前面一本書相比較，《洗腦：那些成功挑戰洗腦的人的故事》如他的副標題強調的，他試圖強調精神生存訓練—精神生存內力，總結如何成功應對洗腦。亨特寫到：「總結所有被洗腦人的經歷，得出一個面對精神壓力切實可行而令人滿意的生存模式。這種生存知識最終可以從內部和外部兩方面摧毀共產主義。這些要點可以明確列舉出來，它們是：信仰、信念、心明、關閉心靈、保持內心活躍、自信、騙術、打鬧、適應力、征服精神、團體精神、保持自我。」[49]

　　1954至1955年，精神病學家羅伯特‧利夫頓在香港進行採訪，主要從心理分析的角度研究在鎮壓反革命和朝鮮戰爭中受迫害的西方人士以及逃離大陸的中國人。五年後，他完成了《思想改造與極權主義心理》（*Thought Reform and the Psychology of Totalism*, 1961）。[50]這是一項基於四十位朝鮮戰爭戰俘、被關押的西方神職人員、留學生的採訪實錄分析（其中十五位中國知識分子，二十五位西方人士）。利夫頓在耶魯大學、後來在紐約城市大學任教。他作為佛洛伊德（Sigmund Freud, 1856-1939）精神分析理論大潮下成長的心理學家，受到發展心理學大師埃里克‧埃里克森（Erik Erikson, 1902-1994）、人類學大師瑪格麗特‧米德（Margaret Mead, 1901-1978）、漢學家史華慈（Benjamin Schwartz, 1916-1999）、費正清（John King Fairbank, 1907-1991）的幫助，他的這部著作是研究中共洗腦和思想改造最早和最重要的西方政治心理學學術專著。

　　在利夫頓看來，「洗腦」一詞最初用於中國場景，後來運用到蘇聯和一切共產

黨國家，再後來用到了美國家庭（父母洗腦、家暴下的精神操控等等）。有人把它描述成了一種心控的「神祕的東方手段」。利夫頓寫道：「在這樣的語詞混亂的迷網後面，『洗腦』呈現出了一個全能、不可抗拒、無法看透、能夠全面控制人類心靈的魔法。當然這都是不實的。這種隨意的使用的詞成了恐懼、反感、屈服的衝動、為失敗解套、好不負責的指控，以及一系列極端情緒的動員令。」[51]根據中共的「思想改造」，利夫頓認為它有兩個要件：「坦白」和「再教育」，前者指揭露和拋棄過去及現在的「罪惡」，後者指以共產黨的形象再造新人。它是宣教加強力控制，前者總是以暴力為後盾的。思想改造就是一種意識形態的全權主義。在書中，他提出了影響極大的「鑑定思想改造的八項指標」：（1）環境控制。控制、截斷個人與外部環境（尤其是家庭和多元資訊）的溝通，控制對現實的認知和判斷。（2）神祕操縱。剝奪個人的表達自由和獨立行為是要以自發和自願的方式進行，所以就需要某種神話、天選的人群、歷史的使命、人類的目標等來把極端的操控掩飾為天命。（3）要求純潔性。一個先鋒隊、優秀的階級等必須保持自己的純潔性，防止被外族、他人集團汙染，大清洗／種族屠殺也可以成為保持純潔的手段。（4）懺悔。公開坦白、揭露自己的罪惡，包括思想犯罪，完全沒有隱私保護，維持一種「有罪」／「羞恥」的環境壓力。（5）神聖科學。把意識形態及其教條上升成為一種不容懷疑挑戰的絕對正確的科學，強化權威的地位。（6）加載（濫用）語言。把複雜的思想壓縮為簡短、明確、朗朗上口的口號、詞語，製造「終止思考的陳詞濫調」。（7）教條凌駕人之上。思想、觀念和教條比人的經驗、真實感受更真實、正確。（8）生殺予奪隨意。不僅控制生命的質量，甚至生命的本身、個人或者集體的命運。[52]

　　利夫頓把思想改造看作是極權體制下的「生死存亡劇」。他寫道：「環境的心理壓力深入到每一個個人的內心感情是思想改造中明顯的心靈特徵。環境帶給囚徒一系列強大壓力，同時只允許非常有限的選擇方案去適應。在人與環境的互動中，一系列的步驟或運作——混雜了操控和對應——產生了。所有這些步驟圍繞著兩項政策和兩個要求：在打壓／寬大和坦白／接受再教育之間波動。肉體和情緒的攻擊帶來象徵意義上的死亡，寬大和坦白是死亡和重生的橋梁，再教育過程和最後坦白一起造就出重生的體驗。」[53]在這種洗腦案例中使用的一系列程序，包括：（1）侵犯身分：傷害和擊垮人的根本身分價值和認同，把人變成半人，把成人變成孩童。（2）內疚：在一種無人會犯錯／「偉光正」的氣氛下提出各種指控，增加個人的罪惡感、愧疚感。（3）自我背叛：強迫出賣家人、同事、朋友，被迫放棄自己的信仰、組織和價值標準，接受或尋求來自審訊人的幫助。（4）斷點／崩

潰：內心的極度矛盾衝突、恐懼，帶來絕望、澈底被消滅的害怕，完全背叛自己尋求「醫治」／「拯救」。（5）寬大處理：受害者一旦認罪，審訊者會表現出特有的仁慈和寬大，給予再次和外部世界建立和諧的機會，避免了滅頂之災，受害人會感激／感恩，把行刑人當作朋友。（6）被迫認罪：嚴厲和寬大迫使受害者坦白尋求脫離苦難的機會，成為一個悔過的罪人。（7）罪惡感：思想改造後的認知框架引導受害者把自己過去的行為（即便是善良慷慨的）重新看作是罪惡，陷入一種新的虛假邏輯體系，認清自己的罪惡和羞恥，尋求改過。（8）接受再教育：邏輯上的自毀榮譽。釋放罪惡感，而後認識到共產黨的教條、主義和思維方法幫助自己認清自身的醜惡、低俗、脆弱等等，從而力圖尋求新生。（9）發展與和諧：受害者與外部環境重建和諧，從外部環境吸取養料重新成長，他可能被重新接受，被認定為「進步人士」，而且會被用來做表演、供宣傳使用。（10）最後的告白／坦白：指控變成了自控和懺悔，坦白變成了內心的信念。（11）重生：重生並不一定意味著過去的自我被完全替代，也可以是一種基本改變，也就是思想、行為和性格會讓人感覺到巨大反差。（12）釋放：轉型和模糊地帶。對在中國關押的西方人士，審判、定罪、認罪、送勞改或驅逐出境是最後一道程序。回到西方世界後，有人會出現新的認同危機，尤其是監禁期間的改變無法讓他們再度完全適應新環境。「在他的個人灰色地帶，他無法在兩者任何一處感到『安全』（或『整體感』），相反，他會感到被兩個世界欺騙了。」[54]

六、冷戰時期重要洗腦研究

　　冷戰時期對洗腦／腦控的研究在西方得到重視，尤其是美國政府通過大量經費資助，甚至通過中央情報局的各種運作，資助知名心理學家，在大學建立了重要的研究基地（比如康乃爾大學），從正反兩個方面，都產出許多重要研究成果。下面幾部著作值得提起：米爾盧的《心靈的強姦：思想控制、心靈屠殺和洗腦的心理學》，[55] 薩甘特的《思想之戰：皈依和洗腦的生理學——傳教士、精神病學家、政治家和醫學家如何改變你的信仰和行為》，[56] 西恩（Edgar Henry Schein, 1928-2023）的《強制說服：中共對美國平民囚犯「洗腦」的社會心理分析》，[57] 溫恩的《被操縱的思想：洗腦、條件反射和灌輸》，[58] 安東尼・普拉卡尼斯（Anthony Pratkaniis, 1957- ）和埃利奧特・阿倫森（Elliot Aronson, 1932- ）的《宣傳時代：說服的日常使用和濫用》。[59] 在這裡，我主要集中介紹米爾盧和薩甘特的著作，因為他們在更寬闊的地理空間、歷史長河對政治層面的洗腦提供了宏觀的政治心理分

析。溫恩的著作較好地總結了冷戰期間有關洗腦（從政治到邪教再到個人消費者）的研究，我也會做簡要介紹。

　　荷蘭精神分析學家米爾盧在納粹德國入侵他的祖國時被俘，親身目睹和經歷納粹極權的宣傳、監獄中的酷刑和審訊，後來他逃到英國，成為荷蘭軍隊心理部主任，幫助英軍審訊戰俘。二戰後移居美國，也參與了治療和研究朝鮮戰爭歸來的戰俘的工作。1956年他發表了「洗腦」研究的經典著作：《心靈的強姦：思想控制、心靈屠殺和洗腦的心理學》，提出了專用名詞「心智屠殺」（menticide），來描述洗腦、心控這個特定的犯罪，並特定為「攻擊心智的冷戰」，是把「恐怖作為武器的心理戰」。他認為，把人變成機器人、自動化的動物，這種對靈魂的毀滅可以與原子彈對人類肉體毀滅的危害性相比。米爾盧的著作主要集中在解釋強迫個人服從和集體服從的心理機制和各種手段（包括巴甫洛夫的條件反射心理學、美國中央情報局的藥物實驗、宣傳灌輸、技術傷害、官僚心態和行政控制等等），以及抵禦洗腦的各種應對。

　　在米爾盧構建的「極權國」（Totalitaria）或「利維坦」理論模型有一個重要前提：「沒有極權主義的思維，就沒有洗腦的可能。」[60] 在這樣一個神奇的國家，心理手段可以給全國人洗腦，把他們的公民降低到無心智的機器人必成生活常態。他說：「極權國是任何一個這樣的國家：政治理念墮落到無意義的格式，只為宣傳目的服務。在任何一個這樣的國家，一個左翼或右翼小集團獲得絕對權力，變成全知全能；那裡意見分歧和差異是犯罪，完全的附和是生活的代價。」[61] 它有如下特徵：人機器人化，文化氣質傾向極權主義（例如東方理想的人是和家庭、祖國、宇宙一體的，兒童被培養成對權威的服從，與西方的個人主義不同），極權主義的專制領導人是具有無限權力、變態的恐懼、扭曲心態、恐懼被審判和「病態天才」的病人，整個國家也表現出病態，機器人的最後投降（人格喪失、羊群效應、集體癲狂、集體狂熱主義、精神分裂），從現實集體退出〔（精神分裂導致負面態度、對世界的敵視和死亡態度／緊張症（catatonia）〕，退縮到全自動化狀態（人與人缺乏互動交流而像胎兒一樣活在機械化的子宮），子宮國家（the womb state，出世前的控制命令的秩序統治一切，服從帶來和平與安寧）、極權思維對人的全面入侵（恐怖戰略、清洗儀式、肆意指控和濫施魔法、抓間諜狂、泛罪犯化和對文明反抗、謊言統治和言詞治國、詞語混亂模糊、扼殺邏輯、標籤狂／口號狂、離經叛道罪等等）。總之，「思考，甚至大腦本身，都變得多餘，那都只是保留給菁英們的。人必須放棄他的獨特性、個性，必須把自己融入一體化和標準化的平等勻質化的模式中」。[62]

米爾盧的第一個重要結論是：所有的人都可能坦白，我們每一個人都可能成為叛徒。心理的壓力帶來精神的混亂能夠「擊破具有勇氣的人的精神和意志」。他的這一重要結論主要針對在麥卡錫主義的大背景下，部分保守政客支持對變節的美國軍人進行審判和嚴處。他的結論看到了「英雄主義的侷限性」，與亨特的結論也是不一樣的。他還引用心理學家斯威夫特（Stephen K. Swift, 1903-1979）的研究，列出洗腦／心智屠殺的三個典型階段：第一，強索坦白／（虛假的）供詞；第二，訓練受害者自己接受假供詞，猶如動物被馴化成接受各種操控一樣；第三，被指控者完全被控制從而接受被強加的罪名，並成為構陷他人的證人。他說：「心智屠殺的計謀的核心是剝奪所有的希望、所有的期盼、對未來的所有信心。它破壞所有使心靈存活的要素。被害者處於完全的孤獨狀態！」[63] 酷刑、監禁、心理壓力會導致「鐵絲網病症」（the barbed-wire disease），讓俘虜陷入麻木和絕望，最後放棄一切，接受僵屍一樣的物理機械式的存在，並完全依附於環境。他們不再對行刑者有任何懷疑，相反卻會對他們的同事、牢友產生懷疑和背叛，出現群體性的被迫害妄想狂，[64] 也會出現受迫害者和迫害人之間「神祕的受虐狂的契約」（mysterious masochistic pact），也是後來1970年代發現的斯德哥爾摩症候群。專制主義的行刑者也用藥物和生物戰爭來麻醉和征服：「飢餓和毒癮是他們最寶貴的戰略手段。」[65] 他的例子有世界衛生組織揭露的（1954年）中共使用鴉片並在泰國推行鴉片配合共產主義擴張的例子。[66] 其他手段也包括催眠、注射〔也有所謂的注射／服用「吐真水」（truth serum）〕和腦部切除手術。

米爾盧總結出洗腦／心智屠殺的四個心理過程：第一，人為製造崩潰和消除過去的心理條件／狀態；第二，服從和積極認同行刑者／敵人的灌輸，包括自我催眠；第三，重新進入新的心理定位和條件反射狀態；第四，從極權魔咒下解脫：一旦被洗腦者回到自由民主的氛圍，催眠的魔咒就會破除。[67] 他發現，儘管洗腦會給人們帶來嚴重後果，一個成年人會回復到孤獨的嬰孩似的依附狀態。但是一旦他們回復到正常環境，他們的敏銳和活躍在兩到三天後就會恢復。但長期的戰爭和對神經的摧毀會導致極少數人變得緊張、麻木或形同僵屍。[68] 為了抵制洗腦，米爾盧強調預先教育和對洗腦認識的重要性，他可以給人們提供一層保護。同時，我們的精神脆弱可以由天生的內在力量和社會的各項教育鞏固。以軍隊為例，我們可以通過一系列手段加強集體士氣和紀律教育，強化我們「精神的脊梁」。他說：「精神脊梁和道德勇氣比知識更重要。堅強不是體質或智力特徵，而是我們得之於搖籃、我們父母的行為一貫、他們的理念和信仰。而在一個價值觀變化和信仰缺失的世界，它變得愈發稀有了。」[69] 一個簡單而又永恆的破除洗腦的應對方法：「愛和笑衝破

所有的僵化條件作用。」[70] 最重要的結論是：「自由是我們的精神脊梁。」[71]

在米爾盧書籍出版的第二年，威廉‧薩甘特的《思想之戰》也出版了。他在書中也注意到米爾盧的著作。薩甘特是英國著名心理分析師，據說是英國軍情五處（MI5）的心理學家，也長期為美國、加拿大政府提供諮詢。[72] 在本書中，他研究和解釋巴甫洛夫的理論如何導致不同性格的人在壓力下出現崩潰點：環境和心理組成二者相互作用，為此可利用的四個方法：增加壓力／暗示，延長時間，正向／反向（獎懲）手段交替使用帶來混亂，施加手段引致疲乏、缺少睡眠、腸胃紊亂和發燒等生理反應促使崩潰點到來。[73] 作為一個來自強烈宗教氛圍家庭的學者，薩甘特最顯著的貢獻是研究政治─宗教在招募／轉宗之間的共同點，尤其回溯原始社會宗教的實踐和以英美的衛理公會為案例，解釋「狗和人」具有相通的機理：「腦活動不同階段──從增加的興奮到情緒的耗盡和最終陷入麻木──都可以由心理學的方法誘導出，或者使用藥物、電療／休克療法，或者用注射胰島素人為降低血糖等。在腦神經和心理疾病的心理分析治療中誘導出的『保護性抑制』可以產生出最佳效果：一些新的不正常的模式可以被稀釋，一些健康的行為模式可以恢復或者新的模式可以被植入腦中。」[74] 他說：「在大腦功能受到足夠的刺激，被有意或無意地導入恐懼、憤怒和激動後，各種信念是可以被植入許多人的。」[75] 所以我們看到宗教和政治場合會利用舞蹈、歌唱、大型集會、巫術／魔法等來誘導身體運動、癲狂（群體癲狂）、群體壓力（羊群效應）、恐懼、內疚／罪惡感，來增加大眾的接受心理暗示的機會。

薩甘特也引述理查德‧沃爾克（Richard L.Walker, 1922-2003）在《共產主義下的中國》一書中觀察到的共產黨在蘇聯、中國以及東南亞進行洗腦培訓的六個重要因素：培訓在特殊的與家庭或與世隔絕的營地進行、疲勞訓練、加壓／緊張、不確定性／甚至有人失蹤、使用惡毒語言、整個過程充滿嚴肅性──「禁止幽默」。[76] 小組討論貫穿培訓，安插的告密者分布在每一個小組。在幾個月的體力訓練後，再開始思想學習，身心雙重疲乏後，分出先進和落後分子，開展「割尾巴」活動，與過去／舊社會／舊思想／舊習慣告別，製造出崩潰點，然後繼續鞏固提高，突然覺悟和接受黨的教條／理論／綱領等等。以後也有監督、告密、戶籍警等不斷督促，防止「思想滑邊」，挽救靈魂罪人，「鑄造新中國靈魂」。[77] 針對極權國家的僵化、教條的洗腦模式，薩甘特找到了一個破解招：「自由世界的安全似乎有賴於不僅要培育勇氣、道德美德和邏輯，而且還有幽默。幽默可以產生一個良好平衡的狀態，用笑來把情感的極端表現作為醜陋和垃圾驅走。」[78]

薩甘特也批評了英美政客和軍隊首領認為適當的愛國主義教育可以抵制來自法

西斯或共產黨或其他犯罪集團的心理精神打擊。戰爭或和平時期的經驗告訴我們，期盼個人意志力來成功抵抗長時間的生理和心理壓力缺乏科學支持。我們不應騙自己，而是看到，除了絕少數的人以外，大部分人都無法堅持到底而毫無動搖（這對亨特和米爾盧的觀察和結論做了某些修正）。對此我們知識上的對酷刑和洗腦的理解，也沒有多少幫助。他也反對用灌輸訓練英美軍人以做好應對、抵抗洗腦。但他發現：「和狗一樣，人如果完全拒絕面對問題或挑戰，或者拒絕給破壞自己心理平衡一個機會，就可以不崩潰。誰拒絕在任何轉宗或洗腦手段中合作，不對傳教人或審訊人給予關注，努力把心思集中在一些不同的事情上，就可以堅持最久。」[79] 英、美國軍隊給戰俘的培訓是，除了給出自己的姓名、軍階、軍隊服務編號、生日以外，拒絕回答任何問題。「關於與敵人合作的合法數量／程度的任何不確定性，都只會帶來更多的麻煩和崩潰。」[80] 他在書的結尾寫道，「儘管人不是狗，但他們應該謙虛地記住，在大腦功能上他們和狗很相像，不要把自己吹噓為半神。他們有宗教和社會理解的天賦，他們也被賦予理智思考力；但所有這些稟賦都是生理上由大腦來承擔的。因此，大腦不應該被濫用，不該被各種宗教或政治的神思阻礙理性的發展，也不該用各種粗俗的理性主義阻礙宗教的感覺。」[81]

　　就冷戰時期的研究成果，英國科普作家、《今日心理學》（*Psychology Today*，英國版）前主編丹妮絲・溫恩的《被操縱的思想：洗腦、條件反射和灌輸》做了涵蓋面很廣的簡明總結，幾乎收羅了冷戰期間主要的研究成果。書中總結的加利福尼亞大學（柏克萊）神經學教授瑪格麗特・辛格（Margaret T. Singer, 1921-2003）的成果值得我們注意。通過研究邪教，尤其是文鮮明（1920-2012）的統一教會，辛格注意到洗腦／灌輸的五個要點（5Ds）：依附性（Dependency）：脫離家庭親友，感到離開組織就無法生存；畏懼（Dread）：擔心失去組織的認可、喜愛或做錯事；削弱（Debilitation）：忙碌、疲勞使得組織成員無法思考；欺騙（Deception）：尤其對於要招募的外人，使用各種花言巧語欺騙、引誘；脫敏（De-sensitization）：對他們的行為和後果失去正常的感覺，比如剝削弱勢者。[82] 在討論如何抵制洗腦時，溫恩強調了「習得無助／絕望」（learned helplessness）是洗腦施行者的重要手段，而要保持希望存活下去，她說：「所有研究在朝鮮戰爭中美國戰俘的成果都表明，那些具有穩定、統一的人格的人們是最不易屈服於共產黨的宣傳的。重要的是要對生命／生活有一個平衡的視角。」[83] 就這一點，著名心理學家維克多・弗蘭克爾（Viktor Frankl, 1905-1997）在他的名著《人對意義的追求》觀察到納粹集中營倖存者的心理素質是一致的。作為中國研究的學者，我認為她的著作在多處提示我們，中共廣泛應用洗腦技術和西方洗腦研究形成了某種互動共生現象：中共是洗腦許多實踐和

靈感的原創者，同時我們可以感覺中共也在暗中祕密注意、吸收和反用西方的心理學、神經學、藥物學、催眠術等各種研究成果。或者這樣說，當西方國家的學術研究揭祕人類的許多心理和腦神經病理後，目的是要幫助每一個個人脫魔；但中共卻經常反其道而行之，用暗黑手段強化對人民的洗腦和控制。比如，建立語言的條件反射、搞亂／破壞符號的常規意義、引導坦白—愧疚症候群、利用「武器效應」（比如天安門鎮壓）、角色表演（文革和現在的政治表演）、剝奪視覺／觸覺（比如戴黑頭套、關黑屋子）、疲勞加隔離（大學生軍訓）、獎勵政府認定的正確行為（社會信用評分體系）、催眠刺客執行任務（過去的海外神祕死亡和刺殺案子已有多起）、戰爭影片宣傳給全民集體脫敏等等。當然，我們不必過高估計中共洗腦的創造力和原創性。事實上，中國的許多洗腦技術都是早被濫用過或已被識破的，只是中共不惜自己人民的生命、肆無忌憚地把邪惡推向極限、突破底線而已。

七、21世紀對洗腦／暗黑心理學／強制說服的重要研究成果

「洗腦」的核心威脅是帶來人們對喪失自由意志、個人能動性／獨特性／創造力的恐懼。20世紀出現的報紙、收音機、電視帶來的宣傳、廣告的突飛猛進，加之毒氣室、原子彈等大規模殺傷武器使得國家變得更為可怕。工業社會／後工業社會一方面加強了全社會的動員，另一方面也製造出「孤獨的人群」、[84]「組織人」（Whyte）[85]、「反文化」、異化絕望、狂熱主義、暴民心態、民粹主義等等。法西斯思潮（義大利、德國、日本等）和共產主義政權（蘇聯、中國、古巴、北朝鮮等）利用了這樣特定的歷史條件，大規模推行灌輸和洗腦（內容可以是種族主義、軍國主義、民族主義、集體主義或共產主義，也可以是末日審判或千年王國／天堂臨近、準備戰爭／鬥爭等）。在1989年法蘭西斯・福山（Francis Yoshihiro Fukuyama, 1952-）發表了〈歷史的終結〉一文，1991年隨著蘇聯的解體和東歐共產主義政權的全面崩潰，極權主義思想和洗腦威脅似乎可能成為歷史。但歷史進入21世紀，卻出現了一系列的新發展，洗腦的威脅再次籠罩在各國社會和個人層面。首先，蘇聯的解體和蘇東共產主義的崩潰導致的結果如有人所說：殺死了大紅龍，放出了一堆毒蛇。恐怖主義、種族屠殺、狂熱主義就是毒蛇。第二，電腦／資訊通訊技術的發展，網際網路、智能手機的出現，機器人技術／人工智能／大數據／監控滲透到工作和生活，以此為技術基礎的全球化深化、廣告策略個性化，人們對外部和內心世界都有一種失控感，這種失控感和各種變化帶來的不確定性，使人們陷入焦慮。第三，基因技術、腦神經醫學、藥物技術的突破加強了人們對失去自由意

志的恐懼。第四，新自由主義指導下的全球化遭遇2008年金融風暴、2020-2023年新冠大疫情／政治經濟社會危機（烏克蘭戰爭、美國國會山暴動、川普主義等）加重了人類的危機意識。第五，專制極權的中國惡性崛起，對全球自由民主體系和普世價值發起全方位的攻擊，並明確再次使用各種經典和改進版的洗腦策略，把洗腦威脅突顯出來。在這樣的大背景下，繼1950年代的直線上升後，人們對洗腦的關注在進入21世紀後再次突然增加並進入一個穩定的高峰平臺（見圖二）。

關於洗腦研究，在學術界存有爭議。部分學者認為這是冷戰的產物，因為有中央情報局捲入，所以不是嚴肅的學術、科研話題。歐洲有學者認為，這是美國在冷戰時期，尤其是1950至1960年代製造的一個話題；[86] 在日本1995年奧姆真理教在東京地鐵投放毒氣事件後，洗腦，尤其是邪教的洗腦研究引起日本注意，洗腦研究而後輸出到日本。[87]

心理學家蒂姆斯達爾注意到，在美國醫學界，「洗腦」研究不僅登堂入室，而且在進入21世紀後，它引起的科學關注波浪式上升（見圖三）。更為引人注目的是，美國精神醫學學會最新的《精神障礙診斷與統計手冊，第五版》（DSM-5，2013年；中文版2015年）在描述心理性分離障礙病症時還專門提到「洗腦」作為一個病因：「由於長期的和強烈的脅迫性說服所致的身分紊亂：個體一直受到強烈的脅迫性說服（例如，洗腦、思想改造、當俘擄時被教化、酷刑、長期的政治性監禁、被教派／邪教或恐怖組織招募），可以表現為長期的身分改變或有意識地質疑

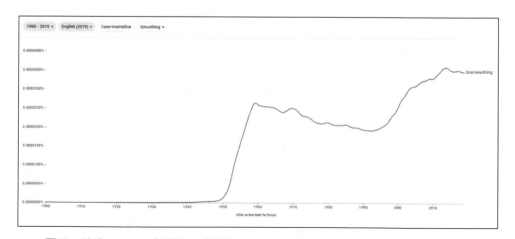

圖二：谷歌 Ngram 查看器：「洗腦」（Google Ngram Viewer: Brainwashing）

谷歌查看器顯示每年出版的英文書籍使用「brainwashing」的頻率，從1950年以後開始急劇飆升；進入21世紀還有繼續上升的勢頭。

資料來源：作者檢測。

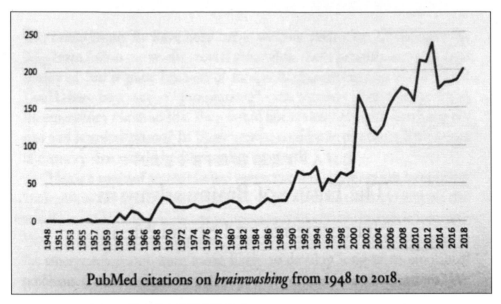

PubMed citations on *brainwashing* from 1948 to 2018.

圖三：美國國家醫學圖書館（National Library of Medicine）
生物醫學期刊索引：1948-2018年「Brainwashing」的引用數

資料來源：Dimsdale, Joel E., *Dark Persuasion: A History of Brainwashing from Pavlov to Social Media*, New Haven, CT: Yale University Press, 2021, p. 212.

自己的身分。」[88] 在這本最權威的美國心理病理手冊中，「洗腦」被作為一個特定的詞彙使用，顯示美國心理專業已經接受它的價值。

　　在總結和評述21世紀西方對洗腦的研究時，和冷戰時期的研究做個對比，可以明顯感到，冷戰時期的洗腦研究具有濃厚的意識形態，尤其是反共色彩；而21世紀，心理學不僅有了長足進步，還和腦神經研究結合，洗腦研究的文獻從心理學家、心理分析師的個人／群體採訪和案例分析更多進入到科學解剖和實驗室研究。[89] 21世紀前二十年出版的重要著作有：謝潑德（Ben Shephard, 1914-1994）的《神經戰》，[90] 泰勒的《洗腦：思想控制科學》，[91] 瓊斯（Rhys Jones）等的《改變行為：心理學國家的興起》，[92] 史密斯（Daniel Smith）的《被禁止的精神控制技術被釋放：學習催眠、操縱、欺騙、說服、洗腦和人類心理學的黑暗祕密》，[93] 斯特里特菲爾德（Streatfeild）的《洗腦：心控的祕密史》，[94]，恰爾蒂尼（Robert B. Cialdini, 1945-）的《影響力：說服心理學》（新的和擴展版），[95] 和蒂姆斯達爾的《黑暗勸說：從巴甫洛夫到社交媒體的洗腦史》。[96]

　　由於本章主要側重國家層面的政治洗腦，也由於篇幅的限制，我在這裡主要評介兩部重要著作：牛津大學的生理／解剖／遺傳系神經科學家和生理學家科學家泰

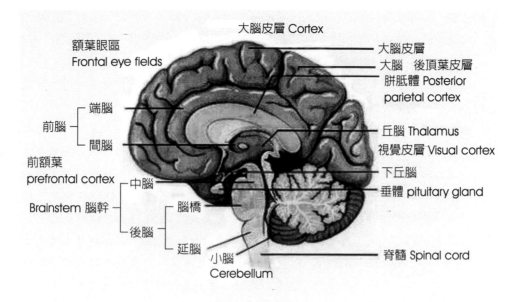

圖四：大腦結構圖

說明：本圖是基於Kathleen Taylor, *Brainwashing*（頁114和頁171）的圖和中文網路（https://zhuanlan.zhihu.com/p/386734111）下載圖片綜合而成。

勒的《洗腦：思想控制科學》和加利福尼亞大學（聖地牙哥分校）精神病學系榮譽退休教授蒂姆斯達爾的《黑暗勸說：從巴甫洛夫到社交媒體的洗腦史》，這也是一部最新研究洗腦的學術專著。因為泰勒把大腦看作「認知場景」（cognitive landscape，它是包括人儲存資訊和進行思想活動的精神環境，可以說是大腦地貌），她和其他神經學專家都會敘述到大腦結構，所以我附上一張大腦結構圖（見圖四），幫助我們認識大腦的複雜和脆弱。它的脆弱使得洗腦專家／宣傳幹事／影響技工（influence technician）／推銷員等可以找到各種入侵點，但它的複雜又使得任何對大腦進行腦控的企圖變得困難。

　　泰勒教授在《洗腦》一書中從亨特的洗腦、利夫頓的思想改造研究講起，在第一部分總結了洗腦研究發展，酷刑／洗腦／說服在政治、戰爭、教育、心理學、司法懲戒、廣告、邪教和恐怖組織等領域不同的表現形式和運用，並將洗腦分為強力、隱蔽和技術三個不同的手段。[97] 在作者看來，「如果廣告是侵蝕，強力洗腦就是地震或者是彗星撞擊：對我們內心世界的爆炸性干預」。[98]。而教育的目的是使個人自由並實現接受教育者的個人選擇。作者強調，洗腦的目的是要控制人們的思

想和行動，最理想的是能直接進入被瞄準目標的人的大腦。書的第二部分是主題，進入人的頭顱，集中在腦科學、腦神經細胞等科學層面。她在書中這樣寫道：

> 既然洗腦必然牽涉大腦，我們也進入了神經科學、心理學和哲學，用一個更靈活、複雜的組合體替代了過時的笛卡兒的（堅固的）「鑽石心」。我們已經知道大腦和它們的各種理念會隨時發生突然或緩慢的變化。當強烈的情緒產生的能量湧入認知網絡，把一個概念作為密碼輸入，並把它從一個觀點強化為深層的信念。緩慢的變化可能以不被察覺的進度出現，就像我們習慣的養成。我們也看到大腦記錄下了在它的世界裡什麼能做、什麼不能做。這種可變性的信號提供了我們有自由感覺的基礎，也提供了它的對立面──反感的基礎。反感警告我們自由面臨著威脅，這是任何施加影響力的技工們（influence technicians）都會感覺到的最大挑戰。當我們感到我們被操控了，反感就啟動了「停步─思考」機制，這是我們對操控企圖產生反感的前額葉基礎。一個突變如果力量足夠大，比如強力洗腦產生的情緒攻擊，可以擊垮這種抵抗；同時隱蔽的洗腦帶來緩慢的變化可以用各種更具欺騙性的方法來規避我們對操控的察覺。[99]

　　洗腦可以在三個層面上進行：改變人的信念、改變認知網絡（cogweb，是由想法、概念、希望、欲望、行動計畫等組成的精神客體的一個連貫網絡，可以是活躍或非活躍的）、改變人所處的環境。人的大腦的狀態決定了是否易於受到洗腦，而這也和人的基因有關。研究發現，基因極大地影響著前額葉的功能。她說：「如果你忽略了你的神經元，未能刺激神經元的突觸，頑固拒絕新的體驗，或者用刺激物（藥物、酒精）、剝奪睡眠、情緒狂喜狂悲或長期壓力來干擾你的前額葉，你就很容易被下一個你遇到的具有超凡魅力的人的全權主義所迷住。」她還發現：「低教育層次、教條主義、壓力和許多其他影響前額葉的因素會導致簡單化、非黑即白的思維。」[100] 為了直接改變人的大腦，可以有兩種方法：直接的大腦手術或對大腦環境進行改變。泰勒寫道：

> 神經元，也就是說大腦，是電化學的存在體。它們可以同時被各種分子和電刺激（也包括電磁場）影響。實踐中，改變大腦的影響可以細分為無數的種類，反映出傳統的科學劃分法。物理性的影響包括輻射，電磁波輻射（包括影像、溫度變化、磁場等等），最近人們還提出了量子效應。技術上來說也

是物理性的、但人們通常把它們分開來的還有機械的和有機的影響方式：
手術、傷害和疾病。後面的兩項經常不是容易區分的：比如，腦腫瘤通過
改變化學物質的不同程度，或者其成長器質性地擠壓神經元，或者二者合
一，都會帶來災難。化學的影響方式包括神經遞質（neurotransmitter）、荷
爾蒙、食物、藥品（但是這些東西經常重合）。這些動因有的可以直接作
用於神經元，有的可以在人體內轉換成各種活躍方式。有些會影響神經元
的內臟和它們浸泡其中的接觸腦脊液（cerebrospinal fluid, CSF）之間的電
力平衡，有的會影響細胞膜，有的能夠穿透細胞膜並改變神經元的內部機
理。如果這些內部機理包括神經元基因，這些有關的動因又可以被歸為遺傳
影響。最後還有社會影響，這是一個涵蓋了語言、文化、個人關係等的大概
念。[101]

影響大腦的方式如此眾多，隨著科學的突飛猛進，不僅我們已經看到腦電圖、
基因干預和改造、藥物消除記憶等已被運用，而且虛擬現實的出現和把我們包裹其
中，大規模監控出現（甚至祕密植入到人體），客觀的自由和人們感受到的主觀自
由的分離，都可能給人類文明和自由帶來災難。但心理學有巴甫洛夫的條件反射學
派，可以為專制政權服務馴化民眾，也有佛洛伊德、佛洛姆（Erich Fromm, 1900-
1980）、佛蘭克爾（Viktor Emil Frankl, 1905-1997）的分析心理學服務於個人、幫
助個人走出心理疾病。同樣地，科學可以服務於暴政，也可以服務於自由。對此，
泰勒並不認同當下許多反面烏托邦著作的極度悲觀主義。她說：「我們是人傑地
靈，我們是髒兮兮、功能不全、難纏的人類。我們捉摸不定的神祕將在未來很長一
段時間擊敗最厲害的心術大師。」[102] 如何做到這一點？我們如何抵制洗腦，保護
我們個人和社會的自由？泰勒列出了一個模型「FACET」（我猜測發明者是希望
我們Face It：直面應對洗腦戰略）──自由（Freedom）、能動性（Agency）、複
雜性（Complexity）、目的不是手段（End not means）和思考（Thinking）──她
認為這可以用來抵消洗腦技術的影響。她寫道：「因為我們知道通過改變信念我們
能改變自己和他人，因為我們知道觀點最好和其他觀點碰撞，我們應該公開地辯
論、教導和珍惜反極權主義的各種意識形態的優勢，同時抵制各種惡性的意識形
態。我們應該讚頌人類的自由和能動性、人類是目的而絕不是手段的理念、學會思
考和有效分析資訊的重要性，以及人類經歷和我們珍惜的價值有無法消除和不可
替代的複雜性。」[103] 而這五項內容都是針對利夫頓總結的「思想改造」的八項內
容，並可以一一破解他們。[104]

　　蒂姆斯達爾的《黑暗勸說：從巴甫洛夫到社交媒體的洗腦史》總結了我們前面已經敘述的多項研究，重點值得一提的是：第一，本書對美國政府和西方國家對共產黨國家洗腦戰進行的反擊戰有詳細描述和總結。他披露了中央情報局資助的「MKUltra」（超級心控，來自德文 Mind Kontrolle）項目，加拿大科學家卡麥隆（Donald Ewen Cameron, 1901-1967）在蒙特利爾麥吉爾大學建立的「精神病學研究所」，以及中央情報局資助的科學家違反研究規範道德的非法研究，和研究帶來的各種事故問題，並最終導致美國政府終止了這些研究。就這一部分，斯特里特菲爾德的《洗腦：心控的祕密史》還有更詳細的深度描述。第二，蒂姆斯達爾展望了在腦神經科學和社交媒體發展下的洗腦。他指出：「人們可以猜測在研究洗腦上科學可能走的兩個方向：如何運用腦神經科學對記憶、認知、愉悅、痛感的研究成果來強化使用脅迫；如何利用社交媒體的能力來強化脅迫。」[105] 他警告我們，社交媒體的發展已經把過去我們擔憂的「高度機械化的烏托邦」轉化到了「反面烏托邦的媒體武器化」。[106] 在《飢餓遊戲》一書中，作家蘇珊・柯林斯（Suzanne Collins, 1962-）描繪了洗腦的爐火純青的境界：遊戲的控制人受制於總統，而總統又受制於無形的控制。誰是最後的、最深層的操盤手，人們不得而知。[107] 對此，義大利精神分析學家馬拉茲蒂（Donatella Marazziti, 1956-）也警告我們社交媒體可能帶來的洗腦後果：

　　　　我們是否意識到或應該更加意識到廣告使用明顯的元素、但也可能包含隱藏的元素來對我們的選擇施加壓力？根據蒂姆斯達爾（2021）的說法，這個過程被稱為洗腦或暗黑說服。我們相信，這是一個可預見的真實風險，即過度使用、信任和依賴涉及我們所有人的社交媒體。行為的同質性往往與思維的同質性相關聯。下一個關鍵問題如下：當前獨特思維是否面臨風險？我的回答是肯定的，如果我們牢記通過網際網路的社交媒體可能會導致我們的大腦結構發生真正的改變，因為神經非凡的可塑性可能會把大腦引向黑暗。人類歷史上充滿了過去和最近的例子，說明人類是多麼容易受到影響，在主導（獨特）思維下並可以通過公開或微妙的灌輸手段改變他們的觀點、政治或宗教信仰，並成為受控制的個體，甚至可能犯下令人髮指的行為。的確，思想同質化的最終結果可能是獨裁。[108]

　　顯然，洗腦作為一個既古老又時新的話題，不僅需要我們挖掘歷史，也需要我們關注當下的快速發展。如果我們把西方的洗腦的理論進展引進到中國問題研究，

還會發現更多的未開墾的學術處女地。尤其值得注意的是，如果我們把中文世界的
動態和英文比較，我們可以看到中文書籍對洗腦的關注比英文世界滯後十年，但在
過去十年裡，中文世界對洗腦的關注度升溫速度超過了英文世界（參見圖五）。對
此，我們或許可以有兩種猜測：第一，越來越多的中國人開始關注洗腦現象和問
題。這可能和中國學者的思考有關，也可能和西方的研究引起了中國互動有關，也
可能是由於中國的新興宗教興起和大眾傳媒、廣告業的重要性激發中國人對洗腦關
注。第二，假如我們可以想像中國人在自我覺醒中強化了對洗腦想像的認識，我們
同樣有理由假設，中共政權也在強化自身對洗腦的研究和運用，同時也會對西方的
反洗腦做出「反─反洗腦」的回應。而中共把自身的罪惡投射在它的民主國家對手
身上，是它洗腦傳統的屢試不怠的戰略。總之，我們必須意識到，21世紀中共下的
中國和西方的冷戰已經以心理戰／認知戰／腦戰／心智戰的方式展開。這是一場競
賽，決定自由、民主、多元、科學、人道是否可以戰勝奴役、專制、極權、教條、
殘忍。

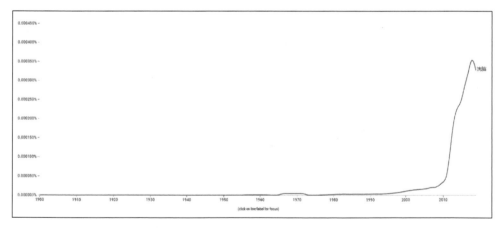

圖五：谷歌 Ngram 查看器：「洗腦」Google Ngram Viewer：簡體中文「洗腦」
谷歌查看器顯示每年出版的簡體中文書籍使用「洗腦」的頻率，從2000年以後開始急劇上升；近十年上
升的勢頭迅猛。

八、結論

　　總結洗腦在歷史上、尤其是近百年的演變，我們可以歸納出三種不同的模式：
（1）古典洗腦：從古代、中世紀我們都看到暴力、酷刑的使用來達到改變人們思
想、信仰的目的。這種手法至今還是可以看到殘留（例如中國政府對異議人士的迫

害、在新疆和西藏的洗腦配以酷刑等）。（2）現代洗腦：主要是通過控制人的環境（遠離家庭親人、封閉、集中營、學習小組、社會動員、宣傳、監控等）以改變人的心理、性格和行為模式，迫使個人或群體服從和接受全權主義思想或極權體制。（3）21世紀資訊科學、電腦技術、腦神經科學、生物醫藥化學等突破帶來的高科技下的洗腦，以及利用社交媒體的出現通過炮製、傳播假資訊、深度謊言（通過Deepfake來編造影像）來誤導輿論、影響輿情。[109]

　　當下正值百年一遇的新冠大疫情肆虐三年，並帶來全球社會、政治、經濟和地緣戰略的大動盪，全權主義思維模式正在威脅著西方民主國家。在實行極權主義的中國，中共也試圖向外輸出它的高技術極權主義模式，並通過對海外華人、留學生、外住機構的控制，對國際組織和世界各國的滲透，試圖把對中國國民的洗腦擴展到全世界。中國研究不僅涉及中國未來是否會走向民主化的問題，也涉及如何在中國和中國滲透的虛擬空間捍衛自由民主的問題。這也是過去三百年間蒙昧主義和啟蒙運動較量的繼續。我希望，當我們把西方洗腦研究的理論成果運用到中國現實政治中，跨學科的交流和嫁接會催生更多的學術成果，加深我們對當下中共洗腦理論和實踐的了解，抵制和解構21世紀的蒙昧主義，推動和深化中國人在「五四運動」以後掀起的啟蒙運動，建立一個崇尚民主、科學、自由的文明國度。

注釋

1　William Sargant, *Battle for the Mind: A Physiology of Conversion and Brainwashing—How Evangelists, Psychiatrists, Politicians, and Medicine Men Can Change Your Beliefs and Behavior* (San Jose, CA: Malor Books, 2015 [1957, 1997]), p. xviii.

2　傅志彬《洗腦的歷史》一書由臺灣達觀出版社於2014年7月1日出版，江西省南昌青山湖區法院以「非法經營罪」判處傅志彬有期徒刑1年10個月。

3　康正果：《毛澤東與夕托邦》（臺北：秀威資訊科技股份有限公司，2017年）。

4　也參見：徐賁：〈美國的洗腦理論〉，2020年7月2日（hx.cnd.org/2020/07/02/%E5%BE%90%E8%B4%B2%EF%BC%9A%E7%BE%8E%E5%9B%BD%E7%9A%84%E6%B4%97%E8%84%91%E7%90%86%E8%AE%BA/）。

5　參見：Brainwashing | Britannica. At: www.britannica.com/topic/brainwashing, accessed 4/8/2023.

6　Kathleen Taylor, *Brainwashing: The Science of Thought Control* (New York: Oxford University Press, 2004), pp. 301-302.

7　Joel E. Dimsdale, *Dark Persuasion: A History of Brainwashing from Pavlov to social media* (New Haven, CT: Yale University Press, 2021), p. 8.

8　Robert Jay Lifton, *Thought Reform and the Psychology of Totalism: A Study of Brainwashing* (London: Victor Gollancz, 1961; reprinted Chapel Hill and London: University of North Carolina Press, 1989).

9　William Safire, *Safire's Political Dictionary* (Updated and Expanded Edition, New York: Oxford University Press, 2008), pp. 78-79.

10　Joost A. M. Meerloo, *The Rape of the Mind: The Psychology of Thought Control, Menticide, and Brainwashing* (Palm Desert, CA: Progressive Press, 2009 [1956]), pp. 27-28.

11　胡平：《人的馴化、躲避與反叛》（香港：亞洲科學出版社，1999年；電子版 2007年），頁7，docs. google.com/viewer?a=v&pid=sites&srcid=ZGVmYXVsd GRvbWFpbnxodXBpmd3ZW5qaXxneDo3MWI4Z GNlZjM2NDM1MjM1, 2023.04.20。也可參考他的英文著作：Hu Ping, *The Thought Remolding Campaign of the Chinese Communist Party-State,* translated by Philip F. Williams and Yenna Wu (Amsterdam: Amsterdam University Press, 2012).

12　同上，頁10。

13　同上，頁12。

14　Dimsdale, *Dark Persuasion,* p. 6.

15　Meerloo, 2009, *The Rape of the Mind,* p. 13.

16　Dimsdale, *Dark Persuasion,* pp. 1-4.

17　Ivan Petrovich Pavlov, *Conditioned Reflexes: An Investigation of the Physiological Activity of the Cerebral Cortex* (New York: Dover Publications, 1960); Ivan Petrovitch Pavlov, *Conditioned Reflexes and Psychiatry— Lectures on Conditioned Reflexes*, Vol. (London: Cullen Press, 2011).

18　Dimsdale, *Dark Persuasion,* p. 18.

19　Edward Hunter, *Brainwashing: The Story of Men Who Defied It* (New York: Farrar, Straus and Cudahy Hunter, 1956), p. 242.

20　Taylor, *Brainwashing*, 2004, p. 222; 2023年5月26日與Bing的對話。

21　Yevgeny Zamyatin, *We* (New York: Penguin Books, 1993), p. 88.

22　同上，頁44。

23　Aldous Huxley, *Brave New World and Brave New World Revisited* (New York: Harper Perennial, 2005), p. 294.

24　Christopher Hitchens in Huxley, *Brave New World and Brave New World Revisited* (2005), pp. viii-ix.

25　George Orwell, *Nineteen Eighty-Four*, centennial edition (New York: Harcourt Brace, 2003), p. 261.

26 Edward Hunter, *Brain-washing in Red China: The Calculated Destruction of Men's Minds* (New York: Vanguard Press, 1951), pp. 4-5, 38.

27 同上，頁211。

28 同上，頁212。

29 同上，頁207。

30 同上，頁35。

31 同上，頁116。

32 同上，頁10。

33 同上，頁10-11。

34 同上，頁12。

35 同上，頁73。

36 同上，頁65。

37 同上，頁98。

38 同上，頁264。

39 同上，頁146。

40 同上，頁150。

41 同上，頁231。

42 同上，頁298。

43 同上，頁301。

44 同上，頁299。

45 Hunter, *Brainwashing*, 1956.

46 同上，頁6。

47 同上，頁47。

48 同上，頁286。

49 同上，頁249。

50 Lifton, *Thought Reform*, 1961.

51 同上，頁4。

52 同上，頁419-437。

53 同上，頁66。

54 同上，頁85。

55 Joost A. M. Meerloo, *The Rape of the Mind: The Psychology of Thought Control, Menticide, and Brainwashing* (1956: Reprint: Progressive Press, 2009).

56 William Sargant, *Battle for the Mind: A Physiology of Conversion and Brainwashing—How Evangelists, Psychiatrists, Politicians, and Medicine Men Can Change Your Beliefs and Behavior* (1957, 1997, 2015, Malor Books).

57 Edgar H. Schein, with Inge Schneier and Curtis H. Barker, *Coercive Persuasion: A Socio-Psychological Analysis of the "Brainwashing" of American Civilian Prisoners by the Chinese Communists* (New York: W. W. Norton & Company, Inc., 1971).

58 Denise Winn, *The Manipulated Mind: Brainwashing, Conditioning and Indoctrination* (London: Octagon Press, 1983).

59 Anthony Pratkanis and Eliot Aronson, *The Age of Propaganda: The Everyday Use and Abuse of Persuasion* (New York: Freeman, 1992).

60 Meerloo, 2009, p. 106.

61 同上，頁106。

62 同上，頁124。

63　同上，頁30。

64　同上，頁74、79。

65　同上，頁60。

66　同上，頁59。

67　同上，頁90-92。

68　同上，頁75。

69　同上，頁281。

70　同上，頁54。

71　同上，頁294。

72　Dimsdale, *Dark Persuasion,* p. 9.

73　Sargant, *Battle for the Mind*, pp. 9-10.

74　同上，頁19。

75　同上，頁151。

76　同上，頁180-181。

77　同上，頁179-190。

78　同上，頁264。

79　同上，頁262。

80　同上，頁263。

81　同上，頁274。

82　Winn, *The Manipulated Mind,* 161-2.

83　同上，頁211。

84　Riesman, David, Nathan Glazer, *The Lonely Crowd: A Study of the Changing American Character* (Doubleday Anchor Books, 1953; Veritas Paperbacks Abridged, Yale University Press, 2020).

85　William Whyte, *The Organization Man* (New York: Simon & Schuster, 1956).

86　Buckman, J., "Brainwashing, LSD, and CIA: historical and ethical perspective," *International Journal of Social Psychiatry,* 1977 Spring; 23(1): 8-19, doi: 10.1177/002076407702300103; Richardson, James T., *Massimo Introvigne, "Brainwashing" Theories in European Parliamentary and Administrative Reports on "Cults" and "Sects",* December 2002, Journal for the Scientific Study of Religion (JSSR), https://doi.org/10.1111/0021-8294.00046.

87　[日]苫米地英人：《現代洗腦手冊》（新北市：遠足文化事業股份有限公司，2019年）；Rin Ushiyama, Discursive opportunities and the transnational diffusion of ideas: 'brainwashing' and 'mind control' in Japan after the Aum Affair, September 2019, https://doi.org/10.1111/1468-4446.12705.

88　美國精神醫學學會：《精神障礙與診斷統計手冊，第五版》（DSM-5，2013年，中文版）（北京：北京大學出版社，2015年），頁298。

89　一個典型的例子是：Baron-Cohen, Simon, *The Science of Evil: On Empathy and the Origins of Cruelty* (New York: Basic Books, 2011).

90　Ben Shephard, *A War of Nerves* (London: Pimlico, 2000).

91　Kathleen Taylor, *Brainwashing: The Science of Thought Control* (New York: Oxford University Press, 2004).

92　Rhys Jones, Jessic Pykett, Mark Whitehead, *Changing Behaviours: On the Rise of the Psychological State,* Northampton (MA: Edward Elgar, 2013).

93　Smith, Daniel, *Banned Mind Control Techniques Unleashed: Learn the Dark Secrets of Hypnosis, Manipulation, Deception, Persuasion, Brainwashing and Human Psychology* (Scotts Valley, CA: CreateSpace Independent Publishing Platform, 2014).

94　Dominic Streatfeild, *Brainwashing: The Secret History of Mind Control* (New York: Picador, 2007).

95　Robert B. Cialdini, *Influence: The Psychology of Persuasion* (New and Expanded, New York: Harper Business,

2021).

96　Joel E. Dimsdale, *Dark Persuasion: A History of Brainwashing from Pavlov to Social Media* (New Haven, CT: Yale University Press, 2021).

97　Taylor, *Brainwashing*, p. 251.

98　同上，頁125。

99　同上，頁207。

100　同上，頁215。

101　同上，頁234-235。

102　同上，頁244。

103　同上，頁261。

104　同上，頁262-267。

105　同上，頁212。

106　同上，頁226。

107　Susan Collins, *The Hunger Games Trilogy* (New York: Scholastic, 2008).

108　Marazziti D., "Brainwashing by Social Media: A Threat to Freedom, a Risk for Dictatorship," In *Clinic Neuropsychiatry*, 2022 Oct; 19(5):277-279. doi: 10.36131/cnfioritieditore20220502.

109　參見：Taylor, *Brainwashing*, p. 252.

洗腦：一個思想史的追蹤

陳奎德

一、洗腦：語義的泛化

（一）泛洗腦主義

當今世界，「洗腦」已成為相當流行的一個詞，無論在政界、商界，還是學界，無論是菁英文化還是流行文化領域。

這是一個令人相當詫異的語言現象。

實際上，「洗腦」的流行，是伴隨著其語義的泛化同時發生的。

人們經常聽到如下各種表述，諸如：

臺灣中天主持人黃智賢在臺灣《中國時報》發表評論稱：「大陸對臺灣，從來就沒有敵意。一直以來，是臺灣民意被臺獨和美國洗腦、挾持，而不斷對大陸有敵意。」[1]

筆者曾在一個學術會議上聽有傳媒學者聲稱：北京的中央電視臺CCTV和美國的CNN、福斯（Fox）都一樣，大家都在洗腦。雙方的地位是對稱的，是公平對等的競爭關係云云。

基於「洗腦」該詞的形象性與生動性，它在一些美國媒體中也流行起來。在他們看來，不僅共產主義的政治宣傳是洗腦，資本主義的商業廣告也是一種洗腦。甚至《紐約客》（*The New Yorker*）雜誌還刊登過丈夫被妻子洗腦、孩子被父母洗腦的漫畫。

作家高德的結論是：「洗腦是所有公司不願意承認，卻是真實存在的公司潛規則。它不僅普遍存在，而且無孔不入。」[2]

上述對「洗腦」這一詞語的使用實際上隱含著一個前提，即：洗腦無是非，所有人和群體都在洗腦和被洗腦。洗腦與人類社會一直就存在的，「教育、傳播和宣傳」這些行業行為並沒有根本區別。

這就是本文所謂「洗腦」的語義泛化。推到澈底，實際上它是說，人與人之間的任何精神交流活動，都是洗腦，更準確地說，都是相互洗腦。也就是說，「洗腦」這個詞，已經高度普遍化了。洗腦已成為人類一切教育、交流、對話的代詞。

　　在這種一切皆為洗腦的泛洗腦主義的語境下，人類社會過去所論及的區別：一切關於是與非、善與惡、真理與謬誤、自由與奴役、正義與非正義、極權制度與民主制度、正教與邪教……，所有這些概念，都喪失了意義。這些成對出現的相反概念，都變得沒有差別。這就是一個《1984年》的世界，徹底相對主義的混沌世界，「大同世界」。

　　因此，雖然「洗腦」這個詞在20世紀50年代初期幾乎專門用於極權主義政權，但是之後其使用範圍卻極度擴張，跨越了心理學、生理學、社會學、政治學和哲學諸種領域，其含義不斷膨脹。在當代，洗腦這個詞含括了說服、灌輸、傳播、教育、話語、對話、交流、宣傳等諸種意義。瀏覽各國媒體、學界、政界的紙面文獻與語音載體，「洗腦」的語義已經遠遠地離開了其原點，變得面目全非，甚至截然相反了。

　　本文主要從政治哲學的視角討論洗腦的精神淵源，追溯其思想史蹤跡。

（二）「洗腦」的詞源

　　事實上，就「洗腦」這個詞本身而言，其歷史並不悠久，不過七十多年。它起源於共產中國，發揚於西方，而又「出口轉內銷」再回歸中國。

　　在1950年代初的朝鮮戰爭（韓戰）中，聯合國部隊驚異地發現，有些被共產黨俘擄的士兵，突然信仰了共產主義和毛澤東思想，竟紛紛詆毀自己的祖國。一個中國人私下說，這是因為共產黨的「思想改造」給戰俘洗腦了。美國記者愛德華・亨特聽到後，將這兩個中國字翻譯成了英文brainwash。

　　1961年，美國精神病學家羅伯特・利夫頓出版著作《思想改造與全能主義心理：中國的洗腦研究》，正式為洗腦下了一個定義。

　　這是「洗腦」這個詞的來源。

二、「洗腦」的精神淵源

　　雖然從詞源看，「洗腦」的歷史不長，然而它的精神和思想淵源卻可以追溯很遠。如果刨根究底，這一發展有一個綿長的意識形態脈絡，可以追溯到尼采的「上帝之死」，追溯到德國第三帝國宣傳部的真理與謊言的等價位階，追溯到前蘇聯史達林主義的封閉式單一意識形態灌輸，追溯到西方馬克思主義鼻祖葛蘭西的文化霸權理論以及氾濫於哲學家傅柯思想體系中的「唯權主義」，溯源於1968年前後喧囂於北京和巴黎的左翼激進主義狂歡。

（一）尼采：上帝已死，重審價值

德國哲學家弗里德里希・威廉・尼采，曾經斷言：「上帝已死」。這一命題不僅對人、對宇宙或物質秩序失去信心，更令人否定絕對價值——不再相信一種普世價值和客觀道德法律，把每個個體都包括在內。它直接衝擊的，是自「摩西十誡」（Moses' Ten Commandments）以降直至康德（Immanuel Kant, 1724-1804）的「道德的絕對命令」（categorical imperative）。不少人注意到了，這種絕對道德觀的喪失，就是虛無主義的開端。

尼采的虛無主義聲稱，世界上沒有客觀的秩序或結構，除非人們賦予它。透過支持信念的外表，虛無主義者發現所有的價值觀都是毫無根據的，理性是無能為力的。

但尼采相信，大部分人都不認同「上帝已死」這種觀念，因為他們內心深處都有深層的恐懼或憤怒。所以，當這種虛無被廣泛認識時，他們會覺得十分痛苦，然後虛無主義變得猖獗，而且相對主義會在人類社會中成為法律——所有事情都是被許可的。既然上帝已死，所有價值皆應重審；既然上帝已死，凡事皆可為。他寫道：「一切都是虛假的！幹什麼都行！」[3]

與尼采的權力意志思路相平行，馬克思的共產主義也在19世紀與20世紀之交大張其勢，二者的思想、政治、軍事、經濟後果是兩類極權主義國家的出現：一是希特勒（Adolf Hitler, 1889-1945）式第三帝國和墨索里尼（Benito Amilcare Andrea Mussolini, 1883-1945）的義大利，二是史達林式的蘇聯和毛澤東式的中華人民共和國。

（二）葛蘭西的文化霸權論

安東尼奧・葛蘭西，義大利哲學家，西方馬克思主義的重要代表，他的文化霸權（cultural hegemony）論，對於建構洗腦的理論與實踐有十分關鍵的貢獻。文化霸權論為共產國家的「洗腦」、「思想改造」的實踐提供了直接的理論支撐。

葛蘭西認為，資本主義不僅依靠暴力或政治和經濟強制來統治，也依賴其意識形態，取得人民的積極同意。所以說，一個團體主導力量是表現在「統治」（domination）和「心智與道德的領導權」（intellectual and moral leadership）這兩方面。上述第一種統治指的是直接強制，透過軍隊、警察等方式強制人民順從；而第二種——心智與道德的領導——則是指讓人民認為某些哲學與道德是理所當然的，進而積極地去同意、捍衛這些思維。

　　葛蘭西認為，奪取文化霸權，是奪取權力的基礎。若要成功革命，便需要推翻既有的文化霸權，建立工人階級的霸權來引領整個社會。在葛蘭西看來，在現代社會，一個階級不能僅僅通過狹隘的經濟手段來支配社會，也不能純粹通過強制和暴力。它必須實行知識與道德的領導，與其他力量廣泛合作和妥協。

　　如所周知，20世紀馬克思主義有一個方向性的轉變，就是從原教旨式的經濟批判轉向了文化批判。此一轉向首先是源於馬克思的《資本論》（*Das Kapital*）式的經濟學已經在主流經濟學界喪失了聲譽，遭遇到毀滅性的反駁，因此其「經濟基礎決定上層建築」之類的歷史唯物論教條也基本無人理睬了；其次，則是蘇聯史達林式的馬克思主義的悲劇性實驗導致西方左翼知識界的幻滅感，於是，新馬克思主義者（如法蘭克福學派等）轉向了對資本主義的文化批判。安東尼奧·葛蘭西的文化霸權理論應運而生，他可以說是新馬文化批判的重要開創者之一。

　　這種文化霸權論也就是中共所謂的「話語權」理論的重要來源。葛蘭西這裡的「知識與道德的領導」，就是在共產國家發生的大規模的「洗腦」工程。雖然那時「洗腦」這個詞並未誕生，但是已經在前蘇聯史無前例地大規模地實踐了。

（三）傅柯的唯權主義

　　在當代思想界影響很大的法國哲學家傅柯，其理論的核心概念是權力（power），是普遍化的權力。他幾乎把人世間的一切關係都化約為權力關係。傅柯挑戰了傳統的權力觀。他認為之前的權力理論總是落入「法律必須是權力的形式和權力應該總是以法律的形式行事」的窠臼。他用一句俏皮話犀利地指出：「在政治思想與分析中，人們一直沒有砍去國王的腦袋。」[4] 他所謂「國王的腦袋」，就是「主權—法律的權力觀」。在傅柯的眼界裡，權力除了以一種與法律相關的方式，即「主權—法律的權力觀」的方式運作之外，還具有更多更巧妙的運作方式。

　　在傅柯的詞典中，權力被理解為一種力量（force）關係。力量是影響其他力量或被其他力量所影響的能力。這就意味著不能將權力理解為可被占有的具有實體性質的東西，而純粹是一種關係、狀態。這就大大地擴張了「權力」這個詞的外延。

　　在傅柯眼中，知識與權力總是成對出現。它不僅僅意味著知識是因為對權力有用才被權力利用，更重要的是能夠表明在權力謀劃中，知識總是權力的一部分：知識是權力的知識，權力也是知識的權力。於是，與尼采一樣，傅柯的權力理論也是一種對「真理意志」的批判。對傅柯來說，不僅知識即權力，更重要的是，權力即知識。因此，他繼承了尼采的重要主題：不存在超然獨立的真理，從而顛覆性地取消了真理這一概念。傅柯指出：「幾個世紀以來，我們一直在徒勞地等待這個詞

（the Word）。[5] 這個大寫的『詞』，就是上帝的判決，就是終極真理。然而，等待是徒勞的，因為上帝已死。」傅柯在此已與尼采合流。他進一步斷言，「真理」是運用權力的結果，而人只不過是使用權力的工具。不同的人運用權力，就必定產生不同的「真理」。在此基地上，其權力論也就取消了客觀性這一概念。同時，它也與馬克思主義的「真理的階級性」產生了共鳴，雖然傅柯本人並不大願意提及馬克思。

在傅柯的理論框架下，區別被別人用槍或暴力驅使你做一件事和被人用道理或情感說服你去一件事是沒有意義的。二者無差別，都是按照別人的權力要求去做了某件事。即是說，無論是在暴力的脅迫下還是在話語的說服下，總之你服從了對方的意志，或說放棄了自己的意志去做了某事。這就是權力所導致的，無論是硬權力還是軟權力，都是權力的運用。傅柯既不拋棄權力的支配效應，又能夠闡釋權力更加微妙精細的運作，產生某種「潤物細無聲」的非直接支配式的權力效果。正如葛蘭西的文化霸權理論一樣，權力的效果不僅不能被一眼看出，反而被理所應當地接受下來。

這種貌似深刻的唯權主義在相當長一段時間內俘獲了部分人的心智，聲勢咄咄逼人。甚至風行於目前學術界和輿論界的術語──「話語權」，亦可說是葛蘭西和傅柯思想的流風餘韻。

傅柯說，那些被稱作合理的事物實際上不過是意識形態的作用。什麼是合理的，什麼是不合理的，完全取決於我們的意識形態。但如果我們反問，傅柯的這一思想本身是否合理呢？是否也不過是另一種意識形態的產物呢。這樣就導致邏輯上無窮後退。如果他稱自己的思想是否合理不取決於意識形態，那麼就一定會有一些事情超越於意識形態，這也就導致其理論的自我否定。

在傅柯這種視角下，無論美歐國家以自由、民主、法治、人權為立國的價值核心，還是前蘇聯及中國以馬克思的共產主義相標榜，在他看來，都是雙方各自領導人物的權力運用、意識形態運用或文化霸權，這種雙方話語權的競爭，無所謂善惡對錯，無所謂客觀性，不存在據以判斷的眾所公認的中立標準。

再進一步，傅柯把尼采的「上帝之死」推進到了「人的死亡」。他在《事物的秩序》中指出：「人僅僅是呈現於兩種語言模式之間的一種形象而已。……人只是近代的一個發明，而其命數到今日可能也將面臨終結了。……我們可以確定地說，人，正如刻畫在海邊沙灘上的一張臉一樣，終究會被歷史的浪濤沖刷以去。」[6] 既如此，自文藝復興、啟蒙運動以來被置於至高地位的賦有主體性和作為目的的「人」、「普遍人性」、「人道主義」，在傅柯的話語中，成為歷史上行將湮滅的

臉型沙丘，不再賦有永恆性與普遍性了。

傅柯這一貌似驚悚的「人的死亡」之讖語，實際上並未造成多大思想震撼，甚至也遭致與自己相近思路學人的廣泛批評，行之未遠，漸次偃旗息鼓了。這一論調的命運，恰好可用他自己所說的「人」來描繪，是「海邊沙灘上的一張臉」，很快被思想史抹去了。

「人」之不存，「普遍人性」將焉附？「真」將焉附？「善」將焉附？「美」將焉附？

在精神的版圖中，「基點」、「原點」或轉動思想之門的「軸」，恐怕還是必要的。否則，思想就變成漂浮游動的流沙和過眼煙雲了。

總起來說，傅柯是在更深的層次上，在泛權論的框架中為「洗腦」的理論與實踐提供哲學基地。

但是，雖然如此，我們還是必須注意，傅柯在理論上與實踐上是分裂的。雖然他在左翼理論上激進而澈底，但他在實際的社會活動中，卻並非如其理論般脫離常識，其實際的政治直覺仍壓倒了其極端主張。雖然他基本上對現存的政治權力持批評態度，但在1981年弗朗索瓦・密特朗（François Marie Adrien Maurice Mitterrand, 1916-1996）贏得選舉勝利後，傅柯對其法國社會黨政府表示了謹慎支持。然而在1982年，波蘭共產黨當局鎮壓由團結工會策劃的示威遊行，而法國社會黨拒絕譴責，傅柯即改變了對社會黨的支持，並譴責密特朗的無所作為。他的政治直覺並沒有誤導他的實踐。

三、洗腦──20世紀的特殊產物

然而，在洗腦的問題上，果然是「彼亦一是非，此亦一是非」？這種泛洗腦論的相對主義能為極權政權做充分的辯護嗎？

我們注意到，前述作為「洗腦」的精神淵源的尼采、葛蘭西和傅柯這幾位哲學家都活躍於20世紀，除了馬克思以外，他們也與20世紀兩種極權主義國家──法西斯國家與共產黨國家──的出現有某種精神關聯。這兩種國家，一是希特勒式第三帝國和墨索里尼的義大利，二是史達林式的蘇聯和毛澤東式的中華人民共和國。它們為制度性的洗腦提供了模板，因此簡略看看它們的運作或許會有啟發作用。

簡言之，在這兩種極權主義國家，政府都專門設有宣傳部，制度性洗腦的前提是資訊被政府高度控制和封鎖，在國內外之間築起資訊柏林圍牆，沒有言論自由和新聞自由。當權者透過全權控制媒體，控制學校和研究機構，透過日常生活中的灌

輸，從嚴格審查而播放的電視、電影、網路、表演等，配合教育系統的灌輸，如水銀瀉地一樣對全民實施洗腦。如對歷史以及教科書的篡改，刪除所有對自身不利的歷史課題，以達到隱惡揚善的政治目的，從而為執政當局帶來更自如以及容易控制的政治，維持其統治合法性。

在這類國家，國民沒有選擇的權利，加上揣測聖意的艱難，形成了該國獨特的語境。批評什麼，讚美什麼，都是一種統治階層甚至獨裁者一人意志的體現，絕不准許個人做出獨立判斷。極權體制下，全國只需要一個大腦，就是獨裁者的大腦。全體臣民只需要複製黏貼聖語、聖意，除此之外，任何獨立思考都是非法，都是危險的。

仔細觀察比較一百年來法西斯國家與共產黨國家的洗腦歷史，就無孔不入的澈底性而言，共產黨國家洗腦強於法西斯國家；而毛澤東式的洗腦又強於史達林式的洗腦，尤其是中國文化革命時期，堪稱迄今為止國家洗腦的巔峰。

極權國家的這類洗腦，人類歷史上還未曾見過。嚴格說，洗腦是20世紀興起的一椿特殊的現象。除了這些國家的政治領袖之外，洗腦的最重要的思想淵源和精神資源是馬克思、尼采、葛蘭西、傅柯。

（一）洗腦的消毒劑

認為洗腦古已有之，洗腦與正常國家的「教育、傳播、廣告和宣傳」這些行業行為並無區別，大家都在互相洗腦。這種泛洗腦論，有違事實，大錯特錯。

誠然，正常國家內的「教育、傳播、廣告和宣傳」的行業行為策略與極權國家的洗腦或許有些相似的方面。譬如，會傳布一些不實資訊和意識形態，宣傳一種宗教。傳播一種信仰，運用一些誇張或遮蔽的策略，推銷自己的思想、主張、產品。

然而，二者最關鍵的最根本的區別在於：正常國家沒有壟斷資訊，執政當局不能壟斷真理，它不可能建造國內外之間的資訊柏林圍牆，它不能閉關鎖國。因此，那裡存在多元的思想與言論，多元的相互競爭的媒體，那是一個思想的市場，有各式各樣的競爭對手。在一個有基本言論自由的正常國家，一切對他人洗腦的企圖，都一定會有其他人出來反制，從而相互抵消或補充。因此，無論是什麼樣的思想言論信條，總會有其他思想言論來批判反駁。它不可能成為萬馬齊喑的一言堂。在正常國家，正如亞伯拉罕・林肯（Abraham Lincoln, 1809-1865）斷言的：「你可以在所有的時間欺騙一部分人，也可以在一段時間欺騙所有的人，但你不可能在所有的時間欺騙所有的人。」[7] 而極權國家的洗腦，念茲在茲的正是「在所有的時間欺騙所有的人」，這只是在有國家暴力支撐的高度封閉的國家才可能辦到。

　　洗腦是指通過各種手段來改變一個或一群人的信仰或行為。和宣傳不同，洗腦具有壟斷性、強制性、長期性和不對稱性，即組織被遊說者解除對立的資訊，也就是封鎖資訊。

　　封閉社會是洗腦的必要條件和核心要素。

　　社會是否存在公開的反對意見，則是洗腦與否的判別標準。

　　言論、思想自由的開放式社會，是洗腦的消毒劑。

（二）拆牆：第一推動力

　　在共產意識形態日益衰微的今天，人們常問，什麼東西是維持共產政權最核心的要素，離開了它，就不成其為共產政權？

　　定義共產政權的著作，已經汗牛充棟。諸如：一黨壟斷政治權力（黨國一體）、（共產）意識形態統治、階級鬥爭治國、（國有制）計畫經濟、缺乏普選制度、反對權力分立等等。這些當然不錯。然而，回顧歷史，當共產主義已經開始式微，各個共產政權紛紛被迫改革之際，人們見到了嘗試市場經濟的共產黨國家，見到了在意識形態上已不提馬恩列史毛主義的共產國家，見到了試驗部分選舉的共產黨國家，見到了實驗類似國會制度的共產黨國家，甚至也見到了在外交上結交民主國家以抗拒另一個同類共產國家的共產黨國家等等。但是，我們曾經見過一個真正實施思想言論自由，即允許私人辦刊、辦報、辦電視、廣播網站的共產黨國家嗎？我們見過一個沒有當局壟斷「真理」、沒有全面洗腦的共產國家嗎？沒有，一個也沒有。

　　的確，是有從共產國家轉變為實行言論自由的國家的先例，不過，那已經不再是共產國家而是憲政民主國家了。譬如，捷克、波蘭、立陶宛、拉脫維亞……，諸如此類。

　　所以，言論出版自由、新聞自由，這才是共產黨的「阿基里斯之踵」，是共產政權的命脈所繫，是其最薄弱處，「點到即死」。因此他們基於其利益，在「言論自由」問題上絕不鬆口，在「洗腦」問題上絕不放手，半步也不能退，是極權政治中核心的核心。

　　自鄧小平實施改革開放以來，中國很多領域都發生了重要變化。經濟自不必說，就是在社會生活層面，也與毛時代面目全非。但是，萬變之中，有其不變，那就是：新聞出版領域，幾乎原地踏步。進入習近平時代，甚至大幅倒退。當下中國，洗腦之烈已經直逼毛澤東時代的高度「輿論一律」，已經是盛產中國式民意五毛和粉紅的「動物農莊」了。

　　國際主流社會目前對習近平政權破壞國際秩序，對內蔑視人權鎮壓民間社會，對外咄咄逼人霸凌擴張，深為憂慮，視之為文明人類的心腹大患；然而更令人驚詫的是，當局還聲稱它是得到中國民意廣泛支持的。證諸現狀，似乎此言不虛。

　　確實，國際社會都見識過中共洗腦的巨大威力，瀏覽中國國內網路，粉紅一片，遍地五毛，鋪天蓋地的辱罵凌空而來；光天化日之下砸車施暴的義和團式野蠻，鐫刻進了世人頭腦，揮之不去。至今國際社會還瑟瑟顫抖於中國式洗腦的恐怖成果，這些均變成北京手中恫嚇外國的一張王牌。既如此，眾多觀察家深為擔憂，憂慮人們對中國向文明轉型的期待恐怕將落空，以致在不少國家中瀰漫著一股絕望的悲涼之氣。

　　中國民意果然如斯，對西方同仇敵愾？洗腦真是如此法力無邊，無遠弗屆？

　　其實，所有人都承認，中國的「民意」是北京長期洗腦的結果。北京對此民意很有自信？如果有，它何須七十多年如一日，嚴厲封鎖言路，慘淡經營洗腦，未曾有一天稍事休歇呢？眾所周知，中共國家的言禁、網禁之嚴酷，全球排名高居榜首。這樣一個武裝到牙齒卻成天提心吊膽的當局，它究竟害怕什麼？

　　其實，它最害怕的正是它自信地宣稱支持它的臣民，這點毋庸置疑。倘若自信，可立即拆毀防火柏林圍牆。它敢嗎？

　　是的，洗腦的後果很可怕，它有嚴重的後遺症。正如專門研究洗腦的泰勒博士所說的：「發生在韓戰中的洗腦，是一種帶來創傷的過程，並且有可能影響一個人很久。據研究，接受過洗腦思想改造的美國老兵，在戰爭結束後得精神疾病的概率很高。」[8]

　　但洗腦後遺症並非不可逆，它不是不可治癒的。回想白紙抗議運動的年輕學子，不少人在兩、三年前還是粉紅，但面臨不堪忍受的鎮壓和侮辱時，他們豁然清醒，站起來了。

　　第一次冷戰的史詩式終結，對於洗腦制度而言，是毀滅性的。回溯那一猶如神靈降臨的歷史瞬間，經歷七十多年系統洗腦的前蘇聯及東歐前社會主義國家的「社會主義新人」，在沒有坦克、槍炮威逼的和平環境下，竟會在戈巴契夫（Mikhail Gorbachev, 1931-2022）的為時甚短的「公開化」、「透明化」的開放年代，迅速變成了「非社會主義者」。「竟無一人是男兒（沒有死硬共產黨員）」？七十多年洗腦竟然無能抵禦兩、三年的「公開化」、「透明化」，不由令人慨歎，早先洗腦那種神乎其神的精神控制力到哪裡去了？

　　20世紀冷戰的這種出乎意料的一邊倒，是對共產國家洗腦實踐的無情嘲弄，同時，也是對洗腦的精神教父——尼采、葛蘭西、傅柯——及其「上帝之死」、「文

化霸權理論」以及「唯權主義」的全面拒斥。遺憾的是，當20世紀史詩性的劇變發生時，這三位思想家已經不在人世了。否則，筆者是有興致聆聽他們的心理和學術反應的。

　　不能說三位思想家沒有想像力，其犀利的思想確實對20世紀產生了影響。但是，他們走得太遠了。他們的世界是純粹「本文」化、「語言」化的，「本文之外無他物」，根本不存在可與「本文」相比照的「客觀事物」，不存在所謂「真相」。因此，所有的那些意識形態論爭，都不過是各種「本文」之爭，都不過是「discourse」之爭，都不過是各種「話語權」之間的競爭。談不上可供參照的「客觀事物」和判別標準，因而也就談不上是非與善惡，無所謂客觀真理了。

　　筆者想像，倘若，1989年和1991年他們躬逢其盛，目睹了柏林圍牆倏然倒塌和蘇東波風生水起，是否會認為這一切仍不過是一種「話語」、一紙「本文」呢？

　　自1949年以來，反智主義的北京政權迷信叢林法則，迷戀它所謂話語權的強大洗腦能力，而且癡迷地相信，只要投入巨大的金錢，只要傳播的聲音足夠大、足夠遠，遍及世界的各個角落，「說好中國故事」，中共的話語權就無往不勝、無遠弗屆。而西方各國政府用於這方面的金錢相比北京，簡直是九牛一毛，微不足道。然而，北京的效果如何呢？何以最近些年，北京的大外宣越猖獗，戰狼聲音越激越，在各國民意測試中反而越低落，其朋友反而越稀少，變成門庭冷落的孤家寡人，煢煢孑立、形影相弔呢？

　　顯然，只要你不能完全封鎖，無論說一千道一萬，黑仍是黑，白仍是白。是非是存在的，真假是存在的，「上帝」並沒有死亡。超越性的真理，不以堯存，不以桀亡。只要話語空間是開放的，普天之下，仍是朗朗乾坤。

　　七十多年來，封閉中國的言論空間，堵塞中國的資訊通道，禁絕中國的思想市場，一直是北京的通靈寶玉，須臾不可或缺。

　　無疑義的是，拆牆——解開言禁，是第一推動力。它推動純粹話語的競爭達致彼岸——真相。

　　就今日而言，拆牆和戰爭，二者之間何者效果顯赫而代價較小？答案是不言而喻的。

　　誠然，對於只聽得懂實力語言的唯物主義者而言，民主國度加強軍事力量以作為實力後盾永遠是必要的。然而，從根本上考察，「話語」的優勢具有恆久性。但據筆者觀察，主要民主國家的政治領袖，今天對於「破禁拆牆」的關鍵性決定作用，理解甚少，重視不夠。實質上，無論從法理上，從根本功效上，還是從可行性上，這都是一樁值得立即實施的歷史性功業。它將在很短的時間內，化解抵抗文明

潮流的當代義和團於無形。這才是真正的不戰而屈人之兵。

　　中國也已簽署的聯合國《世界人權宣言》第十九條非常清楚載明：「所有國家的人民都有尋求、接受和傳遞消息的權利，而且不受國界、國籍、地域和媒介的限制。」所以，在法理上，北京政權沒有任何封鎖資訊、封鎖網路、禁止民營媒體的權利，更沒有所謂網路主權。違反宣言者必須得到糾正。如果用葛蘭西的語言，這應當是堂堂正正地剝奪北京的話語權。

四、簡單結語

　　「洗腦」一詞，就詞源而言，歷史並不悠久，不過七十多年，它起源於共產中國。

　　然而「洗腦」的精神和思想淵源卻可以追溯較遠。本文主要從政治哲學與思想史的視角討論洗腦的精神淵源，從德國尼采的「上帝之死」和權力意志，到西方馬克思主義鼻祖義大利葛蘭西的文化霸權理論以及法國哲學家傅柯的「唯權主義」。這幾位哲學家都活躍於20世紀，除了馬克思以外，他們也與20世紀兩種極權主義國家——法西斯國家與共產黨國家——的出現有某種精神關聯。這兩種國家，一是希特勒式第三帝國和墨索里尼的義大利，二是史達林式的蘇聯和毛澤東式的中華人民共和國。

　　從基本脈絡看，洗腦是20世紀的特殊產物。它劃然有別於人類歷史上源遠流長的「教育、宗教、傳播、宣傳」等行為。現代有一種把人類一切話語交流都歸結為「洗腦」的泛洗腦主義，它將泯滅一切是非、善惡、真假……的差異，造成一個價值混亂的世界，《1984》的世界，需要高度警惕。

　　洗腦，是高度封閉的極權社會的產物，貽害至今；而言論、思想自由的開放式社會，則是洗腦的消毒劑。

注釋

1　臺灣前總統馬英九訪問大陸　兩岸的批評與肯定〉，《BBC News》2023年3月29日（www.bbc.com/zhongwen/simp/chinese-news-65098250）。

2　高德：《洗腦術：怎樣有邏輯地說服他人》（南京：江蘇文藝出版社，2013年3月），頁6。

3　弗里德里希・尼采：《權力意志》（北京：商務印書館，1996年），頁116。

4　米歇爾・福柯：《性經驗史》，佘碧平譯（上海：上海人民出版社，2002年），頁117。

5　Hubert L. Dreyfus and Paul Rabinow, Michel Foucault: *Beyond Structuralism and Hermeneutics* (University of Chicago Press), p. xvii.

6　Michel Foucault, *The Order of Things* (Trans. Alan Sheridan. New York: Tavis-tock, 1980), pp. 386-387.

7　http://m.news.xixik.com/content/e59f449bc3180929/

8　Kathleen Taylor, *Brainwashing: The Science of Thought Control* (Oxford University Press, 2004). https://chinadigitaltimes.net/chinese/185141.html

從思想改造到「不准妄議」

胡　平

一、思想改造即人的馴化

　　思想改造運動是中共實施的精神暴政。思想改造並非中共首創，而是來自蘇聯，但是唯有在中國，思想改造被提升到制度層面，成為中國特色的極權制度的靈魂。思想改造運動固然不像其他一些政治運動那樣充滿對人的肉體的殘害，但是它對人的靈魂的殘害卻可以造成更為嚴重的精神創傷。

　　我先前寫過一本書講思想改造問題，書名叫《人的馴化、躲避和反叛》（香港：亞洲科學出版社，1999年）。我把中共的思想改造運動稱之為人的馴化；從某種角度講，共產黨統治的興衰史，就是人的馴化、躲避與反叛的歷史。

二、對「洗腦」一詞的一點說明

　　思想改造，又稱洗腦。不少人以為，中文的「洗腦」是個外來詞，是從英文的「brainwashing」翻譯過來的；其實，英文的「brainwashing」倒是從中文的「洗腦」翻過來的。1951年，美國記者愛德華·亨特寫了一本書，名叫《紅色中國的洗腦》。亨特說，他自創的英文詞「brainwashing」一詞正是來自中國，來自中國人的一個口頭語「hsi nao」或「xi nao」，[1] 指的就是思想改造。不過也有人說，亨特未必是最早使用「brainwashing」這個詞的人。1950年1月3日英國《衛報》（*The Guardian*）發表了一篇羅伯特·格林（Robert Guillain, 1908-1998）撰寫的有關中國的政治再教育計畫的文章，其中就寫到「washing one's brains」。[2] 1956年，亨特又出了本書《洗腦》（*Brainwashing: The Story of Men Who Defied It*）。1969年，美國心理學家羅伯特·利夫頓在他的《思想改造與極權主義心理學——對中國洗腦的研究》一書中，也多次用到「brainwashing」一詞。[3] 不錯，在中共正式文件、文章和講話中我們都還沒有見到過「洗腦」這個詞，但類似的說法大家都很熟悉。例如「洗澡」的說法，在上世紀50年代就很流行。楊絳有本寫1950年代初期知識分子思想改造的書，書名就叫《洗澡》。[4] 在1960年代的「四清」運動中，又有「幹部上

樓，洗手洗澡」的說法。可以推測，「洗腦」便是產生於思想改造運動的一個不載之於文件、但流行於口頭的詞彙。如此說來，「洗腦」一詞並不是進口貨，而是出口轉內銷。

「洗腦」一詞來自思想改造，洗腦本來是思想改造的同義詞。但是伴隨「洗腦」一詞的流行，其含義就變得比思想改造更寬泛。比如，我們可以說習近平在搞洗腦，但是我們不會說習近平在搞思想改造。在大多數語境下，洗腦是思想控制的同義詞。

採取種種手段，對人的思想實行某種操縱乃至控制，這件事可能和人類文明一樣古老，也和人類文明一樣普遍。舉凡原始部落的許多儀式和禁忌、各種宗教的修行和戒規，以及政治宣傳、商業廣告、精神分析學派的心理治療，或多或少、或強或弱地具有此項功能。然而，如果我們把上述種種都叫作洗腦，那就把洗腦這一概念大大地稀釋了，泛化了。按照這種被稀釋、被泛化的洗腦概念，共產黨在搞洗腦，民主國家的政黨也在搞洗腦，宗教團體、商業公司、社交媒體，乃至傳銷，也都在搞洗腦。共產專制國家有洗腦，自由民主國家也有洗腦。彼此彼此，半斤八兩，充其量是五十步笑百步，只有程度上的差異，沒有性質上的不同。這只會模糊人們對真正的洗腦的認識，無形中替真正的洗腦開脫了罪責。

我認為，嚴格的思想控制應該包括兩個必要條件：（1）控制者要能夠控制不同思想和資訊的傳播。（2）控制者要對不接受控制的人施加暴力懲罰。按照這種嚴格的定義，我們就可以把洗腦和一般的政治宣傳、商業廣告、宗教修行、社交媒體以及諸如此類區別開來。

三、思想改造運動有狹義與廣義之分

思想改造運動有狹義與廣義之分。狹義的思想改造運動，一是以思想改造冠其名，二是以特定社會群體為改造對象。

狹義的思想改造運動有兩場。

第一場發生在1951年秋季到1952年秋季。1951年9月29日，周恩來總理受中央委託，向北京、天津兩市高校教師學習會做了〈關於知識分子的改造問題〉的報告。同年11月30日，中共中央發出〈關於在學校中進行思想改造和組織清理的指示〉。這場運動基本上結束於1952年秋季。

第二場發生於文化大革命的中後期。1968年9月12日，《人民日報》、《紅旗》雜誌評論員文章〈關於知識分子再教育問題〉。同年12月22日，毛澤東發出指

示：「知識青年到農村去，接受貧下中農的再教育，很有必要。要說服城裡幹部和其他人，把自己初中、高中、大學畢業的子女，送到鄉下去，來一個動員。」[5] 這場運動隨著文革的結束而結束（知識青年上山下鄉運動直到1978年10月的全國知識青年上山下鄉工作會議才宣布停止）。

這兩場運動有三個不同點：一是作為改造對象的知識分子的含義有所不同，二是要求思想改造的理由有所不同，三是改造的方式有所不同。

在第一場知識分子思想改造運動中，作為改造對象的知識分子，是指那些「從舊社會過來的知識分子」，也包括「新解放區的大批青年學生，以及許多接受舊式教育或西方教育的知識分子」。[6] 此前就參加了革命的知識分子不在其內；例如，從延安來的知識分子大體上就不在其內。在第二場運動中，作為再教育對象即思想改造對象的知識分子，是指「過去大量的高等及中等學校畢業生早已從事工作及現正從事工作的人們」，「這不僅涉及學校，而且涉及我們文教戰線及幹部隊伍中廣大的知識分子」。[7] 還包括初中、高中和大學畢業的學生——這幾乎把所有的知識分子都一鍋煮了。

在第一場知識分子思想改造運動中，進行思想改造的理由是，作為改造對象的知識分子是來自舊社會，曾經為舊社會服務，接受的是舊式的或西方教育，大部分又是出身剝削階級，現在人雖然進了新社會，但是思想還不可能一下子轉變過來，因此需要進行改造。第二場思想改造的對象包括了新社會成長起來的知識分子，但是過去十七年的教育是資產階級的教育，因此需要接受無產階級的再一次教育，過去是在修正主義路線毒害下，接受資產階級知識分子的教育，現在則需要在毛主席革命路線指引下，由工農兵給他們以再一次教育。

在第一場知識分子思想改造運動中，進行改造的主要方式是密集的政治學習，批評與自我批評，還有參觀土改，參觀工廠農村，接觸工農兵；同時繼續從事教育、文化、科學、技術等知識分子的工作。第二場知識分子思想改造運動也包含政治學習和批評與自我批評，但主要是到農村到廠礦或者到幹校，直接從事工人、農民一樣的體力勞動。

關於知識青年下農村，有必要多說兩句。早在1950年代，毛澤東就號召過知識青年到農村去。1955年，毛澤東說：「全國合作化，需要幾百萬人當會計，到哪裡去找呢？其實人是有的，可以動員大批高小畢業生和中學畢業生去做這個工作。」「一切可能到農村中去工作的知識分子，應當高興地到那裡去。農村是一個廣闊的天地，在那裡是可以大有作為的。」[8] 在那時，毛澤東號召知識分子到農村去，著眼於知識分子可以發揮有知識的長處，促進農業生產和農村建設。這就和1968年毛

澤東號召知識青年下農村有所不同。後者著眼的不是知識青年發揮有知識的長處推動農村發展，而是接受再教育，改造思想。當然，毛澤東在1968年號召知識青年到農村去有多種目的，所謂接受再教育只是目的之一，在很大程度上只是個名義。我這裡無非是指出，文革中後期的知識青年下鄉和1950年代的知識青年下鄉不是一回事。近些年來，中共當局又在號召和鼓勵知識分子到農村到邊疆。但這一次下農村到邊疆，是著眼於農村和邊疆的發展與建設，其性質和上世紀50年代那次知青下鄉運動比較類似，而和文革中的知青下鄉運動很不一樣，不再有接受再教育即思想改造的意義。

以上講到了兩場狹義的思想改造運動。廣義的思想改造運動則貫穿於整個毛時代，例如1957年的反右運動，例如文革前的社會主義教育運動、文藝革命、教育革命，其中都有思想改造的成分。

四、延安整風與思想改造運動的區別

在很多方面，中共建政前的延安整風運動都和中共建政後的知識分子思想改造運動相當類似。我們可以說，延安整風是知識分子思想改造運動的先聲。不過兩者也有重大區別。延安整風是針對黨內、革命隊伍內的知識分子，1949年後的知識分子思想改造運動是針對社會上的知識分子，或者是不分黨內黨外的。

我們知道，很多宗教團體、革命團體都熱衷於在內部搞淨化思想的集體活動。人們被要求當眾檢討懺悔，其中少不了對自己的過錯上綱上線痛加譴責。儘管在這種活動中，不少人也搞得灰頭土臉，尊嚴掃地，在團體內部備受歧視，但是作為一種特殊群體的成員，他們仍然感到自己高人一等，高出那些他們這個天選群體之外的芸芸眾生。

韋君宜在《思痛錄》裡就寫到了這一點。作為投奔延安的知識青年，韋君宜和她的丈夫楊述都在整風運動中遭受精神傷害，但是等到革命勝利了，他們作為勝利者之一員進了城，立刻就有了很強的優越感。韋君宜寫到：「我們這些從老解放區來的知識分子，也一下子擺脫了長期受歧視的境遇，一變而為『老幹部』」；「當時真是以新社會的代表者自居，信心十足的」。[9]而在「解放後」思想改造運動中的知識分子就無法有這種高人一等的驕傲了。這是因為前者能夠以自己屬於「革命隊伍」而傲視其他大量的非革命隊伍的人，後者卻失去了這種對比與襯托：黨高高在上，工農大眾天然更革命，知識分子位於「人民」的最邊緣。在這種巨大的精神壓力下，知識分子又怎麼抬得起頭來呢？

五、三種改造與兩種新人

在1957年3月中國共產黨全國宣傳工作會議上，毛澤東說：「如果認為社會主義改造只是要改造別人，改造地主、資本家，改造個體生產者，不要改造知識分子，那就錯誤了。知識分子也要改造，不僅那些基本立場還沒有轉過來的人要改造，而且所有的人都應該學習，都應該改造。我說所有的人，我們這些人也在內。情況是在不斷地變化，要使自己的思想適應新的情況，就得學習。即使是對於馬克思主義已經了解得比較多的人，無產階級立場比較堅定的人，也還是要再學習，要接受新事物，要研究新問題。」[10]

按照毛澤東的這段話，所有人都要改造，從階級敵人到知識分子到工人、農民、共產黨人。但略加思索便可發現，雖然說所有人都要思想改造，但是對於不同種類的人，改造的含義顯然是不同的。改造至少有三種：地主、資本家以及罪犯的改造是一種改造，知識分子的改造則是另一種改造，工人、農民以及共產黨人的改造又是一種改造。階級敵人的改造，是改造成人民一分子；知識分子本來就屬於人民，知識分子的改造，是改造成工人階級一分子；工人本來就屬於工人階級了，工人的改造，是改造成工人階級的先鋒戰士，是改造成社會主義新人、共產主義新人。

這種區別在毛澤東另外的講話中可以看得很清楚。毛澤東在文革期間說，知識分子、知識青年要接受工農兵的再教育。毛澤東沒說工農兵也要接受誰誰誰的再教育；換言之，工農兵不存在接受再教育的問題，工農兵不需要接受再教育。既然再教育的意思就是思想改造，那麼毛澤東等於說工農兵不需要思想改造，這和前面毛說的工人、農民也要思想改造不矛盾嗎？不矛盾。因為這兩處說的改造不是一個意思。工人、農民不需要知識分子那種改造，工人、農民需要的改造是另一種改造。或者進一步說，工人、農民不需要思想改造。

關於新人，新人也有兩種：剝削階級分子通過勞動改造思想，成為自食其力的新人；工人、農民、共產黨人通過不斷的學習改造，成為社會主義新人、共產主義新人。前一種新人無非是成為人民一分子，後一種新人卻是超凡入聖。這兩種新人顯然不是一回事。

由此我們可以得出一個結論：儘管在毛時代的中共論述中，「思想改造」一詞出現的場合很多，次數頻繁，其含義也很不一致，但是就這個詞彙的本來的、嚴格的意義來說，它是專指知識分子的，它是專指對知識分子的思想改造。

修建古拉格（Gulag），把階級敵人關進勞改營，這是蘇聯及其他共產國家也做過的事。和中國樹立雷鋒這樣的社會主義新人、共產主義新人一樣，蘇聯和其他共產國家也樹立過自己的社會主義新人、共產主義新人。但是，對知識分子這個群體長期實行一套名叫思想改造的政策，這卻是其他共產國家都罕見，因而是極富「中國特色」的。

六、思想改造不是正常的思想發展或思想演變

人的思想常常會發生變化，在大變動的時代尤其如此。這種正常的，人皆有之的思想發展或曰思想演變，和所謂思想改造根本不是一回事。正常的思想發展或思想演變，始終是一個獨立自主的思想過程，事先並沒有一套預定的結論。在整個思想發展過程中，一個人的各種具體觀點可能發生重大的改變，但他始終是通過自己的獨立思考，進而得出判斷，什麼是對的，什麼是錯的。梁啟超素以思想多變著稱，他將之稱為「今我」與「昔我」的交戰，雖有今昔之別，但貫穿於其中的仍是同一個「我」。換言之，思想發展或思想演變的過程乃是一個獨立思考的過程。

思想改造卻與之不同，思想改造意味著對獨立思考的否定。我們都還記得，在1957年的反右運動中，有不少人僅僅是提倡獨立思考就被打成右派。所謂思想改造，要求一個人從一開始就承認黨的思想、領袖的思想是對的。如果我的思想和黨的思想、領袖的思想不一致，那必定是我錯了，我必須按照黨的思想、領袖的思想來改變自己的思想。因此它正好是思想發展或思想演變的反面。

七、思想改造不同於儒家的修養和基督徒的懺悔

不少人把思想改造等同於儒家的修養或基督徒的懺悔。從表面上看，兩者確有相似之處。例如中共提出的一些簡單口號——破私立公、鬥私批修、狠鬥私字一閃念，確實和儒家提的「存天理去人欲」和基督徒的懺悔很相似。其實兩者有根本的區別。儒家「存天理去人欲」中的人欲，基督教的原罪，都是指先天的、與生俱來的，因而也是每一個人都有的。而思想改造要求改掉的所謂資產階級世界觀卻是後天的，是由某種特定的社會存在和所受的特定的教育形成的，因此只是某一類人有、而不是每一個人都有的。這再次說明，嚴格意義上的思想改造並不是針對所有人的，而只是針對某些特定的群體。

還要指出的是，改造不是塑造，再教育不是教育也不是繼續教育，洗腦不只是

把一套思想灌輸進腦子裡，而且是把腦子裡原來有的髒東西清洗掉。中共從幼兒園就開始對國人灌輸它那套思想。這叫塑造，叫教育，叫灌輸，但不叫改造，不叫再教育，嚴格說來也不應叫洗腦。自改革開放伊始，中共就宣布知識分子是工人階級的一部分，知識分子也是社會主義勞動者，從此不再提對知識分子思想改造。但是中共並沒有放棄對國人進行意識形態灌輸。很多人把這種思想灌輸也叫作洗腦。按照我們先前所說，洗腦本來是思想改造的同義詞，它是以設定被改造者接受過資產階級教育，腦子裡有資產階級世界觀這樣的髒東西為前提，如今的中共已經放棄了這樣的設定，因此中共現在的做法就不應該再叫洗腦了，正如我們都不再把它叫思想改造。只是因為很多人把中共現在的做法叫洗腦已經叫開了、叫慣了，也就只好聽任了，況且洗腦這個詞彙本來就不是什麼規範性的概念。不過我們在這裡提醒這一區別還是必要的。

八、思想改造的幾宗罪

思想改造運動的第一宗罪，是它迫使知識分子背上沉重的負罪感。它讓知識分子感到，單單是因為你的知識分子身分，你就有原罪。

1987年4月17日，巴金在致冰心的信中說：我「有時忽發奇想，以為從此自己可以摘掉知識分子的帽子，空歡喜一陣子。可是想來想去，還不是一場大夢？！不管有沒有『知識』，我臉上給打上了知識分子的金印，一輩子也洗刷不掉了。可悲的是一提到知識分子，我就彷彿看見了我家的小包弟（巴金的愛犬——引者注）。牠不斷地作揖搖尾，結果還是給送進了解剖室」。[11]

請注意，巴金這封信是寫於1987年。此時的知識分子早已脫帽加冕，脫掉了「資產階級知識分子」、「臭老九」的帽子，被加冕為「工人階級的一部分」，「同工人、農民一樣是建設社會主義的重要依靠力量」；此時的巴金身兼全國政協副主席和中國作家協會主席，作為非黨員知識分子，在中共體制內的地位已經達到頂端；可是他仍然難以擺脫毛時代的可怕夢魘，可見當年的思想改造運動把他的心靈糟踐和扭曲到了何種地步，可見在當年，知識分子這個頭銜是何等地不光彩。

思想改造運動的第二宗罪，是它打掉了知識分子的人格尊嚴。

思想改造的一堂必修課就是批評與自我批評。在共產黨那裡，所謂批評與自我批評就是：我批評，你自我批評。在批評過程中，共產黨故意使用一些十分粗野的語言。例如它把當眾暴露錯誤思想以便得到幫助改造這件事稱為「脫褲子割尾巴」。這本身就表現出發話者對受話者的支配地位，就是對受話者人格尊嚴的公然

嘲弄和侵犯。

在批評過程中，你的大事小事、公事私事，包括和親友同學的閒談，包括私人間書信往來，包括你的全部家庭背景歷史背景以及你純個人的生活習慣，無一不受到公開盤查和追究，無一不被揭發和要求做出交代。這就使你產生一種當眾被剎光衣服的困窘與羞辱之感。索忍尼辛（Aleksandr Solzhenitsyn, 1918-2008）在《古拉格群島》（*The Gulag Archipelago*）中寫道，當政治犯們被押至勞改營時，第一件事就是當眾剎光衣服全身搜查。其實在這裡，搜查是假，羞辱是真。你對當眾脫光衣服感到不安，有牴觸嗎？那正好證明你有「資產階級」的虛榮心，知識分子的「死要面子」；那正好證明你尤其需要思想改造。黨要你「亮私不怕醜，鬥私不怕痛」，也就是要你澈底放棄你的人格尊嚴。

批評與自我批評旨在摧毀人的尊嚴，摧毀人的恥感。既然人人皆有恥感，那麼，人們又如何會接受那旨在否定恥感的當眾自我揭發、自我批判呢？原來，共產黨在這裡還巧妙地利用了人的恥感。它是利用恥感去摧毀恥感。

共產黨宣布，廣大知識分子的世界觀都是資產階級的或基本上是資產階級的。這就預先把知識分子擺到了一個不那麼光彩、不那麼體面的位置上。由於共產黨一手遮天，它很容易讓自己的聲音變成所謂社會輿論。我們知道，恥感具有他律性，也就是具有從眾性。恥感強的人往往最在意周圍輿論的評價，一旦「四面楚歌」，他就忍不住要「棄舊圖新」了。本來，沒有人願意否定自己，可是在現在，否定自己倒成了肯定自己的必要方式。你只有承認自己落後才能證明你自己先進，而且還是越承認自己落後便越證明自己先進。不顧羞恥反而會贏得稱許，反而會覺得光榮。這樣一來，恥感非但沒有成為自我揭發自我批評的阻力，反而倒成了它的動力。

在那些不肯自我揭發、自我批判的人方面，許多人也會困惑起來。當他們看到周圍那麼多人都在爭先恐後地當眾譴責自己，免不了會懷疑自己原先的厭惡心理是不是真的不對頭。既然眾人都講出了許多壞思想，大概我自己也好不到哪裡去。楊絳小說《洗澡》裡寫到，在目睹了一番群眾性的自我揭發、自我批判之後，那個天真老實的知識分子許彥成真誠地說道：「我常看到別人這樣不好那樣不好，自己卻是頂美的。現在聽了許多自我檢討和群眾的批判，才看到別人和我一樣的自以為是，也就是說，我正和別人一樣地這樣不好那樣不對。我得客觀地好好檢查自己，希望能得到群眾的幫助。」[12] 恥感既是他律的，因此大家都丟臉就似乎等於大家都不丟臉。正好像大家都脫光衣服，你就不再為自己赤身裸體而那麼覺得不好意思一樣。但是，恥辱終究是恥辱。假如說在知識分子之中大家還以為彼此彼此的話，那

麼在社會其他人的心目中，知識分子的形象則一潰千里，其社會地位一落千丈，而黨的形象和權威則由此大大地增加了。

　　思想改造的第三宗罪是，它使得知識分子失去了道德良知，或者說，是失去了對固有良知的信賴。

　　良知，即道德感。這裡的感是心靈之感而非感官之感。人因其具有普遍而超越性的道德感而成其為人。人心中的這種道德感既是顯明的，又是曖昧的。一事當前，我們心中會產生一種特殊的感覺，覺得這件事是好還是壞，是善還是惡。我們認為別人也應該和我們具有相同的感覺。我們的這種感覺雖然是獨立發生的，但倘若不和別人交流而獲得他人的共鳴，它就只能是模糊的，它就難以獲得清晰、獲得確認。假如周圍的人都異口同聲地表示他們對這件事的感覺和我自己的感覺不一致甚至截然相反，我們就會感到困惑，我們就會對自己的感覺沒把握、沒信心，原本顯明的感覺就會變得曖昧起來。

　　共產黨一手遮天，它很容易造成輿論一律的假象，從而使得我們對自己的不同感覺惶惑不安。共產黨又引入階級的概念、立場的概念。它強調，真理是有階級性的，是非善惡是有階級性的。獲得正確的認識和判斷的前提是，你必須站在正確的無產階級的立場。可是，立場並不是地理位置而是思想狀態、思想境界，所以它不是你想站對就能站對的，不是你以為你站對了就站對了。你主觀上想站在無產階級立場上，可是由於你水平不高，覺悟有限，世界觀還沒澈底改造好，因而到頭來你很可能還是站在資產階級的立場上去了。

　　依據這樣的邏輯，我們簡直無法對自己出於道德感而生成的價值判斷具有任何信心。從這裡甚至可以引出一種顛倒的思考模式。既然由於我們的立場有問題，因此我們自以為是對的實際上很可能是錯的，那麼把它顛倒過來，我們把我們以為是對的說成是錯的，負負得正，這不就對了嗎？還真有人採取這種態度。文革初期，血統論橫行。我讀到遇羅克寫的〈出身論〉，深以為然。我把〈出身論〉給一位很聰明的也是出身黑五類的同學，殊不料他一看就說是大毒草。多年之後我問他當時何以有這樣的看法。他回答說：「正因為我心底裡認為〈出身論〉很有道理，考慮到我的出身有問題，因此立場也可能有問題，我以為是對的大概很可能是錯的，所以我就說〈出身論〉是錯的。」

　　像上面這位同學那麼走極端的人也許不多，但對大多數知識分子來說，他們至少是對自己出於良知的判斷失去了信賴，再加上巨大的政治壓力，於是他們就只好選擇隨大流，跟黨走，放棄了社會良心的角色。而一旦知識分子對自己出自道德良知的獨立的判斷失去了信心，一旦知識分子放棄了社會良心的角色，作為一個群體

的知識分子就不復存在了。思想改造摧毀的絕不只是知識分子，它摧毀的是人類的道德良知，摧毀的是人類的精神。

九、思想改造為何能夠實行

思想改造有三大要件：封閉的社會，單方面的意識形態灌輸和因人的思想、言論定罪。在這三大要件中，因言治罪是最關鍵的一條。

思想改造是在中共政治高壓下進行的。恐怖是「新中國」政治舞臺上唯一持續不變的背景，恐懼則是瀰漫全社會的共同心態。

應當指出的是，這種恐懼感遠比乍一看去的要廣泛得多。一件事足以為證：假如你在非正式的場合向一位你信賴的長者——父母、老師或領導幹部——交流思想，你談到你對黨、對領袖的理論、政策持有某種不同意見，或者僅僅是有所懷疑，對方常常不是心平氣和地和你討論，而是十分緊張地警告你：「你這種思想很危險！」我們都明白，這裡所說的危險，不是說你這種思想一旦付諸實施會給他人或給社會帶來什麼災難，而是說你這種思想倘若公之於世必將給你個人造成極大的損害。在這裡，你的觀點並非由於錯誤因而危險，而是因為危險所以錯誤；對方不是站在是非的角度反駁你，而是站在利害的角度勸阻你。可見一般人之所以拒絕非正統的思想，首先是出於恐懼，出於對受懲罰的恐懼。

恐懼感當然來自被強制。不過有趣的是，當恐懼感強化到一定程度，當強制持續到一定階段，我們常常會在自覺的意識層面上忘掉恐懼和強制的存在。人心都有趨利避害的習慣。一旦我們意識到某種思想是被嚴格禁止的，我們就常常會置之腦後，不再去思考它。於是，被動的強制就和主動的放棄互相結合。既然我們出於恐懼而不敢涉入禁區，那麼由於我們不涉入禁區因而就不再感到恐懼。這一點在「六・四」之後的近幾十年表現得尤為突出。「六・四」屠殺給國人造成了強烈的恐懼，出於恐懼，多數人不得不遠離政治；而一旦遠離政治，他們就不再感到壓迫的存在，因此他們就自以為生活得自在而瀟灑。這時候，你要是提醒他們說他們實際上生活在恐懼之下，許多人大概還會不承認呢。

想當年，我們都信仰過毛澤東，但是我們的信仰往往不是批判性思考的產物，而是因為我們不曾懷疑。不曾懷疑的原因則是我們下意識地懂得懷疑會招致可怕的後果。也就是說，我們由於不敢懷疑而不去懷疑，由於不去懷疑而沒有懷疑，到頭來連我們自己都以為我們真是百分之百地信仰了。

乍一看去，既然共產黨對知識分子如此猜忌，如此惡劣，那豈不會把知識分子

推向對立面？那倒未必。一般人只知道迫害會導致反叛，他們不知道有時候迫害也會強化忠誠。因為受害者為了證明自己的清白，往往會表現得格外忠誠。正因為大多數知識分子本來並不是「反黨反革命」，當黨指責他們「反黨反革命」，他們為了表明自己不反黨、不反革命，往往會表現得格外擁護黨、格外擁護革命。

　　人的觀點、態度可以影響人的行為；反過來，人的行為也可以影響人的觀點和態度。起初，你是想反抗而不能反抗、不敢反抗，所以你沒有反抗。然後你就會努力說服自己不必反抗、不值得反抗。人常常有一種把自身行為合理化的傾向。這就是強權能夠扭曲人性、改造人心的原因。強權控制了你的外部行為，然後你就會改變內心的態度以便和自己的外部行為相一致。

十、為什麼很多人都無法抵抗洗腦

　　在毛時代，我們看到，大部分知識分子都在思想改造運動中打了敗仗。其間原因何在？

　　簡單說來就是：面對一個龐大的、靠武力取勝的獨占性權力，面對一場場殘酷的殺一儆百、殺雞嚇猴的政治運動，面對當年一度席捲了小半個世界的紅色浪潮，面對共產黨那套包羅萬象、以最新科學自命的意識形態以及眾口一詞、眾口鑠金的「輿論一律」，絕大多數知識分子不只是缺少勇氣，而且缺少底氣，即缺少單獨的立場，缺少獨立的、足以和官方相抗衡的精神資源或曰精神支柱，因而到頭來自己都以為自己真是「錯誤的、反動的」，至少也是陷入迷茫，陷入自我懷疑，失去了自信。美國碼頭工人思想家、《狂熱分子》（*True Believer: Thoughts on the Nature of Mass*）一書作者埃利克·霍弗（Eric Hoffer, 1902-1983）指出：當個人面對巨大的壓力時，如果他只是孤零零的個人，那是不能抵抗的。「他力量唯一的源泉在於，他不只是他自己，他乃是某種強大的、光榮的、不可戰勝的東西的一部分。」「在這裡，信念問題首先是個認同的問題。」[13] 如果你在打擊面前深信自己與主同在，與神同在，與人民同在，與歷史同在，你感到自己有巨大的靠山，你就會有力量感。反過來，要是你無法相信這種種「同在」，你就會發現自己極其軟弱無力。因為在這時，你感到你已經「從那構成生命本質的每一樣事物中孤立了出來」（布哈林語）。

　　好在這種情況已經成為過去。國際共產陣營早已土崩瓦解，共產黨那套意識形態早已澈底破產。在今天，一個異議人士可能迫於外部壓力而不得不放棄公開抗爭，但是他不會在內心放棄對自由理念的認同。他或許缺少足夠的勇氣公開表達自

己的理念，但是他有足夠的底氣相信他秉持的理念乃普世價值。他或許懷疑自己堅持的理念能否在有生之年實現，但是他不懷疑這套理念必將取得最終的勝利。

十一、從「樹立無產階級世界觀」到「不准妄議」

中共說，思想改造的目的，是為了讓人們樹立無產階級世界觀，用馬克思主義、毛澤東思想武裝頭腦。但問題是，任何思想體系都可以引出不同的解讀而人言人殊。一個自以為樹立了無產階級世界觀，用馬克思主義、毛澤東思想武裝了頭腦的人，完全有可能根據他理解的無產階級世界觀和馬克思主義、毛澤東思想，去批判、去反對現實中的共產黨政權乃至偉大領袖本人。文革一代應該記得，在當年，黨一方面號召我們學理論，但另一方面對那些認真學理論的人又特別猜忌、特別不放心，因為黨發現這種人很容易變成「反黨反革命」。事實上，黨要求知識分子思想改造，其目的絕不是要使大家樹立無產階級世界觀，用馬克思主義、毛澤東思想武裝頭腦。黨的真正目的是使人們順從，使人們馴化。思想改造運動，從它所標榜的那個似乎有些理想化的、複雜的、包含有內在歧義性的「樹立無產階級世界觀」這一神聖目的，必須直接兌現為高度現實的、極為簡單的、毫無爭議餘地的「和黨中央保持一致」這一政治要求。用今天習近平時代的話，就叫「不准妄議」。在今天，思想改造那一套早已放棄，但是政治學習又被重新強化，個人崇拜死灰復燃。中共責令國人的最重要的一點就是「不准妄議」，這和當年的思想改造是一脈相承的。

注釋

1　Edward Hunter, *Brainwashing in Red China: The Calculated Destruction of Men's Minds* (New York, The Vanguard Press, 1951).

2　"Edward Hunter and the Origins of 'Brainwashing'". www7.bbk.ac.uk/hiddenpersuaders/blog/hunter-origins-of-brainwashing/

3　Edward Hunter, *Brainwashing: The Story of Men Who Defied It* (New York: Farrar, Straus & Cudahy,1956). Robert Jay Lifton, *Thought Reform and the Psychology of Totalism: A Study of "Brainwashing" in China* (New York: Norton, 1969).

4　楊絳：《洗澡》（香港：三聯書店，1988年）。

5　《人民日報》1968年12月22日，第1版，最高指示。

6　知識分子的思想改造運動，中共中央黨史和文獻研究院。www.dswxyjy.org.cn/n1/2016/0122/c244520-28077377.html

7　《人民日報》、《紅旗》雜誌評論員：〈關於知識分子再教育問題〉，《人民日報》1968年9月12日。

8　毛澤東：〈《中國農村的社會主義高潮》的按語〉，1955年9月、12月（www.marxists.org/chinese/maozedong/marxist.org-chinese-mao-195509a.htm）。

9　韋君宜：《思痛錄》（北京：十月文藝出版社，1998年），頁21。

10　毛澤東：〈在中國共產黨全國宣傳工作會議上的講話〉，1957年3月（www.marxists.org/chinese/maozedong/marxist.org-chinese-mao-19570312.htm）。

11　巴金：〈致冰心的信〉，1987年4月17日（difangwenge.org/forum.php?mod=viewthread&tid=21313&extra=page%3D1）。

12　楊絳：《洗澡》，頁207。

13　埃利克・霍弗，《狂熱分子》（桂林：廣西師範大學出版社，2008年），頁57。

II

洗腦在中共政治運動中的實踐

從「洗禮」到「洗腦」
——延安整風的歷史定位

裴毅然

延安整風（1941年5月—1945年5月）乃中共經典「黨故」（出思想、出人才），[1] 前中宣部長鄧力群（1915-2015）認為其：「為中國革命的前進和勝利，奠定了不可逆轉的基礎。」[2] 延安整風也是毛澤東權謀的經典之作。共產國際駐延安聯絡員弗拉基米洛夫（Pyotr Parfenovich Vladimirov, 1905-1953），1942年5月一到延安就發現：「整風運動無疑是想掩蓋某些非常嚴重而毛澤東又十分需要的事情，正是他發起了這場運動。」[3] 中共一路宣揚延安整風為「全黨思想洗禮」，[4] 而我們則定義為「洗腦」，一字之差，史評逆轉。

其實在1944年2月22日，弗拉基米洛夫日記中已出現「洗腦」一詞：

> 整風的目的之一就是要對參加即將召開的黨的七大的代表進行「洗腦筋」。代表們將要在黨和全世界的面前贊同毛澤東的政治路線。[5]

意識形態乃制定法律的「法律」，為各種「主義」各種學說提供合法性（價值合理性）。「洗腦」的反動實質是：反理性、反常識，指非為是、指虛為實、顛倒價值序列、更換裁量標準、黨性取代人性、階級性取代自然性、沒收黨徒是非判斷權，要求立場先於判斷，忠誠高於是非。清華女生韋君宜（1917-2002），是1936年入共黨、1939年赴延安的老黨員，她後來反思道：「參加革命就準備好了犧牲一切，但是沒想到要犧牲的還有自己的良心。」[6]

一、紅色耶路撒冷

中共從成立起就懸幟「民主自由」。1931年11月7日江西蘇區《中華蘇維埃共和國憲法大綱》第十條：「有言論出版、集會結社的自由。」[7] 延安時期，中共繼續向國府索要「民主自由」。1936年2月陝北窰洞，毛澤東謂《大公報》記者范長江：

> 共產黨希望中國走上憲政民主之路……，為實現民主政治，共產黨當可放棄土地革命、蘇維埃和紅軍的名義；中國將來當然會成為資產階級的民主政治。[8]

延安一時成為「中國的耶路撒冷」。1940年代初投身赤營的燕京生李慎之（1923-2003），六十年後證實：

> 共產黨高舉抗日和民主的大旗，我們是帶著自由、民主、解放的理想奔向共產黨的。[9]

中共很清楚赴延青年這一心理。1942年5月中共高層會議，毛澤東說：

> 和我們合作的知識分子不但是抗日的，而且是有民主思想的、傾向於民主的。沒有民主思想，他們根本就不會來。[10]

但幻覺無法成為現實，1941年12月13日赴延女知青趙文藻謂蕭軍：

> 外面有什麼，此地有什麼；古有什麼，今有什麼；不過換換樣而已。[11]

1938年1月，中共前上海臨時中央局軍委代書記王世英（1905-1968）調延安，很快感到彆扭，向劉少奇吐槽：

> 回到延安，我感覺學了一些壞東西，自己不願做的、不願說的，也得去做、去說。不如此，人家就不高興，感覺沒有在祕密工作時期那樣純潔。[12]

屈從政治功利，倒置價值序列，延安士林背離五四方向的關鍵一步，也是之所以順從接受中共「洗腦」的前提。

二、倒置賢愚

1942年初，中共約有八十萬黨員，「七七」事變後新黨員占90%。[13] 如何卸載他們的五四理念換植「黨性」，毛澤東很敏感，1937年9月發表〈反對自由主

義〉，列示十一種「自由主義」。[14]《劍橋中華民國史》認為：「在整風運動中，五四文學的兩個特徵——個人主義與主觀主義，由肯定的價值變成了否定的價值。」[15] 自由成了負面的「自由主義」。一面掛幌「自由民主」，一面批判「自由主義」，方向已然悖反。自由乃民主的價值地基，沒了「自由」，還需要「民主」嗎？〈反對自由主義〉列入整風二十二個必讀文件，每份文件翻來覆去學兩三個月，「四到」——眼到（精讀）、心到（深思）、手到（筆記）、口到（討論）。[16]《解放日報》刊出學習心得：「整風文件比我父母還親。」[17]

中共以思想起家，一向重視「思想」，完全臨摹赤俄。「當時的黨中央都靠本本，就是馬列的書本和共產國際的文件。拿本本來，是當時的話。」[18] 首先自我洗腦，再「洗腦」民眾，左翼文學即「洗腦文學」——推銷階級鬥爭。延安各校本就思想訓練為主，抗大一期（四個月）課程：辯證法、列寧主義、中國革命史、統一戰線理論、日本帝國主義分析、游擊戰和軍事訓練戰術。[19]「七七」前，毛澤東每週二、四上午到抗大講課，每次四小時，下午參加學員討論。[20] 1939年2月闢設中央幹部教育部，部長張聞天（「總書記」兼中宣部長）。[21]

整風尚在醞釀，毛澤東已開始給延安知識分子「洗腦」。1939年9月25日延安大會，毛澤東說：

> 世界上最有學問的人，第一是工人、農民，「萬般皆下品，惟有讀書高」的觀點是不對的，應當改為「萬般皆下品，唯有勞動高」。[22]

毛澤東另一延安名言：「許多所謂知識分子，其實是比較地最無知識的，工農分子的知識有時倒比他們多一點。」[23] 知識分子翻成「最無知識」，工農一躍成為至尊。倒置賢愚，露出共運反智化的狼尾。奈何延安士林迷醉共產幻景而接受階級論，同時迫於抗日軍情，未察覺此處原則性的「大事不妙」。

馬列主義也不香了，原先爭搶的馬列書籍扔出窯洞。1938年赴延安的何方（1922-2017）憶曰：

> 整風一開始，馬克思主義就不香了。整風期間不只是不學馬克思主義理論，過去學過的，特別是搞理論工作的還紛紛檢討，似乎沒學過理論的人倒還乾淨些，起碼不用檢討……甚至有些老幹部，如時任中辦副主任的王首道，為了表示和教條主義決絕，竟將一些馬列著作扔到了窯洞門外……。原來人們感到很缺的馬列著作，有些人又感到無用而多餘，於是就拿到南門外

新市場當廢紙論斤賣了。[24]

「倉廩實而知禮節」（《管子·牧民》），先溫飽才可能「知禮節」，富人必然先於窮人擁有文化，此乃財富與文化的天然函數。「階級論」倒過來，文盲工農天然優越，有文化反而不乾不淨，得脫胎換骨「改造思想」，接受工農再教育。可祖先經驗只能通過文字承傳，文盲工農如何繼承？如何賢於文化人？

三、「初心」即歪

人性、人權乃現代人文價值軸心，集體權利乃個人權利之合成。延安最隱蔽、最凶險的陰影──「無私」，即原點之謬。1937年採訪延安四個月的海倫·斯諾（Helen Foster Snow, 1907-1997），對此感受強烈：「在延安，清教徒主義、禁慾主義以及斯巴達主義的哲學是絕對的。」[25] 1946年，張家口華北聯大文學系女生田賜未婚先孕，肚子日隆，投井自殺。[26] 1947-1948年冀中根據地，有不正當男女關係者拉出遊街。[27]

中共規定投奔者必須接受「洗腦」（改造思想），因為你來自私欲洶洶的「舊社會」，延安乃無私「新社會」，須經改造才能融入。個人權利成了骯髒的「自私」，人們失去保護自身權益的理論合法性、失去是非辨別資格，成了必須接受領袖牧養的「羔羊」。滅私抑慾，邏輯起點的哲學錯誤，「初心」即歪。

1942年5月延安文藝座談會，貶低文藝價值（無非搬演工農兵），拉出永遠無法達標的橫桿──與工農相結合，利用宋明理學的「向內用力」（滅欲入聖），赤徒們的自我崇高中成為信仰的跪奴（脫褲子、割尾巴），[28] 以自辱免他辱，「自我貶損正在成為延安一般生活的特點」。[29] 黃鋼（1917-1993）說：「恨不得有時把自己拆散，然後再根據文件把自己重新建造起來。」[30]

中共還倒置一系列價值邏輯，1941年7月1日頒布〈增加黨性的決定〉，狠批獨立主義、個人主義，規定四大服從──個人服從組織，少數服從多數，下級服從上級，全黨服從中央。[31] 單極強調黨員義務，迴避相應權利，將奴性論證成崇高黨性，以集中沒收民主。〈決定〉發布後，延安熱氣驟散，許多活動減少或消失（此前遍地歌聲、集會遊行、紀念會、聯歡會等）；等級制、保密制、警衛制明顯加強。[32]

陸定一還提出紅色新聞學口號：「把尊重事實與革命立場結合起來。」[33] 赤裸裸否定客觀真實的唯一性，鑿通真實二元論──當客觀事實與革命立場發生衝突，事實要為立場讓路，新聞要為政治服務。如忽略可觸可感的「局部真實」（延安陰

暗面），得以無法感知的「整體真實」為準。新聞政治化立場化，「政治第一」大大攔低延安人文視野，以政治功效檢驗文化，一切知識必須附屬政治，否則便是「脫離實際」。

四、整風拐向

　　1941年9月10日至10月22日中共政治局會議拉開整風帷幕，王明、博古、張聞天、王稼祥等「國際派」受批判。1942年1月，總書記張聞天因「很難在中央書記處繼續工作……，主動要求到農村去做調查研究」，讓席毛澤東，以便毛部署整風。[34] 毛澤東之所以發動整風，旨在追責第五次反圍剿失敗，逼迫王明「國際派」檢討，兼而打壓周恩來「經驗派」（1943年7月召回周恩來，挨批六週），[35] 向全黨宣示自己的「正確路線」，確立教主地位。不料，途中王實味、丁玲「跳出來」搶臺，毛順勢將高層政鬥的整風推向基層，以「路線鬥爭教育」整頓全黨思想，從理論上沒收全黨的思想自由。

　　1942年2月正式發文「整風」，號召向「主觀主義、教條主義、宗派主義」開火，[36] 樹靶「黨八股」、「本本主義」，劍鋒明確指向「國際派」。延安一度出現類似1957年春天的「鳴放」，3月中旬至4月上旬，《解放日報》陸續發表一批雜文：丁玲〈三八節有感〉、王實味〈野百合花〉、艾青〈了解作家，尊重作家〉、羅烽〈還是雜文的時代〉、蕭軍〈論同志之「愛」與「耐」〉。毛澤東讀到〈野百合花〉，怒拍於桌：「這是王實味掛帥，還是馬克思掛帥？」[37] 整風批評之火不是燒向王明教條主義「國際派」而是燒向當權派自身了。4月初，毛召集高幹學習會（文藝界僅周揚、丁玲出席），議題「批判〈野百合花〉」。[38]

　　王實味「掛帥」一時，康生（1898-1975）說：「〈野百合花〉出來以後，中央研究院有95%的人贊成。」[39] 王實味認為中央研究院整風委員會應民主選舉產生，副院長李維漢（院長張聞天離延）則認為院室兩級領導「當然成員」，大會表決84：28票，王實味派壓倒多數。[40] 1942年4月7日中宣部召集中央研究院部分人員至楊家嶺，「從上午九時一直到開到夜裡十二時。會上的發言雖然甚為踴躍，但旗幟鮮明地反對王實味的，卻只有李宇超同志一人」。[41]

　　抗大下發〈野百合花〉，要求討論——

　　　　[學員]幾乎眾口一詞地同意王實味的觀點……。大家說，對呀！寫得挺好的呀！寫的都是真的呀！而且普遍認為，革命隊伍裡確實有缺點，提出來是有

好處的。要是提出來就批評,以後誰有了意見還敢提?革命隊伍不就成了死
水一潭嗎?大家講得興高采烈,振振有詞。

幾天後圖窮匕見——不是真要大家討論而是動員批判!

大家一時轉不過彎來,開會沒人討論,經過領導再三動員和積極分子帶
頭,形勢才扭轉過來,大家才批判王實味和檢討自己的思想。[42]

　　科學、真理、正義,只能來自並接受質疑;拒絕質疑,社會便停止進步。整風
後黨代會發言須事先審查,開始喊領袖萬歲,公然違反定期會議制(黨章規定)。[43]
1942年2月8日延安舉行「澤東日」集會,千餘人聆聽徐特立、蕭三報告(介紹毛澤
東生平),和毛祕書張如心的〈怎樣學習毛澤東〉。[44]

五、「洗腦」法寶

　　理論炫惑、功利誘引、恐怖高壓為「洗腦」三大法寶。1938年延安棗園「敵區
幹部訓練班」,毛澤東向學員畫餅:

> 中國革命勝利以後,我們要建設一個怎樣的國家呢?同志們,我保證你們每
> 個人都有一座漂亮的洋房、一部美麗的小汽車,保證你們個個有出洋的機
> 會。[45]

　　中國女大校長王明鼓動女生:「你們要好好聽課,將來革命成功了,你們都是
中國的女縣長!」一群文化很低的女孩立刻感覺「天降大任於斯人」。[46]

　　1939年,十二歲灰娃(1927-)赴延安,晚年意識到被植入「精神木馬」:

> 掌權者通過「新詞」攤派真理,並用冗長的真理說服民眾已經或將生活在一
> 個何其幸福的國家之中。……「新詞」亂飛,強制注射到人的血液,灌輸黃
> 金的夢想。[47]

　　延安青年普遍有接管全中國的政治衝動,弗拉基米洛夫有如下的近距離觀察:

> 他們知識淺薄,尤其在政治和經濟學科方面知識淺薄,卻喜歡談論一切問
> 題,並希望有朝一日擔任重要職務。

特區培養出來的黨的幹部，基本知識的水平很低，甚至學生也不都會看鐘點，他們算術很差。……延安有很多青年是有獻身於革命的理想的，不幸的是他們受了許多使人變蠢的宣傳，他們注定是無所作為的了。看到這些青年被迫塞了這麼多無用的窒息獨立思考的東西，我感到很難過。[48]

國際共運本就是一齣政治宗教，「洗腦」需要信徒配合，外因通過內因起作用，「新詞」只有落入赤徒腦中才融化滲漫。沿流溯源，第一致因還是共產幻景，一信、二迷、三跟從，馬列主義成為赤徒腦中無法甩脫的纏腳布。猶太裔英籍匈牙利作家阿瑟‧柯斯勒（Arthur Koestler, 1905-1983）1932年參加德共，居俄一年，1938年脫離共運，他描繪赤黨的吸引力如下：

誰參加了共產黨，若說他是「見到了光明」，那還不足以形容唯有其本人才感覺到的精神上的愉悅。……撥開雲霧見天日，新的光芒從四面八方射來，頭腦為之一新……，此後再也沒有什麼難題會擾亂其內心的平靜。——他所擔心的，就是怕以後這個信仰會幻滅，從而失去這個唯一使其生命值得活下去的信心，又回到黑暗中去。[49]

正因為堅信赤說正義、中共奉天承運，至少一萬五千受盡「搶救」委屈的延安青年，均以「接受考驗」自律。[50] 加上「黨總是正確的」，受冤後甚至失去自辯勇氣。延安一代「洗腦」很澈底的名角：胡喬木、鄧力群、艾思奇、丁玲、陳學昭、何其芳、劉白羽、林默涵、李成瑞、魏巍、馬賓……

國府敗臺後深刻反省：軍政失敗的最大致因還是源於意識形態——未能阻截赤說擴張。很悲劇，馬克思主義最早中譯者並非共黨，乃同盟會員朱執信（1885-1920），陳望道全譯《共產黨宣言》乃《星期評論》總編戴季陶之約稿。[51] 1920至1930年代，國民黨神聖黨義「民生主義即共產主義」。[52] 胡適很自責太注重學術，忽視思想鬥爭，未奮力駁赤，反以「言論自由」優容，以鼓勵試驗看待赤俄「社會主義實驗」，助長赤潮騰漲。[53] 1947年「上海的『生活書店』可買到共產黨的出版物，如毛澤東的《新民主主義論》、《論聯合政府》」。[54] 香港反共名士何家驊（1922-）：「（國府）在大陸不是被槍桿子打敗，而是給筆桿子打敗的。」[55]

改造滿腦「民主自由」的赴延知青，毛澤東體現出很強的政治敏感，運用階級鬥爭論「兵不血刃」就大功告成——赴延知青一個個跪認「原罪」、聽從訓斥。赴延知青大都出身中產以上家庭（無產階級鮮出讀書郎）。尤其女青年，不是豪門千

金就是中產閨秀。中央婦委二十五名延安中國女大畢業生，二十四人出身地主、資本家，一人富農。[56]「資產階級知識分子」一詞，史達林的發明。[57]

毛澤東〈在延安文藝座談會上的講話〉直指靶心：

> 這些同志的立足點還是在小資產階級知識分子方面，或者換句文雅的話說，他們的靈魂深處還是一個小資產階級知識分子的王國。……要澈底地解決這個問題，非有十年八年的長時間不可。[58]

短期畢不了業呵！周揚一輩子沒畢業，文革後仍認為自身缺點都是未能「與群眾相結合」。[59] 1921年由毛澤東、何叔衡介紹入黨的李六如（1887-1973，誣叛徒冤死），1943年4月在延安反省：「我以前自以為不錯，自以為立場穩，整風後才知自己的政治水平低，『組織上入了黨，思想上未入黨』（毛澤東語）。」1925年入黨的謝覺哉（1884-1971），也認為1940年才「思想入黨」。[60]「思想入黨」成為中共法器，要求信徒無限止「狠鬥私字一閃念」。1943年12月1日，連王明都跪下來，致函政治局：「我願意做一個毛主席的小學生，重新學起，改造自己的思想意識，糾正自己的教條宗派主義錯誤，克服自己的弱點。」[61]

跪認「原罪」，自信心虧去一大截，接著強調「理想」「效忠」，階級性換下人性，顛倒是非成了「思想飛躍」——從資產階級個人主義昇華為共產主義戰士。延安士林有人晚年悟識：「聽黨的話，做黨的馴服工具和螺絲釘，是延安整風運動和一路來對知識分子進行思想改造最根本的也是最直接的目的。」[62] 1958年5月《北京日報》發表社論〈共產黨員必須是黨的馴服工具〉，北京市委第一書記兼市長彭真（1902-1997）說：

> 做黨的馴服工具是共產黨員的最大志願。[63]

六、搶救運動

1942年11月西北局高幹會議，毛澤東宣布：「整風不僅要弄清無產階級與非無產階級思想（半條心），而且要弄清革命與反革命（兩條心）。」12月起，整風轉入審幹。[64] 1943年4月掀起「坦白運動」，5至6月「坦白」高潮。7月15日楊家嶺中央大禮堂中直機關千人大會，彭真主持，十二名「特務」先上臺坦白，會場氣氛恐怖。接著，康生做〈搶救失足者〉報告：「等你們一離開這個禮堂，就會發現你們

之中又有很多人失蹤！要是今天在這裡參加會的許多人明天被關起來，你們不要大驚小怪！」[65]當康生宣布已逮捕兩百餘人，許多與會者「嚇得面色蒼白，茫然失神」。[66]7月23日弗拉基米洛夫：「這個城市看起來像集中營。不讓人們離開辦公室和學校，現在已經是第四個月了。」[67]

　　大會轟、個別逼、車輪戰、逼供信、軟硬兼施、威脅利誘……，赴延知青終於領教紅色恐怖。他們不知南方蘇區早有猙獰「肅反」。毛澤東自述在井岡山親令殺死地主全家（包括孩童），燒毀富家房屋。[68]1930至1935年間，各蘇區所殺「自己人」至少十萬。中共黨史研家：「短短幾年間，處決了七萬多『AB團』、兩萬多『改組派』、六千兩百多『社會民主黨』，這還只是有名有姓的受害者。」[69]1931年秋，鄂豫皖蘇區大肅反，初中以上文化定為肅殺重點，徐向前：「肅掉了兩千五名以上的紅軍指戰員……，凡是讀過幾年書的，也要審查。重則殺頭，輕則清洗。」1937年進入延安中央黨校的紅四方面軍幹部，許多人明明識字硬裝文盲，唯恐識字遭清洗。[70]陸定一（1906-1996）：「鄂豫皖蘇區的創始人和四方面軍裡的知識分子黨員幾乎被殺光了。」[71]長征途中，胡耀邦被指「AB團」，差點殺頭。[72]

　　曾志（1911-1998），十五歲加入共黨，參加湘南暴動、黃洋界保衛戰，賀子珍好友，與毛澤東甚熟，因一段白區工作經歷，在中央黨校一部交代五、六天，敲頭揪髮踢腿，逼她承認「特務」。[73]其夫陶鑄（軍委祕書長）在南京獄中表現堅強，也遭搶救，打成叛徒，氣得暴跳如雷直罵娘。[74]周立波被周揚吊審七天七夜，延安保安處逼犯人喝尿。蕭軍感歎：「魯迅在延安也經不起整風。」[75]

　　延安保安處監獄關押三年的高原夫婦記述：

> 一個女人瘋狂了，被光身囚禁在窯洞裡，弄了渾身糞便；一個東北人被囚禁了六、七年，有肺病；……一個東北女人……上吊了……；一個女人被強迫和一個科長結婚，生了一個孩子，如今也走了……

　　出席延安文藝座談會的魯藝教員石泊夫（1907-1982）被捕（誣「托派」），石妻精神崩潰，毒死三孩，點燃窯洞自殺。[76]魯藝三百餘人，竟挖出了「特務」兩百六十七名！[77]

　　邊區四萬幹部學生挖出一萬五千餘「特務」，[78]「七七」後赴延知識分子90%以上疑為敵特，最主要的「搶救對象」。[79]1945年3月，蔣南翔（1913-1988）向劉少奇遞〈意見書〉：「隴東的外來知識分子，百分之九十九點幾被『搶』（全隴東只有兩個外來新知識分子未被『搶』）。『搶』得所有外來知識分子叫苦連天，怨

聲載道（這是我親歷的見聞）！」[80] 蔣遭批評。[81]

抗大校長徐向前（1901-1990）提供數據：

> [抗大]搞出特務分子、嫌疑分子602人，占全校排以上幹部總數的57.2%。幹部隊伍共有496人，特務和嫌疑分子竟有373人，占75%以上。[82]

綏德開了十天反特大會，自動坦白兩百八十人，揭發一百九十餘人。綏德師範挖出兩百三十名「特務」（全校73%），都是十幾歲的孩子。1944年初，綏德縣「坦白運動先進典型報告團」，一位十二、三歲小女生，坦白受國民黨特務機關派遣，專搞腐蝕幹部的「美人計」。[83] 韋君宜：「十二歲的、十一歲的、十歲的，一直到發現出六歲的小特務！」[84]「[坦白英雄]有意加強自己的罪狀，捏造自己沒有做過的惡事，以證明其『坦白』。」[85]「一二・九」運動也被指國民黨的「紅旗政策」。[86]

關於延安「國民黨特務」，有史料兩則如下。

「軍統」二把手唐縱日記（1942年8月23日）：

> 現在延安很亂，可惜我們沒有一個內線。[87]

1986年「中統」骨幹萬亞剛（1909-?）：

> 杜×（按：衡。中共陝西省委書記，叛徒）去西安辦小型訓練班，招訓青年去延安「抗大」臥底，先後派遣二、三十人，都如斷線的風箏，一去無蹤。[88]

經過「搶救」，延安赤青深受教育，紛紛不寫日記（免留痕跡），如何方。[89] 文革後，延安老幹部指悟識：「文化大革命運動是延安整風審幹運動的翻版。」[90]

搶救運動成為毛時代一大「黨諱」──嚴禁任何語涉。此後，歷經反右、反反右傾、文革、六四，寰內士林一次次噤聲失語。1998年，李慎之：

> 一頓屁股打爛了。什麼反思，其實就是害怕。我害怕，而且我看我周圍的朋友也害怕，也說不上思想上的「轉進」。[91]

恐懼，影響思想自由最大的因素，「洗腦」必備配置。

七、小知底盤

各國赤黨均為小知黨（高知紛紛離場）。1922年俄共黨員文化程度：0.6%大學畢業，6.4%中學畢業，88.3%小學以下，4.7%文盲。[92] 中共雖由受過正規教育的知識分子組建，但很快讓位小知與「半知識分子」，第一至第七屆政治局大學畢業生比率極低，理論層次最高的留俄生也不理解民主自由的價值——解放人性、分權制衡、集智互訂，及時糾錯。中共從上到下不習慣多元異聲，不耐煩複雜的民主程序。井岡山時期，紅四軍普遍抱怨：「民主了半天，最後還是黨代表說了算，主張實行『自下而上的民主』。」[93] 1940年政治局討論文化方向，張聞天提出「民族的、民主的、科學的、大眾的」，毛澤東隨後發言，刪去「民主的」。[94]

四萬餘赴延知青也多為小知。1943年12月22日中共書記處會議，任弼時說：

> 抗戰後到延安的知識分子總共四萬餘人，就文化程度而言，初中以上71%（其中高中以上19%，高中21%，初中31%），初中以下約30%。[95]

專科生（即高中以上19%）不到八千人，81%中小學生，還多為肄業。就是大學文科生，也不過一點粗淺文史常識。李維漢苦口婆心勸勉進修幹部養成閱讀習慣——每天堅持讀書五頁。[96] 中國女子大學陝幹班童養媳折聚英（1919-2007），自剖加入紅軍動機是：「『共產』我沒啥產，『共妻』我也認了。」[97] 抗戰結束，周恩來倡導學術研究，受到黨內「那些認為地球是方的人」阻撓。[98]

中央研究院乃延安翰林院、最高研究機構，人員構成：68%無工作經歷、84%只接受延安學校短訓、79%為二十至三十歲青年。[99] 該院始終未走出稍成模樣的研究人員，絕大多數一生無研究能力，人生軌跡也很糟糕。極左女士草明、石瀾等，不僅人生很失敗，晚年文字亦相當粗糙。

胡喬木承認：

> 從整風以後，實際上很少有什麼創造性的研究，要研究就要是毛主席說過的，沒有說過的，沒有人敢研究。……實際上以後黨的理論水平越來越低，對馬克思主義的知識越來越低。[100]

1936年入共黨的初中生張春橋（1917-2005），八十二歲才通讀《論語》：

這個月，我把《論語》通讀了一遍。說來似乎好笑，我從小沒有學過《論語》卻是一個反對孔夫子的人。……我是十三經一經也沒有讀過。（1999年3月28日）[101]

燕京經濟系高才生李慎之晚年檢點：

根本的原因就是文化太低、知識不足，不能把學問的新知識放在整個人類發展的歷史背景中來認識。……六十年後回頭看，我們這些進步青年其實什麼都不懂，既不懂什麼叫民主，也不懂什麼叫共產主義。[102]

文化程度低，分辨力自然也低。弗拉基米洛夫：「在延安，我看到人們容易聽信聳人聽聞的和煽動性的謠言。」[103] 延安士林無人稍稍推演：資產階級專政易為無產階級專政，專政仍在，以暴易暴，非暴力民主何存？更重要的：既以無產為尊，還能求富嗎？既然資產階級是天然敵人，誰願成為「社會公敵」？誰還敢富起來？個體失富，如何「共富」？不鼓勵發動個人求富，集體如何得富？

延安士林普遍缺乏閱讀社科理論書籍的興趣，輕視歐美「資產階級學說」，喜歡呼朋引伴串門閒聊，很少有寧靜致遠的大氣。被譽「學者型革命家」的喬冠華、龔澎夫婦，1949年後似未啃過大部頭著作，閒暇讀物主要是文件及參考資料。[104]

1956年英籍親共女作家韓素音（1916-2012），與周恩來討論民主後：

我轉告周恩來說：「需要花二十年時間你們才能懂得民主的含義。」我所說的「你們」，並非指周本人，而是整個共產黨。[105]

八、控制資訊

資訊決定判斷，提供怎樣的資訊，有怎樣的媒體，就形成怎樣的社會。控制資訊，「洗腦」必備輔件，失去比較才能偏聽偏信。思維同質邏輯同一，無法產生異質對抗，無法扳正自身邏輯。

1934年10月長征前，贛閩中央蘇區前後有六十七種報刊；[106] 1941年前延安尚能看到滬湘報紙。[107] 1941年春，毛澤東以「財政困難」裁併大部分延安刊物。很受歡迎的《共產黨人》（張聞天主編）、《解放》、《中國青年》、《中國婦女》、《中國工人》、《中國文化》、《八路軍軍政雜誌》及所有文學刊物陸續停

刊。[108] 1943年，延安只剩三張報紙——中共中央機關報《解放日報》、西北局機關報《邊區群眾報》（常用字四百，《解放日報》通俗版）、[109] 僅供中高級幹部的《參考消息》。[110] 有違民主公開的資訊層級化堂皇出臺。

1942年2月毛澤東派陸定一前往《解放日報》（凌駕博古之上），3月16日中宣部下達〈為改進黨報的通知〉，《解放日報》「由不完全的黨報變成完全的黨報」，「凡有轉載，須經毛主席親筆批示」。[111] 毛澤東關閉外界資訊輸入延安的唯一孔道（轉載）。列寧取得政權後發布的第一道命令也是封閉所有非布爾什維克刊物；1922年設立中央檢查局，不得該局批准，任何消息不得見報，任何戲劇不得上演。[112]

1944年中外記者團訪延，副領隊鄧友德（國民黨新聞局副局長）一眼看出：

> 你們的報紙不報導中央社的消息，有也不全，而且還放在很不重要的位置上。[113]

1943年後，《解放日報》不僅是延安唯一時訊來源，還是「標準思想」出處。資訊單孔道，大大方便做手腳。抗戰勝利後林彪攜張學思出關接收東北，東北共軍迅速兵強馬壯，除了從蘇軍處獲得關東軍的軍火，還有一則長期遮掩的重要史實——「數十萬偽滿軍人充實了共軍」。[114] 1956年，毛澤東謂吳冷西：「我們現在實行的是愚民政策。」[115] 中共高層很清楚自身政權對封閉資訊的依賴。1992年北京中央檔案館，一位中共負責人指示：

> 鑑於蘇東巨變深刻的歷史教訓，應該加強對檔案工作重要性的認識。黨的檔案資料的保管，關係到中國社會主義的前途和命運。[116]

1944年6至7月，重慶《新民報》主筆趙超構（1910-1992）採訪延安四十三天，發現延安「思想一致」的原因：

> 許多延安人都向我們申訴過書籍雜誌進口之困難，這使得他們的認識不得不侷限於邊區以內所能供給的資料之中。[117]

1958年底，宋子文（1894-1971）也被「洗腦」，發聲香港：

> 毛周極為佩服，中國空前強大，因而有了民族自豪感。

世界終須走向社會主義，因而不反對思想改造與人民公社，只是搞得操之過急。在人民公社展開之前，對大陸印象一切俱好。從經濟上看，中共政府絕不會失敗。[118]

九、標準化

延安生活全程配給制（包括婦女衛生紙）、[119] 集體宿舍毫無私密，類似今天傳銷窩點（集體食宿、沒收手機、天天上課「洗腦」）。延安各單位「唯一的工作就是開會」，「到處都是會議、口號、咒罵『教條主義者』和國民黨的標語，還有神經緊張、面容憔悴的人們」。[120] 極易進入「集體共振」——言行一致、思想一致。所謂組織生活，就是互挑毛病、自挖醜陋思想，用一知半解的新詞推導宏大結論，不知不覺完成「洗腦」，直至成為「標準產品」。

趙超構《延安一月》有專章〈標準化的生活〉：

> 除了生活標準化，延安人的思想也是標準化的。我在延安就有這麼一個確定的經驗，以同一的問題，問過二、三十個人，從知識分子到工人，他們的答語，幾乎是一致的。……他們對於國內外人物的評判，也幾乎一模一樣，有如化學公式那麼準確。……另外一點標準化，依我個人的私見，覺得在「增強黨性」、「削弱個性」的政策之下，延安人的思想、態度、品性、趣味、生活似乎都定型了。個性的差別是愈來愈狹小。
>
> 一般政治組織所要求的只不過是個人的一部分自由之讓與；共產黨所要求於黨員的，則是貢獻90%以上的自由。……一般共產黨員的文化教育頗使我們失望……，他們所要求的是忠實服從；至於頭腦，則最好在進黨之後，由黨來負責教育。[121]

為應付記者採訪，下發可能提及的二、三十個問題，配附標準答案，要求默記背熟，以免答錯。很快，預備問答成為「優良傳統」，專門應付上級檢查和外來參觀。[122] 1949年後出口北韓，現在人家學得出於藍而勝於藍。

弗拉基米洛夫《延安日記》（1942-1945）裡還說：

> 整風把毛的「思想」變成黨的唯一的精神和政治食糧，很難指望黨的幹部和一般黨員會有首創精神了。

　　我經常聽到一套套標準的答話，而聽不到一句生活的語言。不同的人，在表情上都是一個模樣。

　　黨員沒有主見，思想超不出毛澤東指示的範圍，使黨喪失能動性，這在大會上（按：中共七大）已有表現。結果，毛主席一個人的「一貫正確的創造奇蹟的頭腦」，代替了千百萬人的頭腦。

　　對任何與「毛主席」持不同意見的人進行鎮壓，民主集中制已蛻化成為馬克思所譏諷的由信仰而產生的奴隸制了。[123]

　　上下思想「標準化」，極大提高貫徹「毛澤東思想」執行力。但也因失去不同聲音，中共失去糾誤止謬能力，1949年後眼睜睜看著毛澤東獨裁禍國。

十、難出廬山

　　整風—坦白—審幹—搶救，延安一代終成「新人」——牢牢銘記「毛澤東思想」（觀察世界指導人生的絕對指南），一生交給黨（非黨勿視勿聽勿言勿動）。

　　赴延知青、後任中組部常務副部長李銳（1917-2019）說過：

　　這[整風]以後在文藝界、思想理論界就有了一批無條件忠實於他（毛澤東）的人。這些人從延安一路出來，成為毛澤東1949年之後推行左的那一套的中堅力量。……沒有這批人，毛的意願不會那樣暢通無阻的。這些人到死都服從於毛澤東所說的話、所做的事，一切都是從「保護毛」出發，是真正的凡是派。[124]

　　文革時期，中央專案組成員得意透露：最佳審查辦法就是利用「對黨忠誠」。凡遇審查對象阻抗，只要一說黨還要他們、想挽救他們，審查對象就什麼都認了。再大的官、再聰明的人，此時都變得蠢了，跟著專案組的示意招供。[125]

　　延安一代絕大多數終身難出赤色廬山，難以篩濾進入血液的赤色細胞，價值觀始終偏斜左歪。1980年代初，港商想在深圳搞一塊華僑墓地，1937年赴延安的香港新華分社社長王匡（1918-2003），堅決反對：「出賣國土，喪權辱國。」北京高層有人指斥深圳特區「新租界」，「經濟上天，紅旗落地」。[126]

　　還有一大批「紅色斯德哥爾摩症候群」，包括反出北京的叛逆者。1983至1990年香港新華分社社長許家屯（1916-2016，1938年入共黨）：「我雖『去國』，但

對馬克思主義仍具信念，對中國共產黨仍具信念。」「列寧、史達林模式的失敗，不是也不可能是整個社會主義理想和實踐的終結、死亡。」許家屯認為社會主義、資本主義通過競爭互融互納，要求繼續給予馬克思主義「實踐時間」。[127] 1987年1月被中共開除黨籍的劉賓雁（1925-2005），「六‧四」後滯美，三詞指共──殘酷、虛偽、卑鄙，[128] [129] 卻堅持「第二種忠誠」──不忠誠領袖，不忠誠組織，但忠誠共產主義，忠誠紅色理想，堅持公有制優於自由經濟。1993年，劉賓雁認為將史達林、毛澤東的暴政歸咎馬克思主義乃一大冤案。

如今，仍有一批流亡學者堅執「第二種忠誠」──反毛、反習、反共不反馬列，一見反馬列就跳腳，還在守護最後的紅色堡壘。

十一、視邪為聖

人類文明史證明：只能一部分人先富起來，才能帶動另一部分人後富起來，齊頭共富不僅不可能，共產制只會摧毀既有社會生產力。因此私有制是人類文明的地基，資產階級是歷史前進的火車頭，只有資產階級才有能力理性推動社會進化。共產主義指私有制為萬惡之源，以貧為尊、以富為罪，逆向行車，悖行只能得悖果。趙超構敏感指出延安「以反常為正常」：

> 邊區的整個教育方針是排斥人文主義，著重經驗主義，貶低理論水平，偏重實用技術……。凡是依我們的標準認為是缺點的地方，在他們自己看來都是優點。我們認為這種教育限制了個性，他們倒覺得唯有如此，才能為群眾服務。我們認為它太功利化，他們卻以為這是「學用一致」。我們認為理論水平太低，他們的答覆則是「實事求是」。

邊區百姓也被「洗腦」。趙超構採訪十幾名工人：

> 他們都接受了一種簡單的邏輯，認為「共產黨的利益就是工人的利益，為共產黨做工就是為自己做工」。當我問他們為什麼要服從廠長，他們的答覆就是：「廠長是政府派的，政府是我們選的，服從廠長等於服從我們自己。」[130]

弗拉基米洛夫對「整風」很有洞見：

> 毛澤東正在砍伐掉世界上最偉大的民族文化之一的千年古樹的森林。
> 他發出號召（毛澤東在「七大」），要繼續無情地懲罰持不同意見的人，並使整風的鎮壓方法成為黨的生活的一種制度。[131]

「延安整風」隨著共軍進城，1949年後淘洗全國意識形態，將中國引入「階級鬥爭」死巷、走向「無產」深淵。延安一代普遍缺乏傳統文化、現代意識，自甘受縛一條條赤色邏輯，只接受「黨的聲音」，摒拒一切西方學說，形成一顆顆花崗岩腦袋。1990年代，魏巍（1920-2008）：「只要我們的星球不會倒轉，共產主義的太陽就不會下沉！」[132]

以膚淺的一知半解批判社會，以道德激情煽動民眾造反，再以政權暴力顛覆社會改造人性，最終得到天翻地覆的災難。「偉大毛時代」政酷民貧，全國「三無」──無私產、無個權、無資訊。很可憐的八億赤奴，卻以為是全球「偉大解放者」。中共整體歪斜度，一斑可窺。1950年代毛澤東一直指陳雲「老右」，1980年代陳雲成為阻礙改革開放的「老左」。

許家屯評點：

> 毛澤東不到西方世界看看，陳雲深圳特區、廣東都不肯到，真是大悲劇！[133]

經歷一輪輪「洗腦」（思想改造、反右、反右傾、四清、文革），全體國人盡失「自我」，集體歪斜，積非成是。壓迫成解放、苦難成幸福、歪理成真理、「四人幫」不是共產黨……。全國人民必須照顧中共的政治利益，得按照中共定調評說中共黨史、當代國史。

十二、致命「時間差」

甲午後西學東漸（從日本輸入），在上海楔入再擴散各省。[134] 寰內士林蔑棄國學，「尊西人若帝天，視西籍如神聖」。[135] 覓求速強藥方。共產主義以終極解決一切社會矛盾誘俘激進左士（鏟除私有制即可消滅一切紛爭之源），立為「最新最佳」。傳統國學乃吾華歷史經驗之結晶，自然形成的利益博弈之果，當時唯一禦赤之間、唯一驗新之尺。左翼士林盡棄傳統，否定國學檢新資格，文化閘門輕易開啟。

最新、最美「主義」，最佳、最靈藥方，閃避資本主義諸弊，免走西方老路彎路，直接進入「大同」，豈非更妙？左翼士林視幻為實，憑想像迎抱十月革命，形

成認識赤說的「時間差」。時間雖是最硬檢驗，但一切已在「風雨後」。社會文明也體現於災難預防度。

北洋大學工科生陳立夫（1900-2001）一度也嚮往赤說：

> 我倒很嚮往於共產主義所說的一套，共產主義一向很容易煽惑青年人，所以同學之間，經常在傳閱著馬克思主義的書籍。有些同學還贊成了共產主義……[136]

1929年，湖北省稅務局長吳國楨（1903-1984）曾認為：

> 有一度我竟認為不管共產黨有什麼毛病，看來他們總願意更多地為國家的福祉而奉獻，因此我打算暫時放棄在中國的事業，到蘇聯去實地研究共產主義的運作。只是由於意外的天命，我在最後一分鐘未能成行。[137]（按：赴俄船隻被軍方臨時徵用）

國府軍統要角谷正文（1910-2007），「九‧一八」後曾入赤營：

> 我年輕時代確然曾為共產主義的偉大理想而狂熱振奮，我也不便批評我們的總統李登輝先生才情多寡，只是他年輕的時候，也曾經是忠實的共產黨員，並且被我跟我的調查局同僚以共諜罪名逮捕下獄。[138]

國際共運實為一齣現實版《等待果陀》，一切美好懸繫尚未到來的「果陀先生」。但千呼萬喚的「果陀」不僅沒上路，根本就沒出門，因為這位烏托邦先生本就無法邁步。正如埃德蒙‧柏克（Edmund Burke, 1729-1797）評析法國大革命：

> 那些原則在於蔑視人類古老永久的觀念，並把對社會的規劃建立在新原則之上。
>
> 把共和國建在賭博之上。
>
> 當古老的生活見解和規則被取消時，那種損失是無法加以估計的。從那個時候起，我們就沒有指南來駕馭我們了，我們也不可能明確知道我們在駛向哪一個港口。[139]

　　實踐驗偽，「洗腦」終究難掩赤災。文革後，中國共運車輪漸滯，萬水千山趟出來的紅色之路，後人無法跟進也不願跟進。在2009年華中師大漢口分校師生座談會，「90後」女生小謝說：「喜兒應該嫁給黃世仁，年紀大一點也不要緊。」[140]農村標語：「誰致富，誰光榮！誰受窮，誰狗熊！」[141]

　　余英時認為文化老弱乃赤潮慘烈禍華之根柢：

> 在40年代末期有什麼客觀的因素（如經濟）決定著中國人非依照蘇聯的方式組織國家不可呢？分析到最後，我們恐怕不能不承認這是文化的力量。……由於中國文化的價值取向偏於大群體，近代知識分子比較容易為社會主義的理想所吸引。……中國今天具有這一特殊的國家社會體制，追根溯始，應該說是文化思想的力量。[142]

　　儒家思想「大道之行，天下為公」（《禮記・禮運》）、「不患寡而患不均」（《論語・季氏》），「大同」聖說成為接應共產赤說的文化缺口。分娩西方的共產赤說著床東方，由東方買單試錯，西方則成功摒拒，歸根結底還是文化之力，赤說未能擊穿西歐理性厚壁。19世紀西方思想界已意識到社會主義對自由的威脅（以集體名義蔑棄個體）。1848年，托克維爾（Alexis de Tocqueville, 1805-1859）指出民主本質為個人主義，與社會主義相向對立：

> 民主擴展個人自由的範圍，而社會主義卻對其加以限制。民主盡可能賦予每一個人價值，而社會主義卻僅僅使每一個人成為一個工具、一個數字。民主和社會主義除了「平等」一詞毫無共同之處。但請注意這個區別：民主在自由之中尋求平等，而社會主義則在約束和奴役之中尋求平等。[143]

　　認識長一寸，文明向前進。進入19世紀，西方國家法律觀念普入人心，尊重財產權，政府保障公民權益並提供社會服務，人民也從切身利益認識到必須維護政府，普選制也使各階層在議會擁有代言人，西方國家已建立防止暴力革命的機制，既能文鬥何必武鬥？所有赤色革命均發生在專制國家。

十三、「兩頭真」

　　「六・四」後，延安士林大分化，出現一批「兩頭真」——青年、老年求真，

中年隨偽。

2000年10月，前中共總書記趙紫陽（1919-2005）說：

中國革命幾十年了，仍然搞專制，應該說：「此路走錯了！」[144]

2001年，1953年入共黨的紅色作家邵燕祥（1933-2020）亦言：

我們經歷了一個充滿偏見的時代。……違拗人類普遍的文化共識和道德規範，違反常情、常理、常識……，強制人們參與謊言的製造和傳播。我們曾經被欺騙，我們也曾互相欺騙。我們不能再欺騙後人了。[145]

2003年，李慎之深悔「為虎作倀」：[146]

千千萬萬人（包括我自己在內）……跟錯了一個19、20世紀在世界上號稱最最革命的非主流思潮，使中國陷入了五十多年的最反動最黑暗的政治制度之中。[147]

2006年，出走歐美的中國社科院副院長趙復三（1926-2015）道：

中共欺騙愚弄了全國人民。[148]

2007年，原中國社科院日本所長何方（張聞天祕書）也反思道：

我們的路就根本上走錯了。我們建設的不但不是具有無比優越性的社會主義，而且連我們一直在批判的資本主義都不如。因為資本主義總還是在發展，而且發展得很快，我們卻在後退，相對說來也退得很快。……1955年中國經濟占全球份額的4.7%，1980年下降到2.5%。……2005年也僅占全世界總量的4.1%。這就是說，我們後來這二十多年的快速發展，還沒補夠頭二、三十年的落後造成的差距，實在有點對不起祖先和後代。從這裡也引出來一個問題，就是這些年來，我們究竟建設的是什麼社會呢？[149]

2008年，李銳認為中共南轅北轍走錯路：

毛澤東們選擇的「俄國人的路」，幫助中共黨人經過共產革命，取得了執政地位，但是終究沒有「根本解決」中國的問題。豈止是沒有「根本解決」問題，簡直就是同人類文明背道而馳，遲滯了國家走向現代化的進程。……運動不已，生靈塗炭，幾千萬人非正常死亡，上億人受到牽連，上演了一幕幕愈演愈烈的人間悲劇，使得國家、民族和社會付出了極為慘重的代價，遲滯了中國走向現代化的進程。……甚而至於發生「六四風波」，動用軍隊彈壓手無寸鐵的學生和市民，導致了中國20世紀的最後一場悲劇，所有這些，反思起來，都要從上個世紀「走俄國人的路」追根溯源。[150]

2011年，延安紅小妹灰娃總結說：

一個人的意志凌駕於十幾億之上，怪的是這十幾億人還一致擁護自己當奴才。……十幾億人吃了飯不生產、不工作、不創造任何價值，用整整十幾年的時間造謠打鬥……。我實在受不了啦！我厭惡這一切！

1989年6月4日對待群眾愛國請願運動竟用比以往歷史上更加殘酷的手段武裝暴力鎮壓。……時光流不走人們的傷慟。[151]

2012年，《人民日報》社長兼總編胡績偉（1916-2012）臨終留語：

我所信仰的馬克思主義是不是正確的真理？我參加的中國共產黨是不是走錯了路？

毛澤東的社會主義比法西斯主義還壞，比史達林主義更殘酷無情、野蠻、不公正、不道德、反民主、無可救藥。[152]

真實既明，「主義」自倒。1970年代戈巴契夫訪問西歐諸國，大吃一驚，「原先認為社會主義民主遠比資本主義制度優越的信念動搖了」。1989年葉爾欽訪美，「原先那一套陳舊的觀點和信條全都破滅了」。[153] 1983年，鄧小平從江蘇的快速發展認識到市場經濟的效率。[154]

十四、結語

中共求功釀罪，1949年的勝利無法遮掩赤色圖紙的劣質，文革後赧顏恢復私有

制、退回市場經濟，已證共運失敗。延安整風只能成為歷史反面坐標，提供沉重史訓。

受「洗腦」影響的三代人（大革命一代、延安一代、「解放」一代），無論理工還是人文均未出像樣人才，未有值得稱頌的「立功」「立言」。毛時代唯一尚能獨立思考的顧準（右派），也只留下殘篇斷簡。人才只能出自個人奮鬥，創造性勞作必須孕於自由，失去「個權」合法性，失去「自由」母體，無因自然無果。「解放一代」學者錢理群（1939-）認為：「我們所做的貢獻是有限的……。這一代人沒有出過大師，甚至連思想家都沒有，理論家也沒有。」[155] 受前三代影響，紅衛兵一代也未能出創造型人才。

中國共運「西風殘照」，尚未「漢家陵闕」，大陸青少年還在被強行灌輸「正確思想」。全國高校五門政治課（必修）：馬克思主義哲學概論、馬克思主義政治經濟學原理、毛澤東思想概論、鄧小平理論和三個代表、思想品德修養。文科再加一門：時事政治。博士論文評審專設「政治方向與價值導向」：

> 是否以馬克思主義為指導思想，研究內容、學術觀點的價值導向是否符合社會主義核心價值觀。

2005年2月央視《新聞聯播》闢設「永遠的豐碑」——追述一位位中共烈士，《新聞聯播》開播以來最長欄目。[156] 一則實行半個多世紀的「主義」，須靠奪政前的「拋頭顱灑熱血」呼喚認同，以途徑壯烈證明目的崇高，牛頭難對馬嘴。1949年後赤難慘巨，紅色烈士很尷尬了，犧牲的意義呢？獻身的價值呢？1921至1949年有名可查紅色烈士三百七十多萬，[157] 難道他們的犧牲就是換來政酷民貧的罪惡毛時代？換來今天的「四不像」——馬列主義的本子、社會主義的牌子、資本主義的路子、封建主義的班子？

中共至今高築網路防火牆，組織網路水軍，編段妖魔歐美，吹噓「中國特色社會主義」，全力摒拒「普世價值」，扶撐紅色意識形態（拴繫政權合法性）。2012至2021年全國馬克思主義學院從百餘家擴展至一千四百四十餘所……。[158] 延安圖紙還在發酵，「洗腦」仍在進行時，「反洗腦」也就必須跟進，同志必須努力！

2022年12月—2023年5月　普林斯頓

注釋

1　《胡喬木回憶毛澤東》（北京：人民出版社，1994年），頁303-304。

2　鄧力群：《延安整風以後》（北京：當代中國出版社，1998年），頁1。

3　[蘇]彼得‧弗拉基米洛夫：《延安日記》，呂文鏡等譯（北京：東方出版社，2004年），頁22。

4　中共中央黨史和文獻研究院：〈延安整風運動：一場深刻的思想洗禮〉，2021年9月23日（www.sohu.com/a/491637987_178311）。

5　弗拉基米洛夫：《延安日記》，頁224。

6　韋君宜：《思痛錄》（北京：人民文學出版社，2013年），頁318、336。

7　《蘇維埃在中國》（北京：中國現代史資料編輯委員會，1957年翻印），頁19。

8　范長江：《塞上行》（北京：新華出版社，1980年），頁199。

9　燕凌等編著：《紅岩兒女》第3部（上）（香港：真相出版社，2012年），頁7。

10　《毛澤東文集》第2卷（北京：人民出版社，1993年），頁425。

11　蕭軍：《延安日記（1940-1945）》上卷（香港：牛津大學出版社，2013年），頁352。

12　段建國、賈岷岫：《王世英傳奇》，羅青長審核（太原：山西人民出版社，1992年），頁245。

13　《胡喬木回憶毛澤東》，頁205。

14　《毛澤東選集》第2卷（北京：人民出版社，1966年橫排本），頁330-332。

15　[美]費正清、費維愷主編：《劍橋中華民國史》下卷（北京：中國社會科學出版社，1994年），頁546。

16　延安整風運動編寫組：《延安整風運動紀事》（北京：求實出版社，1982年），頁111。

17　經風：〈被整風喚醒了〉，延安：《解放日報》1942年12月26日。朱鴻召：《延安文人》（廣州：廣東人民出版社，2001年），頁155。

18　《胡喬木談中共革命》（北京：人民出版社，1999年），頁98。

19　[美]尼姆‧威爾斯：《續西行漫記》，陶宜、徐復譯（北京：三聯書店，1991年），頁76。

20　李志民：〈抗大抗大‧越抗越大〉（之一），《中共黨史資料》第7輯（北京：中共黨史資料出版社，1983年），頁33-38。

21　《胡喬木回憶毛澤東》，頁190。

22　《毛澤東年譜（1893-1949）》中卷（北京：中央文獻出版社，2013年修訂本），頁141。

23　《毛澤東選集》第3卷（北京：人民出版社，1966年橫排本），頁773。

24　何方：《黨史筆記——從遵義會議到延安整風》上冊，頁283。

25　《旅華歲月——海倫‧斯諾回憶錄》，華誼譯（北京：世界知識出版社，1985年），頁265。

26　陳恭懷：《悲愴人生——陳企霞傳》（北京：作家出版社，2008年），頁178。

27　《我的人生——浩然口述自傳》（北京：華藝出版社，2000年），頁136。

28　胡喬木：〈教條和褲子〉（毛澤東修改），延安：《解放日報》1942年3月9日（社論）。《胡喬木文集》第1卷（北京：人民出版社，1994年），頁47-50。

29　[蘇]彼得‧弗拉基米洛夫：《延安日記》，頁175。

30　黃鋼：〈平靜早已過去了！——魯藝論辯特寫〉，延安：《解放日報》1942年8月4日。

31　中共中央文獻研究室、中央檔案館：《建黨以來重要文獻選編（1921-1949）》第18冊（北京：中央文獻出版社，2011年），頁443-446。

32　《從延安一路走來的反思——何方自述》上冊（香港：明報出版社，2007年），頁102-103。

33　陸定一：〈我們對於新聞學的基本觀點〉，延安：《解放日報》1943年9月1日。

34　《胡喬木回憶毛澤東》，頁193、272。

35　[英]韓素音：《周恩來與他的世紀》（北京：中央文獻出版社，1992年），頁235-238。

36　〈中共中央宣傳部關於進行反主觀主義反教條主義反宗派主義反黨八股給各級宣傳部的指示〉（1942年2月11日），《建黨以來重要文獻選編（1921-1949）》第19冊，頁81-83。

37　《胡喬木回憶毛澤東》，頁449。

38　丁玲：〈延安文藝座談會的前前後後〉，艾克恩編：《延安文藝回憶錄》（北京：中國社會科學出版社，1992年），頁62。

39　宋金壽：〈為王實味平反的前前後後〉，《中共黨史資料》第50輯（北京：中共黨史出版社，1994年），頁137。

40　王實味：〈答李宇超、梅洛兩同志〉（《矢與的》板報第3期），《王實味文存》（上海：上海三聯書店，1998年），頁141、326。

41　溫濟澤等：《延安中央研究院回憶錄》（北京：中國社會科學出版社、湖南人民出版社，1984年），頁124、137。

42　《從延安一路走來的反思——何方自述》上冊，頁106-107。

43　何方：《黨史筆記——從遵義會議到延安整風》上冊，頁294、103。

44　高華：《紅太陽是怎樣升起的》（香港：香港中文大學出版社，2000年），頁606-607。

45　司馬璐：《鬥爭十八年》（香港：亞洲出版社，1952年），頁71-72。

46　蔣巍、雪揚：《中國女子大學風雲錄》（北京：解放軍出版社，2007年），頁147。

47　《我額頭青枝綠葉——灰娃自述》（香港：天行健出版社，2011年），頁139。

48　弗拉基米洛夫：《延安日記》，頁53-54。

49　[美]Richard Pipes：《共產主義實錄》，郭新民譯（普林斯頓：民主中國出版社，2005年），頁109。

50　何方：《黨史筆記——從遵義會議到延安整風》上冊，頁233-234；《從延安一路走來的反思——何方自述》下冊，頁535。

51　王來棣：《中共創始人訪談錄》（紐約：明鏡出版社，2008年），頁21、40、80。

52　羅隆基：《政治論文》（上海：新月書店，1931年），頁259。

53　[美]格里德（Jerome B. Grieder）：《胡適與中國的文藝復興》，魯奇譯（南京：江蘇人民出版社，1996年），頁336。

54　阮銘：〈自由的追求與毀滅〉，香港：《開放》2009年10月號，金鐘主編：《三十年備忘錄》（香港：開放出版社，2017年），頁306。

55　何家驊：〈國民黨大陸失敗的原因〉，香港：《開放》2009年10月號，金鐘主編：《三十年備忘錄》，頁300。

56　蔣巍、雪揚：《中國女子大學風雲錄》，頁134。

57　高華：《革命年代》（廣州：廣東人民出版社，2010年），頁210。

58　《毛澤東選集》第3卷（北京：人民出版社，1966年橫排本），頁814。

59　趙浩生：〈周揚笑談歷史功過〉，香港：《七十年代》1978年9月號，頁32。

60　《謝覺哉日記》上冊（北京：人民出版社，1984年），頁454。

61　《胡喬木回憶毛澤東》，頁298。

62　李普：〈兩個相反的典型——談李銳並范元甄〉，廣州：《同舟共進》2001年第12期，頁20。

63　邵燕祥：〈從1957到2007〉，丁抒主編：《五十年後重評「反右」》（香港：田園書屋，2007年），頁9。

64　中共中央黨史研究室：《中國共產黨歷史大事記（1919年5月—2005年12月）》（北京：中共黨史出版社，2006年），頁103。

65　弗拉基米洛夫：《延安日記》，頁140-141。

66　《峰與谷——師哲回憶錄》（北京：紅旗出版社，1992年），頁197。

67　弗拉基米洛夫：《延安日記》，頁146。

68　張國燾：《我的回憶》第3冊（北京：東方出版社，1998年），頁362。

69　景玉川：〈富田事變及其平反〉，北京：《百年潮》2000年第1期。楊天石主編：《史事探幽》上冊（上海：上海辭書出版社，2005年），頁169。

70　《成仿吾傳》編寫組：《成仿吾傳》（北京：中共中央黨校出版社，1988年），頁111。

71 陸定一：〈模範黨員，一門忠烈──悼廖承志同志〉，北京：《人民日報》1983年6月19日，第6版。

72 《走向混沌：從維熙回憶錄》（廣州：花城出版社，2007年），頁131。

73 曾志：《一個革命的倖存者》下冊（廣州：廣東人民出版社，1999年），頁335-336。

74 李逸民：〈參加延安搶救運動的片斷回憶〉，《革命史資料》第3輯（北京：文史資料出版社，1981年），頁37。

75 《蕭軍全集》第20卷（北京：華夏出版社，2008年），頁219、1、16。

76 高慧琳編著：《群星閃耀延河邊：延安文藝座談會參加者》（北京：人民文學出版社，2012年），頁78。

77 高浦棠：〈《講話》公開發表過程的歷史內情探析〉，梁向陽、王俊虎主編：《延安文藝研究論叢》第1輯（西安：陝西人民出版社，2012年），頁46。

78 《胡喬木回憶毛澤東》，頁280。

79 何方：《黨史筆記──從遵義會議到延安整風》上冊，頁365。

80 蔣南翔：〈關於搶救運動的意見書〉，北京：《中共黨史研究》1988年第4期，頁70-71。

81 高華：《紅太陽是怎樣升起的》（香港：香港中文大學出版社，2000年），頁465。

82 徐向前：〈抗大整風與白雀園肅反〉，朱鴻召編：《眾說紛紜話延安》，頁152。

83 金城：《延安交際處回憶錄》（北京：中國青年出版社，1986年），頁178。王素園：〈陝甘寧邊區「搶救運動」始末〉，延安：《解放日報》1943年9月22日。

84 韋君宜：《思痛錄》（北京：人民文學出版社，2013年），頁10。

85 趙超構：《延安一月》（上海：上海書店，1992年），頁226。

86 蔣南翔：〈關於搶救運動的意見書〉（1945年3月），北京：《中共黨史研究》1988年第4期，頁64-66。

87 李銳：〈關於防「左」的感想與意見〉，《李銳論說文選》（北京：中國社會科學出版社，1998年），頁58。

88 萬亞剛：《國共鬥爭的見聞》（臺北：李敖出版社，1995年），頁272。

89 《從延安一路走來的反思──何方自述》上冊，頁95、117。

90 李普：〈哀李炳泉之死〉，北京：《炎黃春秋》2009年第7期，頁50。

91 李慎之、杜維明：〈自由主義與中國〉，香港：《中國社會科學季刊》1999年冬季號，頁67。

92 [美]Richard Pipes：《共產主義實錄》，頁170。

93 余伯流、凌步機：《中央蘇區史》（南昌：江西人民出版社，2001年），頁112。

94 何方：《黨史筆記──從遵義會議到延安整風》上冊，頁89。

95 《胡喬木回憶毛澤東》，頁279。

96 李維漢：〈中央幹部教育部與延安幹部教育〉，《中共黨史資料》第13輯（北京：中共黨史資料出版社，1985年），頁7。

97 蔣巍、雪揚：《中國女子大學風雲錄》，頁155。

98 [英]韓素音：《周恩來與他的世紀》，頁269。

99 溫濟澤等：《延安中央研究院回憶錄》，頁113。

100 《胡喬木談中共黨史》（北京：人民出版社，1999年），頁131。

101 《張春橋獄中家書》（香港：香港中文大學出版社，2015年），頁181、230。

102 李慎之：〈革命壓倒民主〉，笑蜀編：《歷史的先聲》（香港：香港博思出版集團有限公司，2002年），頁28、30。

103 [蘇]彼得・弗拉基米洛夫：《延安日記》，頁68。

104 喬松都：《喬冠華與龔澎──我的父親母親》（北京：中華書局，2008年），頁296。

105 [英]韓素音：《周恩來與他的世紀》，頁338。

106 余伯流、凌步機：《中央蘇區史》（南昌：江西人民出版社，2001年），頁812-824。

107 李南央編：《父母昨日書》上冊（香港：時代國際出版公司，2005年），頁229、236。

108 王明：《中共五十年》，徐小英等譯（北京：東方出版社，2004年），頁14。曾彥修：〈我認識的胡喬

木〉，北京：《炎黃春秋》2010年第8期，頁38。

109 《青春歲月──胡績偉自述》（洛陽：河南人民出版社，1999年），頁181、175。

110 朱鴻召：〈唯讀《解放日報》〉，上海：《上海文學》2004年第2期，頁78、83-84。

111 舒群：〈棗園約稿宴〉，朱鴻召編：《眾說紛紜話延安》，頁299。

112 [美]Richard Pipes：《共產主義實錄》，頁78。

113 趙超構：《延安一月》（上海：上海書店，1992年），頁216。

114 《張發奎口述自傳》（北京：當代中國出版社，2012年），頁329-330。

115 李慎之：〈「大民主」與「小民主」一段公案〉，上海：《百年潮》1997年第5期，頁48。

116 高華：《紅太陽是怎樣升起的》，頁654。

117 趙超構：《延安一月》，頁3、79。

118 新華社：《內部參考》第2671期（1958年12月29日），頁12-13。

119 黃炎培：〈延安五日記〉，《八十年來》（北京：文史資料出版社，1982年），頁138。

120 弗拉基米洛夫：《延安日記》，頁42、124。

121 趙超構：《延安一月》，頁78、169-170、85-86。

122 何方：《黨史筆記──從遵義會議到延安整風》上冊，頁284。[蘇]彼得‧弗拉基米洛夫：《延安日記》，頁240。

123 弗拉基米洛夫：《延安日記》，頁111、541、167。

124 李銳：〈我的延安經歷〉（三），香港：《爭鳴》2011年8月號，頁63。

125 程光：《心靈的對話》下冊（香港：北星出版社，2011年），頁772-773。

126 《許家屯香港回憶錄》上冊（香港：香港聯合報公司，2008年），頁23。

127 《許家屯香港回憶錄》下冊，頁454、521、523、536。

128 劉賓雁：〈我們心上的毛澤東〉，香港：《開放》1993年10月號。金鐘主編：《三十年備忘錄》，頁16。

129 《八十三封書信──許良英、李慎之書信集》（北京：同心同理書屋，2010年，頁60。

130 趙超構：《延安一月》，頁150-151、207。

131 弗拉基米洛夫：《延安日記》，頁235、538。

132 魏巍：〈寫在汨羅江畔〉，北京：《中流》1990年第1期（創刊號），頁11。

133 《許家屯香港回憶錄》上冊，頁251。

134 蔣夢麟：《西潮》（天津：天津教育出版社，2008年），頁173。

135 鄧實：〈國學保存論〉，上海：《政藝通報》1904年第3號。轉引自嚴壽澂：〈章太炎國學觀略論〉，香港浸會大學：《饒宗頤國學院院刊》第5期（2018年5月），頁399。

136 《成敗之鑑──陳立夫回憶錄》（臺北：正中書局，1994年），頁29。

137 吳國楨：《夜來臨》，吳修垣譯（香港：香港中文大學出版社，2009年），頁110。

138 谷正文：《白色恐怖祕密檔案》（臺北：獨家出版社，1995年），頁241。

139 英]柏克：《法國革命論》（1790），何兆武等譯（北京：商務印書館，2009年），頁214、250、104。

140 豔祥：〈「願嫁黃世仁」的深層社會原因〉，北京：《北京文學》2011年第12期。麗軍：〈90後「白毛女」為什麼願嫁「黃世仁」〉，上海：《探索與爭鳴》2010年第8期。https://www.sssa.org.cn/xszm/661275.htm

141 李銘：〈鄉村標語〉，瀋陽：《當代工人》2009年第5期。

142 余英時：《文史傳統與文化重建》（北京：北京三聯書店，2004年），頁497。

143 [法]托克維爾：〈在制憲會議上關於勞動法問題的演講〉，轉引自哈耶克：《通往奴役之路》，王明毅、馮興元等譯（北京：中國社會科學出版社，1997年），頁30。

144 《趙紫陽還說過甚麼？──杜導正日記》（香港：天地圖書公司，2010年），頁167。

145 邵燕祥：《找靈魂‧引言》（桂林：廣西師大出版社，2004年），頁11。

146 《李普自選集》第2冊（紐約：柯捷出版社，2010年），頁246。

147 李慎之：〈中國現代化的目標是民主〉，《李慎之文集》上冊（2003年，自印本），頁10。

148 趙復三：〈總結五四經驗‧開闢歷史道路〉，香港：《明報月刊》2006年5月號，頁61。

149 何方：《從延安一路走來的反思》下冊，頁712-713。

150 李銳：〈追溯中共初創時期的歷史〉，北京：《炎黃春秋》2008年第8期，頁44。

151 《我額頭青枝綠葉——灰娃自述》，頁150、241。

152 蜀聲、金臺人主編：《一生追求老時醒——胡績偉紀念文集》（香港：卓越文化出版社，2013年），頁23、73。

153 [美]Richard Pipes：《共產主義實錄》，頁90。

154 《許家屯香港回憶錄》上冊，頁9。

155 〈錢理群寫給下一代的精神遺囑〉，北京：《中國新聞週刊》2007年12月31日。北京：《文摘報》2008年1月6日摘轉，第5版。

156 CCTV節目官網：《永遠的豐碑》（http://tv.cctv.com/2015/04/16/VIDA1429153631673782.shtml）。

157 曲青山：〈中國共產黨百年輝煌〉，《共產黨員網》，www.12371.cn/2021/02/03/ARTI1612312034986417.shtml。

158 〈全國有多少馬克思主義學院？全國有多少馬克思主義學院？〉，club.6parkbbs.com/finance/index.php?app=forum&act=threadview&tid=14744578。

為什麼「思想改造運動」
對知識分子的洗腦能夠成功？

宋永毅

關於中國大陸知識分子思想改造運動的源起，學界一般認定為是1951年9月7日。屆時北大校長馬寅初寫信給總理周恩來，並通過他敦請毛澤東等中共領導人來校園指導教師的政治學習。但是，「思想改造」作為一個專用名詞，和後來發展成的一個大規模的政治運動，還是不同的，或者說有一個演繹過程。

中共的正式文件中出現這一提法，迄今為止可以找到的，最早是〈中共中央東北局關於知識分子的決定〉（1948年7月15日），文件裡對中共的知識分子政策做了七項具體的規定，如：

> （二）幹部學校的學生，一般採取思想改造的辦法，只有最後證明不能改造時才加以洗刷。……
>
> （三）普通中學內繼續進行思想改造的方針：一般拒絕招收地主富農子弟是不應該的。在已有黨的領導的中學內，只要房屋條件許可，均應大批招生，經過思想改造，介紹參加工作或進其他幹部學校。[1]

在1949年的中共建政前後，中共不少領導人就已經在他們的重要報告中把思想改造作為一個重要的任務提出來了。例如，1949年4月12日，當時的團中央負責人馮文彬在中國新民主主義青年團第一次全國代表大會上的報告就提出：「新解放城市的學校中，青年團應首先協助教育機關和學校行政有步驟地和有計畫地開展思想改造、學習改造運動。」[2] 再如，1949年10月20日，時任華北人民政府主席兼高教會主任委員的董必武，在華北高等教育委員會第四次常委會及最後一次全體委員會議上，就提出了對各大學「員工的思想改造」。[3] 因此，思想改造很快成了一個非常流行的政治俗語，一般用來泛指舊社會過來的各類人，尤其是知識分子的思想轉變方法過程。當然，這樣的思想改造離開慘烈地大整知識分子全國性的「思想改造運動」仍然還有一年之遙。中共在這段時間內沒有發動大規模的「思想改造運

動」，並非它主觀上不想，而是和客觀上它還沒有占領全中國（比如南方），更無力插手和控制全國的大專院校事務的現狀有關。

一、自由派知識分子的自覺檢討的初潮及其背景

儘管中共還沒有來得及發動思想改造運動，令人吃驚的是那些已經在國內成名的中國自由主義知識分子卻急不可耐地在中共剛進城後便躁進輸誠，開啟了一個自我思想改造的檢討高潮。

北京大學教授朱光潛，在1949年11月27日的《人民日報》上發表了〈自我檢討〉一文，首開了的全中國有名望的知識分子用「檢討」為主題和標題向中共表白的先河。當時朱光潛的身分還不僅是北大教授，還是美學研究權威和國立北平研究院院士，並曾是國民黨中央監察委員，還一貫標榜為自由主義作家。朱在他的檢討中說：

> [我]開始讀到一些共產黨的書籍，像共產黨宣言、聯共黨史、毛澤東選集以及關於唯物論辯證法的著作之類。……從對於共產黨的新了解來檢討我自己，我的基本的毛病倒不在我過去是一個國民黨員，而在我的過去教育把我養成一個個人自由主義者，一個脫離現實的見解褊狹而意志不堅定的知識分子。[4]

朱光潛的檢討切中了要害：問題的關鍵並不在於他「過去是一個國民黨員」，而是「個人自由主義者」，即有知識分子的獨立性。而他的檢討正是向中共表明他願意放棄這一獨立性。由此可見，在這一知識分子的自我檢討大潮背後的，首先是面對強權的獨立或依附的抉擇。

無獨有偶，另一個一直被認為是自由主義知識分子的馮友蘭在1949年10月5日——被邀請在參加10月1日建政典禮後的第五天，就直接給毛澤東寫信效忠了。他在信中做了他人生的第一次檢討：

> 我於歡喜之中，感覺到十分愧悔，因為在過去我不但對於革命沒有出過一分力量，並且在對日抗戰時期，與國民黨發生過關係，我以前所講的哲學，有唯心及復古的傾向。這些在客觀的社會影響上說，都於革命有阻礙。各方面對於我的批評我都完全接受，但是我也要表示，我願意隨著新中國的誕

生，努力改造我自己，做一個新的開始，使我能跟著你及中國共產黨，於中國的建設中，盡一分力量。

馮友蘭最後向毛個人保證：

我願意隨著新中國的誕生，努力改造我自己，做一個新的開始，使我能跟著你及中國共產黨，於中國建設中，盡一分力量。[5]

據說，當時的知識分子直接向領袖個人效忠已蔚然成風。北京中國地質學會第二十五屆首都區年會向偉大人民領袖毛主席致敬電文中就表示：「今後要更堅決地永遠跟著您走，接受革命的政治教育，努力提高業務水平，全心全意地為人民服務。」──從此這類集體、個人的「表忠擁護」，或言必「主席萬歲」已約定俗成。[6] 據梁漱溟先生回憶：在1949年10月1日的國慶觀禮臺上，他親眼目睹郭沫若代表各民主黨派和無黨派知識分子向毛澤東獻錦旗，旗幟上竟然寫著：「我們永遠跟著您走。」梁漱溟先生看後心裡直搖頭。[7] 而當時的郭沫若，正是被毛澤東放到副總理位置上的黨外知識分子（其實是中共祕密黨員）。由此看來，中國知識分子還是後來荼毒文革的毛崇拜的創始人之一呢？！

差不多和朱光潛、馮友蘭一起同時願意放棄一個自由主義的知識分子的獨立性，在各地官方報紙上寫檢討文字實在不勝枚舉，這裡再列出一些有影響力的知識分子：

姓名	標題	出版物	身分介紹
裴文中	〈我學習了什麼？〉	《人民日報》1949年10月11日	北大教授、古生物學家、九三學社負責人
陳夢家	〈在勝利迎新中前進〉	1949年12月27日，載《人民日報》1950年1月1日	清華大學教授、考古學家、詩人
葉淺予	〈從國畫到漫畫〉	《人民美術》創刊號，1949年12月28日	現代漫畫家和中國畫家、北平國立藝圖案系系主任、全國美協副主席
羅常培	〈我的思想是怎樣轉變過來的〉	北大《大字報》，1949年12月31日	北大教授、語言學家，1950年獲任中國科學院語言研究所第一任所長
費孝通	〈我這一年〉	《人民日報》1950年1月3日	清華教授、社會學家、民盟負責人

姓名	標題	出版物	身分介紹
蕭乾	〈試論買辦文化〉	《大公報》1950年1月5日	著名小說家、記者和翻譯家
吳景超	〈除夕總結〉	《人民日報》1950年1月6日	清華教授、社會學家、民盟負責人
馮友蘭	〈一年學習的總結〉	《人民日報》1950年1月22日	清華教授、文學院院長、著名哲學家和中央研究院首任院士
吳晗	〈我克服了「超階級」觀點〉	《光明日報》1950年2月20日	北大教授、民盟負責人、中共地下黨員
沈從文	〈我的感想—我的檢討〉	《文匯報》1950年6月6日	北大教師、著名自由派作家
嚴愷	〈我對技術與政治看法的轉變〉	《文匯報》1950年7月13日	交通大學水利系講座教授，後為中國科學院首批學部委員（院士）、九三學社成員
曹禺	〈我對今後創作的初步認識〉	《文藝報》1950年10月25日	中國現代著名劇作家以及戲劇教育家

　　另外一些有名望的中間派知識分子雖然沒有直接以檢討的名義發表文章，但是卻用批判老友和謳歌新人（共產黨人）的辦法，同樣表達了自我貶損的改造願望。其實，這也是一種曲線檢討。比較典型的是輔仁大學校長、著名歷史學家陳垣在1949年5月11日的《人民日報》上發表的〈給胡適之先生一封公開信〉。這是一封替新政權寫的給老友的招安書，在當時也曾風靡一時。陳首先激烈地批判了胡適的「共產黨來了，絕無自由」的看法，繼而表示自己「初步研究了辯證唯物論和歷史唯物論，使我對歷史有了新的見解，確定了今後治學的方法」。最後，他訓誡胡適「應該轉向人民，幡然覺悟，真心真意地向青年們學習，重新用真正的科學的方法來分析、批判你過去所有的學識……」。[8]

　　對中共的思想改造素有研究的大陸學者謝泳在看了很多歷史資料後曾經非常感嘆：

　　　　……思想改造還沒有到來的時候，許多知識分子已經開始放棄自己的尊嚴，他們的文章有一個特點就是，自己最有什麼，就要特別批判什麼，蕭乾本來就是最洋化的知識分子，當年郭沫若就以此批判，他在內心深處特別害怕人們說他有買辦思想，所以特別要寫那樣的文章。[9]

　　為什麼？恐怕首先是江山易代，山河變色。共產黨打敗了國民黨，得了天下。

然而，成王敗寇是政治，並不是歷史！看勝敗易，察是非難。但當時的中國知識分子顯然並不懂這一點。海外對中共的「洗腦」極有研究的民主運動理論家胡平闡述過歷史背景的壓力。他認為：

> 一九四九年的勝利，本來只是在很有限的意義上才是共產黨政治理念的勝利。但共產黨卻在這個勝利上做足了文章。毛澤東以歷史的終審裁判的姿態說出了這樣的話：一切別的主張都試過了，都失敗了，只有馬克思主義，只有共產黨領導的無產階級革命取得了成功。共產黨以成功為根據，證明自己的正確；進而以正確為理由，要求人民的信從。這就構成了推行思想改造運動的一個前提。……正像「迷信科學」一樣，「迷信科學」的心理是來自對科學本身不理解的人們驚服於科學的功用或效驗。這就產生了所謂「不理解而信從」的態度。……基於同樣的道理，那些原來不懂或不信馬列的人們，由於目睹共產黨革命的巨大成功，也會產生類似的「不理解而信從」的態度。這就使他們進而認可了思想改造的必要性和正確性。[10]

在以上這些知識分子的檢討裡，就不難看到這種「不理解而信從」的態度。

可惜這些知識分子對思想改造的理解是完全錯誤的。前面講到馮友蘭在1949年10月5日給毛澤東寫過一封猶抱琵琶半遮面的效忠信，毛澤東在10月13日竟出人意外地寫了一封回信。毛在信中不客氣地說：

> 我們是歡迎人們進步的。像你這樣的人，過去犯過錯誤，現在準備改正錯誤，如果能實踐，那是好的。也不必急於求效，可以慢慢地改。總以老實態度為宜。[11]

毛澤東的直言相向地至少告訴了馮友蘭以下幾層意思：（1）像他這樣的知識分子的思想改造是長期的。僅僅表達一種學習的願望，甚至還算不上是一種「實踐」，其實質是想逃避鬥爭、以投機蒙混過關；（2）他缺乏一種要求改造的「老實態度」。換句話說，馮友蘭缺乏一種改換門庭者所必需的公開的自損自賤和澈底的俯首依附的認罪感。（3）馮友蘭在他的信中向毛提出：「將我在二十年前所寫的《中國哲學史》，重新寫過，作為一個新編。……我願以此項工作迎接將要到來的文化高潮，並響應你的號召。」但毛澤東在回信中竟完全無視，使馮友蘭很是失望。其實，這正表示了毛對知識和知識分子的一貫鄙視。他並不認為馮友蘭的哲學

史有什麼知識。這是一種權力對知識的傲慢。而中國知識分子卻很快在知識和權力的博弈中敗了下來。馮友蘭很快成了檢討專業戶，把自己以往的哲學研究罵得一錢不值。

也有人曾挖掘過馮的思想根源，認為主要有三：「一、國家主義，跳不出民族洞穴。二、迷信領袖。三、名利思想。」不過，曾和馮友蘭一起在北大哲學系任教多年郭羅基並不同意，在他最近出版的一本研究專著中鞭辟入裡地評述：

> 馮友蘭的「國家主義」不是爭取近代民族國家的利益，而是堅持王朝政治的正統。他的「迷信領袖」與同時代人有所不同，而是帝王崇拜在領袖身上的投射。他的「名利思想」也不是近代西方的個人主義，而是強烈的中國傳統的功名追求。[12]

中國自由派知識分子在中共奪取政權後的自覺檢討，和他們自身的先天弱點——「強烈的中國傳統的功名追求」有密切的關係。中國傳統的知識分子，是為人熟悉的「士」的階層。由於他們沒有能獲得近代社會因職業分化和經濟自由所帶來的人格獨立性，從而一直擁擠在「學而優則仕」的出路上，即依附於皇權專制和官僚體系。孟子曰：「士之仕也，猶農夫之耕也。」[13]自隋唐以來的科舉取士的制度更使傳統的知識分子走慣了由「修身齊家」進而「治國平天下」的登科做官，乃至直接輔佐帝王的道路。毋庸諱言，「書中自有黃金屋」，這條由士而仕的道路會最快、最大地給「士」帶來名聲、權力和物質等方面的實際利益。我們在馮友蘭身上，可以清晰地看到歷史傳統的濃重投影。

當然，1949年以前的中國知識分子已經具有了建立獨立人格所必需的社會分工和經濟自由的條件。1905年，持續了一千多年的科舉制度終於被廢除了。近代資本主義的發展，使大批的知識分子成為出版家、教育家、科學家、工程師、律師、記者等嶄新的專業人士。從而開闢了一條可以完全不同於「學而優則仕」的新路。國門的開放和西學的湧入又使他們享受到從未有過的精神自由，他們的獨立意識覺醒得非常快。不幸的是，近代中國的內憂外患並沒有給他們的群體人格以充分的發展時間，他們中有人有了獨立人格，而相當多的人仍然在傳統的功名追求的慣性中。

在現今解釋1949年為什麼相當多的自由主義知識分子一夜之間就放棄了自己的立場和尊嚴向共產黨檢討時，常常強調了他們對國共兩黨作風所做的對比，如朱光潛在他的〈自我檢討〉所說：「首先使我感動的是共產黨幹部的刻苦耐勞，認真做事的作風，謙虛謹慎的態度，真正要為人民服務的熱忱，……從國民黨的作風到共

產黨的作風簡直是由黑暗到光明，真正是換了一個世界。」這可能也是原因之一，但絕不會是真相的全部。在他們檢討的美麗的政治辭藻下常常不難窺見隱藏的私心和私利。根據最近的認真調查，朱光潛檢討還因為「地下黨許諾他會有一個很好的前途」。[14] 當然後來的事實證明：朱光潛並沒有拿到這個「很好的前途」，但至少在思想改造運動後他仍能在北大任教。但也有人是確實拿到了「很好的前途」的，如給老友胡適寫勸降書的陳垣。胡適看了此文後，曾認定是有人捉筆代刀的。[15] 根據今天的真相揭露：此信其實是陳垣身邊的地下黨員的學生劉乃和和劉乃崇的起草，還經過了當時的中共歷史學家、華北革命大學副校長范文瀾的潤色。[16] 不管幫陳垣代筆的劉乃和、劉乃崇和范文瀾等是否出於於上級指示，而這個上級又和陳垣有什麼祕密交易，陳垣向中共的主動效忠是毫無疑議的。當然這裡還和陳垣本人在政治上一貫沽名釣利和投機取巧的人格有關。比如，1901年他為了三千大洋為一個廣東同鄉甄某去作弊代考舉人。1923年，身為國會議員的陳垣又深陷曹錕「賄選風波」。[17] 當然，陳垣很快就得到了中共的回報：1950年10月，中共的政務院通過決議，提名陳垣繼續擔任輔仁大學校長。[18] 1952年輔仁大學撤銷後，陳垣繼續擔任北京師範大學校長。而其他的一些北京重點大學國民政府時期的校長，解放後基本上全部被中共撤換了。

　　中共當年對積極效忠的中國知識分子的「回報」常常是論功請賞、立竿見影的。這也在極大程度上激發了中國知識分子「由士而仕」的野望。例如，中國民主建國會的領導人黃炎培是民主黨派中第一個喊「毛主席萬歲的人」。[19] 在美國國務卿艾奇遜（Dean Gooderham Acheson, 1893-1971）發布了寄希望於中國民主個人主義的知識分子的《白皮書》後，黃又立刻在《人民日報》上發表文章進行駁斥。在批判了馬歇爾（George Catlett Marshall, Jr., 1880-1959）對國共兩黨的「停戰和談」是「間接殺人」後，他又把艾奇遜的「民主個人主義」名詞說成是「已夠滑稽拿來侮辱侵犯各黨派」。[20] 此文發表後，毛澤東閱後聖眷大濃，黃炎培「在幾個月後被安置在副總理位置上」！[21] 而這位立下過大誓，絕不到政府做官的黃炎培，竟然就興沖沖地上位了……

二、知識分子積極參與「鬥地主」和第二次自覺檢討高潮

　　在1951年9月思想改造運動正式開始前，中國知識分子還積極廣泛地參加了土地改革運動。中共建政伊始，儘管取得了內戰的全面勝利，但其面臨的形勢卻依然不容樂觀。軍事上的勝利並不意味著戰爭的完全結束，國民黨尚有大量軍隊殘留在

西南、華南地區。經濟上遺留下來的是一個物價飛漲、市場混亂、生產力低下的爛攤子。國際環境中，西方不但拒絕承認，還封鎖了對華物資的運送。而中共在這種情況下實施掠奪性的暴力土改，更引起了全社會的恐慌。因此，對於以暴力革命奪取政權的共產黨來說，民眾、尤其是來自知識分子的政治認同構建的重要性顯得尤為突出。政治認同是鞏固政權的基礎，是執政合法性的重要來源，更是社會穩定的前提。政治體系的存在和維繫也同樣需要廣泛而高度的政治認同。

為什麼中國自由主義知識分子會熱衷於參加中共的土改？淺顯的原因當然是強權之下曲學阿世者多如過江之鯽。但更深層的原因在於：中共土地改革的真正意義所在，不僅是「改變土地所有制」，而是「劃分階級」。這是中共以後數十年統治的「政治的重要基石和支柱」。[22] 這一「階級劃分」開啟了一個中共可以利用和操縱某些階級和階層的群眾，去打擊甚至消滅另一個階級和階層群眾的時代。中共搞土地改革，稱其目標是「消滅封建地主階級」。然而如董時進先生一針見血地指出的：中國並不存在「封建地主階級」。「封建」是「封疆土、建城邑」之謂，從皇朝獲得領地並世襲相傳者才是「封建地主」。而中國兩千年前就不再有封建貴族，平民可以擔任從中央到地方縣的各級官員，民間土地可以自由流轉、買賣、租佃，「與任何他種物品的買賣、所有及租佃，基本上毫無區別」，「與所謂封建沒有絲毫的關係」。[23] 可悲的是：接受了歷史唯物史觀洗腦的知識分子，開始在很大程度上接受了毛澤東對中國三千年歷史的誤讀，即中國是「封建社會」，「主要矛盾，是農民階級和地主階級的矛盾」。[24]

但是接受中共的理論並不等於一定要親自下鄉參與「鬥地主」。為什麼這些知識分子一定要如此自覺地投入呢？劉再復先生對此有過一個很好的解釋，他認為：「革命王國」中的中國知識分子，常常兼有「順民、賤民和暴民」三種不同的角色。其中「不幸的角色」，即是「知識暴民」。為顯示革命性，他們也一定會有意無意地參與了對別人的迫害。[25] 在一些急於在執政者前面表現「革命」以小心自保、或向上攀爬的知識分子看來，參與「鬥地主」正是一種表演獻媚的機會。在中共眼裡，只有當這些知識分子也成為共產大軍中的迫害者群體成員時，他們才算是交出了參加革命的「投名狀」，才會被中共接納為「革命隊伍」中的一員。

這種迫害的參與是毛澤東和中共所一再強調的革命入門的必需條件。1950年6月，毛澤東在全國政協一屆二次會議閉幕時曾指出：「戰爭和土改是在新民主主義的歷史時期內考驗全中國一切人們、一切黨派的兩個『關』。」他還特意向包括知識分子在內的民主人士誘惑性地喊話：「在革命的土地制度改革中有了貢獻……，人民是不會把他們忘記的，他們的前途是光明的。」[26] 自1951年年初起，毛澤東關

於動員知識分子和民主人士參加土地改革給各級黨委的指示達七、八次之多，可見毛和中共對取得知識分子的政治認同抱很大的希望。例如，該年1月，毛在批轉中南局的一個關於土改的指示中說：「北京若干民主人士到各省去看看，有益無害。是我們叫他們去的，不是他們自己要求去的。」[27] 該年2月10日，毛又以中央的名義給各中央局指示：「對民主人士應採積極態度，引導他們參加土改等項工作，有極大益處。」[28]

　　當年知識分子參加土改具有層次高和規模大兩個特點：層次高，是指參加者大都為著名高等學府的教授、學生和各界社會名流；規模大，是指「說有數十萬知識分子參加了土地改革是不為虛」。[29] 這一運動始於1949年10月的第一批京郊土改。當時中共中央華北局就決定動員大學生和教師參加。在各級校系領導的組織下，北京五所高校師生（中央美院、北大、中央戲劇學院、燕京大學和清華大學）從1949年12月中旬至1950年3月中旬參加了京郊土改。清華教授馮友蘭和夫人就是在這一段時間內到豐臺等地參加了土改工作隊。1950年6月30日，《土改法》頒布後，從中央到地方的各級中共組織就全面組織了成千上萬的知識分子和民主人士奔赴土改第一線。其中有一些，因為毛澤東親自的表揚，在當時造成了很大的影響。比如，當時北京高校有六十三位教授組成了三個土改參觀團，其中有以清華大學吳景超為團長，朱光潛、雷海宗、賀麟等人為團員的西北區參觀團。毛澤東在1951年3月18日的電報裡就說過：「吳景超、朱光潛等去西安附近看土改，影響很好。」[30] 這裡提到的吳景超，是清華大學社會學系教授，他在1951年3月28日的《光明日報》上還發表了〈參加土改工作的心得〉一文，毛澤東閱後特地寫信給當時是北京政府新聞署署長胡喬木，表示：

　　三月二十八日《光明日報》載吳景超的文章〈參加土改工作的心得〉，寫得很好，請令《人民日報》予以轉載，並令新華社廣播各地。[31]

　　朱光潛先生在參觀土改後也寫過〈從參觀西北土地改革認識新中國的偉大〉、〈檢討靖生富〉等文章，可能毛澤東也看過，才為之公開表揚。

　　除了有組織的、團體性的土改參觀團和工作隊外，還有不少著名的知識分子或被派遣去報導土改進程，或主動去研究土地改革的一些重要問題，如農村租佃關係等等。例如，自由主義作家蕭乾當時在北京新政府的國際新聞局工作，1950年冬天被派遣去湖南採訪並對外報導。蕭乾先後寫出了〈在土地改革中學習〉、〈我認清了階級：上岸村鬥爭回歸來〉和〈土地回老家〉等多篇土改的特寫報導。毛澤東看

後在1951年3月2日寫信給胡喬木說：

> 三月一日《人民日報》載蕭乾〈在土地改革中學習〉一文，寫得很好，請為
> 廣發各地登載。並為出單行本，或和李俊龍所寫文章一起出一本。請叫新華
> 社組織這類文章，各土改區每省有一篇或幾篇。[32]

　　與蕭乾不同，清華著名自由主義教授潘光旦是主動去蘇南地區考察土地改革
的。1951年2月22日，潘光旦耐人尋味地不去參團，而是與他的老學生全慰天二人
去太湖地區考察土改。視察土改後二人共發表七篇文章。七篇文章分別為：〈誰說
「江南無封建」〉（《人民日報》1951年5月7-9日連載）、〈蘇南農村封建勢力的
幾個特點〉（《新觀察》1951年10期）、〈從義田看蘇南農村的封建勢力〉（《新
觀察》1951年8月4卷5期、6期）、〈蘇南農村兩種租佃制度的分析〉（《進步日
報》1951年6月8日）。〈土地改革必須是一系列的激烈鬥爭〉、〈枯樹鮮花朵朵
開〉、〈關於土地改革在個體農業經濟發展中的一個問題〉，三文中的兩篇發表在
《光明日報》，一篇發表在《文匯報》。1952年8月這七篇文章匯集成《蘇南土地
改革訪問記》，由三聯書店出版。1951年10月23日，毛澤東在全國第一屆政協第三
次會議休息時，特意從主席臺走下來，走到潘光旦面前交談。〈社會學家全慰天〉
一文中說：「毛澤東與潘光旦當面談及該文，並加稱讚。」[33] 毛的這番舉動，應該
是對潘的土改文章，特別是〈誰說江南無封建〉的表揚。
　　當年知識分子談參加土改體會的應景文章何止成百上千，為什麼毛澤東要對朱
光潛、吳景超、蕭乾和潘光旦的文章情有獨鍾、不吝親自嘉獎呢？這恐怕和這些人
的特殊身分有很大的關係。其一，他們當然是當時的中國名氣最大的知識分子群裡
的一員。其二，他們既不是郭沫若那樣名聲不佳的極左派，也不是胡適和傅斯年那
樣的強硬的右派。他們大都被當作比較超脫的中間派或自由主義知識分子的一員。
其三，他們中的不少人在國民政府時期既批評國民黨，也反對共產黨，他們甚至還
曾經是共產黨鬥爭土改和暴力土改的堅決反對者。
　　清華大學社會學系的教授吳景超，也是為毛褒揚的一例。他1923年赴美留學，
先後就讀於明尼蘇達大學和芝加哥大學。1928年獲博士學位，同年回國。先後在胡
適主編的《獨立評論》期刊上發表多篇時評。曾在國民政府內任職。1948年創辦自
由主義知識分子的著名刊物《新路》週刊。但他在1949年拒絕了蔣介石、胡適動員
他南行的邀請，留在北京。無論在《新路》週刊關於土地改革的討論裡，還是在他
個人的著述中，都堅決反對中共的共產主義意識形態和沒收地主土地的暴力土改。

他曾指出：

> 沒收的方法，有許多人是贊成的，但我覺得中國的所謂地主，與東歐的大地
> 主，性質並不相同。中國的地主，有一大部分，其所有的土地並不很多，平
> 日雖靠收租度日，但並沒有多少盈餘。而且地主之中，也還有不少的孤兒寡
> 婦。假如一旦把他們的土地都沒收了，這些地主，便要成為社會上一個嚴重
> 的問題。現在用「收買」代替「沒收」，便是要給這些地主一些時間，使他
> 們另謀出路，使他們知道不勞而食的日子不久便要過完了，應當早點做些別
> 的打算。這不是劇烈的革命，而是和緩的改革，可以避免許多痛苦。[34]

　　另外一位清華大學社會學系的教授潘光旦，1922至1926年赴美留學，先後在達
特茅斯學院、哥倫比亞大學讀書，獲碩士學位。回國後先後在清華等多個大學任
教，還主編了自由主義中間派的著名刊物《華年》週刊。1946至1952年任清華大學
社會學系主任，兼任清華大學圖書館館長。他國民政府時期時評的鋒芒從來就是雙
向展開：一方面，批判國民政府的獨裁，要求自由和民主。另一方面，又絕不放過
共產主義。比如他說：「法西斯主義攻擊共產主義最力。殊不知在偏重團體與抹殺
個人這一點上，二者是一丘之貉，可以無分彼此。」[35]
　　很顯然，如果像吳景超、潘光旦這樣的自由主義中間派的知識分子願意悔過自
新、改口支持中共及其暴力土改的政策，對於幫助毛澤東取得中國社會各階層民眾
的政治認同是至關重要的。
　　我們不妨來看一下上述為領袖嘉獎的知識分子在他們參觀或參與土地改革的體
會裡都說了一些什麼。
　　第一，這些自由主義知識分子都否定了原來自己「和平土改」的想法，轉而提
倡激烈的階級鬥爭甚至是相當暴力的「鬥地主」。吳景超在〈從土地改革談到抗
美〉一文中說：

> 在土地改革參觀回來以後，我再把解放前我所寫的關於土地問題的文章
> 取出一看，使我感到非常的慚愧與不安。解放前我對於土地問題看法的基本
> 錯誤有兩點：第一，我採取了超階級的觀點，既要照顧農民，又要照顧地
> 主。第二，我採取了機會主義的觀點，以為階級利益的問題，可以用和平妥
> 協的方法來解決，而不必用激烈的、尖銳的階級鬥爭的方法來解決。
> 　　參加了實際的土地改革工作以後，我深刻地感覺到立場問題是改造世界

的先決條件。

怎樣進行階級鬥爭呢？吳景超甚至為我們列舉了一個極為暴力的榜樣：

> 對付敵人應當用一種什麼方法呢？我又想起長安的鬥爭會來了。我不能忘記
> 那第一個跳上鬥爭臺子的貧農閻樂喜，他脫去上衣，拍著胸脯，扭著惡霸的
> 衣領，點著惡霸的鼻子進行鬥爭。鬥爭，用一切的方式進行鬥爭，這是我們
> 對付敵人，對付美帝國主義的唯一方法！[36]

同聲相應，蕭乾在他的〈我認清了階級：上岸村鬥爭回歸來〉中說，他「明白
了沒有人能跳出歷史，超出階級的，也鮮明地暴露出過去我那種『跳出』、『超
出』的想法是如何不可能，如何可恥」！他深刻地自剖，「我雖未直接吃人，卻曾
間接吃過人。」是以，他虔誠地總結出：「毛澤東為代表的無產階級先鋒隊才是燈
塔，才是舵手，才是安全幸福的保障。」[37]

同氣相求，朱光潛對於暴力土改的鬥爭大會，更有一番暢快淋漓的描述：

> 鬥爭大會的場面是一種情感教育。……我分析我每次當場的情感，可以毫不
> 羞愧地說：我是站在貧苦農民方面，把地主階級當作對面的敵人來仇恨。我
> 聽到農民對地主訴苦說理，說到聲淚俱下時，自己好像就變成那個訴苦的農
> 民，真恨不得上前去打那地主一下。有時訴苦人訴到情緒激昂時，情不自禁
> 伸手打地主一耳光，我雖然記得這違背政策，心裡卻十分痛快，覺得他打得
> 好。如果沒有這一耳光，就好像一口氣沒有出完就被捏住喉管似的。[38]

清華大學教授潘光旦和他的學生全慰天，自述原來也一直是「和平土改」的支
持者，認為：「在全國軍事與政治空前勝利的情況下實行土地改革，……可以和和
平平進行土地改革。」但是他們在訪問了蘇南土改後的結論卻是：「土地改革必須
是一系列的激烈鬥爭……。如果和平分田，地主還不是和不土地改革一樣，盛氣凌
人、威風十足麼。」至於鬥爭中出現的暴力，他們認為：難道不是地主的「罪有應
得麼？土地革命不是做文章，不是繡花，而是一個壯闊的群眾運動」。[39] 為之，他
們滿口認定：

> 有領導的放手發動群眾以後所進行的土地改革，在各方面都是有計畫，有步

驟，守法令的，並沒有什麼「糟」，而是「好得很」！「糟」是謠傳，有意或無意的；「好得很」是凡到場訪問的人都可以體驗到的。[40]

　　在潘、全兩人的所謂結論中，我們非但可以清楚地看到毛澤東在他的倡導血腥殺戮的〈湖南農民運動考察報告〉裡的蠻狠的革命邏輯，甚至連殺氣騰騰的詞句都做了不必要的模仿（例如「土地革命不是做文章，不是繡花」、「好得很」之類）！這樣的所謂「調查訪問」，為中共的善後工作比它的直接御用機構中宣部還要給力，毛澤東閱後怎麼會不聖眷獨寵呢？

　　更值得注意的是：潘光旦、全慰天兩人到蘇南考察土改並不是他們自己的主意，而是「應政務部和統戰部號召，偕清華大學同事全慰天去太湖流域視察土改」。[41] 說白了，潘光旦、全慰天兩人的蘇南土改訪問是一個中共官方欽定的項目，是一次主題先行的任務寫作。據當時的統戰部長李維漢回憶：當時不少民主人士和知識分子「表露出『和平土改』的幻想，主張『只要政府頒布法令，分配土地，不要發動群眾鬥爭』，有的人則散布『江南無封建』的錯誤言論」。[42] 而潘光旦、全慰天正是接受了黨的任務專程去為蘇南的暴力土改洗地的。非但他們所謂調查訪問完全走馬看花、浮光掠影，引用的也全部是中共官方的宣傳數據，所用的語言和邏輯也更是「毛化」了的。

　　上世紀90年代，中國大陸出現了好幾本以蘇南土改為專題的博士論文和專著，儘管還受制於中共的學術禁圈，但經過認真仔細的調查，已經揭示了和潘、全兩人的遵命文學完全不同的結論。[43] 歷史的真相是：中共在蘇南地區的暴力土改，不僅是最無理的，還是最血腥的。據莫宏偉博士的論文揭露：

　　　　遭鬥爭的人數眾多，其中部分人被打死。例如，僅鎮江專區被鬥爭者即達7,563人，其中有6,772人被打，被打者占鬥爭對象的89.54%。據「檢查隊」的不完全統計，松江專區奉賢縣5個鄉鬥爭245人，打了其中的218人；嘉定縣馬陸區被鬥36人，其中被打者31人；江陰縣沈舍鄉在26次鬥爭中被打死的3人，打得半死的4人，被小打的169人；宜興縣寺前鄉鬥72人；武進縣遙觀鄉鬥了4人，打3人。無錫縣遭到跪、凍、打的有872人。青浦縣龍固區在1950年11月1日至3日就打死17人。據蘇南農民協會不完全統計，蘇南在鬥爭中一共打死60人，……實際上，被打死的不止此數。

　　　　據蘇南農民協會統計，在鬥爭期間蘇南共有293人自殺，其中鎮江專區97人、蘇州專區81人、常州專區59人、松江專區22人、無錫縣24人。這些自

殺者中，有些地主可能是畏罪自殺；有些地主感到土地財產被沒收了，生活沒有出路了；但更多的自殺者是被亂鬥亂打的氣氛所嚇倒，害怕在鬥爭中被折磨而自殺。[44]

　　遺憾的是：上述血腥的殺戮都被潘光旦等人的「好得很」的頌詞刻意掩蓋了。更為遺憾的是：掩蓋歷史真相的人竟然還是國民政府時期留洋歸來並飽讀經書的著名學者！

　　第二，這些自由主義知識分子在他們的土改感受中大力貶低知識和知識分子，吹捧農民和中共的農村幹部，製造對領袖的個人崇拜。

　　在吳景超的〈參加土改工作的心得〉一文裡，他這樣地描述他的土改體驗和今後緊跟領袖的決心：

> 　　在土改的過程中，小資產階級那種自高自大的心理，在群眾的偉大力量之前，也就減低以至於消滅了。……閉關讀書，最多只能做的一個半知識分子，而在新民主主義時代，半知識分子的用處是很少的。
>
> 　　這次在長安縣聽到六次大報告，做報告的人都是縣級幹部。我們對於他們分析的清楚、敘述的生動，感到無限地欽佩。……這些幹部，沒有一個是進過大學的。但是我們都覺得，如請那些做大報告的任何一個人到大學來教大課，其成績都會超過大學中念過許多馬列名著的任何一位教授。……像這樣的幹部，分布在中國各地的，當以千萬計。這是歷史上從來沒有出現過的奇蹟。這種奇蹟所以造成，當然要歸功於毛主席的領導及中國共產黨的教育。……從今以後，我們將更踴躍的投入人民的隊伍，與人民齊一步伐，在毛澤東偉大旗幟之下，為實現新民主主義社會而奮鬥。[45]

　　對於農民和領袖態度，在蘇南做了土改考察後的潘光旦和全慰天也有同感：

> 　　農民所表現的智慧，粗的細的、武的文的，都是無窮盡的。農民的這種智慧，……必然會構成一股了不起的力量。這股力量，在毛主席英明正確的領導之下，是任何敵人所永遠不可能戰勝的。[46]

　　在為毛澤東稱道的蕭乾有關土改的文章裡，對人民（農民）和領袖的歌頌似更富有詩意：

　　幸運地生活在這樣的偉大時代，我要求自己堅定地往遠處看，往廣處看，往
崇高處看！看有著海洋般深博寬廣，有著岩石般堅毅的毛主席！……看看翻
天覆地的土地改革，……就深信在毛主席和共產黨的領導下，人民的力量是
所向無敵的！[47]……願你：永遠像岩石那樣健壯，永遠像太陽那樣燦爛地照
耀著我們！[48]

　　值得一提的還有自由主義的作家和知識分子沈從文，他在1951年10月25日到
1952年3月7日期間參加了四川內江地區的土改，留下了近五十封發人深思的土改書
簡。一方面，沈從文隨身攜帶毛澤東著作學習。另一方面，他作為土改工作隊員和
農民一起參加了一系列的鬥地主甚至槍斃惡霸地主的活動。沈從文對暴力土改持完
全的肯定態度，他甚至認為「隨時聽到死亡」反映的是「大時代」之「天翻地覆
意義」（1952年1月11日書簡）。鬥地主「和看戲一樣」（1952年1月12日書簡），
「動人得很」（1952年1月20日書簡）。在沈從文對土改的擁抱中，在和農民積極
分子和土改幹部的一起工作中，他甚至產生了深深的負罪感：「這些人真如毛文所
說，不僅身體乾淨，思想行為都比我們乾淨得多」（1951年11月19-20日書簡）。
為此，他決定要「來真正做一個毛澤東小學生」（1951年11月8日書簡）。[49]
　　固然，在上述知識分子對領袖個人的頌詞裡不難發現直接或婉轉的吹捧，但不
能說裡面就沒有他們心悅誠服的服膺成分。換句話說，毛澤東和中共讓知識分子在
土地改革中改造似乎效果更好。問題是：為什麼？
　　沈從文土改書簡裡提到的「毛文所說」，應當是指毛澤東在延安整風時期在
〈整頓黨的作風〉和〈在延安文藝座談會上的講話〉那兩段對中國知識分子的著名
論斷：

　　　　知識分子，他們自以為很有知識，大擺其知識架子。……他們應該知道
　　一個真理，就是許多所謂知識分子，其實是比較地最無知識的，工農分子的
　　知識有時倒比他們多一點。[50]
　　　　拿未曾改造的知識分子和工人、農民比較，就覺得知識分子不乾淨
　　了。最乾淨的還是工人、農民，儘管他們手是黑，腳上有牛屎，還是比資產
　　階級小資產階級知識分子都乾淨。……我們知識分子……得把自己的思想感
　　情來一個變化，來一番改造。沒有這個變化，沒有這個改造，什麼事情都是
　　做不好的，都是格格不入的。[51]

　　劉再復先生對毛的上述錯誤論述做過頗為全面又鞭辟入裡的分析，這裡照本輯錄如下：

> 　　這兩段話剝奪了知識者的兩種優勢：知識優勢和道德優勢，指出人間的淨土在鄉村，人間的潔淨者是農民。這後一條理由尤其重要，這是知識分子可以接受改造的道德根據。
>
> 　　值得說明的是，這種道德根據對於知識分子來說是有感動力的。革命的領導者要求追隨革命的知識分子接受「改造」，不是以領導者「個人的」而是以「人民大眾」的名義，而中國知識分子接受「人民大眾」的改造，無論在道義上或在心理上都不會發生太大的障礙。這不僅是因為中國知識分子在傳統上早已受到「民本」思想的影響，而且在上一世紀末和這一世紀初為爭取中國進入現代社會的努力中，早已接受民粹主義的思潮。……
>
> 　　我在這篇文章中，不是反對作家對農民的崇尚，而是說，包括作家在內的20世紀的中國知識分子在理性層面和社會實踐層面上，對農民的盲目崇拜，確實造成了一種不必要的自我貶抑和自我矮化，以致在接受「改造」命題之後無休止地自我踐踏和自我奴役，這就使得自己進一步喪失知識分子的獨立本性，順理成章地變成革命王國的馴服臣民。因此，要改變這種「順民」的不正常的精神地位，就必須理性地把握知識者和工人、農民的關係，理性地把握農民、工人在社會中的地位和作用。[52]

　　這裡還需要補充指出的是：毛澤東在把農民和知識分子做對比時，其實是蓄意偷換了對比所必須的對等的概念的。他首先是把知識分子的系統的知識和農民的具體的經驗放在最瑣碎的經驗的層面上做對比，得出知識分子其實「比較地最無知識」的荒謬結論。他又在對待共產革命的態度上，把知識分子的思想（有獨立思想）和農民的外表（「不乾淨」，但對革命愚忠）進行不對稱的對比，得出「手是黑，腳上有牛屎」的人最有知識、最革命的謬論。講穿了，這其實是文革信條「知識越多越反動」的發端之一。但遺憾的是，在土改運動中接受思想改造的中國知識分子並沒有認清楚毛澤東的把戲，相反產生了農民在道德和思想上都高於自己的原罪意識。既然知識分子失去了道德和知識的雙重優越感，成了農民的崇拜者和革命王國的順民，那麼他們怎麼可能還有獨立的社會批判意識呢？因而，在土地改革中流行的中國知識分子對農民的盲目崇拜，其實質是中共以反智主義和民粹主義的愚昧來治國治民，刻意製造的一個把知識分子農民化和非知識化的異化過程。

三、周恩來引領的全國性的知識分子第三次檢討高潮

　　據正式的檔案文件，中共建政初期高校知識分子的思想改造運動發端於當時的北大校長馬寅初於1951年9月7日給周恩來總理的信，他在信中力邀中共領導人為北大教師做政治學習的講演。這給了毛澤東和中共一個順理成章的契機，藉此在全中國發動了大規模的思想改造運動。

　　1951年9月29日，周恩來代表中共中央，在北京、天津高等院校教師學習會上做了一個題名為〈關於知識分子的改造問題〉的報告。

　　在10月23日的《人民日報》上，新華社發出〈北京天津兩市高等學校教師開展學習運動改造思想　周總理向教師報告知識分子改造問題　號召努力學習做文化戰線的革命戰士〉的新聞稿，正式報導了周恩來的報告並宣布了思想改造運動的開始：

> 北京、天津的二十所高等學校教師三千餘人，在中央人民政府教育部的領導下，在九月下旬展開了以改造教師思想、改革高等教育為目的的學習運動。參加這次學習的包括北京大學、清華大學、師範大學、燕京大學、北京農業大學、輔仁大學、……等二十院校。學習方式是通過聽報告和閱讀文件，聯繫本人思想和學校狀況，展開批評與自我批評。學習時間定為四個月。

　　根據中共開啟的政治運動新模式，在第一階段政治學習後所謂的「批評和自我批評」中必然是人人過關的自我檢討。但值得一提的是：在周恩來的報告的引領下，無論是京津各高校領導中，還是眾多的教員裡，都出現了一個開始比較自願的檢討的高潮。這和周恩來在他的報告中把自己也巧妙地放入要改造的知識分子的行列有很大的關係。在周恩來的報告後，不少知識分子當然也為他的謙卑和誠懇所折服，覺得他們也應當積極反省自我、投入到對馬列主義的政治學習中去。但是周恩來沒有告訴這些聽他報告的數千名高校教授的是：他在9月24日，即做這一報告的五天前，召集了中共黨內負責這一思想改造運動的負責人彭真、胡喬木、陽翰笙、齊燕銘、蔣南翔等開會，定下了「從政治學習入手，逐步發展到組織清理」的運動大計。這裡的「組織清理」，是特指「學校清理中層工作」，[53] 即毛澤東1952年年初在〈中共中央政治局擴大會議決議要點〉中提出的鎮壓反革命運動所屬的「清理

舊人員及新知識分子中暗藏的反革命分子」的工作。[54] 換句話說，周恩來和中共所謂的知識分子的思想改造，一開始就不是簡單和單純的學習運動。它的最終導向，是一場發生在校園裡的鎮反式的群眾運動，是一場殘酷的階級鬥爭。而當時全中國的知識分子被周恩來的親和力和他對運動的輕描淡寫所忽悠，高高興興地進入了政治學習和自我檢討的陷阱。

1950年10月，中共參加朝鮮戰爭，和美國為首的聯合國部隊處於實際的交戰地位。知識分子，尤其是有留美背景的知識分子在政治學習後的檢討，當然就集中在反對「親美」、「崇美」和「恐美」的立場上。只不過這些知識分子剛剛開始用他們還不熟悉的流行的政治語言來代替他們以往的理性的學術語言，在他們檢討中不難看出種種無限上綱上線乃至不少缺乏常識的笑話來。當然，這些自汙自虐的檢討還大都是由國家暴力支持的「學生鬥老師」的群眾運動的產物。

第一，這些檢討把正常的學術規則、原理和交流按政治立場來劃線、選擇和判斷。不符合當權者立場的，為了現實的政治需要否定和批判。反之，則無原則地肯定和吹捧。

例如，時任清華大學營建系主任的梁思成，在他那篇〈我為誰服務了二十餘年〉的檢討中提到：抗戰勝利後他曾被耶魯大學和普林斯頓大學請去講學開會，他「還被贈授名譽學位」。照理，這都是正常的學術活動。但在他的檢討中，竟然成了「美帝國主義侵略本質」？！而梁先生介紹中國文物文明的學術演講，也被自責成了「這種向帝國主義匪盜講解我國文物精華的行為只是開門揖盜，只會引起帝國主義對我國人民更殘暴的掠奪。我歸根是為他們服務的。但當時我看不見這一點」。[55]

第二，把當權者的外交選擇和意識形態作為判定自然科學和人文社會科學高下臧否的唯一標準，批判所謂的「超階級」「純技術觀點」和「為科學而科學」。

即便按照馬克思主義，自然科學一般說來並不具有強烈的階級性和政治性。在整個思想改造運動中，自然科學家受到的衝擊相對來說是比較小的。但是，中共在建政以後的外交上對蘇聯採取了「一邊倒」的政策，又強行用行政手段吹捧蘇聯的科學成就。這些都給歐美派的知識分子的科學信仰造成了極大的壓力，使他們在檢討中以當權者的政治意識形態來臧否以往的學術觀點。

例如，生物學家談家楨是中國國內摩爾根遺傳學的傳人，因為當局種種貶美捧蘇的政策，推崇蘇聯官方的米丘林（Ivan Vladimirovich Michurin, 1855-1935）學說，他也在檢討中表態：「我曲解和玩弄米丘林生物科學」，在實驗研究中，懷有「存心反證李森科理論的動機」，「這說明我對米丘林生物學學習態度，是十分不

誠懇的，不虛心的，而且是抱有很大偏見來進行試驗的」。他檢討的結論是：「摩爾根染色遺傳學說，是一種沒有實際根據的假科學。……明白了米丘林生物科學是為建設共產主義而服務；摩爾根遺傳學是為帝國主義及一小撮資產階級而服務。」[56] 而後來的科學史恰恰證明：偽科學並不是摩爾根遺傳學，相反是被共產蘇聯欽定的官方遺傳學——米丘林—李森科生物科學。

又如，思想改造運動中的中國科學界，還積極參加了蘇聯科學界開始的對「資產階級科學」的批判。當時批判的主要對象有：生物學中摩爾根的遺傳學說、物理學中的量子力學唯心理論、化學中鮑林的共振論及工程學中維納的控制論等。

第三，是把自己的家庭出身、留學經歷和國民政府時期的工作當作原罪來自我懺悔和自我貶損。

思想改造運動的第一階段是政治學習，重點是對照學習材料反省自身的階級問題。用這一標準來衡量，知識分子尤其是高級知識分子，大都出生於富庶家庭，有在歐美留學，當然都成了與生俱來的階級原罪。因而，這一時期的絕大多數檢討，都把自我批判的火力集中在這些原罪上，並上升到政治的高度。周培源曾這樣牽強附會地深挖自己的原罪：

> 在清華學校的五年準備，已經使我在思想上成為一個徹頭徹尾的美帝國主義文化侵略的俘虜，甘心前往美國接受美國的「文明」，並在「學成」返國之後願為傳播美帝國主義的思想毒素而努力。[57]

輔仁大學校長陳垣就曾這樣檢討自己在這所教會學校裡的教學生涯：「二十三年來，通過我給青年們灌輸奴化教育，培養出為他們服務的人才，貽誤了多少青年子弟，還自以『超階級』、『超政治』，還自以為『清高』，其實就是做了幾十年汙濁、卑鄙的買辦和幫凶而不自覺。帝國主義的文化侵略行為，是比殺人更厲害、更狠毒的。後面操持著的人，固然是帝國主義分子，而拿著武器，在最前線衝鋒陷陣的人，卻是自以為『清高』的我。」[58] 這一說法，就超出了一般的自汙，把這所久負盛名的教會大學也誣衊成了「帝國主義的文化侵略」的殺人犯。

當時的檢討風氣是：凡是和美國有關的一切都是罪惡。不少知識分子為了過關，甚至不惜誣衊他們在美國留學時幫助過他們的導師，把他們說成是「美帝國主義」的代表。北京大學化學系主任傅鷹教授，剛到美國密歇根大學留學時得到過美國導師的恩惠：「我的老師巴特爾待我極其殷勤，我心裡便非常感激。……他介紹我到一個美國兄弟會中去住，我心裡覺得很驕傲，認為我不是一個平凡的中國

人。」在思想改造運動中，他卻改變了說法：「我要控訴美帝國主義。巴特爾利用我求名的願望，施一些小恩小惠，使我為美帝國主義忠心耿耿地服務了五年。他不僅買了我的勞力，還買了我的感情。我不分冬夏，整天工作，廢寢忘食地為他製造論文。我為美帝國主義訓練了五、六個高級人才，他們現正在做危害我們祖國的事。我被祖國人民養活了幾十年，不但不能捍衛祖國，反而直接間接幫助了敵人。這是巴特爾以小恩小惠將我變成了美帝國主義的奴隸的惡果。」[59] 中國文化中，歷來有所謂「一日為師、終身為父」的尊師傳統，傅鷹的這一反誣自己老師的做法，不僅是一個個人道德的問題，更說明了中共思想改造的洗腦的可怕。

問題的嚴重性還在於：這不是某一個人的道德墮落，而是整個中國知識分子群體的人格扭曲和道德墮落。大規模的、舉國性的知識分子的檢討，是中國自思想改造運動開始的一個特殊的文化現象。這一時期的中國菁英階層的上千份檢討，都被新政權發表在大到《人民日報》、《光明日報》、《文匯報》等全國性的報刊，小到一個地區縣城的《蘇北日報》、《蘇北教育》甚至一個中小學牆報上的。[60] 它們對中國知識分子的公信度和獨立性的損傷是顯而易見的。一個國家民族的菁英知識分子群的信用，首先是建立在他們良好的公共道德和持續久遠的信譽上的。至少對自己，他們有起碼的自尊自重的人格操行。如果這些菁英們自己都在公眾媒體上否定自己的一切，乃至自慚形穢、唾面自乾，那麼，怎麼還可能想像他們對下層的民眾有任何號召力？

四、「洗澡」和「過關」：學生鬥老師的革命的發端

在思想改造運動的第一階段的政治學習還沒有結束時，中共便在1951年11月30日發布了一個〈中央印發關於在學校中進行思想改造和組織清理工作的指示的通知〉。該文件提出了學生參加教員的運動的設想：「大學學生原來已經進行過或多或少的政治學習，但也可以考慮在適當的情況下使他們再參加教職員的學習。」[61] 不難看出，中共已經決定利用已經被他們洗了腦的學生（「已經進行過或多或少的政治學習」），來強迫他們的老師進行思想改造。這一利用學生鬥老師的惡俗，在1952年初的〈中共中央關於在高等學校中進行「三反」運動的指示〉中得到了明確的公認和進一步的發揚光大的指示，該文件指出：

應該深入發動群眾，特別要依靠學生群眾推動教師，批判和打擊現在學校中仍普遍和嚴重存在著的各種資產階級思想……，每個教師必須在群眾面前進

行檢討，實行「洗澡」和「過關」。……根據北京經驗，在強有力的領導下，放手發動學生群眾，依靠他們幫助教師進行思想檢討，這是極有效的方法。對於教師應該採取爭取最大多數「過關」，孤立和暴露最少數壞分子的方針。教師過關一般可以用分層過關的辦法，即：（一）先讓大多數政治思想上沒有嚴重問題的人很快過關；（二）再幫助一批思想作風上有較大毛病，但願意改正錯誤力求進步的人過關；（三）少數政治上或思想上有嚴重問題的人，在群眾的揭發、檢舉和嚴格的檢查下，進行多次反覆的檢討，然後過關；（四）直到最後每校總有極少數政治上或經濟上有極嚴重問題的人過不了關的，對於這些人行政上可按其情節給以停職調職或撤職等各種處分。[62]

　　這裡的「洗澡」和「三反」應當是思想改造運動的第二階段。這一階段的特點在於：利用學生們的天真、幼稚和激進，通過瘋狂的群眾運動的小會批、大會鬥的形式，「讓每個教師必須在群眾面前進行檢討，實行『洗澡』和『過關』」，那麼「洗澡」之水必然是極燙的，群眾鬥爭的「關」更必然是很難過的。是一種知識分子在黨領導下的青年學生的威逼圍攻下的不斷檢討，最終一定要檢討者的自我貶損達到當局需要的政治口徑才善罷甘休。一般說來，沒有連續二至三次的重複檢查，一般的教師都是難以在洗澡中過關的。重點對象，更是會陷於持續不斷的被群眾鬥爭狀態。這裡，我們不由想起了芝加哥大學研究文革的女學者王友琴博士對文革其實是「學生鬥老師和學生打老師的革命」的研究。[63] 其實，在中國校園裡發生的大規模的學生鬥老師的現象，正起源於上一世紀50年代的思想改造運動。

　　當年「學生鬥老師」的運動模式雖然還沒有搞得像文革那樣使校園裡血流成河、臥屍遍地，但也鬧出了或差一點鬧出人命。例如，上海聖約翰大學國文系系主任蔡振華，因為在三反運動中上午上課，下午被批判，加上有身患肺病，十分緊張，「以致一日之內陡然死去」。[64] 再如，復旦大學中文系教授劉大杰，就被整得跳黃浦江自殺，後未遂。劉是著名的《中國文學發展史》的作者，1949年後一直執教復旦，擔任過代理系主任。因為教授一般不經管財物，實在和貪汙、浪費缺乏關聯點，當時華東局的一個文件中竟然把「解放以前，投靠反動勢力，擔任偽職，進行貪汙，接受美蔣津貼，以及隱匿敵產」也作為貪汙犯的條件。該文件下面舉了幾個典型，其中就有劉大杰：「如復旦中文系教授劉大杰，接受周佛海、曾琦的津貼。」一個周佛海，一個曾琦，這正是劉大杰問題的要害所在。周佛海涉及偽政府，曾琦則是青年黨領袖，劉大杰與此二人有關係，還接受了他們的津貼，那就意

味著「投靠反動勢力」，「進行貪汙」，成了經濟問題極為嚴重的「大老虎」。其實劉和曾琦的聯繫，不過是他一時加入過青年黨而已。他找周佛海要錢，也是文化和研究經費。且不說這種把今天政治運動的罪責倒追溯到近十年前是極其荒謬的，在共產黨還沒有掌權之時，一個知識分子和其他黨派的頭面人物有一點經濟往來，又沒有有損國家民族，又有什麼值得大驚小怪？當然，造成劉大杰自殺的直接原因，是他禁不起「學生鬥老師」的嚴烈和瘋狂：教授成了階下囚，學生成了審判員。還只能接受他們的謾罵和批鬥，中國傳統的尊師重教被思想改造一掃而空。被自己的學生鬥後，將來還有何面目踏入課堂？劉大杰後來檢討過為何要自殺，他說：「不肯丟面子……，畏懼群眾，三日三夜不睡，不能克服，攔不開來。」「因為好面子，講出後一無所有，所以抗拒，陷入錯誤。」可見，是一種群眾運動造成的巨大壓力，撕破了面子，壓垮了精神，使劉大杰感到走投無路，最終選擇投江。[65]

在全國性的「洗澡」和「過關」的群眾運動中，著名知識分子被中共操縱下的學生積極分子圍攻，不讓他們在三反運動中過關是非常普遍的。對此，中國學者商昌寶提供了如下一組數據：

> 由於實行人人洗澡過關，教育界檢討的人數應不低於60萬，其中高校教師應在18萬左右。文藝界僅北京實際參加的就有1,228人，上海1,300人。在個人來說，南京師範學院蕭臣說，自己當時檢查了15次而不得過關；清華大學教授金岳霖、潘光旦都檢討了12次才得過關；費孝通的檢討長達11,000字；潘光旦的檢討「摘要」就達28,000字；嶺南大學校長陳序經在全校師生大會上檢討4個小時，老淚縱橫，仍不得通過；廈門大學中文系教授、著名作家徐霞村在全校大會上檢討3個小時仍不能通過，最後只得向領導表示自己不配當人民教師，願意離開廈大自謀生路……。[66]

當不少教授被最終組織處理時，全中國大中小學的思想改造運動也大都進入了周恩來在他的開場演講中所隱瞞的「組織處理」階段。在這第三個階段中，有兩個類似的運動被推動。一是所謂的「忠誠老實運動」，其經驗來也自思想改造運動雛形和樣板、華北革命大學，由毛澤東批示作為「機關學校部隊中清查反革命分子的參考」。[67] 二是「清理『中層』運動」，即1952年5月2日中共發出的〈中共中央關於在高等學校中批判資產階級思想和清理「中層」的指示〉。這兩個運動的特點都是在公安機關的威懾下，在各高校掀起全校性互相揭發和自我坦白的清查反革命的

高潮。在這個階段，中共不僅批判了所有的知識分子的資產階級思想，成功地給他們洗了腦，更掌握了他們的歷史和歷史問題（每個人都必須在「忠誠老實運動」寫簡歷和關於歷史問題的交代）。就教育體制的改變來說，完成了全面移植蘇聯模式的「院系調整」。在每一個具體的校園，對「少數政治上或經濟上有極嚴重問題的人」，行政上「按其情節給以停職調職或撤職等各種處分」。[68] 最後，中共開始在各高校開始設置永久性的「革命的政治工作制度和機構，以便加強黨的領導作用，鞏固和擴大高等學校中馬克思列寧主義思想的陣地，並在這樣基礎上來貫徹高等教育的改革」。[69] 而這些專職的政治機構（如政治部、人事處等等）的設立，自然地把高等院校中血雨腥風的群眾運動和階級鬥爭一步步地推向萬劫不復的深淵。

五、小結

現在，我們可以來總結一下中共的「思想改造運動」對知識分子的洗腦能夠成功的內在原因了。就中共對知識分子的政策來說，「改造」其思想應是它最基本方針之一。然而，「思想改造運動」的成功還在於中國知識分子對其缺乏抵制和某種程度的自覺迎合。在中共建政初期，出現過一個已經成名的中國自由主義知識分子——如朱光潛、陳垣、馮友蘭、費孝通等人的自覺檢討的初潮。這一現象的造成，既有知識分子把中共的軍事勝利誤以為是理念勝利的「不理解而信從」的態度，更有在改朝換代之際強烈的中國傳統的功名追求。

在思想改造運動正式開始前，中國知識分子為毛澤東所邀請積極地參加了土改運動。在一些急於在執政者前面表現「革命」以小心自保、或向上攀爬的知識分子看來，參與「鬥地主」正是一種表演獻媚的機會。在中共眼裡，只有當這些知識分子也成為共產大軍中的迫害者群體成員時，他們才算是交出了參加革命的「投名狀」，才會被中共接納為「革命隊伍」中的一員。而在土地改革中流行的中國知識分子對農民的盲目崇拜，其實質是中共以反智主義和民粹主義的愚昧來治國治民，刻意製造知識分子農民化和非知識化的異化過程。

1951年9月7日，北大校長馬寅初出於媚上的動機，敦請中共領導人來校園充當政治學習的導師，而毛澤東和中共藉此契機在全中國發動了「思想改造運動」。周恩來在他的〈關於知識分子的改造問題〉的報告中隱瞞了運動最終會被引向鎮反式的組織清理的真相，忽悠了中國知識分子高高興興地進入灌輸式的馬列主義的政治學習和自我檢討的運動第一階段。1951年年底，中共決定把三反運動和高校的思想改造運動合流，運動便進入了群眾鬥群眾模式下批判─檢討─交代的第二階段。中

共操縱學生鬥老師和教師之間的互相檢舉揭發是運動的主要形式。文革中在中國校園裡發生的大規模的學生鬥老師的現象，正起源於上一世紀50年代的「思想改造運動」。

整個思想改造運動以「忠誠老實運動」和「清理『中層』運動」結束。這最後階段的運動特點都是在公安機關的威儷下，在各高校掀起全校性互相揭發和人人坦白交代的「組織清理」的高潮。最後，中共開始在各高校設置永久性的搞政治運動的機構，把高等院校中血雨腥風的群眾性的階級鬥爭一步步地推向萬劫不復的深淵。

這場思想改造運動，對中國知識分子作為一個群體而言，絕對是一場大災難。它不僅摧毀了他們的道德人格，甚至他們自尊自重的氣節操守。比如在這舉國的檢討高潮中，我們只看到這些菁英們對新政權的無比順服依附，為達此目的甚至不惜互相揭發、自汙自虐。既然中國知識分子的菁英群體失去了他們賴以安身、立命和立言的道德氣節，來自外在的政權的強制便會通過持續不斷的鬥爭和「檢討」轉化為他們內心的自覺。這還不僅僅使他們的道德急速蛻化，還使他們最終或成為當權者的瘋狂的幫凶，或成為政治運動中麻木的幫閒。

注釋

1　宋永毅主編：《中國五十年代初中期的政治運動數據庫：從土地改革到公私合營，1949-1956》（香港：香港中文大學大學服務中國研究中心，2023年網路版）。

2　新華社：〈青年團的任務與工作——馮文彬在中國新民主主義青年團第一次全國代表大會上的報告〉，載《中國五十年代初中期的政治運動數據庫：從土地改革到公私合營，1949-1956》。

3　金鳳：〈完成各大學初步改造：董必武作總結報告〉，載北京：《人民日報》1949年10月21日。

4　朱光潛：〈自我檢討〉，載北京：《人民日報》1949年11月27日。

5　馮友蘭：《三松堂全集》第14卷（北京：中華書局），頁636。

6　〈電毛主席致敬〉，載北京：《人民日報》1949年12月27日。

7　汪東林：《梁漱溟問答錄》（長沙：湖南人民出版社，1991年），頁120。

8　陳智超編著：《陳垣來往書信集（增訂本）》（北京：三聯書店，2010年），頁222-225。

9　謝泳：〈思想改造運動的起源及對中國知識分子的影響〉，載同一作者的《中國現代知識分子的困境》（臺北：秀威資訊科技股份有限公司，2008年），頁89。

10　胡平：《人的馴化、躲避與反叛》（香港：亞洲科學出版社，1999年6月）。此處引自2007年8月的電子版。

11　毛澤東：《毛澤東書信選集》（北京：人民出版社，1983年），頁344。

12　郭羅基：《「梁效」顧問馮友蘭》（德克薩斯州奧斯汀：美國華憶出版社，2020年），頁6、10。

13　《孟子‧滕文公下》。

14　老愚：〈沈從文新中國生存祕笈（中）〉，《FT中文網》2017年5月11日，http://www.ftchinese.com/story/001072368?archive。

15　胡適：《胡適選集‧雜文篇》（臺北：文星書店，1986年），頁213-215。

16　李敖—大陸：〈共產黨統治下決沒有自由——所謂〈陳垣給胡適之一封公開信〉的鬧劇和騙局〉，載《萬維博客》2012年8月19日（https://blog.creaders.net/u/6305/201208/121096.html）。

17　胡文輝：〈陳垣早年的兩件尷尬事〉，載《上海書評》，https://www.163.com/news/article/EG6861FD000187UE.html。

18　〈政務院五十四次會議　批准關於出版會議的報告、聽取接辦輔仁經過並通過提請中央人民　政府委員會批准任命陳垣為輔仁大學校長〉，載北京：《人民日報》1950年10月14日。

19　夏德仁：〈黃炎培：第一個喊出毛主席萬歲的人〉，《二閑堂文庫》，http://www.edubridge.com/erxiantang/l2/huangyanpei.htm。

20　黃炎培：〈我對美國這份白皮書的看法〉，載北京：《人民日報》1949年8月21日。

21　戴晴：《在如來佛掌中——張東蓀和他的時代》（香港：香港中文大學出版社，2009年），頁96。

22　葉曙明：〈由和平走向暴力的廣東土改〉，載宋永毅主編：《重審毛澤東的土地改革：中共建政初期的政治運動70週年的歷史回顧》（下）（香港：田園書屋，2019年），頁293-294。

23　董時進：《論共產黨的土地改革》（香港：自由出版社，1951年），頁3-7。

24　毛澤東：《毛澤東選集》（第2卷）（北京：人民出版社），頁619。

25　劉再復：〈中國現代知識分子歷史角色的變遷〉，載劉再復：《放逐諸神》（香港：天地圖書出版公司），頁426-427。

26　毛澤東：〈在全國政協一屆二次會議上的講話〉（1950年6月23日），載《毛澤東文集》（第6卷）（北京：人民出版社，1999年），頁80。

27　毛澤東：〈關於土改工作應注意的幾個問題〉，載《建國以來毛澤東文稿》第2冊（北京：中央文獻出版社，1988年），頁95-96。

28　毛澤東：〈中央關於引導民主人士參加土改工作的批語〉，載《建國以來毛澤東文稿》第2冊，頁119-120。

29　吳小妮：〈建國初期一場卓有成效的思想改造運動〉，錦州：《錦州師院學報》2002年3月號，頁94-95。

30　毛澤東：〈關於民主人士參觀土改問題的電報〉，載《建國以來毛澤東文稿》第2冊，頁173。

31　毛澤東：〈給胡喬木的信〉，載《建國以來毛澤東文稿》第2冊，頁198。

32　同上，頁154。

33　金辰北：〈社會學家——全慰天〉，北京：《中國人民大學學報》1994年第4期。

34　吳景超：〈關於佃戶負擔答客問〉，載北平：《獨立評論》1935年168期。

35　潘光旦：〈第四次檢討〉，載《三反結束專刊：歡迎潘光旦先生開始的進步》（北京：清華大學節約檢查委員會宣傳組編，1952年）。

36　吳景超：〈從土地改革談到抗美〉，載北京：《光明日版》1951年5月9日。

37　蕭乾：《土地回老家》（上海：平明出版社，1951年），頁54-61。

38　朱光潛：〈從土改中我明白了階級立場〉，載北京：《光明日報》1951年4月13日。

39　潘光旦、全慰天：《蘇南土地改革訪問記》（北京：三聯書店，1951年），頁100-108。

40　同上，頁106-107。

41　鄭也夫：〈土改中的四位公共知識分子：董時進，吳景超，費孝通和潘光旦〉，載宋永毅主編：《重審毛澤東的土地改革：中共建政初期的政治運動70週年的歷史回顧》（下），頁61。

42　李維漢：《回憶與研究》（下）（北京：中共黨史資料出版社，1986年），頁529。

43　這些專著有：莫宏偉《蘇南土地改革研究》（合肥工業大學出版社，2007年）；張一平《地權變動與社會重構——蘇南土地改革研究（1945-1952）》（上海：人民出版社，2009年）。

44　莫宏偉：〈蘇南土地改革中的血腥鬥爭〉，載美國普林斯頓：《當代中國研究》2006年第4期。

45　吳景超：〈參加土改工作的心得〉，載北京：《人民日報》1951年3月17日。

46　潘光旦、全慰天：《蘇南土地改革訪問記》，頁119。

47　蕭乾：《土地回老家》，頁5-8。

48　同上，頁222。

49　沈從文：《沈從文全集》（第19卷）（太原：北嶽文藝出版社，2002年）。其中有作者1949至1956年的通信。本文中的引文來自蕭太雲、陽惠芳的〈沈從文土改書寫中的「動」與「靜」〉，臺北：《中國文學研究》2019年第2期，頁156-163。

50　毛澤東：〈整頓黨的作風〉（1942年2月1日），載《毛澤東選集》（第3卷）（北京：人民出版社，1991年），頁815。

51　毛澤東：〈在延安文藝座談會上的講話‧引言〉（1942年5月2日），載《毛澤東選集》（第3卷），頁851-852。

52　劉再復：〈中國現代知識分子歷史角色的變遷〉，載劉再復：《放逐諸神》，頁428-431。

53　中共中央文獻研究室編：《周恩來年譜，1949-1976》（上卷）（北京：中央文獻出版社，1997年），頁181。

54　毛澤東：〈中共中央政治局擴大會議決議要點〉（1952年2月18日），載《中國五十年代初中期的政治運動數據庫：從土地改革到公私合營，1949-1956》。

55　載北京：《人民日報》1951年12月27日。

56　談家楨：〈批判我對米丘林生物科學的錯誤看法〉，載北京：《科學通報》1952年第8期，頁563-572。

57　周培源：〈批判我的資產階級腐朽思想〉，載北京：《光明日報》1952年4月8日。

58　陳垣：〈自我檢討〉，載北京：《光明日報》1952年3月6日。

59　傅鷹：〈我認識了自己的錯誤〉，載北京：《人民日報》1952年4月5日。

60　可參見金晶〈建國初期蘇北地區中小學教師思想改造運動說微〉，載安慶：《安慶師範學院學報》2010年2月，頁65。

61　〈中央印發關於在學校中進行思想改造和組織清理工作的指示的通知〉，載《中國五十年代初中期的政治運動數據庫：從土地改革到公私合營，1949-1956》。

62　〈中共中央關於在高等學校中進行「三反」運動的指示〉（1952年3月13日），載《中國五十年代初中期的政治運動數據庫：從土地改革到公私合營，1949-1956》。

63　王友琴：〈1966：學生打老師的革命〉，載香港：《二十一世紀》1995年8月號。

64　參見崔曉麟：《重塑與思考：1951年前後高校知識分子思想改造運動研究》，頁95。

65　這裡關於劉大杰在思想改造運動中被迫自殺未遂的故事，來自胡學常的〈劉先生真能說話〉，載北京：《讀書》2018年第9期（http://ny.zdline.cn/h5/article/detail.do?artId=58248）。

66　商昌寶：《作家檢討與文學轉型》（北京：新星出版社，2011年），頁17。〈「檢討」：特殊時代的文化現象〉，載南京：《揚子江評論》2009年第2期（https://www.chinesepen.org/blog/archives/19277）。

67　毛澤東：〈關於轉發華北革大開展忠誠老實政治自覺運動情況報告的批語〉（1951年5月4日），載《建國以來毛澤東文稿》第2冊，頁271。

68　〈中央印發關於在學校中進行思想改造和組織清理工作的指示的通知〉，載《中國五十年代初中期的政治運動數據庫：從土地改革到公私合營，1949-1956》。

69　〈中共中央關於在高等學校中批判資產階級思想和清理「中層」的指示〉（1952年5月2日），載《中國五十年代初中期的政治運動數據庫：從土地改革到公私合營，1949-1956》。

毛澤東治下對基督教的洗腦

李榭熙、周翠珊

一、引言

在意識形態層面取得群眾的廣泛支持，在血腥暴力的軍事行動之外成功對受統治者洗腦贏心，此為中共建政初年鞏固其統治地位的手段，包括由上而下傾力宣傳社會主義、拉攏現有組織成為協作者，以至從下而上動員群眾支持社會主義秩序。政權得手的初期，中共以憲法保障允許宗教自由，使宗教團體以為新政府會以法治為本。但韓戰爆發提早暴露了中共早已指向宗教但尚未出鞘的滅教利劍。推行「三自愛國運動」是劍鋒亮出的邪光，它以基督新教團體本色化為名，以愛國為號召，以赤化的宗教人士為骨幹，要求教會參與社會主義建設，發揮統一戰線的作用。中共要宗教領域配合國家的反美反帝鬥爭，在三自愛國運動之下，變本加厲地改造教會，試圖以意識形態清洗宗教信仰，既要把宗教置放於政治之下阻止其發展，也要動員教會組織臣服於國家意志之下，黨國所屬意的教會是能夠成為政治宣傳工具的教會。

研究中共在1950年代推行的三自愛國運動，揭示了已在中國生根的基督教組織及領袖對抵抗政府吸納的信仰動力，他們為了保全對信仰的忠貞和維護個人獨立自主的精神世界，盡力使教會群體在政治無孔不入的現實中依然反照純潔無瑕的團體生命，抗拒中共政府試圖強加過來的思想改造。[1]本文嘗試重新扣連1950年代的政教關係，指出中共對宗教人物與教會信眾進行洗腦的步驟，闡述中共如何有計畫地對教會進行意識形態的洗腦控制，包括滲透教會、介入教會運作、物色人選作為洗腦執行者、建構洗腦組織。本文同時指出，在面對洗腦改造的壓力下，部分教會領袖和信徒並沒有如知識分子那樣產生自我懷疑和內疚自責，並且放棄個人原有的思想體系，以公開言論與行動爭取表忠。周澤浩教授在本論文集中提到愛德華・亨特訪問曾在韓戰時被中共捕獲的非裔美軍戰俘，這些軍人深受基督教的熏陶，在面對肉體與精神虐待時顯出無比英勇和堅定，並沒有屈於敵人的洗腦之下。這些戰俘心中保存了對上帝忠誠不二的信仰，他們相信基督教要求他們對全人類心懷友愛，並且他們深信終有一天能與家人團聚，這些信念支撐著他們抵抗試圖把他們導向共產

主義的壓力。[2] 這一例子說明，洗腦能否擊垮個人信念和原則，取決於被洗腦者的人生體驗。本文討論的個案呼應周澤浩教授的研究，不過故事是發生在中共執政初年的基督教信徒身上，它指出宗教群體與政治之間的互動必須站在信仰的層面進行理解，才能更確切地剖析洗腦對宗教人士的有效性與侷限性。

二、政教衝突

作為無神論者的中共，建政伊始以整頓政教關係作為控制基督教的要旨。在反對帝國主義的口號之下，教會紛紛切斷與西方教會的關係來自保。表面上，教會被要求成為百分之一百由中國人自辦的教會，然而黨國的最終目標是對教會完全的控制，以憲法所承諾的宗教自由作為掩飾，以共產主義澈底消滅宗教信仰與活動。正如社會學者楊慶堃指出，以無神論治國的毛澤東思想，否定需要神靈庇佑的傳統信仰，以把中國發展成國力可匹敵西方的民族來取代傳統有神文化。這一新信仰體系包含的意識形態，融合了西方的發展主義與中國傳統的富國強兵理念，最早見於清末民初時代的改良派和革命派。唯一不同的是，黨國是要平民百姓絕對效忠國家，以馬列思想作為實現強國夢的唯一指引。[3] 其結果是唯獨共產主義與唯獨中共專政，黨國的權力與意識形態必須獨大，鏟除所有宗教信仰，杜絕百姓有另一種的忠誠。政府致力宣揚以科學為法的世界觀，將宗教貶為「人民的精神鴉片」，正是要宗教走向共產革命道路的總體目標。

然而信仰群體有其內在的思想體系與運作邏輯，在這個背景之下出現並由黨國指導的三自愛國運動，勢必成為一場政教角力。「三自」的概念本源於19世紀時期美國公理宗海外傳道部的魯弗斯・安德森（Rufus Anderson, 1796-1800）和英國聖公會教會傳道會的范亨利（Henry Venn, 1796-1873），原意主要指在亞非拉地區的本地教會要尋求「自立、自養、自傳」。1949年之後黨國以「三自」為口號，為「三自」冠上革命帽子，稱教會為「三自革新運動」，繼而再把它改為「三自愛國運動」。「三自」是教會獨立於西方教會體制的要求，「愛國」則是忠於黨國的借代詞彙，國家權力逐步向信仰領域延展，就連神權都要服從在政權之下，受政權指揮。在革命策略層面，中共的第一步就是找出願意合作的教會領袖，透過他們來統戰教會，削弱信徒群體對抗的能力，最終使教會接受官方指揮。劉良模（1909-1988）就是在當時願意跟中共通力合作的基督教界一位重要人物。

國民政府時代的劉良模擔任基督教青年會全國協會的學生幹事，於1930年代開始成為中共地下黨員，曾以自己所屬的教會掩護在上海行動的革命同志。[4] 教會的

詩班活動以及在美國浸信會傳教士於上海創辦的滬江大學就讀時參加大學詩班，讓劉氏學會了組織歌詠團的技巧，在共產黨史中他以組織愛國歌詠團見稱。解放之後，劉氏被周恩來欽點成為基督教圈中的黨代表，協助三自運動的領軍人物吳耀宗在上海推行三自愛國運動。跟許多三自愛國運動的領袖一樣，劉良模曾就讀於西方傳教士所辦的學校，接受過良好的外語訓練和博雅教育。但他也和一眾被中共洗腦的教會人士一樣，視西方傳教士在華活動為帝國主義之舉，猛烈批判甚或全盤否定傳教士和具有西方背景的中國教會。

　　1950年6月25日爆發的韓戰讓本來逐漸升溫的政教關係白熱化，作為信仰群體的基督教被中共視為跟帝國主義聯繫的敵對組織。在周恩來的指示下，基督教領袖要肅清教會的帝國主義元素，確保教會接受共產黨的絕對領導。[5] 同年4月，十九名教會代表在北京會見周恩來，著手草擬〈三自宣言〉（全稱〈中國基督教在新中國建設中努力的途徑〉），以此表明基督徒要絕對忠於共產黨。韓戰下反美情緒持續高漲，至此，三自運動不僅要求教會脫離西方，而是包括支持政府反美，且要教會打擊教內反對新政的信徒。周恩來強調，老百姓在面對壓迫時從宗教中獲取慰藉和希望，這段歷史已經過去，因為今天共產主義已經出現了，宗教已經沒有存在的需要。黨國全面奉行共產主義如箭在弦，所有中國教會都要通過反帝運動來向國家效忠。[6]

　　官方的政策方針完全從意識形態出發，要求教會從帝國主義的思想與控制中解放出來。[7] 7月〈三自宣言〉完成起草，由共黨領導的三自愛國運動正式拉開帷幕。這個運動表面上呼籲中國信徒要落實教會的自主權，但其真正目的是要教會通過中斷跟西方傳教系統的聯繫，歸入國家管治的範圍。傳教史學者凌愛基特別指出，驅逐傳教士的計畫早已存在，韓戰為黨國帶來實行此計畫的契機，透過龐大的宣傳機器激發反美情緒，在社會廣泛注入反西方的華人愛國民族主義，透過號召民眾支持三自愛國運動，全面推行黨國收編教會的政策。[8]

三、洗腦的多重面向

　　政府的宣傳動搖了部分信徒，他們跟從了官方政策，開始在教會內部集體控訴外國傳教士，其做法是「拉一派打一派」，把支持政府的教會領袖團結起來，攻擊持不同意見的教會領袖，又以鏟除帝國主義、肅清教會內部敵對力量為名，發動信徒對不合作的教會領袖施壓。1952年挪威傳教士漢學家霍砿（Sverre Holth, 1902-1993）離開中國後評論：「冷酷無情和詭計多端的中共想盡一切方法來繼續消滅潛

在敵人，而大多數人被嚇得完全屈服。」中國是典型的「現代警察國家」，由一個沒有道德考慮的政黨領導，「在是非問題上沒有絕對的標準。凡是為黨國服務的都是正確，其他的考慮都無關緊要」。[9] 此外，在華長大的美國信義會傳教士馬天生（Harold H. Martinson, 1837-1977），憑個人與中共多次交手的經驗指出：

> 在救國的「全民總動員」口號下，中共將全體人民緊密組織起來。人人都必須為黨做些工作。「洗腦子」是一個被反覆使用的短語，用於打破舊觀念並灌輸新觀念。誰學不好，誰就是「反革命」，就要受到鎮壓。每個人都被迫接受共產主義的生活和社會觀。……很快，人們驚奇地發現，在救國熱潮中人的主體性與能動性已經溜走，取而代之的是黨性。進行洗腦活動的學習班再無聊，人們也不能夠缺席。人們變成了機器上的一個齒輪。[10]

馬天生對中共洗腦動員的觀察，突顯出被洗腦者在面對黨國壓迫下的軟弱無力，並否定自我去配合社會主義的政治秩序。同年代的法國哲學家埃呂（Jacques Ellul, 1912-1994）在剖析20世紀歐亞共產政府宣傳機器時指出：

> 洗腦宣傳直接衝擊人的本體……，由於共產主義者不相信人具有天賦的本性，只認為人性是受制於身處的物質環境、階級、身分，因此黨國可以使用洗腦宣傳改變人的固有信念和行為，去塑造一個社會主義的新人。[11]

埃呂又強調，共產極權的洗腦宣傳是一個全方位改造人性的現象，涉及製造焦慮（agitation）和意志整合（integration）兩個層面，步驟是先鎖定被洗腦的對象，將之孤立於家庭、朋友、社群，繼而持續不斷的精神虐待，禁絕休息和反思，因為感到無助和被剝奪與黨國以外第三者溝通，當事人因而產生極大的精神負荷，目的是要動搖個人信念，令對方潛移默化地相信黨國，再無法以本有的信念去抗衡面前強加下來的意識形態，固有信念與黨國信念整合成新信念，下一步就是讓新的意識形態占據被洗腦者的內心，並要當事人以行動和話語表示對黨國死心塌地的忠誠。林培瑞教授在本論文集中著重被洗腦者表面行為的轉變，他說：「官方的主要目標是控制一個人的外表，內心如何是另一個問題。與其說是『洗腦』，倒不如說是『洗嘴』。」林教授也許不會同意埃呂關於被洗腦「內心」上的轉變，不過大概林教授不會反對埃呂所言，洗腦的最後一步是讓被洗腦者成為執行洗腦的工具，對其身邊的人進行政治宣傳。[12] 本論文集其他學者在探討1942年的「延安整風」和1958

年的「向黨交心」運動時皆指出，黨內和黨外被打擊對象所面對的孤立和無助感，
正是埃呂提到洗腦過程中製造內心焦慮和整合新意念的現實寫照。

　　洗腦和群眾動員是思想改造工程的重要組成部分。當人人被與新政權合作的承
諾所吸引，看到了向政權表忠將受益的機會，這標誌著洗腦的良好開端。在公開場
合譴責西方傳教士，表明自己要跟外國差會一刀兩斷，加入三自運動，是教會公開
其順應國家意志，宣示政治忠誠的方法。不過在對教會洗腦之初期，黨國並非一帆
風順，因此才必須以滲透來干預教會的學校、醫院、和教堂，使其活動無法如常運
作，本文作者對於基督復臨安息日會（下稱：安息日會）的研究，說明了黨國為了
對該會領袖洗腦，先派員滲透其屬下的中華三育研究社和時兆報館，以赤化的工人
和學生發動群眾運動，為洗教會的腦子鋪路。[13]

四、控訴教會

　　1951年5月15日，三自愛國運動在其所屬的官方雜誌《天風》展開重要的輿論
準備，由劉良模發表題為〈怎樣開好教會控訴會〉一文，此文旨在教育教會通過群
眾控訴大會的方式，「使教徒群眾清楚地認識帝國主義在中國所造成的罪惡，認識
帝國主義過去利用基督教侵略中國的事實，肅清基督教內部帝國主義影響的最有效
的方法之一」。值得注意的是，該文羅列了開辦控訴會的具體細節，劉氏認為周密
的部署是控訴會成功的關鍵，其中包括三大步驟：（一）引導信徒相信控訴行動並
不抵觸個人信仰。（二）做好會前準備工作，方法是先組織洗腦小組，稱為「控訴
委員會」，以此組織來挑選被控訴人和控訴人，小組並要研究控訴大會的方法和程
序。（三）進行預演，其目的是讓參與者掌握好控訴的材料和演講技巧，準備好在
大眾面前譴責被控訴人。同時控訴委員會要物色人選，最佳對象是那些能夠全情投
入高度參與的人，然後邀請他們參加更大的控訴大會。[14]「進行預演」這個步驟饒
有意思，劉氏強調控訴內容的準備和宣讀控訴材料的演說技巧，彷彿反映了他早年
教會生活中常會遇到的每週講道，傳道人花費心思準備講章，因為成功的講道必須
在有限的時間內精準無誤地闡明教義，若再加上生動的表達，結合繪形繪聲的說
故事技巧，往往更能使人歸信。[15]劉氏自己的父親就是這樣一位經常在教會中宣講
和教導《聖經》的傳道人。劉良模並強調，在正式的控訴會上，主持人對現場氣氛
和節奏要拿捏得宜，所謂「先緊張，後緩和，再緊張」，他相信這樣的程序「才能
把控訴大會開得好」。成功的控訴會要挑動群眾情緒，因此劉氏表明，主持人需用
鼓掌的方法來鼓勵大會，進而把會眾情緒推上高峰。[16]這種政治動員策略就是力求

「壓倒個人主義」，「以恐懼取代個人原有的同情之心」，透過「統一群眾的呼聲，一同攻擊共同的敵人」，[17] 其目的是要讓信眾在群眾壓力下被迫服從三自愛國運動，從而鞏固政權代理的領導地位。劉良模會在每一場大型控訴會之前進行彩排、親自審校每篇控訴講詞、要求控訴人把材料背下來、教導控訴人要聲淚俱下地訴說傳教士如何虐待自己，這些都是對與會者洗腦的技法。這種公開表演式的政治表態是十分重要的，因為毛澤東年代是以外顯的忠誠來衡量內心的改變。

　　這裡再引用安息日會的例子說明之。1951年8月至10月安息日會舉行了三場控訴會，在最後一場會上，劉良模呼籲天主教和新教都要舉行相似的控訴會。洗腦式的動員為投機取巧的信徒提供了獲得政治影響力的新機會。他們放下了長期以來對政治的迴避，支持政府報效國家的號召，批判西方傳教士。[18] 具有諷刺意味的是，中共鞏固政權的結果與投機取巧的信徒最初的預期大相逕庭。中共比以前的政權更具壓迫性，洗腦的另一端是試圖要求公民絕對忠誠，服從黨國。

五、洗腦新教失敗的例子

　　當中共把目標對準天主教，意圖把他們帶向「三自」時卻遇到始料未及的反應，洗腦和思想改造運動未能改變天主教徒。更糟糕的是，對天主教神職人員的錯誤逮捕和酷刑最終激起了信徒的反感。曾任上海徐匯中學校長、震旦大學文學院院長的張伯達神父（1905-1951）是中共統治下的殉教者。1951年3月，張神父在華東區召集的私立學校教育會議上，認為「三自革新運動」只是「假三自」，因而被認定為「反動分子」，於同年8月9日被逮捕。住在張神父對面囚室的愛爾蘭傳教士莫克勤（William Aedan McGrath, 1906-2000）神父看見張神父去世前在囚室受盡煎熬，嘔吐達兩個月。11月11日，徐家匯天主堂接到張伯達「病死」獄中的通知。獄卒指張伯達「頑固，反抗到死」！張的屍體於1951年11月12日回到教堂，教區的神父身穿代表為道殉生的紅祭披，為張伯達舉行追思彌撒，有大批教友參加。張的殉教激勵教友拒絕向政府推動的「三自革新運動」妥協。當政府來逮捕朱神父（Vincent Chu Hong-Sheng）時，教友跪在教堂的院子裡，唸誦唱詩祈禱，使幹部無法繼續前進。他們一遍又一遍地唱聖母軍詩歌。居住在教堂對面的人看到教友對無法忍受的枷鎖的反抗，高興地歡呼起來。政府意識到逮捕朱神父的計畫失敗，改變了策略，要求教友向街道委員會的負責人發表指控天主教的聲明。[19]

　　由此可見，在三自愛國旗幟下洗腦和群眾動員運動在推行之初已出現逆向效果，部分天主教信徒並沒有如黨國預期那樣輕易妥協屈服。類似的反抗例子可見於

有關龔品梅和鄧以明兩位主教在獄中生活的研究。這些神職人員深信上主與他們同在，信仰的力量使他們頑強地抗衡洗腦迫害。[20]

　　洗腦在政權更迭時期很有效，但當國家未能兌現承諾，當物質基礎發生變化時，洗腦就失去了吸引力。1960年代在政治壓迫中受苦的人就是這種情況。在廣州，兩個遠東福音廣播的青年聽眾發現自己是文化大革命的受害者，他們的遭遇和大部分知青一樣，不曾間斷的政治運動使他們失去向上流動的機會，於是他們開始質疑整個極權制度。據他們回憶，在1967年和1968年他們看到許多對黨國幻滅的年輕人，在市建築物外牆上張貼反政府標語。另外，當香港左派接受廣州市委接待，專程來參觀市政機關和工廠，他們對香港左派甘於作為宣傳工具的行為嗤之以鼻，尤其對於這些左派幼稚地相信共產主義，而竟沒有珍惜英國殖民地管治帶來的自由感到遺憾。[21]

　　政府必須把拒絕被洗腦的宗教領袖關押起來，在肉體與精神上施以嚴刑來改造他們的思想，可是這種方法完全低估了宗教信仰抗衡被洗腦的力量，女異議人士林昭就是一例。林昭（1932-1968）於1962年被控以「反黨反革命」罪名，收監於上海市提籃橋監獄。她少年時期受洗成為基督徒，和一些對共產主義懷著理想的青年一樣，之後放棄信仰澈底投身革命事業。林昭在入獄前開始重新參加教堂禮拜，因而喚醒了其基督教信仰。在獄中，林昭透過默想與寫作努力創造一個遠離國家洗腦的個人精神空間，利用她對基督教的零碎和不系統的理解來開闢了一個神聖空間。林昭是一個典型例子，說明了信仰如何支持個人抵抗集體意識形態。事實上在她生命中最黑暗的時刻，信仰給了她很大的安慰和慰藉。據美國杜克大學神學院連曦教授指出：「林昭在牢房裡想起在教會學校時代的許多讚美詩和《聖經》經文。零碎基督教知識成為她想像中的磚塊，她用這些磚塊在她的內心裡建造自己的小聖堂，每週在內心舉行一次盛大的禮拜。」[22] 強大的共產主義國家摧毀了無數有形的教堂，但真正支撐信徒的是心靈和思想中無形的精神堡壘。對比政治洗腦，林昭在受迫害的時期卻經歷了一種以基督苦難神學形式出現的精神轉變，從中與上帝建立了更個人化的關係，保持了個人的意志來抵抗被洗腦。上海市提籃橋監獄以酷刑改造犯人為社會主義新公民而惡名昭著。儘管如此，好像林昭那樣有宗教信仰的政治犯，會在牆上偷偷刻下十字架，幫助他們禱告和冥想。[23] 信仰實踐使他們與上帝建立聯繫，個人的存在意義與可能性超越了政治所定界的單一標準。

六、倪柝聲與基督徒聚會處

　　同樣的經歷可以用來描述囚於上海市提籃橋監獄的另一教會領袖倪柝聲。倪柝聲被認為是20世紀初在中國新教中最具影響力的教會領袖和神學家之一，由他建立的基督徒聚會處在韓戰期間，成為三自愛國運動亟欲整頓的一大目標。故此，就1950年代中國的政教關係研究來說，他的遭遇確實是有仔細檢視的必要。[24] 倪柝聲生於1903年，屬於基督教家庭的第三代傳人。1920年，尚在福州的三一學院念書的他已經立志成為全職布道者。他在女奮興布道家余慈度（Dora Yu, 1873-1931）主持的一次會議上經歷了情感上的皈依。余慈度曾在1900年代和1910年代在中國新教徒中主持奮興集會，並在上海建立了一個《聖經》學習和祈禱室，教導婦女傳福音的技能。倪柝聲皈依後便停學赴上海參加余慈度的工作。1923年，倪氏與英國聖公會女傳教士和受恩（Margaret E. Barber, 1860-1930）一起學習《聖經》。和受恩於1899年來到福州，在教會學校教書七年後回國。1911年，清朝被推翻的那一年，和受恩一起受到弟兄運動（Brethren Movement）敬虔思想的影響。回到中國，她在福州東南部創辦了一所《聖經》學校，她還向倪柝聲介紹了閉關弟兄會（Exclusive Brethren）的思想和組織。

　　在英國普利茅斯弟兄會的思想影響之下，倪柝聲反對在基督教內分門分派，他認為教會是指由聖靈塑造的信仰群體。基於這樣的立場，他呼籲信徒實踐追隨耶穌基督的人生，全力建立獨立自治的教會，主張自治的教會不接受外力的支配，並拒絕按照西方新教派系紛呈的方式來組織中國教會，認為教會應當學效《新約聖經》那樣，依據地區來組織教會，所謂「一地一會」，故此倪氏帶領的教會俗稱「地方教會」，他們的會堂稱為「基督徒聚會處」，並在前面冠以教會實際聚會地區，如國民政府時期位於上海南陽路的會堂稱為「上海基督徒聚會處」。從1920到1930年代，倪柝聲鼓勵信徒脫離傳統的宗派教會，自組獨立的地方性教會。藉著教會聚會和出版宗教刊物，倪柝聲吸引了沿海城市富有和受過教育的追隨者，原本只是一小群人的聚會點迅速擴展到全國各個角落。很多的基督徒離開他們的教派加入了倪氏主領的宗教運動，以至於新教傳教士經常指責小群「偷羊」。到了1949年，在倪柝聲的神學思想帶領之下的教會常被人稱「小群教會」，信徒人數亦已達七萬多人。共產黨當局對小群的迅速發展持懷疑態度，並暗中策劃對付倪柝聲。

　　1950年，中共動員教徒支持三自愛國運動。最初，包括倪柝聲在內的許多基督徒聚會處領袖認為可跟新政府建立有限的合作而非對抗。韓戰爆發後中共驅逐外國

傳教士，並且要求教會切斷與西方差會的關係，又成立「中國基督教抗美援朝」三自革新運動委員會籌備委員會。教會意識到政治要正面干涉教會靈性事務，而倪柝聲為了適應新環境和順應當權者，於1951年在上海談論到過住他的「超政治」立場是錯誤的，並且提出教會要站在「人民的立場」反對帝國主義。[25] 倪氏的講話可說掃除了教會舉行控訴大會的疑慮，而已經接受洗腦的教會積極分子也趕緊籌備在上海南陽路教會舉辦第一場控訴會。吳維傳是這場控訴會的其中一名控訴人，據他憶述，在倪氏的講話後教會分別在上海南陽路和蚰江路兩會堂召集了動員大會，信徒們在會上「自由發言、自我動員」，也在會上發言的吳氏本來反對控訴，但教會長老張愚之事後要他「順從教會長老們展開控訴運動的決定」。[26] 這場控訴會從醞釀到正式舉行，都體現了劉良模〈怎樣開好控訴會〉一文的步驟，在大會前一晚由黨國代表和三自領導在南陽路和蚰江路二會各先開一個演練會，劉良模還親自指導南陽路教會的預演。1951年8月，在官方慫恿之下，基督徒聚會處以包括吳維傳在內的四名成員在南陽路舉行控訴大會，但會議以失敗告終，就連親自在場當大會主持的劉良模也沒能扭轉局面，部分原因相信是會上觸及教會在黨國治下是否真正享有信仰自由的敏感爭論，而面對質問時劉良模沒能給出讓會眾滿意的回答，最後在沒有澈底反帝控訴之下散會，[27] 更引起了上海信徒抵制控訴的情緒。然而南京祠堂巷聚會處的控訴運動卻被策動成功，事後四名被洗腦的控訴人的發言通過黨國宣傳刊物公諸全國，倪柝聲成了被控訴的主角。[28] 在反對控訴與支持控訴爭持之際，倪柝聲開始號召所有基督徒聚會處退出三自愛國運動。1952年4月倪柝聲被政府拘捕，上海南陽路教會首先宣布退出三自運動，這就帶動了全國各地的基督徒聚會處抵制三自，並同時呼籲信徒維護教會的獨立自主，退出三自運動。[29] 1956年1月，在肅清反革命分子之下政府大規模搜捕聚會處各地領袖，不少被判以勞改刑罰；同年政府終以「反革命」罪判倪柝聲監禁十五年，自此之後倪柝聲開始被囚於上海市提籃橋監獄。

　　倪柝聲被關押在籃橋監獄之初，獄長曾對他進行多次的長時間批鬥，但始終無法迫使倪柝聲接受洗腦放棄自己的信仰。其後，獄長發現倪柝聲有良好的英語能力，於是安排他負責一些翻譯工作，使得倪氏雖在牢房，但可免受勞役之苦。最後，倪氏還在獄中被指派成為學習小組組長，負責監督其他囚犯的思想改造。除非我們能接觸到完整的監獄檔案，否則我們只能推測倪柝聲利用毛派的言詞對獄友進行基督教啟發的教育。在困窘的歲月當中，這些相對舒適的安排，既讓倪柝聲免受粗勞之苦，也讓他不受其他囚犯暴力騷擾。儘管身在獄中的他失去人身自由，但卻困不住他的領導才能。倪柝聲意識到囚犯的暴力傾向是由於監獄資源缺乏，於是他

從來沒有濫用過自己作為政治思想小組組長的特權來獲取額外的物資。在日常的鐵窗生涯，他亦事事保持低調，在囚犯的爭執中保持中立，但又積極結交其他宗教囚犯和傷殘犯人，給他們提供精神上的支持，成功在獄中建立新的人際網絡。被囚期間，倪柝聲認識了一名叫吳友琦的年輕犯人。倪氏除了在生活上幫助他適應監獄生活之外，還安排他在獄中的學習會擔任書記，記錄和總結其他犯人的講話。當吳友琦重獲自由之後，他就把自己在獄中與倪柝聲的交往寫成回憶錄。

1969年，文革爆發之後，倪吳兩人被政府轉送到安徽北部的勞改營繼續囚禁。倪柝聲在營地經常受到公開羞辱，儘管處境困難，他還是與吳友琦分享了他的人生故事和《聖經》知識。這些談話鼓舞了吳友琦認真對待基督教。有一次，倪請求吳友琦在獲釋後與教會取得聯繫。當他們的友誼越來越牢固時，倪柝聲的健康急劇轉差，長期受到心臟病和慢性胃病煎熬的他終在1972年5月30日死於轉送醫院的途中，享年六十九歲。離世之前，倪柝聲曾在一張紙條上寫下了他的人生自白，紙條藏在枕頭下面。當他的親人收集他的遺物之時，發現了這張紙條，上面寫道：「基督是神的兒子，為人贖罪而死，三日復活。這是宇宙間最大的事實，我信基督而死。——倪柝聲。」[30]

這句感人的絕筆鏗鏘地喚出了倪柝聲那份擲下了自己的所有但仍至死不渝的堅定信仰，他尊崇上帝在人間的萬有之上，他無悔個人的信仰抉擇所帶給他的悲慘際遇，他從不認同官方對他的控訴，他並不聽命任何意識形態。他只忠於信仰，只遵信仰指揮，只以信仰為是，即使蒙受多有百世也難消磨的人生災劫，他仍只跟從信仰走完自己的一生。倪柝聲沒有可能想到，三十多年之後，他的遺言會被公諸於世。倪柝聲著作甚豐，部分英語版早已流傳海外，[31] 在他去世之後海外華人和英國教會決定把他的其他著作翻譯成英語出版，成為全球教會的靈性遺產。1973年，金彌耳（Angus I. Kinnear, 1912-2002）出版了著名的傳記《中流砥柱——倪柝聲傳》（*Against the Tide. The Story of Watchman Nee*）。倪氏創辦的基督徒聚會處中的成員陸續出版個人傳記，他們回憶個人在洗腦紅潮下被關被害，無一不提倪柝聲的事蹟。[32] 2022年華盛頓的《聖經》博物館展出了倪氏贈送給吳友琦的帕克墨水鋼筆和理髮器，用以紀念和保存這位靈性巨人的人生經歷。倪柝聲的例子顯示，在天主教、東正教和新教的傳統中，殉道被認為是信仰的最高形式，通過自我犧牲的行為來見證個人的信仰，至死不悔。死亡不是殉道者人生的句號，他們以忠於信仰的生命來激勵同代人和後代人跟隨神的兒子耶穌基督。

七、小結

　　建政之初中共與教會的關係進入不可避免的重整期，政治要求教會每個人不可迴避黨國的洗腦。洗腦彷彿是個身體，主宰身體的意志是以消除主體意識為目標，讓被洗腦者最終完全服膺於中共專制主義。身體的一隻手是虐待精神與肉體的集體暴力，但洗腦不能光靠對被洗腦者施以負面壓力，因此另一隻手是利誘與謊言，鼓動接受洗腦者的想像，讓他們以為接受洗腦和積極參與洗腦活動就能換取新政權的報償。

　　成功的洗腦必須通過黨國機器干預、動員群眾施暴、加以脅迫和利誘，把願意被洗腦的信徒從神聖的出世觀轉化成入世的革命觀。中共洗腦動員是對黨國意識形態以外一切信仰的全盤否定，以愛國為名要教會向政權效忠並接受政府監管，教會團體將黨國的行為理解為政教混合，混亂了教會神聖純潔的身分；透過洗腦教會被整合到神化毛澤東的個人崇拜運動當中，虔誠的信徒奮起對抗，不光是因為拜別的神明是褻瀆上帝的行為，更是對個人主體性的否定與摧殘。

　　當前黨國主張的「基督教中國化」運動是干預教會生活的變奏，而黨國的洗腦技法已然進化，不肯輕易就範的領袖和信徒可能仍會遇上像1950年代那樣的暴力與威脅。好像那個年代以群眾總動員的洗腦手法雖尚未出現，然而黨國對西方進行滲透的恐懼，讓中國信徒渴望和外國信徒保持團契關係變得異常敏感。回望中共建政初期對教會的洗腦動員政策和信徒反洗腦個案，有助警惕世人對專制極權試圖操控人心的惡法。只要洗腦和鬥爭仍在人間上演，則記取這段血淚史仍有必要，尤其必須指出，基督徒在極權當道之時，在信仰的支持下其自我身分的理解呈現出複雜的面向，其意志可以對抗時代的壓迫，黨性不能扭曲人性，意識形態的政治攻勢無法淹沒對基督天國想像。

注釋

1　「基督教」在本文中指「新教」。

2　Edward Hunter, *Brain-Washing in Red China: The Calculated Destruction of Men's Minds* (New York: Vanguard Press, 1951) and *Brainwashing: The Story of Men Who Defied It* (New York: Pyramid Books, 1958).

3　C. K. Yang, *Religion in Chinese Society* (Berkeley, CA: University of California Press, 1967), pp.381-387.

4　顧長聲：《耶穌哭了──顧長聲回憶錄（1945-1984）》，耶魯大學神學院圖書館，中國檔案庫，案卷號8，第244箱，頁31-32。

5　〈周恩來總理關於基督教問題的四次談話〉，載羅冠宗編：《中國基督教三自愛國運動文選1950-1992》（上海：中國基督教三自愛國運動委員會，1993年），頁475-480。

6　Earle H. Ballou, ed., *China Consultation 1960: Synthesis of Presentations, Comments, and Discussions* (New York: Far Eastern Office, Division of Foreign Missions, National Council of the Churches of Christ in the U.S.A., 1960), pp.8-9.

7　顧長聲：《耶穌哭了》，頁61-62。

8　Oi-Ki Ling, *The Changing Role of the British Protestant Missionaries in China* (London: Associated University Presses, 1999), pp.148-180.

9　Ole Bjørn Rongne, "Mission Impossible? Sverre Holth—Missionary and Sinology," in Tormod Engelsviken, Notto R. Thelle, and Knut Edvard Larsen (eds.), *A Passion for China: Norwegian Mission to China Until 1949* (Oxford: Regnum Books, 2015), pp.69-89.

10　Harold H. Martonson, *Red Dragon Over China* (Minneapolis, MN: Augsburg Publishing House, 1956), pp.92-93.

11　Jacques Ellul, *Propaganda: The Formation of Men's Attitudes* (New York: Vintage Books, 1973), p.xvi.

12　Ellul, *Propaganda*, pp.19, 29, 49-50.

13　Joseph Tse-Hei Lee and Christie Chui-Shan Chow, "Covert and Overt Activism: Christianity in 1950s China," *Frontiers of History in China* 11, no.4 (2016): 579-599; 周翠珊、李榭熙：〈從反帝樣板到反動勢力：中共控訴運動下的基督復臨安息日會〉，《臺灣神學論刊》，待刊論文。關於安息日會與中共的政教關係，見Christie Chui-Shan Chow, *Schism: Seventh-day Adventism in Post-Denominational China* (Notre Dame, IN: University of Notre Dame Press, 2021).

14　劉良模：〈怎樣開好教會控訴會〉，上海：《天風》第264期（1951年5月19日），頁5。

15　國民政府時期著名布道家宋尚節維肖維妙的講道，是1920至1930年代中國教會復興運動的重要動力，見Daryl Ireland, *John Song: Modern Chinese Christianity and the Making of a New Man* (Waco, TX: Baylor University Press, 2020).

16　劉良模：〈怎樣開好教會控訴會〉，頁5。

17　Julia C. Strauss, "Accusing Counterrevolutionaries: Bureaucracy and Theatre in the Revolutionary People's Republic of China (1950-1957)," in *Staging Politics: Power and Performance in Asia and Africa*, edited by Julia C. Strauss and *Donal B. Cruise O'Brien* (London: I.B. Tauris, 2007), p.53.

18　詳見周翠珊、李榭熙：〈從反帝樣板到反動勢力〉。

19　William Aden McGrath and Theresa Marie Moreau (ed. and comp.), *Perseverance through Faith: A Priest's Prison Story/The Memoirs of Father W. Aedan McGrath* (Bloomington, IN: Xlibris, 2008), p.85 and p.87.

20　鄧以明：《天意莫測》，香港：明愛印刷訓練中心，1990；Paul P. Mariani, *Church Militant: Bishop Kung and Catholic Resistance in Communist Shanghai* (Cambridge: Harvard University Press, 2011).

21　Joseph Tse-Hei Lee and Christie Chui-Shan Chow, "Airing the Gospel: Christian Radio Broadcast and Multiple Narratives in Early Reform-era China," *Inter-Asia Cultural Studies* 23 (2): 244.

22　Xi Lian, *Blood Letters: The Untold Story of Lin Zhao, A Martyr in Mao's China* (New York: Basic Books, 2018), p.19.

23　Joseph Tse-Hei Lee, "Faith and Defiance Christian Prisoners in Maoist China," *Review of Religion and Chinese Society* 4, no.2 (2017): 186.

24　Joseph Tse-Hei Lee, "Watchman Nee and the Little Flock Movement in Maoist China," *Church History* 74, no.1 (2005): 68-95, and "Dying for Faith, Transforming Memories: Chinese Christian Martyr Watchman Nee (1903-1972)," *Journal of the Macau Ricci Institute* 6 (2020): 37-47.

25　基督徒聚會處把是次講話命名為〈我是怎樣轉過來的〉，講話內容的分析見邢福增：《反帝、愛國、屬靈人：倪柝聲與基督徒聚會處研究》（香港：基督教中國宗教研究社，2005年），頁69-74。

26　吳維傳：《中國的以巴弗》（臺北：中福出版有限公司，2001年），頁98-101。

27　同上，頁105。

28　邢福增：《反帝、愛國、屬靈人：倪柝聲與基督徒聚會處研究》，頁80。

29　陳福中：〈被打成反革命分子〉，載：陳則信、黃得恩、陳福中著：《汪佩真傳》（香港：基督徒出版社，2006年）第19章；居微（原名：林子隆）：《我一生最可紀念的幾件事》（無出版地點，2014年），頁55。

30　Lee, "Faith and Defiance," *Review of Religion and Chinese Society*, 175-179.

31　這些著作包括：《正常的基督徒生活》、《坐、行、站》、《這人將來如何》。

32　見中國聖徒見證事工部出版的多部著作，www.cctmweb.net。

1958年的「向黨交心」運動

丁　抒

　　論及中共用洗腦來達到社會控制的政治運動，人們比較熟悉的恐怕還是上世紀50年代初的「思想改造運動」，文化大革命中的「鬥私批修」和「接受再教育」運動等。對於發生在1958年初到1959年中的「向黨交心」運動，恐怕知之者不會太多。中國文化中對被統治者對君王的絕對忠誠歷來有「剖心析肝」、「剖心泣血」的典故和說法，而這一運動公然又進一步要求民眾把他們的「心」全部交給共產黨，其「誅心」的強度和控制的烈度顯得非常奇葩。

　　這一運動的發起者是毛澤東。1958年1月28日，毛澤東在沒有預定安排的情況下召集了一次最高國務會議。會議的主題據毛說是為了「商量一個普通問題」，即「知識分子問題」。毛在用了很長篇幅談論剛剛「取得了勝利」的「反右派」運動後，他說：

　　　　「我去年講過：皮之不存，毛將焉附。帝國主義、封建主義，官僚資本主義這三張皮都剝掉了，知識分子的毛就要附到工人階級這張皮上去。」「知識分子要恭恭敬敬夾起尾巴向無產階級學習。」

　　　　「每個人要把心交給別人，不要隔張紙，你心裡想什麼東西，交給別人。」「不能像蔣介石那樣，總是叫人不摸底。『逢人只說三分話，未可輕拋一片心』。」

　　　　「知識分子不受嚴重的挫折是教育不過來的。你們民主黨派……我把心交給你們了，你們沒有交給我，現在我抓住你們的小辮子了。擺在人民面前的右派就不少。」

　　　　「各民主黨派要注意。要把心交給人。」

　　　　「要改造右派，要幫助，要改革，這是激烈的改革，各民主黨派要注意。」「要把心交給人。」[1]

一、發動「向黨交心」運動

　　毛澤東最高國務會議講話幾天後，中共中央統一戰線工作部即先後安排「民主黨派」中的中國國民黨革命委員會副主席程潛和中國致公黨主席陳其尤在《人民日報》發表〈打掉邪氣，把心交出來〉、〈把心交給社會主義和共產黨〉。接著，《人民日報》又發表了2月13日中國科學院研究所所長會議上著名科學家號召科技界人士「交心」的報導。[2]

　　3月2日，以高級知識分子為主體的「九三學社」中央三十多人簽名的〈決心書〉在《人民日報》發表：「全心全意接受黨的領導，把心交給黨，堅決走社會主義道路。」與此同時，中共中央統戰部策劃在北京舉行一次各小黨派集體「向黨交心」的「誓師大會」。毛澤東在3月初中共中央政治局擴大會議上對「民主黨派誓師」予以首肯，批准了該項行動。[3]

　　3月16日，除共產黨之外的各「民主黨派」和無黨派人士、知識分子和工商界人士約一萬人在天安門廣場召開「自我改造促進大會」。大會主題是「向毛主席、向共產黨」表忠心。

　　中國民主同盟主席沈鈞儒在開幕詞中說：「我們決心跟共產黨走。我們決心走社會主義道路。」「我們決心改造自己——改造我們的政治立場和思想意識。」「把心交出來，把一切都交出來。」其他幾位「民主黨派」的頭領也在會上誓言：「把一切都交出來，貢獻給可愛的祖國，貢獻給人民，貢獻給共產黨。」[4]

　　會後，八十五歲的中國民主同盟主席沈鈞儒和七十歲的無黨派人士、中國科學院院長兼中國文聯主席郭沫若率領一支隊伍沿著長安街向西走，隊伍裡有一個高大的木架，上掛「民主黨派和無黨派人士社會主義自我改造公約」的條文。其核心是第一條：「改造政治立場，把心交出來，在中國共產黨領導下，堅決走社會主義道路。」在他們的背後，八十歲的中國民主建國會中央委員會主任委員黃炎培、中國國民黨革命委員會中央委員會主席李濟深等人則另率一支隊伍從廣場向東走，最前列的是一個巨大的紅布做成的心，上面寫著「把心交給黨」五個大字。

　　把心交給黨，交給哪個黨？沒有人提出這個問題。共產黨之外的八個「民主黨派」多由祕密的中共黨員擔任領導人。如中國民主同盟中央主席楊明軒及副主席胡愈之、中國國民黨革命委員會主席屈武、中國民主促進會主席周建人、農工民主黨主席季方夫婦等都是不暴露身分的中共黨員。〈向黨交心萬歲〉的署名作者是「民盟副主席高崇民」。[5]他其實也是中共祕密黨員，只不過直到去世時真實身分才被

公開。

　　北京集會後，毛澤東接著指示：「北京民主黨派開自我改造誓師大會，全國都要開。」[6] 於是全國各地區立即響應，分別舉行集會和遊行，表示堅決在中國共產黨領導下，把民主黨派從資產階級政黨改造成為社會主義服務的政治力量，保證「向共產黨向人民交心」，「交真心不交假心」。

　　這樣，從2月開始的各地零星的「交心」運動正式被冠以「向黨交心」運動，在全國大張旗鼓地開展起來。

二、「交心是新的階級鬥爭的形式」

　　在3月成都會議上，毛澤東說中國有兩個剝削階級：一個是「官僚資產階級和封建地主階級」，「另一個剝削階級是民族資產階級及其知識分子」。[7] 在4月6日的武漢政治局擴大會議上，毛澤東再次強調中國的知識分子屬於剝削階級：「國內有四個階級，兩個剝削階級，兩個勞動階級。第一個剝削階級為帝國主義、封建主義、官僚資本主義、國民黨殘餘，三十萬右派也包括進去。」「第二個剝削階級，是民族資產階級及其知識分子。」[8]

　　接著，中共中央統戰部於4月14日至17日在天津召開「交心運動現場會議」。會議透露了中共的真實意圖：「『交心』是新的階級鬥爭的形式。」[9]

　　按中共統戰部的定義，「向黨交心運動是資產階級分子和資產階級知識分子改造政治立場的自我教育運動。」是「民主黨派、無黨派民主人士和工商界的整風運動」。「向黨交心和制定個人改造規劃運動是目前民主黨派、無黨派民主人士和工商界整風運動的重要形式。」[10] 由此可見，所謂的「交心運動」其實是中共洗腦運動的一種新形式。

　　就在一年前的1957年，中共搞過一次短暫的「整風運動」，按毛澤東的說法，那是共產黨要「整頓三風，一整主觀主義，二整宗派主義，三整官僚主義」，[11] 而請全國的知識分子幫中共「整風」。而這次「整風運動」的對象完全顛倒過來，「整」的是共產黨之外的所有黨派及無黨派人士。運動聲勢浩大，席捲工商界和大小知識分子群體，包括高校教職人員、科學文化新聞出版各界人士、醫務人員、中小學公辦教師和具有中專以上學歷的幹部等。

三、群體和強制：從團體到個人

　　成千上萬人的集會遊行以及各單位、各黨派組織的集體「交心會」，只能造聲勢，卻不觸及個人的「靈魂」。因此，1958年的「交心」與1957年的「鳴放」很不相同。一年前共產黨請知識分子批評，向黨提意見，稱之為「鳴放」。若不願「鳴放」，開會不發言，不寫大字報，不發表批評共產黨的言論，一般不會被定為「反黨反社會主義的右派」。而這一次「整風」，對象是全體知識分子和工商界的「資產階級分子」，不允許任何人置身度外。

　　人人都得「交心」，誰也躲不過。在會議上泛泛地表示「擁護黨的英明領導」、「堅決走社會主義道路」而不拿出實質性的「交心」內容也不行。不僅要在「交心會」上開口，還得在會下動手寫書面材料。

　　書面材料叫作〈向黨交心書〉。據中共天津市委統戰部副部長孟秋江在中央統戰部天津「交心運動現場會議」說：要求每個人以書面文字「交心」，可以「把資產階級知識分子多少年來掩蓋著的醜惡的政治面貌暴露在人民群眾面前」，一來「大大地削弱了他們的政治影響」，二來讓他們「在自己頭上套上了緊箍咒」。[12]

　　通過動員會施以強大的壓力，人人寫「交心書」，這是「向黨交心運動」的主要內容。

四、「交黑心，換紅心」「交到靈魂深處」

　　「向黨交心」有特定的內容：交對共產黨的認識，交對社會主義的認識，交去年大鳴大放期間的言行和思想活動，交個人所受右派分子言行的影響，交反右派鬥爭以後的思想認識。[13] 各地方還有各種加碼，如「對新社會的認識」、「對過去歷次政治運動的態度」、「一切不利於社會主義的思想作風和工作態度」等等。[14]

　　交的是「心」，當然不是自己以往在公開場合發表的言論，而是沒說出口的「思想活動」，而且是思想活動中的「壞思想」或「錯誤思想」。交「紅心」，說自己「一顆紅心向黨」，那是給自己擺好，不是黨要你交的。要「交」的是「一切不利於社會主義的思想」。「如果不把各自內心裡的那些對黨有意見、有想法的壞思想統統地倒出來，便不是和黨一條心。」無論是否某個黨派的成員，全體知識分子和工商業者都被要求「交出」各自「對歷次政治運動和對黨的各項政策措施的牴

觸不滿，個人的政治歷史問題，對社會主義三心二意」等等。

　　各地將這種「壞思想」簡化為通俗的「黑心」、「白心」、「二心」，不一而足。總之，是「紅心」以外的「心」。

　　據南京大學教授杜聞貞回憶：「『交心』還不能交『紅心』，而要交『黑心』，即對黨、對社會主義不滿的言論及思想，還名之為『自我改造』。」[15] 著名學者梁漱溟也說：「『交心』運動，幾乎無例外地自己說自己的心是『黑』的，要交出『黑心』，以換得『紅心』。」「為著換取這顆『紅心』，似乎必須交出一顆『黑心』！」[16]

　　每個人「都要虔誠地、規規矩矩地向黨交心。交什麼心？交『二心』，交『黑心』。」「你在剛剛過去的『大鳴大放』中儘管沒有講出什麼『反黨反社會主義』的言論，但是你平日在心裡暗暗地想過什麼，日記裡偷偷地記過什麼，私下與朋友或家人竊竊議論過什麼，凡是『錯誤』的，對黨有『二心』和『黑心』的，都要和盤托出。」[17]

　　當時，「反右派」運動尚未結束，數十萬知識分子和基層幹部已被打成「右派分子」、「中右分子」，大批右派已被押往各勞改農場接受「勞動教養」。有的人慶幸自己平安過關，有的驚魂未定，有的心有餘悸。他們無不對交「黑心」懷有牴觸。有的高級知識分子不敢說「交心」是個侮辱性的名詞，只好說「交心」「刺激性過大」，說：「對黨忠誠坦白是我所樂意的，又何必赤裸裸地說成是『交心』呢？」有人拒絕「交心」，說：「就是不交，一條也不交。」[18]

　　許多人不願暴露坦白，是因為如天津大學校長、天津市民盟主任委員張國藩所說的「怕當右派」：「有些想法和右派差不多，一端出來，豈不成了右派。」[19]

　　為解除知識分子的顧慮，黨宣布「不打棍子、不戴帽子、不抓辮子」，並鄭重承諾：「對於自動交出有過反黨反社會主義言行的人不按右派分子處理。」[20]

　　其實，在反右派運動中就有不少人以往寫給黨組織的「思想彙報」和「交心材料」被翻出來，摘字抄句作為罪證而被定為右派分子。其前車之覆，應是人們的後車之鑑。但總有人健忘，總有人輕信，覺得「交心運動和反右運動不一樣」，可以「解除顧慮，放心向黨交心」。再加上各單位、部門都組織了可靠的左派做示範、帶頭交心，不僅沒被「打棍子」、「抓辮子」，交得多的人還大受表揚，以致產生群體效應，甚至彼此競賽，形成了「誰把自己的舊思想暴露得越多，上綱高、自責狠，誰就越能表明自己是在向黨交真心」[21]的局面。

　　交心的「重點在於深挖靈魂深處」，[22] 而「靈魂深處」是個貶義詞，藏在「靈魂深處」的從來就是「髒東西」。如山東各高等院校教師的「交心」見報時，標題

就是〈靈魂深處髒東西放到光天化日下〉。[23]

　　黨更關注的是多少人「靈魂深處」有「黑心」。

　　據中共內蒙自治區黨委統戰部部長吉雅泰在全國統戰工作會議上的報告，內蒙古自治區一萬多名「資產階級分子、資產階級知識分子、[少數]民族上層和[原國民黨軍政]起義人士」向黨交心，其中「全面澈底暴露自己對黨對社會主義制度的仇視，對黨的各項方針政策和歷次政治運動的牴觸、不滿錯誤言論行動的，占交心人數的30%」。[24]

五、「交心」種種——文教科技界

　　「交心」的實質是自我檢查、自我揭發、自我批判或自我交代，上至科學院的各研究所所長、高校校長，下至一般的大學教授、研究員，無人可以置身度外。

　　兼任中國科學院力學研究所所長和國防部第五研究院院長的錢學森4月初向力學研究所黨支部遞交了一份思想檢查，兩週後又交出了一份長達八頁紙的「交心材料」。

　　對「交心」牴觸或不那麼主動的人，均受到巨大的群體壓力。運動初起時聲稱「一條也不交」的人根本頂不住。他們很快就領教了「革命形勢」。在黨組織發動下，學生起來督促教授「向黨交心」。北京大學學生給法律系「國家法教研室」主任龔祥瑞貼了一百六十六張大字報，「對他進行揭發、批判」。他只得表示感謝「黨動員群眾幫助我，促進我」，並痛斥自己：「口口聲聲說要跟著黨走社會主義的道路，但是在重大問題上，我仍舊不自覺地站在黨的對立方面。」「與黨平日對我的要求背道而馳。」「懷有與黨『分庭抗禮』之心。」清華大學學生給電機工程系系主任章名濤貼了上千張大字報。章名濤回以大字報〈把心交給黨〉，得到認可，才算過關。[25]

　　天津大學校長張國藩被樹為向黨交心的「紅旗」，其交心書涵蓋了對中共執政以來所有的政治運動的看法，從土地改革、抗美援朝、三反五反、思想改造、肅反運動、右派言論、反右鬥爭、學習蘇聯、教學改革、國際問題，到對黨的態度、對社會主義的態度，林林總總，「一共交心一百六十六條」。[26]

　　「交心」形形色色，總的說來分兩大類。

　　一類是向黨表忠心，諸如「投向黨的懷抱」「和黨一條心」，「把黑心變成紅心，把與黨三心二意的心變成一條心」，甚至還有人表示「甘心向黨投降」。有的人為迎合毛澤東說的「知識分子要向勞動人民投降」，[27]表態說自己「向黨交心就

是向工農勞動人民投降」。

　　北京大學副校長、物理學家周培源屬於這一類。他在《光明日報》上發表文章說：「在舊社會反動政府統治時期，我們在政治上受到迫害，經濟上過著非人的生活……。由於黨的正確領導，才有我們今天的一切。」「因此，黨是我們再生的父母，我們必須下定決心把心交給黨，誠心誠意地跟著黨走社會主義的道路。」[28]

　　另一類則藉痛斥自己表示服膺黨的領導。有的說「我的確是個資產階級知識分子」，是「徹頭徹尾的資產階級知識分子」，或「本質上還是資產階級知識分子」，或「不折不扣的資產階級知識分子」。有的表態：「資產階級知識分子這頂帽子對於我們從舊社會出身的人是恰如其分的。」有的譴責其「資產階級個人主義的黑心」，有的承認自己「腦子裡百分之九十八是資產階級思想」、「滿腦袋裝著資產階級的腐朽思想」……。

　　清華大學的教授們的交心書以大字報形式張貼在校園裡，平均每位教授貼了一百四十張。[29] 水利工程系教授李丕濟的交心書標題是〈向黨交心，向黨請罪〉。其實什麼罪也沒犯的李教授痛斥自己「七年來在思想改造上我完全是件廢品」，表示要「痛下決心，在這次運動中開始脫胎換骨的改造」。[30] 一年前剛從美國歸來的工程物理系副教授高聯佩譴責自己「吃著工人階級的飯，但隨時放出與右派相同的言論，所謂跟著黨走頂多也只是貌合神離」。他表示要「把心交出來，即令是最醜惡的思想活動也要交出來，交給[黨]組織、群眾、同志」。[31]

　　北京大學哲學系教授馮友蘭採取的做法也是痛斥自己。他在大字報〈興無滅資，向黨交心〉中說：「經過反右鬥爭，我確切認識到大多數的舊知識分子（當然包括我在內），是資產階級知識分子。」「我們說是擁護共產黨，實際上是跟黨兩條心。」「我錯誤地了解『百家爭鳴』的政策……，想把馬克思主義也算為百家之一。忘記了自己應該站在馬克思主義的立場，向非馬克思主義的思想做鬥爭。」他還鞭撻其哲學思想「政治上的反動性和理論上的錯誤」，表示要「做澈底的批判」。[32]

　　幾乎人人都有不同程度的「黑心」、「二心」，所以中共江蘇省委向中央報告說：「從這次交心運動中，暴露出這些道貌岸然的『學者』，有的是對黨有刻骨仇恨，願意帶著花崗岩的腦子去見上帝的頑固分子；有的是一貫崇美親美的投機政客和實行奴化教育的『專家』；有的是不擇手段弄虛作假騙取名利的大騙子手……、向黨向人民討價還價的貪心分子。具有真才實學而又誠心誠意為勞動人民服務的還是少數。」中共中央對該報告的評價是「很好」。[33]

六、工商界的「反動思想言論」

　　1956年，所有的私營企業、商店均經由所謂「公私合營」運動由資本家所有變為公私共有。資本家喪失企業經營管理權後成為「公私合營」工廠或商店的「私方代表」。他們仍被稱為「工商界人士」或「工商業者」，實際已不是企業擁有者，也無經營管理權。他們領取工資，受黨指派的「公方代表」的領導。但是在黨看來，他們仍然是「資產階級分子」，對他們要求「十交」：對共產黨的認識、對社會主義的認識、對接受改造的認識、在鳴放期間的思想言行、對右派鬥爭的認識、對公方代表的認識、對工人階級的認識、對勞動鍛鍊的認識、對東風壓倒西風的認識、對民主與自由的認識。[34]

　　新華通訊社每天編印一份《內部參考》送達包括毛澤東在內中共高層的辦公桌。這裡是其中幾份報告的內容：

　　4月10日，天津市的報告中說：「天津市三萬多名工商業者在交心運動中，交出五百六十多萬條不利於社會主義的思想言行。」「從交出的問題可以看出，絕大多數工商業者在全行業合營以後，還基本上站在資本主義立場上。」「誣衊……共產黨拿人民掩蓋了自己的獨裁。」「人民民主專政就是共產黨獨裁，反正共產黨大權在握，民主黨派是敢怒不敢言。」「現在的政權中，黨外人士是瞎湊數，凡事都是共產黨說了算，我們只是舉手通過，做一個傳聲筒而已。」「民主集中制是共產黨一手包辦，民主是形式，集中才是真的；選舉是內定的，和國民黨無區別，都無民主。」[35] 1952年針對工商業者的「五反運動」，[36] 是「對資本主義工商業掠奪，是非刑逼供、屈打成招；是共產黨公開向資本家要錢」。「把五反中被逼自殺的人說成畏罪，這真是活著不饒人，死了不饒屍，共產黨真狠。」[37]

　　5月17日，北京市委《黨內參考資料》報導：「北京市西單區工商界在『交心』運動中交出許多反動言行」，「充分反映了資產階級的反動立場，對黨、對工人階級、對社會主義的嚴重不滿和強烈的階級仇恨」。「資本家對我們有刻骨的仇恨，攻擊、誣衊、咒罵無所不用其極。」[38]

　　5月23日，駐西安的新華社記者報告說：「西安市級資產階級骨幹分子九十多人就交出三萬多條，百貨、五金等十二個行業兩千四百多私方人員最近不到一個月時間已交出五十九萬四千多條。」「有一小部分人……對黨和毛主席肆意進行誣衊、謾罵和誹謗，嚴重不滿黨的各項政策。」「共產黨既不公布民法，也不公布刑

法，常常殺雞給猴子看。」「共產黨要怎樣就怎樣，欲加之罪，何患無詞。」「共產黨殺人成批，一批就是幾十個。而這些被殺的人中有不少是被加上『莫須有』的罪名。」[39]

6月27日，駐合肥的新華社記者報告資本家「在交心運動中暴露」的反動言論：「共產黨的政策是苛政猛如虎。」「國民黨是苛捐雜稅，共產黨是敲骨吸髓。」「共產黨拿民主[黨]派來配配數，做給資本主義國家看的，證明不是一黨專政，其實誰敢監督共產黨呀！」「共產黨既要錢，又要命，五反運動被搞死不少人。」「大鳴大放是用圈套套人的」，「[說]知無不言，言無不盡，言者無罪，聞者足戒。現在是聞者不戒，反過來鬥人家。」[40]

7月14日，「山東省工商界在交心運動中交出許多反黨反社會主義的思想言論」：一、誣衊、攻擊黨的領導；二、仇視社會主義；三、反對歷次政治運動及重大政策；四、反對社會主義改造；五、崇美、反蘇。[41]

七、右派分子的「交心」

中共知道，數十萬知識分子被定為「右派分子」，受到不同等級的懲治處理，「除個別人是心悅誠服和部分人基本上服氣外，絕大部分人是不服的」。[42] 因此，交心運動一開始，中共中央統戰部就安排了五十多名右派到其主管的「社會主義學院」學習改造。這些人都是各「民主黨派」的知名人士，如章伯鈞、羅隆基、儲安平、浦熙修、費孝通、張軫、陳銘樞、黃紹竑等。「交心的內容主要是交代過去沒有交代過的反黨反社會主義的言行，交代對自己被處理的反映（即對被劃為右派服不服）。」這五十多人，無一例外，「每個人都表示了心服口服或心悅誠服的態度」。「他們認為交心是自覺自願向黨靠攏」，「共交出問題八千八百四十條，平均每人一百七十條」。[43]

外文出版社法文部副主任、翻譯家孫源在〈向黨交心〉中，承認自己在整風鳴放時犯了「向黨進攻」的罪，「因此我被劃為右派，從這一點上說來也是十分正確，十分地道的」。[44]

清華大學教授陳爾彭在其交心書中承認自己是「在人民面前犯下罪行的右派分子」，表示「懺悔」，「真心誠意地悔改」，「在最短的時間中改造過來」。「毫無保留地信任黨，把心交出來」，「爭取在一年內歸隊」。交心書署名「右派分子陳爾彭」。[45]

新華通訊社國際部副主任、已被開除中共黨籍的李慎之在〈向黨交心〉中說：

「我墮落為社會主義的敵人」，「自己的思想實質是要求資本主義」。「感激黨對我的挽救，使我免於更加延長和擴大自己的錯誤，免於更深的墮落。」「堅決服罪，澈底改造。」[46]

而「對自己被處理」不服、拒不認罪的右派，則受嚴懲。

山東大學物理教授束星北在「交心」時說：「罪字，我聽不下去，罪人的身分是別人給我加的。」「《人民日報》社論說右派也是有罪的。也可以[不]承認。」黨認為他在「交心中以暴露為名，宣揚了一系列的反動觀點，絲毫未加批判」，「交心中散布了大量的反動觀點」。以他在抗日戰爭期間曾被國民政府軍令部從遷至貴州湄潭縣的浙江大學借聘去研製雷達為由，將他定為「歷史反革命分子」，送青島月子口水庫工地「勞改」。[47]

八、「交心」與「反右補課」

中共雖做過「自動交出有過反黨反社會主義言行的人不按右派分子處理」的承諾，對交出了「反黨反社會主義言行」的人究竟怎麼處理，還是由它決定：可以「不按右派分子處理」，也可以「按右派分子處理」。

「交心運動」開始之時，毛澤東做了一個「反右補課」的指示：「整風沒有整好的，要補課。不然總有一天要暴露出來的。」[48] 當時中共已不再提「整頓三風」，毛澤東所說的「整風」，已經是「反右」的代名詞。所謂「補課」，是「反右補課」而非「整風補課」。

各級黨組織審查「交心會」上的發言或「向黨交心書」，有「反黨反社會主義言論」的交心者，作為「漏網分子」補進新的右派名單中。這是1958年春夏「補課」的主要內容。

河南省在教師、醫務人員和文化界知識分子中開展「向黨交心運動」，補劃了一大批右派分子。如商丘專區睢縣「因向黨交心時暴露出思想問題被劃成右派」的有兩百零二人。[49] 南陽專區南陽縣本已抓了八百九十二名右派，「向黨交心」運動中又補了右派兩百七十二人。[50]

中、小學教師也算「資產階級知識分子」，全國縣以下城鎮和鄉村的中、小學，反右派運動開展較晚，很多地方幾乎與交心運動同時進行。如河北徐水縣在「交心」開始之後的4月才在中小學開展整風反右。兩千餘名教師中有一百五十人定為右派，四十六人定為「中右分子」。[51] 湖南桃江縣劃定的一百六十五名右派中，一百三十四名是中、小學教師。[52] 全國兩千餘縣，差不多每一個縣都是如此。

工商界的「資產階級分子」被打成右派的很多。如廣州1956年時有一萬零四百多資本家，一千兩百多名成為右派，超過10%。[53]

1958年1月，中國國民黨革命委員會「被定為右派分子的人數占全體成員的9.4%，經過『交心運動』，至1958年夏運動結束，右派分子占了全體成員的12.7%」。[54]

運動以毛澤東要各「民主黨派」向其「交心」開始，以各「民主黨派」的走向衰亡收尾。「交心運動之後各民主黨派就停止了組織發展。1958年，民主黨派總數由十萬人減少到八萬七千人，以後呈逐年減少。」

1958年4月毛澤東談到「剝削階級」時說：「三十萬右派也包括進去。」1959年廬山會議時他又說是三十多萬，中央組織部部長安子文當即糾正說「現有四十五萬」，毛說：「好多？四十五萬？哈哈，隊伍不少。」[55] 從此以後，中共便採用「四十五萬」[56] 這個數字，直至二十年後的1979年才改為「五十五萬多」。

據中共中央統戰部發表的文件：「在1958年黨外人士整風交心中，一些地方和單位把黨外人士自我檢查中交出的『黑心』，作為判定右派的依據，又錯劃了一批右派。到整個運動結束時，全國被劃為右派的有五十五萬多人。」[57]

因此，全國在「交心」—「反右補課」期間定為右派的，至少有十幾萬。

九、因「交黑心」而成右派的例子

重慶出版社編輯張慧光的妻子已經被定為右派送到農村勞動改造，他仍然相信黨宣布的「反右告一段落，現在是內部向黨交心」並坦誠交出與黨不一致的觀點：「[1956年]匈牙利事件我認為不是反革命事件。」「南斯拉夫不一定是修正主義，它應當有自己的發展模式。」於是黨說張慧光「乘交心運動向黨進攻，交黑心」，是個右派。[58]

河南省鄧縣構林區小學教師劉俊先，父親原是農村的地主，「土地改革」時被中共槍決，老婆隨後跟他離了婚。他一向謹小慎微，不多說話。1957年整風鳴放時沒發過言，安然躲過了反右運動。可是他真的覺得應該向黨交心，便交出了腦海裡曾經有過的一閃念：共產黨對他有殺父之仇、奪妻之恨。他滿以為這麼做就能「換上紅心」，卻不料成了一名「漏網右派」。[59]

1957年整風時共青團四川省委幹部印佑軍沒開過口。「交心」時團省委副書記王毓培開導他說：「把你的思想攤出來，是向黨、向人民靠攏的表現。」「你不能錯過這次黨對你的信任！」書記的話很誠懇，奏效了。印佑軍想起自己抗日戰爭時

在四川大學投筆從戎，參加遠征軍赴印度、緬甸，卻因此在1955年的「肅反」運動中被整肅，於是把在心底窩了三年的不快「交」了出去。這一「交」，暴露出他「對黨不滿」。他被補劃為「右派」，與交心前已經定為右派的同事一起，到冕寧縣農村勞動改造。[60]

北京師範大學政治教育系教授石盤是一位有二十年黨齡的共產黨員。他真誠地「交出」其思想：中國及其他社會主義國家的共產黨已經變質，建立了「一種新的特權等級的社會。這個特權等級是指黨和國家幹部，也包括民主黨派和民主人士」。「入城後黨的路線政策，一切都不是首先為了工農而是為了這個特權等級。」他還批評黨內缺乏民主，「就是毛主席一個人說了算，我就是對毛主席有意見」。「我也反對每年那麼多人特別是弄那麼多小孩子在天安門前喊毛主席萬歲。」「喊個人萬歲是不應當的。」「我要等一等，等它個十年、二十年，等到黨內外有覺悟的人，起來改變黨的路線和政策，來建立真正的社會主義。」他因此被指「藉交心向黨進攻」而定為「極右分子」，開除教職，送勞改農場接受「勞動教養」。[61]

十、個人檔案袋裡的「交心書」

「交心」時，南京市原資本家、市工商業聯合會常務委員陳祖望曾擔心「交出髒東西被人說成是放毒，經過分析變成右派，也怕黨把這些東西記下帳來」。[62]

陳祖望的「怕」，源於他對中共一貫作為的了解。「交心運動」後，「交心書」果然被各單位黨組織「記下帳來」，裝進了各人的檔案袋。

上海水產學院副教授高鴻章是九三學社上海水產學院支社副主任委員，學院要求民主黨派負責人帶頭交心，他「鼓足勇氣把自己的錯誤言論和靈魂深處的個人主義思想大膽地交了出來」。但「他並不知道，交出的真心話被裝進了檔案袋，日後種種扯不斷的苦惱皆由此而來」。[63] 在幾年後的「文化革命」中，他甚至受到教授職稱被取消的處分。

其實黨一直在要求每一個人「相信組織」，「向組織交心」，不同之處僅在於「交心」的規模沒有1958年的「交心運動」那麼大，而且更多使用的詞彙不是「交心」而是「彙報思想」。

被成功洗腦，虔誠「向組織彙報思想」的大有人在。

北京石油學院學生李家富1962年回廣東農村探親時才知道農村餓死了人，農民不喜歡人民公社，盼望包產到戶等等，與從黨報上看到的全不是一回事。回校後，他向政治輔導員彙報思想。後者做了詳細記錄，並肯定他信任黨組織、勇於暴露思

想。但到了畢業前夕，黨組織從李家富的檔案袋裡拿出他的思想彙報，將他定為反動學生，送黑龍江省北安農場勞動改造。[64]

「文化革命」中，頭一批被黨組織宣布為「三反分子」（反黨、反社會主義、反毛澤東思想）的人，個人檔案袋裡多有「交心書」、「思想彙報」一類的材料。

武漢水利電力學院教師張廷英1963年從蘇聯留學回國後，曾經向組織交心，談自己對蘇共「修正主義」的看法。他並不知道「交心材料」是要存入檔案袋的。1966年6月，學院黨委將他的交心材料公布於眾，發動全校批判。他申訴遭拒，憤而自殺。[65]

綜上所述，發生在上世紀1958年初到1959年中的「向黨交心」運動是毛澤東親自發動的對全國知識分子、民主黨派和民族資產階級人士又一場新的殘酷的階級鬥爭。其要害是強制上述人士向中共坦白出他們在反右鬥爭裡沒有做或沒有說的「與黨不一致」的思想，達到對其「誅心」的目的。這次運動發動時，雖然中共信誓旦旦地鄭重承諾：「對於自動交出有過反黨反社會主義言行的人不按右派分子處理。」[66]但最後這場「交心運動」還是成了大規模的「反右補課」，把至少十多萬坦誠卻幼稚的「向黨交心者」打成了右派分子。在思想控制的領域，這場運動又進一步摧殘了中國知識分子、民主黨派和工商業者的獨立人格和道德操守，使他們成為中共的奴才附庸，使全中國陷入萬馬齊喑的局面。

注釋

1　〈毛澤東在第十四次最高國務會議上的講話〉，1958年1月28日，宋永毅主編：《中國反右運動數據庫，1957-》（網路版）（香港：香港中文大學中國研究服務中心，2002-2021年）。

2　北京：《人民日報》1958年2月9日、1958年2月11日、1958年2月21日。

3　〈毛澤東在成都會議上的插話〉，1958年3月，同上。

4　北京：《人民日報》1958年3月17日，第1版。

5　北京：《光明日報》1958年5月11日。

6　〈毛澤東在成都會議上的插話〉，1958年3月20日，《中國反右運動數據庫，1957-》。

7　〈毛澤東在成都會議上的講話〉，1958年3月26日，同上。

8　〈毛澤東在武漢會議上的講話〉，1958年4月6日，同上。

9　尹崇敬：〈天津市民主黨派開展交心運動的情況〉，新華社：《內部參考》1958年4月21日。

10　〈中央統戰部關於進一步推動民主黨派無黨派民主人士和工商界一般整風運動的報告〉，1958年4月29日，中共中央統一戰線工作部編：《統戰政策文件彙編》（1-4冊），1958年。

11　《毛澤東選集》第5卷（北京：人民出版社，1977年），頁327。

12　尹崇敬：〈天津市民主黨派開展交心運動的情況〉。

13　北京：《人民日報》1958年3月17日，第1版。

14　倪春納：〈交心運動與反右運動辨析〉，長沙：《中南大學學報（社會科學版）》第18卷第2期（2012年4月）。zndxsk.com.cn/upfile/soft/20120329/10-p055-skby2.pdf

15　張錫金：《拔白旗——大躍進歲月裡的知識分子》（香港：時代國際出版有限公司，2010年），頁346。

16　汪東林：〈梁漱溟一九五八年向黨交心〉，北京：《百年潮》2003年第11期（news.have8.tv/3147210.html）。

17　南京大學中文系學生董健，見張錫金：《拔白旗——大躍進歲月裡的知識分子》，頁372。

18　倪春納：〈交心運動與反右運動辨析〉。

19　北京：《光明日報》1958年4月12日，見倪春納：〈交心運動與反右運動辨析〉。

20　〈中央統戰部關於進一步推動民主黨派無黨派民主人士和工商界一般整風運動的報告〉。

21　倪春納：〈交心運動與反右運動辨析〉。

22　同上。

23　香港：《文匯報》1958年5月14日，第1版。

24　〈內蒙古自治區資產階級分子、資產階級知識分子、民族上層和起義人士向黨交心情況和對今後改造工作的意見〉，1958年7月，載《中國反右運動數據庫，1957-》。

25　《拔白旗——大躍進歲月裡的知識分子》，頁349-350。

26　同上，頁339。

27　中共中央統戰部編：《毛澤東論統一戰線》（北京：人民出版社，1961年），頁78。

28　北京：《光明日報》1958年3月23日。

29　〈大破大立向紅專躍進〉，北京：《光明日報》1958年4月3日，第1版。

30　《清華大學雙反運動大字報選輯》第10輯（北京：中共清華大學委員會辦公室，1958年6月）。

31　高聯佩：〈那裡燒得最痛〉，1958年3月，宋永毅主編：《中國反右運動數據庫，1957-》。

32　《拔白旗、插紅旗：北京各高校雙反運動大字報選》（北京：人民出版社，1958年）。

33　張錫金：《拔白旗——大躍進歲月裡的知識分子》，頁373。

34　同上，頁337。

35　黃軍：〈天津工商界在交心運動中暴露出許多反動思想言論〉，新華社：《內部參考》1958年4月10日。

36　〈反行賄、反偷稅漏稅、反盜騙國家財產、反偷工減料、反盜竊國家經濟情報〉，《建國以來毛澤東文稿》第3冊（北京：中央文獻出版社，1989年），頁97。

37　〈天津工商界在交心運動中暴露出許多反動思想言論〉，新華社：《內部參考》1958年4月10日。

38　新華社：《內部參考》1958年5月17日。

39　張國寧：〈西安市工商業私方人員在交心運動中暴露出許多反動思想〉，新華社：《內部參考》1958年5月23日。

40　紀和德、高文斌：〈合肥市工商界骨幹分子在交心運動中暴露出許多反動言論〉，新華社：《內部參考》1958年6月27日。

41　新華社：《內部參考》1958年7月14日。

42　〈社會主義學院吸收右派分子入學交心〉，新華社：《內部參考》1958年5月19日。

43　同上。

44　孫源：〈向黨交心〉，banned-historical-archives.github.io/articles/aab1da8670。

45　《清華大學雙反運動大字報選輯》第1輯（北京：中共清華大學委員會辦公室，1958年）。

46　李慎之：〈向黨交心〉，1958年7月10日，載《中國反右運動數據庫，1957-》。

47　〈關於右派分子束星北表現情況的綜合報告〉，《束星北檔案》（北京：作家出版社，2005年）。

48　1958年3月〈成都會議周林發言時毛澤東的插話〉，北京：清華大學《學習數據（1957-1961）》，頁209。

49　《睢縣志》（鄭州：中州古籍出版社，1989年），頁37。

50　《南陽縣志》（鄭州：河南人民出版社，1990年），頁39。

51　《徐水縣志》（北京：新華出版社，1998年），頁491。

52　〈中共桃江黨史：開展整風運動與反右派鬥爭〉，taojiang.gov.cn/24397/24407/content_1388926.html。

53　伊凡：〈廣州工商界萬人爭鳴記〉，《鳴放回憶》（香港：自聯出版社，1966年），頁33、38。

54　王順生：《膽肝相照榮辱與共》（福州：福建人民出版社，1995年），頁307。見倪春納：〈交心運動的政治學分析——基於政黨認同的視角〉，rdbk1.ynlib.cn:6251/Qk/Paper/475473。

55　見李銳：《廬山會議實錄》（鄭州：河南人民出版社，1996年），頁296。

56　見1959年8月24日毛澤東給劉少奇的信，《建國以來毛澤東文稿》第8冊（北京：中央文獻出版社，1993年），頁475。

57　〈反右派鬥爭及其擴大化〉，cpc.people.com.cn/GB/64107/65708/65722/4444744.html.

58　譚松：〈我栽在「向黨交心運動」〉——採訪前重慶出版社編輯張慧光〉，《中國人權雙周刊》，biweeklyarchive.hrichina.org/article/399。

59　趙宗禮：《1956-1961：南陽反右志逸》（未刊稿，2023年2月6日）。

60　劉冰：〈共青團四川省委的反右派運動〉，北京：《往事微痕》第8期（2008年10月）。

61　〈北京師範大學教授石盤借交心向黨進攻〉，新華社：《內部參考》1958年5月19日。

62　南京：《南京日報》1958年6月5日，見倪春納：〈交心運動與反右運動辨析〉。

63　張錫金：《拔白旗——大躍進歲月裡的知識分子》，頁343-344。

64　格丘山：《在暴風雨的夜裡（一）離開北京》，馬里蘭州：《華夏文摘》2010年3月6日。

65　楊道遠：〈武漢地區文革初期的「五十天」〉，cnd.org/cr/ZK20/cr1060.gb.html。

66　〈中央統戰部關於進一步推動民主黨派無黨派民主人士和工商界一般整風運動的報告〉。

III

從毛澤東到習近平：
中共洗腦的新發展

中國監控體系的現狀和歷史衍變

裴敏欣[1]

　　我先要感謝這次會議，使我有機會來跟大家很簡單地介紹我已經完成的一本英文學術著作，明年春天出版。研究的課題的是中共的監控體系。這方面的資料不好找，許多都是機密的，我在這個過程當中採訪了許多被監控的對象。

一、歷史回顧

　　中共的監控體系應該說是一種隱性暴力，他並不是把你抓起來砍頭那種顯性暴力，但是隱性暴力無所不在，中國能那麼成功地洗腦，很大程度上是因為它有這麼一套隱性的暴力體系在後面做支撐。

　　講到監控體系，我先從文獻角度來講，這方面大家可能不一定了解很多。我為什麼寫這書？最主要並不是由於理論的興趣，而是由於媒體報導中共的監控體系時都說它是歐威爾的《1984》式的，完全是靠技術，我覺得好像這不大行得通，因為中共最拿手的並不是它的技術。中國引進高精尖技術是在過去大概二十年的時間內，但中國嚴密的監控體系早就存在了。

　　中共的法寶一直是組織，而不是技術。我寫這本書的目的之一是要證明那個技術中心論的觀點是錯的。我在2015年就開始構思這本書。我想習近平那一套所謂治國理念，跟鄧不一樣，跟毛也不一樣。他靠什麼來維護政權？除了民族主義之外，他肯定是靠一套鎮壓工具，然而他不可能用毛時代那種很赤裸裸的血腥鎮壓那種暴力。

　　監控體系並不是一個很簡單的理論問題，因為從專制統治者的角度來講，他使用硬暴力或者軟暴力控制社會的時候，他一定會面臨好多挑戰。在所有的專制政權裡，只有列寧主義或者說共產黨統治這種政權是最成功的，因為它解決了監視體系的一系列的挑戰。

　　第一個挑戰就是，你怎麼去控制暴力機器？如果你給暴力機器很大的權力、很多的資源，那麼暴力機器就可以成為對統治者的一個生存威脅。[2]

　　第二個挑戰就是暴力機器本身要消耗很多的資源，一般的專制政權都是窮國

家，最多是中等收入國家，它付不起那個代價，因為沒有那麼多資源。

第三，只靠祕密警察來控制也不行。一方面祕密警察也受可利用資源的影響，另外，祕密警察並不是在社會當中所有的部門都存在。那麼政府一定要雇傭很多的線人，但雇傭線人並不是一個很簡單的事情。首先，你對線人要有一定的控制，要給他好處，同時也要對他有壓力，一般的專制政權是沒有這個能力的，因此線人的機制對社會經濟沒有那麼深廣的滲透。其次，監視牽涉到許多部門，需要許多協調機制。我發現只有列寧主義政權，利用它的一整套的組織體系才解決了這些問題。回顧中國的歷史，中共的這一套基本組織結構早在1950年代就成立了。

你現在去看中共專門執行這種監控任務的那些部門，1950年代都已經建立了。區別只是資源不同，組織的嚴密程度不同。在1950年代，因為他需要廣大的群眾的支持，群眾動員機制就建立起來了。

中共建立了專門監視國內政治威脅的祕密警察機構，就是公安部一局，以前的政治安全保衛局，後來改稱「國保」，現在又改回去叫政治安全保衛局。此後又發展了一大批普通人當「特情」，現在比以前人更多。另外，它還依靠政權的積極分子和黨團員，我把他們叫作非正規軍。「國保」那些人是正規軍，非正規軍是被組織起來監視階級敵人。

後來，他們還成立了一個中央政法領導小組，剛成立時候的組織嚴密程度跟現在是不可比的，現在要完善多了。

二、毛時代的監視對象

毛時代的監視對象跟現在不一樣，那時監視的是階級，是「舊社會」和「舊政權」的菁英，主要是四類分子，總共有兩千多萬人。籠統說兩千多萬人被監視二十年是沒有意義的，需要知道人口比例才行。這兩千多萬人是受害者，但是在每一個特定階段，到底總人口當中大概多少人被監視呢？我根據地方公安志得出結論是，1977年前大概占人口的1.5%，也就是四類分子。四類分子裡大部分是地主，其中一半或四分之三是地主富農，其餘是反革命和壞分子。[3]

毛時代中共又企圖用一個比較正規的計畫或者建設項目來監控，因為四類分子並不是很正規的、公安部主管的人口，而是搞群眾運動。中央層面它肯定沒有統計，也沒有明文規定誰是四類分子，完全是交給群眾。

但是到了1950年代，中共同時又想把極權體制正規化，所以劃分了一類人屬於重點人口，把普通人確定為屬於哪一類的，要怎麼樣監控，很正規，但是在毛時代

並沒有成功。

三、中共監控體系的發展階段

　　從毛時代到當下，中國監視體系的發展經歷過三個階段。

　　第一是毛階段，毛澤東那個階段它有幾個特點。第一個就是群眾參政。第二個特點是它很缺錢，所以它能夠用於監視任務的資源是很有限的。最值得一提的，毛發起的群眾運動，大躍進和文革，對這個監控體系的打擊十分嚴重。

　　這從數字上就可以看出來。1958年前中共的幹警大概四十萬左右，但到了1960年代初期的時候，減少了三分之一左右，因為大躍進實際上導致國家破產，所以一大批警察都裁掉了。

　　第二個階段是文革，也是對那套監控體系打擊很大，因為文革衝擊了公安。

表一：公安「幹警」人數（不含武警）

年份	幹警人數
1958	400,800
1972	380,000
1984	658,000
1989	769,000
2010	2,000,000

資料來源：公安部《公安工作大事要覽》，頁157、344、564；《中國法律年鑑1987-1997》（珍藏版），頁739、778；沈曉洪等：〈基層公安機關警力配置現狀與思考〉，南昌：《江西公安專科學校學報》第141期（2010年7月），頁107。

　　公安體系到了1980年代開始恢復，但一個很有趣的插曲是，當初公安體系大部分時間是被比較左的人控制的。但是查看1980年代的監控體系有關的數字，會發現政府沒有很大的投入。同時監控體系也沒有被廣泛運用，我們許多人1980年代在中國都比較活躍，假如是現在那種監控體系，1980年代根本就沒辦法活躍。

　　因此我猜測那時候的胡耀邦、趙紫陽在高層還是起了一定作用，因為許多公安部門的胡來都被他們制止了。但還有一個很有趣的插曲，鄧小平在1980年代搞「嚴打」，那場「嚴打」可不得了。當時關了許多人，更重要的是，嚴打之後從監獄裡放出來的人都變成了重點人口，所以警察疲於奔命。因為資源很有限，同時要把很有限的精力去放到那些以前被嚴打放出來的人身上，所以1980年代的監控系統雖然

得到恢復，但並不是十分有效，因此1980年代思想氛圍才能很活躍，才會有八九民運。

　　監控體系真正恢復是1990年代以後，1989之後是一個大躍進，1989年的時候也就是不到八十萬警察，過了二十年，就變成兩百萬，那還只是正規部隊，是穿警服的，另外還有武警什麼的沒有算進去。再看看預算裡國內安全支出，這部分不含武警，我計算的時候把武警的支出去掉了，發現有明顯的大躍進。1991年的時候只是一百億人民幣的開支，到了十年後就漲了十倍。到了習時代，把通膨因素去掉，則是整整增加了二十四倍。

表二：中國國內安全支出（不含武警）

年份	金額（十億元）	占政府開支%
1991	10	4.1
1995	30.5	6.19
2002	110	4.99
2004	154.8	5.43
2007	334	6.91
2011	522	4.78
2014 (1)	702	4.62
2017 (1)	1,047	5.15
2020 (1)	1,165	4.74

資料來源：《公檢法支出財務統計資料，1991-1995》（南京：江蘇科技出版社，1991年），頁166、169；《中國統計年鑑》（多年）（北京：中國統計年鑑出版社）。中國的公共安全支出只包括了公檢法的開支。實際支出肯定要大於這些帳面上的數目，因為許多「維穩」成本不是由公檢法出的。比如學校、機關和企業都有信息員和專職保安人員。政法委的開支也不算在公檢法支出內。

四、中共監視體系的特點

　　中共的監視體系吸取了許多過去的經驗，一開始是從蘇聯學過來的，但是又跟蘇聯不一樣。它的特點首先是分散型體系，為什麼叫分散？因為並不是只有一個部門管理監控事務，而是許多部門都管。

　　分散型監控體系很有效，因為它的監控對象很分散。此外，還要避免出現一個能夠威脅政權本身的特務機構。你如果看中共在1983年之前的監控體系，它其實跟美國和英國很像，反而跟蘇聯克格勃（KGB）和東德的國家安全部〔（Ministerium für Staatssicherheit，通稱「史塔西」（Stasi）〕不同。中國一直是把國內的祕密警察機構和處理外國間諜的部門分開的，到現在也是如此。因為一旦把這兩個機構合在一起，那對當政者的威脅就很大，它完全可以控制所有情報，在國內就可以直接威脅到當政者的權力。所以它採取了分散型體系。

　　其次的特點是，它有一個從上到下的協調機制。1950年代開始建立政府的政法小組，1980年代建立了政法委，但是很小，許多地方是形同虛設的。到了1990年代之後，政法委一下子擴大很厲害。東德和前蘇聯都沒有政法委的，只有中國有。設立一個政法委對黨國來講是一個很大的投資，中國共產黨只有五個從上到下的黨組織存在於這個官僚體系：組織部最重要，還有宣傳部，紀律檢查委員會也是1980年代之後建立的，還有一個統戰部，最新的就是政法委。政法委在中共監控體系裡面起了很重要的協調作用。

　　再有一個特點是舉國體制和人民戰爭。它不是依靠一個大的機構，而是利用了廣大群眾。它的正規體制編制很小，中國的警察數量，根據人口比例來說其實是很小的。比較來說，東德的國家安全部在1989年東德崩潰的時候是九萬一千多人，從功能上，東德國家安全部就相當於中國公安部一局，也就是國內祕密警察，跟安全部加起來之和。如果按這個比例，中國這兩個部門的編制應該是八百四十萬人。[4]現在我們不知道公安部一局和地方公安局的國保大隊總共加起來確切多少人，不過根據我的估算，整個中國的國保也就是國內祕密警察，加起來大概十萬人左右，那是很少的人。

　　還有一個特點是多層次性和重複性。它有各種各樣不同部門的線人。使用線人的部門至少有三個或四個不同機構。國保系統有自己的線人，或者叫「特情」。其次派出所也有線人，但是叫「耳目」或者「治安耳目」。再次，政法委在各單位有自己的信息員。此外國保大隊或者是政保大隊，也有自己的信息員。所以重複得厲害，而計算起人數來也比較困難。

　　最後一個是特點是，現在有很發達、很成熟的技術手段。從戰術層面來講，沒有任何一個其他的官僚系統，有比監控體系更複雜更成熟的手段。比如說，所謂的「敏感時期」的管控，其他國家都沒有，只有中國才有，而且中國也是在「六‧四」之後才有。中國的監控體系一開始是勞動密集型，但過去二十年當中，在朝技術密集型轉變。

五、決策、執行和協調機制

政法委很重要，但是就文獻研究來說，沒有人研究過政法委，這很令人奇怪。趙紫陽政治改革的時候，他就知道這不是個好東西，所以要把政法委給去掉。但趙紫陽下臺之後，1990年中共第一個恢復的就是政法委，並擴大了政法委的編制和權力。在1980年代，許多政法委在地方上只有一、兩個人，而且都不是專職。現在則是有了專職人員，市一級大概有五十人左右，縣級一般有十至二十人。政法委主要任務是布置和協調監視任務和其他「維穩」工作。同時每年有一個政法工作會議，把所有的國內安全任務落實到各個單位。1980年代政法委雖然已經有了，但整個1980年代總共開過兩次會，都是有關嚴打的。到了1990年代之後，每年都有一次會，而且規格都特別高。

政法委在「敏感」時期的作用十分明顯和重要。「雪亮工程」和「網格化管理」的推動和執行也靠政法委。

六、監視體系的「正規部門」

監視體系的正規部門，主要是公安部的一局，也是政治安全保衛部門，以前是叫國保。國保的人並不是很多，所以基本上只管大案。這個系統比較小。基層（縣級單位）一般只有十至二十人。根據有限地方數據，全國「政治安全保衛」警察大概有六至十萬。

它平時用的最多的是特情，也就是特別情報人員。我算了一下，國保在全國用的特別情報人員至少有六十萬，都是專門監視政治安全有關人員的。

另外還有派出所，它接受一線任務，全國派出所有幹警六十萬左右。它主要監視兩類人：一類叫「重點人口」，是在派出所有案底的人；另一類叫「重點人員」，那是由地方政府劃定的。派出所的職能還包括：協助「政治安全保衛」警察，收集情報和發展「線人」（治安耳目），以及指導治安積極分子。

國保還負有指導派出所的「政治安全保衛」工作的責任。

還有國家安全部，我們對國家安全部的了解很少，因為這很保密，但是通過一些官方材料也會知道國家安全部在國內活動很厲害。國家安全部監視外國人、商業機構、非政府組織，以及有「境外」聯繫的中國公民。首先，對於外國到中國來辦廠，國家安全部都要介入，要進行審查。如果體制內的人要出國，國家安全部在你

去之前要給你進行安全教育，回來要了解情況。大學裡面特別活躍的也是國家安全部門。其次值得注意的是，少數民族地區的國內安全這一部分，不是國保管的，而是國家安全部管。根據我的分析，中國一直認為少數民族地區鬧事是外部勢力支持的，所以這個任務交給國家安全部。國家安全部有單獨的「特情」體系。

七、公安系統的「線人」

「線人」到底有哪幾種值得研究。「線人」有正規的也有不正規的，比較正規的是公安局那一套，它有「特情」，就是特別情報人員，還有治安耳目。特情是由公安機關（刑偵和政保）物色、發展和使用的。特情都有祕密檔案，所以它到底有多少線人你不知道。我得到了兩個比較可靠的數據，其中一個是根據陝西公安廳編製的《公安年鑑》，基本上是一萬人裡面好像四個人。另外我又看到一個派出所和偵察大隊的數據，說每個偵查員每年要發展兩個左右的線人；根據這個比例和總人口，我推算大概五、六十萬人是專門給國保幹的。[5] 一般「特情」使用期為兩至三年。公安機關有「特情基地」（包括盈利性據點）來訓練和聯絡「特情」。

特情怎麼進行監視？監視分三類情況，一類是監視人，比如說楊子立，懷疑他搞祕密組織，所以專門派一個人去接近他，會在監視對象旁邊發展一個人。那種線人叫「專案特情」，大概是10%的人屬於專案特情，而且因人而異。

第二類叫「控制特情」。中國的警察要控制所謂的「陣地」，「陣地」是軍事語言，圖書館、大學、研究機構都是一個個陣地。在那裡他們肯定要安插人員，叫控制特情，40%的人是控制特警。

還有一半的人是叫「情報特情」。這些是很一般的人，平時聽到什麼消息就會去彙報。平時用得最多的這種人是出租車司機，因為司機接觸的人多，可以說在西安基本上十二個出租車司機裡面有一個是給公安局幹活的，這是西安市公安局自己講的。[6] 送貨員、清潔工、保安、物業管理員、停車場管理員，平時都能夠接觸許多普通人，然後都彙報給他們。

「治安耳目」由派出所的警察發展和使用，他們也有機密檔案和使用規定。

根據人口萬分之四的比例，線人大概有五十萬左右。而根據派出所規定每個幹警要發展兩個的情況，耳目大概有八十萬左右。所以中國至少有一百多萬人給警察當耳目，那還不算其他名稱的線人，如「朋友、聯絡員」等等。

表三：中國大概有多少「特情」和「治安耳目」

年份	陝西公安廳使用的特情人數
1957	689
1980	538
1983	1,193
1984	1,907
1985	3,100
1986	2,994
1987	4,383
1988	6,691
1989	9,975
1996	10,693
2001	12,108
2003	14,004

資料來源：《陝西省志・公安志》，頁554-558。

1. 陝西的數據（2003年）是該省人口的0.04%。按這一比例，中國在2020年大概有五十六萬名特情。

2. 中國的派出所至少有五十五萬六千名幹警。如每個幹警每年要發展至少兩個「耳目」，如75%的幹警完成這個任務，派出所每年發展的「耳目」大概有八十三萬四千名。

3. 中國公安系統的「特情」和「耳目」至少有一百萬。

八、「信息員」

信息員就沒法說了，那是最多的。信息員由地方政府、機關、學校、各種單位、街道、村鎮發展使用。有的信息員的身分是祕密的。我用了許多地方的材料，為了表功，有些材料裡會說我今年發展多少信息員。於是我就去找縣市的人口數據，基本上是人口的0.73%至1.1%（中位數或者平均數）左右，於是可以推算中國表面上給政府做信息員的大概有一千萬到一千六百萬左右，這不包括特情和耳目。

但是中共的數字裡面有很大水分，60%人是不幹活的。官方總是說發展了多少信息員，今年提供了多少情報。實際上一個信息員平均提供的情報一年內一個都不到，大概是一個信息員提供了0.38個情報，所以大部分信息員是不幹活的。

信息員提供的情報分三類：一個是敵情，比如民運分子和法輪功的一舉一動就是敵情，這部分很少，占3%。政情占21%。什麼叫政情？比如說：大家對習近平的政策有什麼反響？剩下那76%是社情，也就是社會上現在大家討論一些什麼問題。大部分情報是垃圾，只有24%的情報是上送的。

此外還有紅袖套，也就是治安積極分子。這部分人在北京占人口的4%至5%。

九、監視對象和規模

最後，到底監視了多少人？中共監控體系主要有兩大監控項目，一類是很正規的，叫「重點人口」，專門有公安機關（派出所）管理，而且公安部有明文規定如何管理。「重點人口」的數據是機密的。地方數據顯示，「重點人口」大概是總人口的0.35%左右。中共1950年代發明了這個計畫，但是真正實施則是到了1980年代。重點人口裡面大部分是有犯罪嫌疑的。因為重點人口的管理成本很高，這個項目它都要靠警察管，所以這個項目四十年的數據一直很平穩，都是0.35左右。

但是，被監視最多的是「重點人員」，「重點人員」是過去二十年當中出現的產物，其實跟四類分子很像，由地方政府管理。對「重點人員」沒有全國統一的規定和程序，但是公安部有全國的「重點人員」數據庫。地方政府有極大的隨意性來確定誰是「重點人員」（涉穩、涉疆、涉軍、涉邪、涉毒等），所以「重點人員」裡政治性人員占的比例要比「重點人口」高。「重點人員」比「重點人口」數量更多，它大概是重點人口的115%到155%（中位數和平均數），也就是5.75-7.75百萬人。重點人口大概是五百萬左右，而全國的重點人員大概是五、六百萬到八百萬左右，所以中國總共加起來的監視對象，也就是公安局系統跟地方政府或政法委系統合起來，差不多有一千一百萬到一千三百萬左右的人是進入花名冊的，是受重點監視的（10.75-12.75萬人，總人口0.76-0.91%）。

十、高科技監視

高科技用於監控是從1990年代開始。中國的高科技計畫的實施是有步驟的，第一個是資訊化，把公安系統的資訊管理系統達到世界水平，同時中國防火牆要過濾外來資訊，這就是金盾工程（2001-2006），到2006年基本上就完成了。

第二步是它建造的天網工程（2004），天網工程就是攝像頭跟各種各樣的監視感應器，在城市裡建立監視體系。第三步是雪亮工程。從2015年開始建造。它基本上是一個天網工程的擴大化，是「天網工程」向農村的延伸（也包括天網工程的升級），由政法委管理。

等到習上來的時候，中國這套系統已經是很完美了，所以習近平對整個中國監視體系的貢獻，基本上沒有概念上的突破和組織上的突破，他只是在投入上加了一個雪亮工程和現在正在試驗的社會信用體系。目前還有「網格化管理」，這是勞動

密集和技術密集的結合。網格化管理其實在習以前就有，只是他現在做得更加全面，採用的技術更先進，希望達到的目標更高。

注釋

1　本文為楊子立先生根據裴敏欣教授的演講錄音整理成文，並經裴敏欣教授最後審閱而定稿。

2　Sheena Greitens, *Dictators and Their Secret Police: Coercive Institutions and State Violence* (New York: Cambridge University Press, 2016), p.12; Jack Paine, "Reframing the Guardianship Dilemma: How the Military's Dual Disloyalty Options Imperil Dictators", *American Political Science Review* 116, no. 4, 2022, pp.1-18.

3　估算依據以下材料：《廣東省志·公安志》（廣州：廣東人民出版社，2001年），頁180；《陝西省志·公安志》（西安：陝西人民出版社，2021年），頁725；《跨世紀的中國人口·陝西卷》（北京：中國統計出版社，1991年），頁20-22；《天津通志·公安志》（天津：天津人民出版社，2000年），頁550、562；《江西公安志》（北京：中國紡織出版社，1994年），頁49-50、80-81；《湖南省志·政法志》第3章，電子書；《湖南省志·人口志》，電子書；《上海公安志》第8章，電子書；《上海通志》第3卷，電子書；《福建公安志》，data.fjdsfzw.org.cn/2016-09-21/content_295.html；《甘肅省志·公安志》（蘭州：甘肅文化出版社，1995年），頁400、465；《吉林省志·司法公安志》第10章，電子書；《浙江人民公安志》（杭州：浙江人民出版社，2014年），頁256-260；《廣西公安志》，lib.gxdfz.org.cn/view-a63-220.html；《廣西通志（1979-2005）》，www.gxdfz.org.cn/flbg/szgx/201710/t20171013_47365.html；《貴州省志·公安志》（貴陽：貴州人民出版社，2003年），頁580-581；《貴州省志·人口和計畫生育》（貴陽：貴州人民出版社，2017年），頁3。

4　Mike Dennis, *The Stasi: Myth and Reality* (London: Longman, 2003), pp.78-79; Gary Bruce, *The Firm: The Inside Story of the Stasi* (Oxford: Oxford University Press, 2010), p.11,13. 東德垮臺時的人口是一千六百萬。

5　楊玉章編：《金水公安改革之路》（北京：中國人民公安大學出版社，2003年），頁354。

6　《陝西省志·公安志》，頁554-558。

從洗腦到認知戰：試析中共的宣傳大戰略

吳國光

　　宣傳一向與組織並列為中共的最強項，[1] 思想控制對於中共政權這一體系和中共領袖個人權威都有非同尋常的意義。那麼，在中共掌握全國政權以來的七十多年中，國內局勢不斷變化，國際環境天翻地覆，中共是怎樣在巨大而深廣的時勢變遷中保持其宣傳的強項的呢？又是怎樣實現其宣傳的目的的呢？其中有沒有根據時勢變遷而做出的重大調整？如果有這樣的調整，那是什麼樣的調整？這樣的調整是否改變了中共宣傳的本質屬性和特徵？如果有這樣的改變，中共作為政治組織和政權壟斷者的性質是否也發生了變化？如果沒有改變，那麼中共在相關的戰略調整中，其所一以貫之的宣傳本質屬性和特徵是什麼？這些屬性和特徵又是怎樣在不同的歷史階段和相應的調整中體現和發揮出來的呢？

　　本文觀察到，中共的宣傳，如同外交，更如同戰爭，是有一套大戰略的；這套戰略根據所處局勢的變化而調整，但萬變不離其宗，根本目的在於思想控制，在於通過對人們大腦的認知系統的政治資訊干預，來在大眾之中形塑符合中共觀念和利益的普遍思想、集體記憶與共同情感。對此，本文採取了在長階段歷史（the longue durée）上著眼宏觀制度研究的視角，[2] 回顧1949年中共掌握全國政權以來其宣傳大戰略的總體變化，發現這種變化可以劃分為三個不同的歷史階段，而中共在每個歷史階段上都形成了既有繼承又有調整的宣傳大戰略；其中，繼承，是基於中共的根本利益，即維護中共在中國的權力壟斷；調整，則是要因應局勢變化來實現這一根本利益。瞄準人們的大腦，通過控制人們的思想、記憶與情感來實現、維護並加強中共的權力壟斷，這就是中共宣傳的根本方針。

　　這裡所劃分的中共宣傳大戰略的歷史發展的三個不同階段，分別是毛時代、後毛時代和最近十年來形成的所謂習近平時代。相應地，本文把中共在不同時代所形成的宣傳大戰略分別概括為：毛時代的洗腦、後毛時代的精緻宣傳和習近平時代的認知戰。本文的主要篇幅，用來探討中共宣傳在上述各個階段上的大戰略各自具有什麼樣的特點，其中又有什麼樣的共性，由此試圖勾勒一幅中共宣傳戰略的歷史演變圖景，並分析這種演變的動因和背後不變的脈絡。

一、毛時代的洗腦：硬暴力與腦軟體的組合

　　毛時代的中共宣傳大戰略，核心在於洗腦。我們知道，人類的一切行為都是由大腦來控制的。人類的大腦是通過一套複雜神經系統來處理資訊的器官，並通過資訊處理而主導生命個體的思想、記憶、情感、運動技能和各種感覺。[3] 因此，人們有什麼樣的思想、記憶與情感，是與人們接受到什麼樣的資訊直接相關的，也是與大腦如何處理這些資訊直接相關的。客觀上說，我們每個人每日每時生活在接受多種多樣的資訊之中，對於這些資訊的處理就形成我們每個人的信念、思想、情感與記憶。從人類能動的主觀角度說，人們相互之間也總在不斷對周圍的人們送出各種各樣的資訊，很多是在試圖影響他人的精神世界的，希望別人形成某種特定的信念、思想、情感與記憶。所有這些資訊像河流一樣流經人類個體的大腦，每個個體的大腦每日每時都處在資訊流的作用之中而不斷形成與改變著自己的信念、思想、情感與記憶。

　　當我把以上過程比喻為河流的時候，並不是在暗喻「洗腦」是一個廣泛存在的現象。恰恰相反，我是在試圖為比較準確地定義「洗腦」而把它從人類大腦的一般工作狀態中區分出來。如果不做這樣的區分，很容易在概念上陷入一個迷誤，那就是把任何接受資訊而改變信念、思想、記憶與情感的人類大腦的這種一般生物現象都看作「洗腦」，認為在資訊作用下形成或改變思想無一例外都屬於「洗腦」的過程。這樣，就無法區別大腦工作的本來機制與「洗腦」這一特殊歷史現象，而把「洗腦」無限制地寬泛化，也就大大削弱了「洗腦」概念的意義。

　　當然，難以否認的是，在上述這種我所謂大腦處理資訊的一般生物機制的基礎上，在人類社會中確實存在多種多樣的目的明確、手段集中地利用資訊灌輸來改變人們的信念、思想、情感等的做法。其中，最為常見的是學校的教育活動、宗教的傳教活動與市場的推銷活動，後者也常常被稱為商業宣傳。這裡，「宣傳」一詞出現了。事實上，所謂宣傳，從其本意來理解，即在廣大的人群中推廣某種觀念或非觀念的東西，乃至作用到人們的價值體系、思考方法、審美趣味、評判標準等一系列深層的認識和精神活動，從而增大這種東西的「市場」。這個意義上的宣傳，在各種社會形態中、尤其是現代社會形態中，都是常見的。有相當大量的研究，把這些活動也看作「洗腦」。不過，當我們深入認識了毛時代的洗腦活動的本質特徵之後，將會發現，這種看法仍然有將「洗腦」概念寬泛化的傾向，也是本文不擬採納的觀點。

　　可以說，在其最為寬泛的意義上，「洗腦」這個概念不時被在三個不同的層面使用。最為基本的層面，就是人類認知的一般機制，即通過資訊處理來形成認知。很明顯，這是大腦本身的工作機制，是人類個體的固有生理現象，不能稱之為「洗腦」。第二個層面，就是某些人類社會組織有意識、乃至有系統地推廣某類資訊，使之集中影響人類個體的大腦資訊處理的機制和結果。這種做法常常被稱為「宣傳」，也有很多研究把這種做法看作「洗腦」。致力於極權主義研究的漢娜・鄂蘭（Hannah Arendt, 1906-1975）早在1930年代曾經對此做出概念上的澄清；她的做法是把洗腦和宣傳做出區分。鄂蘭認為，洗腦是通過觀念灌輸和政治教育來有系統地用某種意識形態來改造人，而宣傳則重在為了某種實用目的來宣揚、推廣特定想法或物品。[4] 但是，我在這裡要研究第三個層面上的「洗腦」，也就是本文認為的真正意義上的洗腦；這以中共在毛澤東治下的洗腦為經典。我們將會看到，當對這種洗腦的本質特徵有了清晰認識之後，第二個層面的「洗腦」概念雖然是在社會意義（而不是生理意義）上使用的，但仍然失之寬泛，沒有抓住「洗腦」這個概念所要概括的特定社會現象。同時，當我們對毛的洗腦有了深入了解和分析後，鄂蘭關於宣傳與洗腦的區分也會被上打上一個問號。

　　那麼，毛時代的洗腦，究竟具有什麼樣的特徵呢？這些特徵對於理解「洗腦」的概念具有什麼樣的意義和貢獻呢？為什麼這些特徵會挑戰鄂蘭的相關區分呢？本文發現，毛時代的洗腦事實上是統領中共宣傳的大戰略，它具有至少四個本質特徵，而這些特徵從根本上是與通常意義上的學校教育、常見的宗教傳教活動以及市場推廣不同的，因此也就將洗腦與上述社會活動區分了開來。毛時代的洗腦所具有的這四項本質特徵是：第一，以暴力為後盾，與暴力相表裡；第二，集中針對信念的改造，要旨在於重塑人們的思維方式；第三，全方位改造人們精神世界的一切；第四，完全壟斷資訊源。以下對此試分述之。

　　第一，毛時代的洗腦以系統地使用暴力為後盾，與國家對人們的暴力鎮壓相表裡。這種具有暴力特徵的洗腦實踐，當然並不始自毛澤東，而是共產極權政權的傳統。我們知道，從列寧、史達林到毛澤東，蘇聯和中國的共產黨極權政權都對整個社會實行了持續的、大規模的暴力鎮壓，也都對整個社會實行了持續的、大規模的洗腦。不過，毛對此並不是沒有獨特的貢獻；他的發明在於把被鎮壓的對象與實行鎮壓的人們相互之間的界線模糊化、動態化，或者用中共習慣的術語來說，就是具有了群眾性，實行了運動化。這一貢獻的最大效果，在於更加密切地把鎮壓和洗腦相結合，以鎮壓促進洗腦，以洗腦合理化鎮壓。

　　大家知道，1949年以後毛時代的中國歷史，就是一個接一個的所謂政治運動的

連續展開畫面。[5] 這些運動，從針對那些標識鮮明的所謂「階級敵人」如地主、富農、前政府官員與軍官等開始，如鎮壓反革命和土地改革等，一步步擴展開來，先是轉而指向曾經被看作爭取對象的中間力量，這在毛的中國包括所謂民族資產階級和所謂「舊社會遺留下來的知識分子」，如「三反」、「五反」、「一化三改」到知識分子思想改造、批胡風、批《紅樓夢》研究等等，然後指向曾經是共產黨奪取政權的依賴力量的農民，如合作化，直至指向共產黨內，其頂峰就是無產階級文化大革命了。這一系列政治運動的基本特點，可以總結為五項：一是一定時間階段內圍繞一個特定主題展開最大限度的群眾動員；二是通過意識形態教育來實現群眾動員，再在動員之中和之後達成進一步的意識形態教育；三是強調階級鬥爭；四是總要發現並鎮壓、清除一批敵人；五是運動過程中充滿國家暴力和黨國首肯的群眾性暴力，形成恐怖氣氛。在我看來，毛式政治運動就是暴力和洗腦的結合，其間充滿暴力，同時也充滿共產黨意識形態的強制性灌輸和對不同社會組別的民眾定身製造的洗腦工程。

在這個過程中，被鎮壓的對象與實行鎮壓的人們相互之間的界線有其模糊化的一面，是呈現動態化的。所謂模糊化，就是說，一個特定個體，可以成為被鎮壓的對象，但是也不是沒有可能成為去鎮壓別人的人；對大多數人們來說，你被宣稱為屬於「人民」的所謂「專政者」，但你也隨時可能被打入「被專政對象」的行列。所謂動態化，就是說，隨著時間的推移，上述劃分是在不斷變更之中的。其中，實質的界線，從理論上和一般狀況來說，在於一個人是不是接受洗腦並有明顯成效。[6] 你是地主子女，但也無妨成為「可以教育好的子女」；你是老革命，但不排除「老革命遇到新問題」。這樣，運動就在多個層面促進了洗腦：首先，人們樂於接受洗腦，主動地、心甘情願地接受洗腦，不然你就成為敵人；第二，洗腦成為連續的過程，人們要不斷地接受一波又一波的洗腦，接受、再接受，洗了再洗；第三，你要時時把接受洗腦的成效表現出來，就是所謂「溶化在血液中，表現在行動上」云云。

可以看出，這裡的洗腦以暴力為後盾，意味著洗腦者要民眾在「要你腦袋」與「洗你腦子」之間做出選擇——你選擇哪一個？與滿清入關為強制民眾遵循滿人髮式而實行的「留髮不留頭，留頭不留髮」政策相對比，我把毛所發揚光大的共產極權政權的這種與暴力相表裡的洗腦戰略概括為：「留腦不留頭，留頭不留腦。」這就是說：你如果不接受共產黨的洗腦，共產黨就殺掉你的腦袋；對絕大多數人，共產黨並不殺掉你的腦袋，但篤定要換掉你的腦子。這就是毛時代洗腦戰略的根本特徵。

　　第二，毛時代的洗腦以針對信念的改造為主軸，要害在於重塑人們的價值觀念、思維方式和情感意趣。從社會心理學的角度看，一個人的思想情感，其中心是圍繞這個人相信什麼而形成並展開的。[7]毛的中共從來都把所謂「思想改造」「思想工作」放在非常重要的位置。[8]在這個過程中，毛的中國形成了一整套從概念到知識、從邏輯到修辭、從詞彙到文風（和話風）、從語言表達到非語言表達、從價值觀念到分析方法、從思想進路到情感活動的全方位「精神軟體」。毛時代洗腦的實質，就是把這套軟體安裝進每個中國人的頭腦，使得他們好似事先輸入了指令的機器人，只能按照這些指令展開所謂的精神活動，也當然就會按照這些指令進行一切活動。這套軟體無以名之，這裡不妨稱之為「毛腦軟體」。

　　第三，毛時代的洗腦是全方位的，對於精神世界來說是無所不包的。我們知道，共產極權興起於其意識形態，而這套意識形態的根本特徵，根據卡爾・弗里德里希（Carl Friedrich, 1777-1855）與布熱津斯基（Zbigniew Kazimierz Brzeziński, 1928-2017）早年對於極權政治的研究，又在於：首先，它並不單純是一套關於國家、政府或政治生活的觀念，也不是僅僅訴諸人們信仰的一套價值體系，而是具有無所不包的內容，從宇宙如何起源、人類如何出現、歷史如何發展，到勞動如何組織、教育如何進行、作家如何寫作，甚至到孩子如何成長、婚禮如何操辦、日記記何內容，都有必須符合政權的政治原則的標準答案。其次，它也不滿足於作為某一特定人群如共產黨員所信奉的意識形態，而是要求共產黨統治下的所有人都必須遵奉這套意識形態。這意味著，共產政權的洗腦，至少在其經典時代如毛時代，是針對其政權力量所及的所有人的，也是涉及人們精神生活的各個方面乃至各種細節的。

　　第四，毛時代在本質上建立了完全排除除了中共官方資訊源之外的其他各種資訊源，而洗腦因此成為在那個社會中生活的人的幾乎自發自動的過程。人之接收資訊，如同呼吸空氣；既然你所生存的環境中只有來自這一個資訊源的資訊，那麼，你的所有資訊處理也就自動成為對你的特定意義上的思想改造，也就是成為洗腦。在這個意義上，說毛時代在大陸中國人中建立了自動洗腦的機制，雖不盡準確，但似也不為過。

　　結合對以上四個特點的分析，可以說，毛式洗腦的精義在於：在暴力威脅下通過各種可能的手段給全體民眾強制安裝「毛腦軟體」，在本質上致力於剝奪任何個人獨立思考的可能，試圖對於人進行所謂全面改造，特別是對於人的價值體系、思維方式和精神取向的全面改造。

　　很明顯，無論是一般意義上的宗教傳播，還是市場營銷術，更不用說常規的學校教育，與這裡所說的「洗腦」都是很不同的。在那些社會活動中，一般來說，鮮

少暴力因素的介入，[9] 並往往面對來自不同的同類社會組織的競爭而不可能營造出單一資訊源的環境。我們知道，市場營銷術更多是針對某一特定產品而展開。至於「宣傳」，我們也知道，隨著第二次世界大戰結束之後共產極權政權推重宣傳的政治現象於冷戰年代在自由社會受到詬病，「宣傳」這個詞彙漸漸地成了貶義詞而專屬共產黨政權所有，「商業宣傳」中的「宣傳」為「推廣」、「營銷」等這類詞彙所取代。這樣一來，「宣傳」成了共產黨政權的專用語彙，鄂蘭原來在「洗腦」和「宣傳」之間所做的區分在語義學上就不再清晰了。而在毛時代的經典共產極權體制下，被洗腦已經成為呼吸一般的無處不在的自動過程，來自黨國政權的宣傳怎麼可能不是洗腦呢？可以說，對毛時代來說，宣傳和洗腦就是同義詞，兩者完全相等。

二、後天安門時代的「以胃洗腦」與「精緻宣傳」：洗腦的退化與進化

　　毛後中共面臨新的國內和國際環境，轉而尋求以經濟發展來維繫其統治的合法性並加強其統治的力量，為此引入市場機制，繼而擁抱全球化。特別是1989年天安門鎮壓之後，隨著全球共產主義的垮臺，中共面臨新的充滿危機的局面。中共應對新局勢的重要舉措之一，就是試圖繼續毛時代的洗腦。天安門鎮壓後，當局首先在大學新生中引入軍訓；同時，將西方國家針對「六・四」屠殺所採取的對中國的經濟制裁動作加以妖魔化，由此大力宣揚民族主義。但是，多個新的重大歷史因素決定了中共難以簡單地回到毛時代的洗腦模式，毛的洗腦作為宣傳大戰略未免力不從心了。

　　這些因素包括：第一，文革末期毛主義在理論上的破產和1980年代「思想解放」的遺產；第二，人民解放軍在全球矚目下公然以坦克、機槍等屠殺和平抗議的人民在國內外所造成的極大心理震撼；第三，世界共產主義的垮臺所帶來的「蘇東波」衝擊；第四，1992年鄧小平為了挽救中共政權所做的「南巡」再次開啟市場化變革，並由此中國迅速擁抱資本主義全球化。這些因素合在一起，使得「毛腦軟體」在中國民眾中的運作出現了很大的bug，不再那麼靈光，也使得中共政權必須找到新的方式來重新建構一套合理化解說，以辯護並支撐自己對鎮壓人民和擁抱資本主義等這些與這個黨的傳統理論相互矛盾的行為。在這個背景下，中共以物質主義和商品崇拜為主線，努力合理化其「兩個不惜代價」的戰略，即不惜代價推動經濟發展、不惜代價維護社會穩定，開始逐漸形成「精緻宣傳」的大戰略。

　　所謂「兩個不惜代價」，其要旨在於維持並強化中共對權力的壟斷。不惜代價推動經濟發展，是為了以物質主義收買和腐蝕民眾，使他們易於接受中共的專制統

治；不惜代價維護社會穩定，實質就是暴力鎮壓一切可能的對於中國專制政權的批評、質疑和反抗。很明顯，在後一點上，也就是以暴力為後盾、為根本舉措來強行讓民眾接受它那一套觀念，在這一點上，後天安門中共政權與毛時代中共政權並無不同。但是，在前一點上，即通過國民經濟的增長和民眾物質生活的改善來強化民眾對這個政權的接受，則與毛時代有所不同了。毛時代對於思想的控制，直接針對人們的大腦，致力於在人們的腦中裝進所謂「毛腦軟體」；到了後毛時代，特別是後天安門時代，中共的思想控制卻變成直接針對人們的腸胃，把腸胃的重要性抬高到遠遠高於腦子的程度。不妨把這一戰略稱為「洗胃」——當局強調人們的生存首先在於腸胃的滿足：你需要的是腆著肚子忙於掙錢、花錢、吃喝拉撒睡或吃喝嫖賭抽，可以把自己的腦子扔進沖水馬桶了。在這一意義上，洗腦退化了，因為中共這個階段的宣傳大戰略主要不是針對人們的大腦的，而是重在使人們忘掉自己還有大腦，不要大腦來干擾醉生夢死或歲月靜好的生活。

　　不過，在另一種意義上，也可以說，洗腦進化了。通過掌握人們的胃囊來掌握人們的大腦，讓你自己的腸胃發言來影響你的大腦，這算某種進化，可以稱作「以胃洗腦」，即以腸胃作用於大腦。它利用人們本身的生物機制發生作用，讓你的腸胃（而好像不是中共宣傳機器）出面說服你的大腦應該如何思想、有何感情。實際上，當然還是中共宣傳機器在起作用，它做的就是兩件事：一是告訴你腸胃高於大腦，吃喝拉撒睡是人的本質——這也是價值觀的改造，也是洗腦；第二，在你的整個生物機體中設置進根據腸胃來「思考」的「鄧氏軟體」——不必說，鄧就是鄧小平，那個被生物拜物教和商品拜物教的信徒們崇拜的毛後中國大救星。

　　一手主導了天安門鎮壓的鄧小平還有另一套「軟體」，與上述「以胃洗腦」的「鄧氏軟體」相配合。這套「軟體」更為高級，也就是我曾經稱之為「精緻宣傳」的程式，這裡不妨命名為「鄧氏軟體2.0」——當然，「以胃洗腦」就是「鄧氏軟體1.0」了。就歷史環境來看，「鄧氏軟體2.0」是與鄧小平拯救中共政權的另一大動作相共生的，這個大動作就是他1992年初的所謂「南巡」。這個動作開啟了毛後中共改革的2.0版，[10] 實質是借助西方資本的力量為中共續命，以黨國控制下的市場機制來增加中共政權的合法性與物質力量，以率先擁抱全球化的決斷來把「以胃洗腦」的鄧氏基本邏輯貫徹到對國際社會的應對中。在這個意義上，洗腦也進化了，開始面對資本、面對西方、面對全球，要在這樣的廣闊範圍內試圖改寫人們的思維軟體，灌輸乃至植入中共的那一套觀念體系。

　　不過，中共無論從力量上來講，還是從其要灌輸的觀念來講，在這個範圍裡，在這個階段上，實際上都是處於劣勢和守勢的。尤其是，在全球範圍內，一般來

說，中共一向在其洗腦工程中所依憑的暴力手段相對不那麼有效，這就迫使中共不得不採取多種隱蔽、迂迴、曲折、巧妙的手法來展開這種洗腦。於是，「精緻宣傳」的大戰略出現了。至於「精緻宣傳」的所謂「精緻」何在，特別是為什麼不管它多麼精緻包裝但卻仍然是中共的宣傳，我在十九年前已經著文論述，這裡不再重複。[11]

這裡需要指出的是：對於中共來說，「精緻宣傳」是夾縫地帶的戰鬥。所謂夾縫地帶，在後毛時代，特別是後天安門時代，廣泛地存在於中國內部的黨國專制與黨國為了經濟發展而不得不引進或容許出現的市場因素、公民社會因素之間，也廣泛地存在於中共擁抱全球化以借助西方資金、技術等發展經濟而展開的笑面攻勢與它同時多方設法、強力抵制民主社會的思想與觀念的陣地保衛戰之間。是生存在夾縫中的巨大壓力，迫使中共的宣傳變得「精緻」起來。

從政治經濟學的視角來看，精緻宣傳就是後極權專制主義政權在引入市場機制、擁抱全球化的大背景下所形成的宣傳大戰略。可以總結性地把它看作從毛時代的經典中共式洗腦所呈現出兩項退化和三項進化的變種：退化在於兩個方面：其一在於，中共在不得不注重經濟發展來維持其統治的背景下，面對相對開放的經濟與社會，難以像以前那樣有效地依賴暴力全面展開對所涉及的廣大人群的系統洗腦，特別在國際社會更是這樣；其二在於，在同樣的背景下，中共也難以像此前那樣有效地迫使人們接受其意識形態，因此在宣傳中轉而注重保持其所謂底線，即使人們接受中共對中國的權力壟斷這樣一個現實。

至於進化，則在三個方面呈現出來：第一，洗腦擴大到「洗胃」並「以胃洗腦」，從而進一步發展了「自動洗腦」機制，促使受眾在精緻宣傳的引導下自發按照腸胃生理功能的要求自行「說服」自己的大腦來接受中共當局的那一套觀念、價值、情感等，並塑造自己的記憶和思維。第二，洗腦對象的範圍擴大到全球，而不僅僅是中共統治下的民眾；但凡和中國發生經濟聯繫的各種因素，包括全球範圍的投資者、消費者、貿易商、外交家、新聞界、文化人等等，都在「精緻宣傳」下接受著從「洗胃」而迂迴洗腦的「思想改造」。第三，洗腦作為宣傳，在宏觀結構、中觀運作和微觀技巧上都有了豐富和發展。所謂宏觀結構的豐富與發展，就是從毛時代的黨媒一統天下發展到充分利用媒體的市場機制，包括商業化媒體、軟性的資訊傳播管道、新媒體、社交媒體等，也包括建立「大外宣」體系和對國際媒體有意識、有重點的大範圍滲透與影響。所謂中觀運作，則主要表現在從業人員的所謂專業化與中共對於宣傳的所謂管理上面。至於宣傳技巧，主要是在從「命令式」的宣傳走向柔性宣傳的過程中豐富和發展起來的。

　　通過對於毛後中共的「精緻宣傳」戰略的分析，可以看到，宣傳是洗腦的主要手段之一，也是洗腦的次生現象。而到了後毛時代、特別是後天安門時代，共產極權退化，洗腦往往是其力所不及的，但宣傳仍然非常重要。更重要的是，隨著宣傳的精緻化、系統化和力度上的升級，宣傳仍然趨向於洗腦。

　　需要強調的是，在上述「以胃洗腦」與「精緻宣傳」的背後，毛式洗腦的四大特徵仍然在不同程度上體現了出來。就暴力因素而言，天安門鎮壓與此後建立的維穩體系，是逼迫中國民眾接受「腸胃邏輯」、促動他們「以胃洗腦」的基本背景和重大因素。包括進入中國市場的外國企業，也同樣面臨中共黨國政府的強制力量：你不接受這套邏輯，你就不要在中共發財！就價值觀念改造而言，如前所述，「腸胃邏輯」本身是一套價值體系；它並不是什麼具有文化特點的「亞洲價值觀」，而是面臨世界民主化浪潮衝擊的威權主義政權用以塑造民眾信念的荒謬邏輯。在暴力支持下給人們植入這種觀念和邏輯的時候，後毛時代的中共的洗腦同樣是以改造人們的價值觀念和重塑人們的思維方式為要的。就全面改造人而言，也許不能說「腸胃邏輯」具有包容萬象的意識形態體系了，但是，當人被矮化、扁化、庸俗化到一切以腸胃為中心、乃至唯有腸胃的狀態時，能涵蓋腸胃的體系也就算是對應於他們的「全面」體系了吧？最後，就資訊源的單一化而言，這顯然是對中共宣傳的最大挑戰；「精緻宣傳」就是對這種挑戰的因應。

三、新極權主義的認知戰：資訊時代的「腦戰場」

　　夾縫在政治上意味著某種中間地帶，或者叫作拉鋸地帶，其中兩種屬性不同的東西沒有一種能夠占據絕對優勢。在市場與黨國之間，在全球資本主義與中共專制政權之間，在後天安門時代發展出了相互依賴的關係，但並不意味著他們之間在根本上可以相融。借用毛澤東的一句話來說，這裡「誰戰勝誰的問題」尚未解決。「歷史終結論」自我麻痺了西方工業化民主國家，但不僅不能讓中共專制政權放下屠刀立地成佛，很可能反而堅定、強化和刺激了中共專制政權對於「敵對勢力亡我之心不死」的高度警惕之心。借助擁抱全球化，也借助包括精緻宣傳在內的一系列戰略戰術，中共政權從天安門鎮壓和柏林圍牆倒塌之後的危機中走了出來並日益壯大，成長為世界第二大經濟體，在宣傳上輻射全球的能力也大大提高了。隨著習近平在2012年上臺，中共政權從「後極權權威主義」走向「新極權主義」，中共的宣傳大戰略也相應出現了調整。

　　這一調整的根本原因，在於如何解讀市場與黨國在資訊、思想、觀念和文化上

的影響力的彼此消長。在1980年代和1990年代上半期，人們普遍認為市場化、商業化、全球化對黨國控制媒體、控制輿論、控制思想、控制大腦會起到削弱的作用，我曾經把這種看法稱作「市場挑戰國家論」。不過，鄧小平堅信國家可以控制市場，特別是中共黨國有能力控制和操縱市場，以發揮其對黨國有利的因素，削弱並扼殺起對黨國不利的因素。中共在1990年代中期之後發展出來的「精緻宣傳」的大戰略，就是在鄧的這種信念指導下形成的在宣傳、輿論上形成的「國家操控市場」的模式，即利用市場化、商業化、全球化來迂迴但堅定地實行新環境下對於媒體、輿論、思想和大腦的控制。相比毛時代的經典洗腦模式，這種新戰略就洗腦而言不那麼明確，也不那麼有力；明確而有力的是，如前所述，控制腸胃，或者說控制身體的下半部。當黨國力量強大到某種程度，新的領導人對於仍然潛在存在的「市場挑戰國家」效應的容忍度相應大大降低，勢必要求對於夾縫地帶擁有主導權，也勢必要求在黨國政權對於人們大腦的控制上有更多、更大、更明確、更有力的主導權。但是，冷戰結束以來的世界總體格局並未發生根本變化；中共國力的增強遠遠尚未達到可以征服世界的程度。當在相互依賴中轉而強調「市場挑戰國家」的效應這一面時，中共其實只能看到更多的敵人、更多的危險，增加更緊迫的不安全感。於是，中共這時的宣傳大戰略調整為「認知戰」。與此前的大戰略相比，認知戰的大戰略具有以下這樣一些新特點。

　　第一，認知戰作為中共宣傳的大戰略，是戰爭式的，即基本上把所有受眾都看作敵人，利用資訊戰來擾亂、打擊、攻克和操縱所有這些敵人的大腦。毛式經典洗腦基本上是把所有受眾看作應當歸化為毛主義意識形態信徒的潛在對象，通過洗腦給他們安裝上「毛腦軟體」，使他們成為受毛主義程序操控的所謂「人民大眾」。「以胃洗腦」和「精緻宣傳」則不再試圖讓受眾「皈依」中共的意識形態，而是把受眾基本上看作某種處於「中間地帶」的對象，在高度警惕、防範他們的同時，努力做到對他們進行資訊操弄，爭取他們的某種程度的合作——在國內，這種合作的底線就是不造反；在國際上，則是與中國展開所謂「接觸」而共同謀取經濟利益。所有這些合作的實質，就是接受一黨專制。認知戰則大體上把受眾都視為敵對力量，不管這些受眾是國內民眾還是國外菁英，甚至也包括中共自身組織體系內的一般成員。當然，為了戰爭中的制勝，它對這些「敵人」有所區分；但是，與此前的宣傳戰略相比，習近平時代以來，對內已經傾向於不再依賴所謂「思想工作」的有效性，因為思想工作的要點在於讓對象皈依黨國思想體系，對外則不再側重通過資訊操弄來騙取合作——這些因素仍然存在，但是重點不在這裡了。新的重點，在於通過宣傳放出可以擾亂人們認知的資訊，以大大降低受眾觀察、思考和分析現實的

能力，從而造成中共宣傳所涉及的範圍內的大規模的資訊失真，導致受眾的深度認知障礙，讓受眾成為睜著眼睛的瞎子而看不到眼前的現實，成為耳朵好用的聾子而聽不到真實的聲音，成為每天獲取大量資訊的失憶者而不記得昨天和前天的事情，成為頭腦清醒的癡呆症患者而喪失一切思考能力。

第二，認知戰的目的，與其說在於改造人們的思想和操控人們的頭腦，不如說在於摧毀人們大腦的基本認知功能。當然，被操控的大腦也可以說是被摧毀了的大腦；不過，被操控的大腦仍在按照被強行植入的「毛腦軟體」處理資訊，也在條件具備的情況下有可能擺脫操控，但被摧毀的大腦已經功能短缺，哪怕在處理自己日常生所接觸到的資訊時也不再能夠正常運作，要重生則恐怕難度就非常高了。在這個意義上，習近平的所謂「中國夢」，似乎是在說出中共當前宣傳大戰略的祕密，那就是：通過宣傳營造一種夢境，受眾被變成夢囈者、夢遊者。我們很難說夢遊狀態的人的大腦是處在正常運行之中的吧？

習近平推出認知戰的中共宣傳大戰略，一個重要背景應該是看到了洗腦的有效性在多元資訊源難以完全被控制、[12] 中共意識形態的進攻戰已經退化為政權保衛戰這樣的深刻社會政治變遷。而單就政權保衛戰來說，習近平當局受到中共國力增強的鼓舞，似乎決心在國際上從被動局面改採主動出擊，在國內則進一步強化維穩與愚民雙管齊下的做法，在「敢於鬥爭、敢於勝利」的口號下，對國內國外展開了認知戰。在這個意義上，「精緻宣傳」時代可以看作中共政權在全球第三波民主化背景下與人類社會主流在輿論對立中「相持」的階段，而習近平上臺後則做出了所謂「東升西降」的判斷，相應地也在宣傳上試圖進入「反攻」階段。

雖然強調了習近平認知戰的宣傳大戰略的特點，但是，另一方面，我也要強調這一戰略對於毛式洗腦和後毛精緻宣傳的繼承性。對內，「毛腦軟體」作為基礎program（程式）在起作用；對外，它是在中國增加全球關聯的背景下展開的。因此，自毛式洗腦到後毛宣傳的四大特徵依然持續，儘管表現方式或有變化。其中，暴力因素仍然不僅關鍵並顯而易見，而且正在日益擴大其應用範圍。中國內部的鎮壓，如前所述，對民眾變本加厲，其中針對邊疆地區非漢族人群的種族滅絕最為全球所震驚；同時，鎮壓措施也被越來越多地引入中共體系內部，包括以反腐為名義所開展的大規模清洗。更重要的是，這種鎮壓的範圍已經成功地擴大到本來屬於自由地區的香港，躍躍欲試正在瞄準臺灣，甚至在西方民主國家也或明或暗地實施所謂長臂管轄，以至於在紐約、溫哥華等也建立了中國的所謂「執法機構」。下一步，中共不無可能發動戰爭；認知戰可以看作其前奏。同樣，就全面改造人、集中改造人們的價值觀念和重塑人們的思維方式而言，如前所述，習近平的認知戰在繼

承「毛腦軟體」和「鄧氏軟體」的同時，重在：在這些軟體起不到作用或作用不理想的情況下，攪亂人們的價值觀念，摧毀人們的資訊處理能力即認知能力。在資訊源的壟斷與單一化方面，中共自後毛以來所遇到的挑戰在不斷增加；當精緻宣傳也力有不及的時候，認知戰就登場了。

為了深入認識和分析中共認知戰的大戰略，這裡不妨就一個典型戰例做一些簡要的討論。這個案例就是關於新冠疫情的認知戰。2020年初自武漢開始的全球新冠疫情，其病毒究竟是怎麼起源的，疫情又是怎麼擴散的，儘管已經過去了三年多的時間，迄今仍是一個巨大的謎。中共拒絕可能的客觀、公正的國際調查，但卻利用各種資訊管道散播相關資訊，包括把病毒說成是上一年秋天武漢軍運會期間來自美國軍隊的運動員所散播的。更有甚者，在應對新冠大疫情的方面，中國當局不僅隱瞞有關中國疫情患者及死亡人數的統計數字，而且完全不顧事實地硬要宣稱當局那些明明是災難性的相關舉措「是完全正確的，措施是有力的，群眾是認可的，成效是巨大的」，甚至是「創造了人類文明史上人口大國成功走出疫情大流行的奇蹟」。[13] 早在2020年9月，就在新冠疫情仍然肆虐的當口，中共就迫不及待地舉行了全國抗擊新冠肺炎疫情表彰大會，習近平在會上發表講話，吹噓「抗擊新冠肺炎疫情鬥爭取得重大戰略成果，充分展現了中國共產黨領導和我國社會主義制度的顯著優勢，充分展現了中國人民和中華民族的偉大力量，充分展現了中華文明的深厚底蘊，充分展現了中國負責任大國的自覺擔當，極大增強了全黨全國各族人民的自信心和自豪感、凝聚力和向心力」。[14] 隨後，這些「結論」馬上寫進了新版的初中八年級歷史課本。[15] 三年多疫情期間，中共當局強力管控輿論，隨時刪改資料；疫情尚未結束，自吹自擂的表彰已經開始。2022年12月的中國還處在「疫情海嘯」的大規模人道災難之中，到2023年2月，中共已經把兩個月前十幾億人形成的集體記憶完全改寫！

在這場針對中國民眾、也針對全人類的認知戰中，剛剛發生乃至正在發生的現實，中共當局通過其宣傳來完全改寫！任憑你有身經目睹的經歷，但認知戰卻迫使你接受與你所經歷的現實根本相反的對現實的描述。隨著時間的推移，人們的記憶被重塑，只記得中共當局要你記住的並未出現過的「奇蹟」，因此也只有基於這種記憶的思想與情感，那就是中共所需要你有的思想與情感。如果你還有正常和正確的記憶，還有在這樣的記憶基礎上形成的思想與情感，你會發現你走進了一個魔幻世界，這個世界就是中共今天的認知戰大戰略所構建的資訊世界：那裡的資訊不是現實世界的表現與反映，而是中共所希望、所需要的資訊。

當整個資訊世界被這樣塑造的時候，你要麼在接收資訊的同時接受這個世界，

從而成為你自己的敵人──你自己感官、認知、思維所認識到的那個世界明明不是這樣的，現在你要懷疑、否定、放棄你自己的感官、認知和思維，你不就是你自己的對立物了嗎？你要麼成為中共在這場戰爭中必定要消滅的敵人。在前一種情況下，你的大腦被劫持了；在後一種情況，你的大腦被孤立、被打擊，直至被消滅！

　　這裡，我們還是看到了毛式經典原理：留腦不留頭，留頭不留腦。這裡，我們也看到了「精緻宣傳」的招法：在中共的宣傳面前，你被騙卻不覺得自己被騙。兩者結合並更進一步，結果就是你已經不是從自己的感官感受來獲取資訊，而是被中共宣傳來操縱你的感受，並進一步控制你的記憶、觀念與思維！這裡，我們看到了一個恐怖的畫面：資訊的受眾已經無能分辨現實與虛構、真相與謊言、親身感受與黨國宣傳了！毛要用他的意識形態去重塑人們的大腦，這是經典的洗腦；鄧利用人們自己的胃去說服自己的大腦，其中起樞紐作用的是人的自然生理機制；習近平乾脆讓你的大腦不再長在你的身上了，不再成為你作為自然人的生理機制的一個器官、一個部分。認知戰把人們的大腦變成黨國強大宣傳機器以資訊產品做武器來攻克和占領的戰場；當習近平的認知戰奏效的時候，你本來作為生物人的認知系統就根本不起作用了！

四、結論

　　從洗腦到認知戰，中共自掌握全國政權以來的七十多年中，演變出了在不同歷史背景下的不同的宣傳大戰略。這些不同的宣傳大戰略，萬變不離其宗，在根本上具有一脈相承的特點；同時，因應內外局勢的變化，中共在不同時期的不同的宣傳大戰略又致力於以不同手法來體現、貫徹和達成這些特點。以下，本文試圖從三個方面來圍繞這些特點總結中共宣傳大戰略的變與不變。

　　第一，始終與暴力相表裡。不管是毛式洗腦、後天安門「精緻宣傳」還是習近平時代的認知戰，中共所有的宣傳與所謂思想工作都是以系統實施有組織的國家暴力為後盾的，並且以永久壟斷國家暴力為目的。在這個方面，可以觀察到：首先，在中共治下，所有針對人們大腦的觀念、思想、記憶、情感等功能的種種舉措，都是以黨國為實施者的，而黨國的實質是對暴力機器的掌握。這與教會、市場等針對人們大腦的舉措有根本的不同，因為後者在本質上不是依賴對於暴力的掌握而建立起來的。其次，在系統地實施相關的大規模舉措之前，往往先行實施大規模的、赤裸裸的暴力鎮壓，以在大眾當中營造因為畏懼暴力鎮壓而不得不接受思想改造的心

理氛圍。這也是與教會、市場的傳教、營銷等不同的。毛式洗腦的系統實施，在中共黨內始於延安整風，而延安整風的前提舉措是所謂「搶救運動」。後天安門從「以胃洗腦」到「精緻宣傳」的一系列旨在改變人們思想的措施，當然是以1989年天安門鎮壓為前提的。習近平的認知戰，在中共政治經濟體系內部，也是以在反腐名義下的暴力清洗為前提；在這一體系之外，則以中共日益壯大的軍事力量為前提。再次，暴力因素也貫穿在針對思想和頭腦的一系列舉措的實施過程中。毛式洗腦的經典方式是政治運動，而每場政治運動都是暴力行動的大規模擴散與「人人過關」、「提高認識」等廣泛的頭腦重塑程序相結合的。在後毛時代，無論中共如何在經濟上採取開放舉措，但從來也沒有放棄從1980年代的「嚴打」到此後幾十年的「維穩」這樣一套東西，而這套東西也正是滲透在所謂「精緻宣傳」和認知戰的全過程的。最後，所有這些所謂思想工作和宣傳工作的終極目的，與其說是要人們接受中共意識形態所宣揚的那種人類理想，不如說是旨在盡可能地迫使人們從頭腦深處接受中共壟斷國家權力也就是壟斷有組織的暴力機器這麼一個目標。也就是說，中共從洗腦到認知戰等著一系列針對人們頭腦的惡宣傳和思想工作，其組織基礎是暴力體系，其實施前提是暴力鎮壓，其貫徹過程靠暴力輔佐，其終極目標是永久壟斷暴力。

　　但是，對於中共壟斷暴力的政治合法性的接受，和中共暴力的有效施用範圍，這兩個重大因素卻在發生歷史變化。毛的時代，中共的暴力體系高度有效，憑此取得了全國政權並在全國建立了一套嚴密的控制體系，可以說是前者相當高，後者相當確定，因此可以建立毛式洗腦的模式。後毛時代，民眾對於自由和獨立思考的追求有所增長，而出於對經濟發展的需求並暴力難以直接適用於經濟行為，加之融於全球經濟，可以說前者大大降低，後者在國際關聯中呈現出極大侷限，於是不得不該採「以胃洗腦」和「精緻宣傳」。習近平時代，前者的提高和降低在不同人群中呈現高度分化狀態，內部強化後者的一定程度上的成功進一步促發了試圖延伸後者的衝動，認知戰在這樣的條件下出現。

　　第二，不斷排除多樣化資訊來源。壟斷資訊來源，塑造單一化的資訊環境，是洗腦的根本條件。在毛時代，中共閉關鎖國，建立了壟斷的單一資訊來源的體系，這是毛式洗腦得以奏效的制度原因。不過，這種洗腦的效果，一旦進入多樣資訊來源的環境，馬上遭遇挑戰，未免事倍功半。這樣的資訊來源，可以是黨國體系之外的資訊源，也可以是與黨國資訊不符的社會現實。如果這兩者形成相互促進的動態，那就可能具有解構毛式洗腦的力量。毛後時代的中共由於汲汲於從經濟發展中汲取政治合法性，不得不引進市場機制並採取對外開放的政策，資訊來源在黨國的

控制體系下有了初步的多樣化，中共需要對此圍追堵截。「反對精神汙染」、「反對資產階級自由化」等後毛時代的政治運動，實質都是要對付不同於中共黨國體系單一資訊來源的那些資訊輸入。隨著後天安門時代中共擁抱全球化，資訊來源多樣化的程度進一步加大，中共不得不面對在多樣化資訊來源的環境中重新形成洗腦的新戰略。它所做的第一步，是加大人們在生活中對腸胃即物質需要的追求，相應降低大腦的作用，由此過濾多樣資訊中的精神含量，這就是我所說的「腸胃邏輯」；第二步，則是利用全球化的資源，建立了所謂「威權—資本」聯盟，即中外合營的黨國權貴利益共同體，在腐化文化菁英的基礎上發展出相對精緻的宣傳體系與方法，讓人們的腸胃去說服自己的大腦來接受中共一黨專制，即「以胃洗腦」和精緻宣傳。在資訊被腸胃系統過濾的意義上，也算塑造出了差強人意的「單一」資訊來源或管道。隨著中共國力的增強，也隨著中共越來越自如地掌握了資訊革命的成果和技術，其宣傳戰略進入到認知戰。這時候，它已經很難把資訊來源單一化了，因為中國和世界的關聯加深，海量資訊的存在成為難以改變的現實。於是，中共利用人們的認知能力在處理海量資訊上的無力，把力量用在了強力塑造資訊來源本身，並進一步利用此前通過「毛腦軟體」和「以胃洗腦」已經建立起來的那種認知基礎，著力擾亂、混淆、癱瘓和摧毀人們的基本認知能力。在這個意義上，認知戰就是對於生活在開放或半開放的資訊世界中的人們進行「訊號擾亂」，中共宣傳戰略依然是在與多樣資訊來源做鬥爭。

　　第三，重塑人的認知系統。中共宣傳以在人腦中植入中共黨國製造的精神軟體為最高目標，致力於系統地改造人們的信念、價值、思維、記憶和情感以維持中共的永久壟斷權力。為此，一切真實、多元的資訊，一切獨立、自由的思考，都在中共宣傳所必定瞄準的敵人之列。毛的時代，中共通過洗腦一度達成了這樣的目標；但是，這種獨斷環境下所形成的洗腦效果，一旦「經風雨，見世面」[16]——這可以是很小的另類資訊，還可以是官方資訊中的某些漏洞、自相矛盾、或其發展早期中曾經吸收和出現過的另類資訊，更可以是與官方資訊不符的社會現實——可以很容易就受到質疑和挑戰，走向破產和崩潰。文革後期中國民眾的普遍覺醒就是這樣發生的。後毛時代，鄧小平政權退而求其次，不再試圖全面地重塑人們的大腦，而是試圖以腸胃來過濾資訊、主導思考、將人們的認知系統往扁化方向重塑，那就等而下之了。習近平時代的認知戰則重在擾亂和摧毀人們的認知功能，其中的基本邏輯是：如果改造不了你的大腦，難道我還搞不壞你的大腦嗎？這樣，從毛式洗腦的那種看起來好像在提高人們的大腦能力（比如「學哲學、用哲學」）和擴展人們的大腦功能（比如「你們要關心國家大事」）的做法，退化到降低大腦的作用、強化腸

胃的主導功能的鄧小平理論，再到習近平乾脆讓你大腦進入癡呆、紊亂、瘋狂、魔幻狀態的認知戰，是不是也說明了洗腦必定破產的趨向呢？

　　灌、騙、戰，是中共宣傳大戰略的必備因素，從洗腦到認知戰莫不如此；只是，毛式洗腦重在灌，後毛精緻宣傳重在騙，習近平的認知戰重在戰。以多元反抗「灌」，以真實反抗「騙」，以獨立自由反抗「戰」，方能破解中共政權對我們大腦的改造、控制和摧毀。只有當這樣的破解奏效時，中國人才能恢復為大腦功能正常的人，中國才有希望。

注釋

1　Franz Schurmann, *Ideology and Organization in Communist China* (Berkeley: University of California Press, 1966).

2　關於the longue durée即長階段歷史研究的取態，參見Fernand Braudel, "Histoire et Sciences Sociales: La longgue durée," *Annales: Histoire, Sciences Sociales*, Vol. 13 (1958), pp. 725-753, translated as Braudel, "History and the Social Sciences," in Braudel, *On History* (translated by Sarah Matthews) (Chicago: University of Chicago Press, 1982), pp. 25-54; 晚近對於此種方法論的重申與闡述，見Jo Guldi and David Armitage, *The History Manifesto* (Cambridge: Cambridge University Press, 2014). 本文所謂的宏觀制度研究，則跟隨比較政治學中的歷史制度主義（historical institutionalism），如下列著作所例示：Sven Steinmo, Kathleen Thelen, and Frank Longstreth eds., *Structuring Politics: Historical Institutionalism in Comparative Analysis* (Cambridge: Cambridge University Press, 1992); James Mahoney and Dietrich Rueschemeyer eds., *Comparative Historical Analysis in the Social Sciences* (Cambridge: Cambridge University Press, 2003).

3　"What Is the brain?" www.hopkinsmedicine.org/health/conditions-and-diseases/anatomy-of-the-brain, accessed May 9, 2023.

4　Hannah Arendt, *The Origins of Totalitarianism* (San Diego: HBJ Books, 1973), p. 343.

5　在中共歷史上，這是從1940年代中期的延安整風運動開始的。

6　在實踐中和對特定個體來說，當然還有單位政治、人際關系等因素。

7　Kathleen Taylor, *Brainwashing: The Science of Thought Control* (Oxford University Press, 2004/2016).

8　這方面的一項經典研究，見Robert J. Lifton, *Thought Reform and the Psychology of Totalism: A Study of "Brainwashing" in China* (Chapel Hill: University of North Carolina Press, 1961/1989).

9　Kathleen Taylor也強調，當使用強制因素和酷刑折磨（coercion and torture）時，「說服」（persuasion）就變質而與「洗腦」相並列了。*Brainwashing: The Science of Thought Control* (Oxford University Press, 2004/2016).

10　吳國光：〈試論改革與二次改革〉，香港：《二十一世紀》2004年6月號，頁11-20。

11　吳國光：〈中國政府宣傳的精緻化〉，香港：《爭鳴》雜誌2004年12月號；Guoguang Wu, "All the News, All the Politics: Sophisticated Propaganda in Capitalist-Authoritarian China", in Kate Xiao Zhou, Shelley Rigger, and Lynn T. White III eds., *Democratization in China, Korea, and Southeast Asia? National and Local Perspectives* (London: Routledge, 2014), pp. 200-215.

12　Yiqing Xu and Jennifer Pan, "Public Opinion in China: A Liberal Silent Majority?" CSIS report, https://www.csis.org/analysis/public-opinion-china-liberal-silent-majority-0, posted February 9, 2022; 林楓：〈共產黨洗腦未必有效，報告發現中國確存在不認同政府的沉默大多數〉，華盛頓：自由亞洲電臺，www. voachinese. com/a/chinas-silent-liberal-majoirty-20220211/ 6438829.html.

13　〈中共中央政治局常務委員會召開會議，聽取近期新冠疫情防控工作情況彙報〉，《中國政府網》2023年2月16日（www.gov.cn/xinwen/2023-02-16/ content_5741835.htm）。

14　習近平：〈在全國抗擊新冠肺炎疫情表彰大會上的講話〉（2020年9月8日），《新華網》，www.xinhuanet.com/politics/2020-10/15/c_1126614978.htm。

15　《Yahoo!新聞》，tw.news.yahoo.com/中國初中課本稱抗疫-取得重大積極成果-網歎-血跡未乾-歷史任人塗抹-030034348.html。

16　哈哈，這是毛本人對年輕人的號召，現在習近平也在這樣號召呢。毛澤東：〈組織起來〉（1943年11月29日），《毛澤東選集》第3卷（北京：人民出版社，1991年），頁933；習近平：〈在偉大鬥爭中經風雨、見世面、壯筋骨〉，《黨建網》，www.dangjian.com/shouye/dangjianyaowen/202204/t20220428_ 6351053.shtml，2022年4月28日發表。

當今中國後真相社會的專家宣傳和洗腦

徐　賁

　　與毛澤東時代一切聽從「最高指示」的命令式宣傳相比，後毛時代的官方宣傳明顯地加強了對政權合法性和正當性的宣傳。今天的政治宣傳更是已經從毛時代工農「毛澤東思想宣傳隊」的初級形態，變化和發展成為由專家、教授為主打的政策、制度和政治文化宣傳。這是極權主義宣傳的一種更高級形態：「專家宣傳」——包括他們發揮的智囊、智庫、謀士、顧問、教授、學者、網路大V等「正能量」角色功能。他們除了在最高層打造出各種「劃時代」的執政合法性理論——三個代表、科學發展觀、中國特色的社會主義等等——之外，更多地是在馭民政策和專制文化方面貢獻「專家見解」和「專業知識」，對公眾施展誘導、說服和蒙騙的影響作用。他們為一如既往的一黨專制宣傳提供對當今民智漸開的韭菜和人礦百姓來說更合適、更有說服力的理論解釋方式。

　　專家宣傳看似是一種知識分子宣傳，但與梁啟超、胡適、陳獨秀這樣有獨立政治見解的知識分子不同，專家宣傳員在政治上完全附屬於「黨性」需要，隨時準備跟風轉向，並沒有自己的目的或意向，因此純粹是機會主義和功利主義的，其活躍人物正是知識分子中最唯利是圖的投機分子和犬儒主義者。近年來，正在加速的中國公共話語退化和政治文化惡化，其中就有這種專家宣傳喉舌的敗壞作用，他們敗壞了中國的社會和學術環境，也是這個敗壞環境的產物。結果也可能成為原因，它強化了最初的原因，導致了相同結果的強化。

　　專家宣傳能乘勢而上，一枝獨秀，這是整個政權從政治官僚向技術官僚轉變的必然趨勢，也是政府政策用科學化和專業化知識來謀求發展的必然需要。對於政策制定來說，專家的作用是不言而喻的，專家能為政策提供知識證據和評估。然而，政策應該以人民的福祉為第一優先，當政府不能以人民利益為第一優先，做出損害人民利益決策的時候，專家便面臨著兩種不同的選擇，第一種選擇是據理力爭，提出反對意見，甚至準備為此付出個人利益的代價；第二種選擇是順從、附和，花言巧語地為錯誤政策提供辯護和協助洗地。從本質上來說，第二種選擇已經放棄了專業人士應有的對真相事實的認知堅持，喪失了知識分子應有的獨立思考和是非判斷，成為一些欺騙輿論，為黨國宣傳洗腦服務的「後真相專家」。隨著政府公信力

的進一步破產，這些專家因其扮演的化妝師、裱糊匠和救火員角色而受到重用，並獲得豐厚的犒賞，因此也成為許多年輕一代知識分子羨慕和效仿的進身之階。真相是民主的基石，謊言是專制者的工具。後真相專家製造和散播的虛假資訊、陰謀論、錯誤觀念、偏執和狂妄起到的是加強專制的作用，他們才剛剛嶄露頭角，很可能成為未來一個長時期裡更加活躍的特殊騙子群體，因此有必要對他們及早有所警覺和防範。

　　專家說假話，不僅是個人操守的問題，而且更是社會環境的產物。一個人敢於對另一個人說假話，是因為他知道那個人不清楚事實，而無法揭穿他；一個人敢當眾向所有人說假話，是因為他知道沒有人敢揭穿他，就算有人敢揭穿，也沒有用。後面這種假話也就是我們今天後真相社會的假話。

一、後真相時代的「真相」

　　2016年，「後真相」（post-truth）被《牛津英語詞典》選為年度詞彙，這個詞是一個時代的象徵，而不真的是指某個歷史時期。也可以說，後真相是一個無邊無際的虛擬資訊時代，政治權力或意識形態威脅著事實和常識，打扮成「真相」或「真理」的代言人。權力用歐威爾在小說《1984》裡所說的「新語」（newspeak）搭起一個掩人耳目的謊言紙牌屋，謊稱那就是人們生活的真實世界。這個新語紙牌屋有多荒誕，從新冠疫情期間中國各地發明的無數新說法就可以領略一下。上海創造了「靜默」，廣州創造了「疏解」，西安創造了「社會面」，鄭州創造了「流動性管理」，重慶創造了「低水平社會活動」，呼和浩特創造了「就地靜止」，中山創造了「擴面核酸檢測」，石家莊創造了「非靜默相對靜止」。其他許多「新語」更是令人目不暇接。

　　後真相是一個經常與政治相關的形容詞。後真相一方面把政治變成斷言，另一方面又竭力試圖誘發人們的情感和直覺，而不是憑藉理性的經驗證據和真實資訊，例如用煽情的民族主義取代理性的公民愛國主義，正如拉爾夫·凱斯（Ralph Keyes, 1945-）在《後真相時代：當代生活裡的不誠實和欺騙》一書裡所說，後真相時代創造了一個道德昏暗的地帶，在那裡，撒謊所附帶的恥辱感消失了，謊言可以不受懲罰地被說出來，對一個人的聲譽沒有影響。[1]這導致了謠言、假新聞、假資訊、陰謀論的產生，它們可以在短時間內瘋傳，為虛假的現實提供動力，為宣傳的目的服務。

　　政治研究者用「後真相政治」（post-truth politics）的概念——也稱為後事實

政治（post-factual politics）——來指一種政治文化，在這種文化中，真相與虛假、誠實與謊言已成為公共生活的焦點問題。不少公共評論家（相當於「公知」）和學術研究者都認為，「後真相」對特定歷史時期的政治運作方式——特別在新的通信和媒體技術的條件下——有重要影響。2004年，美國記者埃里克・阿爾特曼（Eric Alterman, 1960-）在分析2001年「九・一一」事件後布希政府的誤導性聲明時，談到了美國「後真相政治環境」，並把布希稱為「後真相總統」。[2] 把具有當代特點的政治不誠實稱為「後真相」而不是簡單化地還原為政治說謊這一古老的現象，是因為當代的政治謊言是通過數位時代的先進傳媒手段（或許也包括ChatGPT）來傳播的，而在這種政治謊言中起重要作用的就是「專家意見」。

在「後真相時代」這個說法中，「後真相」不是一個後於「真相」的時代——在人類歷史上從來沒有出現過一個可以稱得上是「真相」的時代。後真相是指一種與古典和啟蒙哲學意義的「真相」——有確實證據，通過理性辯論可以達到共識的可靠知識——不同的另類真實。在後真相時代來到之前，那種被視為「非真相」的另類知識通常被稱為謊言、欺騙或虛假資訊。把以前被視為「非真相」的知識當作真實資訊來傳播，而且傳播得心安理得、理直氣壯，這是後真相時代的特徵。由於後真相主要是通過數位媒體所公開的真相聲明（網站、部落格、YouTube影片和社交媒體等等），因此它特別被當作一個媒體和傳播現象來研究。關注的重點便是特殊形式的造謠、謊言、陰謀論和假新聞，其中包括我們今天熟悉的網紅專家和大V的「專家言論」。

後真相時代改變了的不是「真相」本身的性質——雖然確實有人想用意義相對論來重新定義「真相」——而是許多人（絕非所有人）對真相和撒謊的態度。真相關乎誠信，在後真相時代之前，誠信曾經被認為是一個全有或全無的命題。你要麼是誠實的，要麼是不誠實的。在後真相時代，這個概念已經變得模糊。人們較少考慮誠實和不誠實本身，而更多地考慮所謂的「用意」和「立場」。誠信的道德是以滑動的尺度來判斷的。有「良好」願望的人覺得自己比別人更有理由斷章取義、曲意陳述，在有「需要」時也更有理由掩蓋或扭曲真相，甚至公然撒謊。今天，在我們的社會裡有越來越多的不誠實行為，這不只是與道德水平的下降有關，而且也與不再看重誠實和真實的社會環境有關，這便是今天許多社會學家關注的「後真相社會」。

從來就不缺少不擇手段的人。只要有那些認為自己可以逃脫謊言的人，就會有騙子。問題是：什麼情況下會助長說謊話而不負責任的僥倖心理？除了那些對真相和謊言不加區分的反社會者之外，我們大多數人在某些情況下更誠實，在其他情況

下則不大誠實。在後真相的環境中，縱容和示範不誠實的環境在上升，而那些培養誠實的環境在下降。如果我們確實更多地撒謊——我們都相信我們的社會確實如此——那不僅因為當代生活的環境沒有對不誠實進行足夠的懲罰，而且因為非真相冒充真相的風氣已經在相當程度上被後真相社會裡的許多人所接受。他們雖然嚮往真相、渴望真實，但他們自己的行為，如言不由衷、裝假、說謊、戴著假面生活，遵循的卻是後真相社會的規範。

後真相與宣傳洗腦有一種內在的親緣性，宣傳試圖通過管制公開傳播的資訊來影響公眾的意見和行為。菲利普‧泰勒（Philip Taylor）關於兩千多年以來宣傳的歷史研究讓我們看到，自古以來一些統治者所使用的策略是從20世紀初開始被系統使用的。[3] 宣傳洗腦與長達一個世紀的政治資訊傳播的發展密切相關，作為對政治現代化的回應，政府和黨派宣傳都把廣大公眾視為需要掌控的風險。[4] 與宣傳洗腦一樣，由於極權主義政權（希特勒、史達林、毛澤東）在歷史上對宣傳的使用，「後真相」一詞也包含黨派政治洗腦的傾向，意味著政治和意識形態勢力對民心的爭奪。在後真相的世界裡，語言變成了純粹的政治策略，與真相無關，也不以除其本身以外的任何東西為參照。[5] 當然，它的目的和作用本來就與表述真相、說明事實無關，而只是一種影響公眾輿論的思想灌輸，誘使輿論朝宣傳者所期望的方向發生變化。值得注意的是它那種後真相的話語方式——看法優於事實、情感高於理性，半真半假勝過全面核實、謠傳強於交叉檢查，一句話，與啟蒙的批判性思維教育所提倡的一切都是矛盾的，背道而馳的。

二、變化中的宣傳和洗腦

宣傳和洗腦不是同一個概念，但在中國這樣的社會環境裡卻是緊緊地聯繫在一切，難解難分。宣傳原本並沒有貶義，是散播資訊，廣而告之，通常是為了爭取對自己的好感。在言論自由的環境裡，你對我宣傳，我也可以對你宣傳，不允許所謂的「強制性說服」。但在一個專制國家裡，政府宣傳的目的是強制性說服，而涉及政治和意識形態的時候，就會成為企圖改變人們世界觀、價值觀和思維方式的洗腦。洗腦又分為兩種：狹義的洗腦——又稱精神控制、觀念控制、強制說服、思想控制、思想改造和強制再教育——指的是通過某些心理學技術——行為主義、條件反射、藥品操控——來改變或控制和重塑人的思想。廣義的洗腦——又稱思想工作、教育培養、思政（思想政治）教育、軟實力影響——指的是通過操控日常生活中的所有資訊來源——學校教育、新聞、大眾文化、書籍出版、歷史和傳統講述、

節假日設置等等——來打造一個無孔不入的思想宣傳體系，這也是一種黨化教育。我們可以把後一種廣義的洗腦稱為「宣傳洗腦」，這是極權主義國家特有的以洗腦為目的的宣傳。

從歷史上看，宣傳成為一個貶義詞，始於1914至1918年大戰期間過度的暴行宣傳，「當時現代『科學』宣傳的使用已經成熟。正是這種發展——特別是與虛假與欺騙的聯繫——讓龐森比爵士（Lord Ponsonby）如此強烈地譴責。當納粹、蘇聯和其他澈底下流的政權採用這種方法時，這種貶義變得更加嚴重」。龐森比勳爵在1926年寫道，宣傳涉及「對人類靈魂的玷汙，比對殘害人類身體更糟糕」。[6] 這種宣傳可以理解為1930年代被納粹和史達林蘇聯進一步完善，並用於極權主義統治的洗腦式宣傳，也是鄂蘭在《極權主義的起源》（*The Origins of Totalitarianism*）和歐威爾在《1984》裡描述的那種宣傳。

宣傳是一種不擇手段、不正當的，甚至邪惡的虛假和欺騙，這與今天許多人的看法一致。對於珍惜思想自由的人們來說，持續存在的洗腦式宣傳是威脅人類心靈自由和民主政體的一顆毒瘤；這個毒瘤以人們經常難以察覺的方式折磨著我們個人和集體，摧毀我們對周圍世界發生的事情做出判斷的能力。它通過提供一層層編造的謊言，遮蔽了我們觀察世界的窗口。因此，「宣傳成為獨立思考的敵人，成為人類追求『和平與真理』過程中資訊和思想自由流動的干擾者和不受歡迎的操縱者。所以，它是民主國家至少不應該做的事情。……這是一個『骯髒的伎倆』，使用者是『隱藏的說服者』、『思想操縱者』和『洗腦者』——即歐威爾式的『老大哥』，他們以某種方式潛移默化地控制我們的思想，以控制我們的行為，為他們的利益而不是我們的利益服務」。[7] 雖然許多宣傳研究者（其中包括菲利普・泰勒）努力以一種客觀中立的方式討論宣傳，但始終難以改變「宣傳」一詞在使用者那裡的惡劣形象。

鄂蘭在《極權主義的起源》一書裡把「宣傳」和「組織」作為極權主義運動的兩大支柱。她寫道：「在極權主義國家裡，宣傳和恐怖相輔構成，這一點早已為人們所指出，而且經常被如此認定。然而這只是部分事實。凡在極權主義擁有絕對控制權的地方，它就用灌輸（indoctrination）來代替宣傳，使用暴力與其說是恐嚇民眾（只有在初期階段，當政治反對派仍然存在時，才這樣做），不如說是為了經常實現其意識形態教條和謊言。在相反的事實面前，極權主義不會滿足於宣稱不存在失業現象；它會廢除失業者的福利，作為它的一部分宣傳。」[8] 同樣，它不只是宣傳「黨領導一切」、「制度優越」、「中國式民主」，而且會廢除公民的言論、集會和自由選舉的權利，廢除獨立的新聞、教育、出版。也就是說，極權宣傳不只是

動嘴皮子「說說而已」，而且一定會訴諸暴力措施，是有奴役和壓迫實效的暴虐統治的一部分。

在極權主義國家，嚴格的思想控制與專制的暴虐統治同時進行，相輔相成。極權行政統治一刻也離不開思想控制，宣傳因此成為極權統治的基礎和核心。在納粹極權垮臺後不過十多年，而共產極權依然堅如磐石的1960年代初，法國社會學家雅克·埃呂出版了經典著作《宣傳：人的態度形成》，至今仍然是我們認識後真相時代極權主義宣傳洗腦的重要參考。[9] 埃呂指出，高效極權宣傳——也就是洗腦——的必要條件是一黨專制，而它的充分條件則是這種政權對每一個人的絕對、澈底的「全方位」組織化安置。思想的控制最終必須在組織化的政治和社會環境中實現與完成。

高效宣傳必須是一種全方位宣傳（total propaganda），「宣傳必須是全面的。宣傳必須動用一切可以運用的技術手段：新聞、廣播、電視、電影、招貼畫、會議、一戶戶走訪。現代宣傳必須利用所有這些傳媒手段」。不同的宣傳手段各有其所專長，要綜合運用，這樣宣傳才能成功地「從所有可能的路線對人完成合圍」。高效宣傳不僅要占領一個人的全部思想，而且要把占領區擴大到整個社會的「所有的人」。宣傳的對象不是個人，而是群眾中的每一個個人，只有把個人融化到群眾中，「才能削弱他的心理抵抗力，才能有效挑動他的反應，而宣傳者也才能利用個人在群體中所受到的壓力，影響他的情緒（和行為）」。高效宣傳必須把所有的公共媒體手段控制在國家權力手中。只有在國家政治權力力圖全方位地控制民間社會的極權（totalitarianism）國家裡，才有這種必要，也才有這種可能性。不管是否能夠充分辦到，極權國家權力都想要澈底、全面地掌控社會，而這正是極權宣傳在不斷致力幫助進行、力求實現的。

極權宣傳的目標不只是灌輸某種正確思想，而是通過把人放置在組織化的社會環境中，迫使他在這樣的環境裡，把正確思想落實為極權統治規定的正確行為。但是，近幾十年來，隨著社會組織形態的變化，尤其是經濟自由化使國家對社會生存資源的控制不得不有所鬆動（衣食住行、上學、求職、遷居，甚至出國），極權國家機器已經不再能夠維持以前的那種全方位的組織控制（票證供應、戶口限制、不安排無工作、相互監督、家庭株連）。在這種情況下，現有的極權宣傳已經不可能再是像埃呂半個多世紀前在共產國家中觀察到的那樣高效了。在今天這個數位和網路時代，昔日的極權高效宣傳在媒體手段上發生了重大的變化，也形成了當今中國後真相社會的重要特徵。宣傳是一種適應不同社會環境的現象；它適應它所利用的媒體，並利用它們的結構和運作；在這個過程中，宣傳的變化和發展得到了媒體演

變的強大幫助。網路媒體幫助形成了中國的後真相社會，也形成了在這樣一個社會裡運作和其操控作用的後真相宣傳。

從宣傳所使用的媒體手段來看，在共產革命的早期階段，宣傳的作用是有限的，主要是在戰時使用，通過印刷媒體（如傳單、早期的新聞報紙形式）進行傳播。在那個時期，宣傳對脅迫政策起著補充作用，因為使用（軍事）力量對付既定內外敵人是常見的做法。隨著取得政權，共產黨對宣傳的利用大大增加。新政府需要利用宣傳來使他們的政策合法化，動員民眾支持和參與它發動的各種政治運動。政治的群眾運動化，通過政治參與的普遍化，促進了宣傳的普遍化。

隨著新政權的鞏固和加強，一系列新媒體浮出水面。與新聞界一樣，電影、廣播和電視（視聽媒體）的出現為政治宣傳和意識形態洗腦在社會生活所有方面的思想控制提供了新的便利。在「文革」時期達到了頂峰，「紅寶書」、《毛語錄》和八個樣板戲就是它最典型的體現。這種文字和視聽媒體（電影、廣播、電視）以一種單方面的方式傳播資訊，是一種「命令的語言」，用電影和傳媒教授馬克・波斯特（Mark Poster, 1941-）的話來說，它們的話語是一種「只聽不懟」（unanswered）的話語，媒體工具完全掌控在宣傳者手裡，除了隨聲附和，根本沒有受眾發表意見的可能。[10] 這是一種宣傳者能夠完全控制宣傳資訊內容的話語形式，理解的要執行，不理解的也要執行，貫徹的是一種對公共領域實行的自上而下的控制。[11]

在20世紀末，發生了一場以通訊技術為中心的技術革命，網際網路是這場資訊革命的縮影。新類型的資訊流及其個性化的接收，影響了在這個新的資訊空間中進行宣傳的理由。受眾的分裂和宣傳內容在數字媒體傳播過程中的難以掌控的接收方式，使得傳播變得更加複雜，例如，正能量的宣傳會變成低級紅、高級黑；歌頌的宣傳會在評論區「翻車」。在多元的網路世界中，宣傳性的資訊不能完全破壞或遏制反對的資訊。[12] 與「文革」那種「宣傳排他性」媒體相比，網際網路是一種單一宣傳難以壟斷的媒體。不管怎麼造「防火牆」控制資訊流通，不管採取什麼禁言封嘴的網控手段，總是會有被禁的資訊流傳開來。在這個意義上，網際網路是不同質的交流空間，而不可能再是以前那種單質的命令宣傳空間。

在當代數字世界中，網際網路的互動特性和個人主觀意見表達都在不斷增加，導致了人們對政策、金融、政治、文化、人文等方面主觀理解和解釋水平的提高，這種「理解」和「解釋」不一定是每個人自己提出來的，而是可以以「贊同」別人看法的方式來表現，具體的方式就是「點讚」、「吐槽」、「群嘲」、「點評」、「上傳」、「轉發」、「朋友圈分享」等等，其中不少是被官方宣傳視為「負能

量」的。在言論自由的國家，網民參與是一種傳播「民主化」的趨勢。[13] 在言論不自由的國家，這是一種民智已開，眾口難封、防不勝防的「翻車」趨勢，網上的「吐槽」最容易吸引網民關注的熱點之一，「槽點」各種各樣，不一定是負面事件，甚至正能量文章也可以成為吐槽和群嘲的載體。2023年2月《人民網》發表的〈好好幹，日子會越來越甜〉一文遭到的就是這種對待。有的網民在轉發時會特別加上「看評論」的字樣，因為評論比文章有意思多了。正如研究者王偉在〈互聯網背景下的吐槽文化研究〉一文中所說：「吐槽的對象隨處可見，明星們的私生活、各類新聞熱點、影視劇作上映、不斷發生的社會事件等，所有一切盡在其中，『槽點』不斷。人們通過吐槽行為，對外界發生的事情進行諷刺、調侃、發牢騷、抱怨，常常帶有戲謔和玩笑的成分。吐槽作為一種強勢發展的網絡文化現象。」[14]

　　在民智已開，欺騙不易的情況下，如何打造宣傳洗腦的正當性和合理性，如何提高其說服力和展現其軟實力，便成為一個令當局頭疼的問題。命令式宣傳已經被證明不再有效，雖然還沒有放棄，但必須重新打造和包裝。在這種情況下，利用貌似有科學依據並客觀中立的專家意見，也就成了宣傳洗腦武器庫裡一件必備的武器。對擔任這項工作的專家來說，專業知識是附屬於「黨性」的，他們實質上是一些具有專業身分的御用宣傳人士。他們在各個專業領域中發揮著以前黨務和政工人士難以發揮的作用，用各種理論來宣傳領導的正確、政策的英明、制度的優越。事實上，他們同時也在黨和政府，或其他體制裡擔任大大小小的各種職務，有一大串頭銜，是一些「學官」，享受各種特殊的待遇和津貼。雖然他們當中有不少因為謊言一次次敗露或被揭穿而聲名狼藉，但作為一個整體，卻仍然在中國的後真相社會中通過扭曲真相和傳播虛假資訊，起著不容小覷的欺騙和愚民作用。怎麼來認識他們的宣傳作用、洗腦方式，以及扮演的角色呢？這就需要把他們放到當前中國的後真相社會環境中去理解。

三、後真相社會和後真相專家

　　後真相社會的顯著特徵是，在許多公共問題上意見和看法的兩極分化和部落化，這造成了嚴重的社會撕裂。對不再相信有客觀真相的人們來說，後真相讓他們可以在不認為自己不誠實的情況下傳播謊言。他們與不同意見者的對立呈現極端化或無法溝通的狀態，並不是因為說話雙方的遣詞用字有什麼不同，而是因為許多後真相的資訊讓有些人覺得舒服，而讓另外一些人感到厭惡。雙方充滿了敵意甚至仇恨，要求他們通過溝通，在中間地帶的某個地方握手、交談、取得共識，事實上是

沒有可能的。後真相的部落世界並不是一個全然不能辨識謊言，全然無視謊言的地方，但它對謊言有一個雙重標準的原則：「我的謊言是可以理解的，你的謊言是卑鄙可恥的」。人們在為自己的謊言開脫的同時，又對不誠實的盛行感到震驚。不同意見或觀點的雙方越是覺得自己無辜，對方可鄙，就越是會互相對立，互相敵視，用陰謀論互相指責。對資訊和知識的操縱和觀點的兩極分化往往會助長陰謀論和絕對的價值相對論。這是後真相特別嚴重和值得關注的問題。

在當今中國的後真相社會裡，最活躍，最有話語權的是後真相專家和知識分子。他們各有各的專業，運用的專業話語也各有不同，但用來蠱惑、欺騙一般老百姓的招數卻大同小異，我們可以歸納了五條與後真相知識分子行騙有關的招數，並不代表他們只使用這些招數，而是為了說明為什麼他們能影響的許多人雖然不是傻瓜，但還是容易上當受騙。不是騙子高明，而是上當受騙的人對自己的認知和人性弱點缺乏警覺。

後真相專家的第一個招數是臉皮特厚，不怕丟臉。在後真相時代，涉嫌欺騙而被揭露或遭暴露，羞恥感下降或者根本就沒有羞恥感，這是一種能耐。他們利用的是普通人對權威的盲目崇拜，權威的頭銜和地位就是必須服從的真理。

後真相專家的不要臉並不是個人現象，而是整體環境的一個反映。例如，言而無信、出爾反爾本來是一件丟人的事，但在當今的後真相社會裡比比皆是。剛說「計畫生育就是好，政府來養老」，一轉身又說「養老要靠家庭，不能依賴政府」，政客出爾反爾，前後矛盾，自我否定，全無自我打臉的羞恥感。專家宣傳員也是一樣，他們胡編亂造，今天說一套，明天就一百八十度大反轉，或者狂妄預言，迅速被事實打臉，但卻是厚顏無恥，毫無羞愧。在俄烏戰爭開戰前，美國提出戰爭即將爆發的預警，中國專家和名嘴紛紛在公共媒體和自媒體上竭盡其能地對之嘲笑和挖苦，說是根本打不起來。結果證明是他們自己在傳播虛假資訊，但卻沒有一個站出來向公眾道歉的。

儘管自古以來一直都有騙子，但謊言通常是在猶豫不決、多少有一絲焦慮、一點內疚、一些羞恥的情況下說出來的，說的時候會不好意思，說不出口。今天的後真相權威和專家沒有什麼說不出口的話。例如，在他們口中，計畫生育是必須的，放開三胎也是正確的，甚至建議婚齡降至十八歲，取消生育登記對結婚的要求（非婚生育），更有一位黃姓教授稱，針對中國男女比例嚴重失調的問題，一妻多夫能解決中國人口問題，一妻多夫的婚姻制有很長的歷史與適用範圍，包括到現代。更何況，一夫可以多妻，為何一妻不可以多夫呢？要多厚的臉皮才能公開地如此大放厥詞？

對這樣的專家，人們充滿了鄙視。有一篇題為〈上帝啊，你把專家帶走吧，路費我掏〉的推文是這樣說的：「有一群腦袋讓驢踢的人，除夕不用上班，卻研究你的假期；有那麼一群雜種，從來不用下崗，卻在研究著你的退休；有那麼一群孫子，從來不會失業，卻在研究著你的下崗；有那麼一群蛀蟲，從來不交養老金，卻在研究著你的社保；有那麼一群碩鼠，從來不買油，卻在研究著你的油價；……專家建議取消三天以上長假，專家建議以房養老，專家建議收取交通擁堵費，專家建議延遲退休。」如果誰還相信這種坑害百姓的專家，那就不能怪專家，只能怪他們自己的愚蠢。

第二條招數是利用人們天生的情感和情緒弱點，遇事憑感覺和情緒，而不是理性和邏輯。後真相時代，許多人的情緒和情感已經變得比客觀事實和可靠證據更重要，或者說，情感和事實混合成為一種起主要作用的真相和陳述方式，起作用的情感包括對對手的厭惡和仇恨、民族主義、黨派情緒、對意識形態的習慣性情緒反應等等。這是對古典和啟蒙理性要求避免情緒影響的否定，不是不經意的偏誤，而是有意識的，處心積慮的選擇。

後真相專家的謊言經常就是這樣的後真相。例如，有消息說，英國一個菁英俱樂部推出了一項針對富人的疫苗接種服務——交兩萬五千英鎊的會費，就能享受「杜拜旅行+免費注射中國國藥新冠疫苗」的VIP服務。金燦榮教授也在一個自製的影片裡告訴他的粉絲們：西方富人花錢坐飛機到杜拜，花二十五萬元打中國疫苗。這樣的謊言之所以能夠堂而皇之地登堂入室，是因為能打動粉絲們的愛國情緒，是他們愛聽的（雖然他們後來成為這種謊言的受害者）。這樣的情緒，再加上顯示「事實」的細節——杜拜、二十五萬人民幣——助長了肆意散播的後真相專家意見。

第三條招數是利用人們天生愛聽好話，好大喜功，易於自我膨脹的心理弱點。這個弱點在後真相時代特別嚴重。後真相專家利用的就是人們的這一心理缺陷。這是後真相專家比拙劣的官方宣傳技高一籌的地方。官方宣傳經常把失敗表彰為成功，災難表述為成就，死了人搞慶功，喪事當喜事辦，一般人可以用常識判斷，不會蠢到相信這種鬼話的程度。希特勒說過，撒謊就要撒大謊，這樣一般人才無法用日常經驗和常識去驗證它。後真相專家特別擅長於撒這種無法用經驗證據去驗證的彌天大謊。「制度優越」、「東升西降」就是這樣的謊言，2017年清華大學的胡鞍鋼教授就宣稱，中國大國崛起，經濟實力、科技實力、綜合國力已經超過了美國，居世界第一。在後真相社會裡，真相既沒有客觀標準，也沒有普遍意義。普通人根本沒有能力去驗證胡教授斷言的真假，只是因為聽著舒服，愛聽，就能信以為真。

　　誇耀「歷史悠久」、「四大發明」、「地大物博」，或者吹噓「制度優越」、「東升西降」、「中國第一」，利用的是一般人都有的「光環效應」（halo effect）偏見。「光環效應」指的是人們傾向於根據單一的積極特徵或特性來判斷一個人的整體性格。當某人吹噓自己的成就或積極品質時，可能會產生積極的光環效應，導致其他人認為這個人一般來說是有能力的，值得信賴的。吹噓制度或政府也是一樣。而且，社會因素也可能是人們相信吹牛和誇口的原因。在中國文化或社會群體中，吹牛可能被視為自信的標誌，「制度自信」、「文化自信」、「傳統自信」，以為自信就能自動得到別人重視和尊重。因此許多中國人特別容易相信吹牛，並被吹牛所打動。在人們沒有辦法核實或衡量專家們的吹噓時，他們就更容易相信他們的鬼話。

　　後真相專家的第四個招數是雲山霧罩、大話炎炎、江湖騙子式的「胡咧咧」、「胡說八道」。普林斯頓大學哲學教授哈利・法蘭克福（Harry G. Frankfurt, 1929-2023）寫過一本很有影響的小書，叫《論屁話》（*On Bullshit*），說的就是這種「胡咧咧」的屁話。

　　法蘭克福教授在這本書裡指出，就影響效力而言，屁話遠比說謊更有害於社會，是「真實」的更大敵人。為什麼這麼說呢？胡說八道者往往比說謊者更危險，因為說謊者至少認識到了真相並試圖掩蓋它，而胡說八道者對真相完全無動於衷，只是試圖通過他們的言論或文字產生影響。因此，法蘭克福建議，我們應該對胡說八道者更加警惕，因為他們的言論可能比謊言更加陰險和有害。

　　說屁話的人本來就不指望別人會相信，而只是為了討好、諂媚、輸誠獻忠。屁話經常是一種誇張、肉麻的馬屁，對真實的態度極為輕佻，如同兒戲。[15] 後真相社會是一個充斥馬屁、吹捧、諂媚和胡說八道的屁話社會。舉一個屁話或胡咧咧的例子，《人民日報》上有一篇署名「仲音」的文章宣稱，中國抗疫的「重大決定性勝利」，是「人類文明史上的奇蹟」。如果說「重大決定性勝利」是一句謊話或吹噓，那麼「人類文明史上的奇蹟」就是一句屁話。

　　屁話利用的經常是普通人「確認偏見」（confirmation bias）的認知缺陷，人們傾向於尋找和解釋資訊，以證實他們預先存在的信念和態度。當他們遇到屁話時，如果它與他們現有的信念或觀點一致，他們可能更容易接受它為真實。民族主義的夜郎自大、井底觀天造成了許多人的這種「確認偏見」，聽到「奇蹟」這樣的自賣自誇就驕傲得飄了起來。這種認知缺陷還會通過「真相幻覺效應」（the illusion of truth effect）得到強化。心理學上的「真相幻覺效應」指的是，人們更有可能相信他們以前聽過的資訊，即使這些資訊是以虛假或不正確的方式呈現。這意味著，如

果有人反覆聽到一種屁話，只是因為他們對它更熟悉，他們就更有可能相信它是真的。「小米加步槍」、「上甘嶺」、「畝產萬斤糧」、「趕英超美」、「文化大革命」、「戰天鬥地」、「全面脫貧」，一個又一個的「奇蹟」就是這樣一個被重複了無數次的屁話。

當今中國後真相專家所倡導的民族特殊論包含著一種走火入魔、荒誕無稽的民族優越情感，這使得一些人文專家的文化民族主義極度膨脹，炮製出各種荒唐的文化和文明理論，例如，有歷史學者提出，西方文明傳統的那一套全是宣傳和謊言。希臘經典著作，包括荷馬史詩、柏拉圖和亞里斯多德的作品都是文藝復興前夕偽造出來的，是西方人為了宣揚西方文明高人一等而偽造的。還有教授提出，從歷史來看，不僅英國的語言文字，可以說法文、德文，西方的六大語言都是起源於中國，起源於大湘西。

當今中國後真相專家的第五個招數是改變世界現代文明的遊戲規則，這往往是他們在與人類普遍價值、普遍人權和民主法治觀念交鋒失敗後的被動防禦策略，因為理屈詞窮、黔驢技盡、惱羞成怒，就自己另起爐灶。他們利用的就是在認知和道德問題上的詭辯伎倆和雙重標準的相對主義。誰缺乏批判性思維的能力，誰就很容易落入他們的圈套。

美國社會學家史蒂夫・富勒（Steve W.Fuller, 1959- ）說過，在公開辯論中，「你不僅要通過遵守規則來贏得比賽，還要控制規則是什麼。獅子試圖通過保持現有的規則來取勝，而狐狸則試圖通過改變規則。在真理遊戲中，獅子的觀點被認為是理所當然的。無須多想：對手根據商定的規則相互較量，這種最初的協議確定了對手的性質和某一時刻的遊戲狀態。在這裡，狐狸是潛在的不滿意的失敗者。在真相之後的遊戲中，目的是在充分了解遊戲規則可能改變的情況下擊敗你的對手。在這種情況下，你的對手的性質可能會發生變化，從而使你的優勢翻轉到對手身上。在這裡，狐狸們總是在為翻盤而遊戲。」[16]

後真相專家特別擅長這種遊戲規則上的翻盤伎倆：人家批評中國的專制和不民主，他們就說這是中國特色的全過程民主；人家批評中國的權貴政治，他們就說這是中國特色的社會主義；人家批評壓制人權，他們就說中國人的穿衣、吃飯才是真正的人權。不管政府的政策多麼荒唐、不合理、短視、勞民傷財、低能無效、民怨沸騰，他們都能提供專業和理論的支持，或辯解，或洗地，保證上意下達，絕不悖逆上意。復旦大學教授張維為就是這類活躍人物的一個，他為失敗的中國清零政策百般辯護，他在〈對「精神美國人」說NO〉的文章裡宣稱：「今天生活在中國，免於感染新冠肺炎或者免於死於新冠肺炎的安全感，至少是美國的五百倍。」他還

在抖音上發表了相似評論，稱：「中國抗疫模式取得成功，進一步增強了制度自信心。」

在所有這五大招數中，最根本的是「翻盤遊戲」，也就是鼓吹和宣傳專制獨裁的「制度優越」和「制度創新」。以此為基礎的各種「中國特色」或「社會主義特色」的假貨——市場經濟、民主、法治、公民權利——就像今天拼多多的假貨一樣，是因為迎合了許多顧客貪便宜的心理，才能賣得出去，與貨色的真假已經沒有什麼關係。拼多多本身就是一種後真相時代的銷售現象。

其實，專家行騙的訣竅不在於製造假象，而在於誘導上當。虛假和謊言已經成為當今中國的頑疾。而它的癥結不僅在於騙子專業和騙子眾多，而且更在於心甘情願被欺騙的人們大量存在。這也是為什麼專家騙子不需要多高明的騙術，就能翻雲覆雨，招搖過市。希伯來諺語說：「與其抱怨黑暗，不如點起一支明燭。」我們不能改變專家的厚顏無恥、大話炎炎、胡說八道，但我們可以改變自己的輕信易騙、偏見固執、心理脆弱。騙子的成功並不是因為騙術的強大，而是因為我們自己有可供騙子利用的認知偏誤、情緒誤區和人性弱點。抵禦專家或任何其他騙子，擺脫後真相時代的困擾，還要從我們每個人的批判性思維啟蒙開始。

應該看到，後真相專家雖然被許多人鄙視和嘲弄，但他們提出許多似是而非的理論和觀點在短時間內仍然可以起到愚民、欺騙、宣傳、洗地和辯解的作用，但敗露也是不可避免的。公眾一旦發現自己一而再、再而三地上當受騙，當然就會對專家發出嘲笑和咒罵，連累波及整個知識群體，專家被叫作「磚家」，教授被稱為「叫獸」。叫著也許很解氣，但並不能應對一個緊迫的問題：後真相時代專家該怎麼辦？

四、「這個國家的人們已經受夠了專家」

2016年，隨著英國脫歐公投的留歐和脫歐運動在6月的頭幾天聚集起來，辯論越演越烈，對選民的呼籲變得更加激烈，每天都有新的分析出現。言論也發生了更加個人情緒化的轉變。一種更多基於個性和情緒、更少基於事實的政治似乎占了上風。英國議會議員邁克爾・戈夫（Michael A.Gove, 1967-）隨後說出了一句現在很有名的話：「這個國家的人們已經受夠了專家。」用事後的眼光來看，這句話無意間宣告了一個「後真相」時代的來臨。這是一句「氣話」，就像受到男人欺負的女人會脫口而出「男人沒有一個是好東西」或者用「臭老九」來謾罵所有的知識分子。很顯然，戈夫議員厭煩的其實是那些舌燦蓮花、功利主義、以激情代替理性的

後真相專家，而不可能是所有的專家。

　　不分青紅皂白地把專家叫作「磚家」，把教授稱為「叫獸」，或者把所有的公共知識分子都罵成「臭公知」。這種情緒化的斷言方式，本身就是一種後真相現象。事實真相是，專家和教授群中並不都是同一種人。專家、教授中確實有胡說八道的，有的「論斷」甚至荒唐到令人瞠目結舌的程度，網上有不少專家、教授的「雷人雷語」就這樣成為用來嘲笑和調侃「磚家」和「叫獸」的笑料。這樣的「後真相專家」確實可以稱得上是厚顏無恥，因為他們對自己的荒唐言論完全沒有羞恥和丟臉的感覺。

　　對不實的專家資訊，或者任何不實的權威資訊，需要區分「錯誤訊息」和「虛假訊息」。錯誤訊息（misinformation）是指訊息話語裡無意中使用了不實或誤導性的訊息。誰都免不了會犯知識和訊息有誤的錯誤。虛假訊息（disinformation）指的是，假訊息是有目的、有意識的騙人伎倆，為宣傳和洗腦的目而誘人上當受騙。錯誤訊息和虛假訊息之間其實並無絕對的區別，要看訊息接受者對訊息提供者有沒有信任，有信任便會有原諒，原諒本無惡意的錯誤訊息。相反，如果沒有信任，沒有原諒，錯誤訊息也會被當成故意欺騙和蓄意誤導的虛假訊息。

　　宣傳資訊還有一個替誰宣傳的問題，替自己宣傳和替權力宣傳顯然是不同的，前者是出於信念，不管是福是禍，都會堅持原則。後者是出於媚權，看權力的眼色行事，風向決定它的言論。因此，宣傳不只關乎資訊對錯（可對可錯），而且關乎人品的高下（正人君子和奸佞小人）。網上有一篇流傳甚廣的《紐約時報》文章〈XXX強硬政策背後的智囊團〉，作者是《紐約時報》首席中國記者儲百亮（Chris Buckley）。文章列舉過去幾十年間的許多「左派」專家人物及其過往的「事實」，試圖證明「智囊」影響了當局的民族主義狂妄自大傾向。文章看上去說的是「事實」，其實說的是「半真相」（希伯來成語：半真相就是全謊言），因為它把因果關係搞反了。趙構殺岳飛，是被秦檜誤導，還是利用秦檜？殺岳飛不符合趙構的利益，趙構還會殺岳飛嗎？趙構不想殺岳飛，秦檜還會冒著忤逆上意的危險堅持殺岳飛嗎？誰主導誰，這是個問題。最有害的是，文章不僅誇大了專家對權力當局的宣傳能量（「影響力」），而且還嚴重拔高了專家智囊的敢言人格，好像他們是一些會冒死進言的仁人志士似的。事實證明，這些都不過是在每個不同時代都會逢迎上意、隨風搖擺的牆頭草。他們遭到鄙視，主要是因為低下的人品，而不是不實的學問。

　　在一般情況下，撒謊其實就是在賭，賭對方的智商不夠，聽不出漏洞；賭對方的情感夠深，即使失真也可以原諒。撒謊的人比聽的人聰明，聽的人傻，是因為民

智未開，所以才容易上當受騙。後真相時代已經今非昔比，撒謊的人不見得聰明，聽的人也不見得傻，智愚關係已經發生了變化，變得撲朔迷離，模糊不清。一般人聽多了謊言，也見識過了一些真相，不會真的相信謊言。民智已開，但裝作相信謊言，那是沒有辦法。因此便有了後真相時代最可笑的事情：聽的人已經知道了真相，而撒謊的人還在繼續撒謊。這往往是政治謊言。但專業謊言就不同了，公眾並不怕專家，所以不需要跟專家玩這種假面遊戲，管你錯誤訊息還是虛假訊息，一發現就懟你、嗆你。要不是臉厚、逐利之徒，誰肯去扮演這樣的後真相專家？

在今天的後真相社會裡，信任和責任感都在削弱，由於信任的削弱，許多人都習慣於朝壞的方向去猜度專家的錯誤知識，專家們因此必須在提出看法或建議時加倍小心謹慎，不是自己專業知識範圍內或了解不夠的議題盡量多聽少說。如果要發表意見，那就一定要有充分的證據。專家、學者雖然群體名聲不佳，但個人重視自己的職業和道德操守，謹言慎行，維護良好的個人形象，爭取公眾的信任，還是完全做得到的。這也是知識者的責任，越是公眾信任削弱，專家就越是要加強自己的責任感。這樣才能把這二者的失衡盡量糾正過來。這也是重建社會對專家信任的唯一辦法。

現代社會的整體知識和技能大廈是由於分工才得以堅固聳立的，從建築到機器操作到醫療，從法律到教育到人文研究，我們無不需要依靠他人的專業和知識特長。只要我們信任他人的專門知識、技能和意圖，只要每個人負起自己的專業責任，這個大廈的系統就能發揮作用。對這個系統來說，真相比虛假，信任比多疑是更節省成本、內耗更低的溝通和運作方式。

對於政策制定來說，專家的作用是不言而喻的，專家能為政策提供知識證據。政策應該以人民的福祉為第一優先，但專家的知識證據並不能自動保證他們總是站在人民這一邊。專家能否做到這一點，決定了他們會問什麼樣的問題，需要做什麼樣的研究或分析，可以考慮什麼樣的政策選擇，以及如何評估這些政策。對於緊迫的政策問題，沒有單一和簡單的答案。同樣地，也沒有單一的證據來源。證據可以有多種形式，也可以有多種不同的解釋方式。專業研究者的工作是收集盡可能多的證據，了解證據在不同政策背景下的含義，並為政策制定者提供客觀和獨立的分析。這些也許是一個比較理想的社會環境可以對專家提出的要求，如果不具備這樣的社會環境，人們抱怨專家的功利、軟弱、服從和媚權，那麼，他們「受夠了」的就不只是撒謊欺騙的專家，而且還有他們背後那個靠謊言支撐的體制了。

注釋

1　Ralph Keyes, *The Post-Truth Era: Dishonesty and Deception in Contemporary Life* (New York: St. Martin's Press, 2004).

2　Eric Alterman, *When Presidents Lie: A History of Official Deception and Its Consequences* (New York: Viking, 2004), p. 305.

3　Philip Taylor, *Munitions of the Mind: A History of Propaganda from the Ancient World to the Present Day* (Manchester: Manchester University Press, 2003).

4　Jayson Harsin, "Regimes of Posttruth, Postpolitics, and Attention Economies,"*Communication, Culture and Critique*, 8:2, 2015, p. 331.

5　Bruce McComiskey, *Post-truth Rhetoric and Composition* (Colorado: Utah State University Press, 2017), p. 8.

6　Philip Taylor, *Munitions of the Mind: A History of Propaganda from the Ancient World to the Present Day* (Manchester: Manchester University Press, 2003), p. 3.

7　同上，頁2。

8　漢娜‧鄂蘭：《極權主義的起源》，林驤華譯（香港：三聯書店，2008年），頁440-441。

9　Jacques Ellul, *Propaganda: The Formation of Men's Attitudes* (New York: Alfred A. Knopf, 1965). 下一段括弧中直接標明的頁碼皆來自此書。關於此書的詳細介紹和分析見本文作者徐賁〈二十世紀的宣傳〉，《統治與教育：從國民到公民》（香港：牛津大學出版社，2012年）。

10　Mark Poster, *The Second Media Age* (Cambridge: Polity Press, 1995), p. 17.

11　Jurgen Habermas, *The Theory of Communicative Action* (London: Beacon Press, 1984), p. 372.

12　Brian McNair, *Cultural Chaos. Journalism and Power in a Globalized World* (London: Routledge, 2006), p. 9.

13　Zigmund Bauman, *Postmodernity and Its Discontents* (Cambridge: Polity Press, 1997). Krishan Kumar, *From Post-industrial to Post-modern Society* (Oxford: Blackwell, 2005).

14　王偉：〈互聯網背景下的吐槽文化研究〉，《中國民俗學網》，發布日期：2017年9月6日。

15　Jeremiah Joven Joaquin, "Truth, Lies, and Bullshit." *Think*, Volume 17, Issue 50, Autumn 2018, pp. 75-83.

16　Steve Fuller，*Post Truth: Knowledge as a Power Game*. London: Anthem Press, 2018, pp. 3, 182.

1949年以後中小學教科書
洗腦內容、方式與功能簡析

郝志東

　　社會進步的過程，正是人們抵制洗腦的過程。《紐約時報》的一篇文章報導說，英國教育界的人士正在全國動員人們起來抵制一個網紅對青少年所進行的大男子主義的洗腦（比如女人應該待在家裡，為男人服務等等）。[1] 美國也在抵制川普對選民的洗腦（比如認為美國選舉制度作弊成風，民主制度正在走向衰敗，需要他來救贖等等）。如果說在開放的民主社會裡尚有類似的洗腦現象需要認真對待，那麼在封閉的專制社會裡，類似的洗腦意識形態就更為常見，涉及的問題也更為嚴重，尤其是在歷史問題上的洗腦。[2]

　　當然，如下所述，我們所討論的洗腦比上述的例子要更嚴重，是通常所定義的嚴格意義上的洗腦。但是，無論如何，洗腦與反洗腦的爭鬥，正是控制與反控制的爭鬥。而這個爭鬥的勝敗，決定了一個國家往何處去，當然也決定了中國的未來是走向民主還是繼續在專制的道路上「艱辛探索」。正如歐威爾所說：「誰控制了過去，就控制了未來；誰控制了現在，就控制了過去。」[3] 那麼在中國是誰控制了現在，從而控制了過去，甚至可能是未來呢？他們是如何控制的呢？效果如何呢？本文要討論的正是這個問題的一個方面，即中共1949年建政以來是如何通過中小學教科書來洗腦的以及洗腦的相對成功與後果。

　　本文的結構以及論點如下：（1）簡單介紹洗腦的定義（需要有強制性、欺騙性，並以洗腦者的利益為依歸）、洗腦的機制，以及洗腦的成功及其後果；（2）中共建政以後直到現在，之所以要洗腦，是為了樹立政權的合法性，即中共一黨專政的合法性；（3）中小學教科書洗腦的內容和措施包括教育青少年擁俄反美、教育他們對中共領袖的個人崇拜、對共產黨及其領導的社會主義道路的忠誠、對英雄人物的崇拜、革命傳統的教育以及教學方法的靈活性（比如強制性和欺騙性）等等；（4）洗腦的後果：一代一代的人在接受了洗腦之後，的確很多人會變成現行體制的擁護者，使得中國的政治與社會的進步困難重重，使中國在世界上越來越孤立，朋友越來越少，甚至會變成一個人們所擔心的世界和平的顛覆力量，而不是像

中共自己所宣傳的那樣一個「負責任」的大國；（5）結論。

一、洗腦的定義及其功能

　　首先，關於洗腦的定義。自從愛德華・亨特在1951年發表了《紅色中國的洗腦》一書之後，[4] 關於洗腦問題的研究就經久不衰。正如泰勒（Kathleen Taylor）2017年新版的《洗腦：思想控制的科學》一書所指出的，關於洗腦的現象，也從中國、朝鮮和蘇聯的政治與思想控制，擴展到了指涉任何試圖影響人們思維方式的各種行為和方式，比如媒體、教育、宗教所使用的方法，甚至是精神疾病治療的相關方法等。不過她和另外一個對洗腦很有研究的羅伯特・利夫頓等人認為這個名詞有點被濫用。[5]

　　其實，洗腦應該有強制性、欺騙性並以洗腦者的利益為依歸才能被稱為洗腦。強制性指被洗腦者處在一個被隔離的、需要依賴別人的狀態。被洗腦者需要對洗腦者表示忠誠，對洗腦者的敵人要有足夠的蔑視和仇恨。這樣他們就能獲取一定的社會地位與福利，否則他們會承擔非常嚴重的後果。[6] 關於洗腦的欺騙性，徐賁總結得很好：「欺騙型洗腦的特點就是限制人民自由獲取知識的機會和管道，在一言堂的環境中反覆、持續地使用同一種意識形態化的語言，讓人們的一些大腦神經元之間形成滑潤的通道，根本不用思考，就會自動地有某些想法。」[7]

　　用利夫頓的話來說，被洗腦者必須按照洗腦者的話去做，否則會有不良後果。這正是我們上面所講的強制性（coercion）。但是他的下面的三個觀點，則應該是在說洗腦的欺騙性。也即照我的話去做，你才能變成一個更好的人（exhortation），你就可以變成一個健康的、免去苦難的人（therapy）。你就可以釋放你全部的潛力（realization），[8] 成為一個對社會有用的人。其實這或許正是教育要做的事情，我們只是需要知道洗腦者要被洗腦者做什麼樣的事情，這個目的是如何達到的。這正是我們這篇文章想探討的問題。

　　除了強制性和欺騙性以外，還應該看洗腦對誰有利。用陳嘉映的話來說：「洗腦就是為了自己的利益去強制灌輸一套虛假的觀念。這個定義裡面有三個關鍵詞，一個就是強制灌輸，一個就是虛假，最後一個就是為了洗腦者本人的利益，這三個因素貫穿在一起構成洗腦。」[9] 這裡說的虛假性，也是我們前面所說的欺騙性。但是他提到了洗腦者的利益，也是一個重要的方面。也就是說，洗腦是為了洗腦者本人的利益。我們下一部分所說的為什麼要洗腦，就是在說洗腦對鞏固政權有好處，是當權者的利益所在。

其次，洗腦的機制是多元的，包括家庭、媒體、宗教、政治組織、教育以及刑事司法系統。也即馬克思主義哲學家阿圖塞（Louis Althusser, 1918-1990）所說的國家的意識形態機制。國家通過這個機制，使用有強制性和欺騙性的手段，在青少年當中灌輸這個國家的統治者的意識形態或者說是思維方式。[10] 而本文則只討論國家在中小學教科書中是如何洗腦的。我們在討論教育，但只是討論教育中的一個方面。實際上，老師們如何教，也是決定這些教材能否起到洗腦作用的一個重要因素。這是本文還沒有能夠研究到的問題。

再次，洗腦不一定是要把原來在腦子裡的東西洗掉，換上新東西，就像思想改造那樣。洗腦也可以是向青少年灌輸某種東西，同時屏蔽掉另外一些東西，正如我們這篇文章要討論的那樣。

最後，洗腦可以是非常成功的，後果會是非常嚴重的。今天的中國經過四十多年的改革開放之後，在政治、經濟和社會制度上似乎又要回到毛時代。在國際關係問題上，中國和歐美和東亞發達的民主國家漸行漸遠。中國2012年在中東歐建立的所謂16+1（後來由於希臘的加入變為17+1）外交和經濟聯盟，由於各種原因也面臨瓦解的危險：立陶宛在2021年、愛沙尼亞和拉脫維亞在2022年相繼脫離該聯盟，捷克也很可能會盡快脫離。主要原因之一是他們不滿中國在俄國侵略烏克蘭問題上的曖昧立場。他們發現中國和自己缺乏共同的戰略目標，缺乏共同的價值觀。[11]

很多人把今天中國的倒退歸咎於這一代領導人所受的教育和他們的經歷。的確，他們都是「生在新中國，長在紅旗下」的一代人，他們在中小學所受的教育正是中共建政以後的洗腦教育，而十年文革也是他們最為重要的經歷。這些都無疑在他們的決策中起著極為關鍵的、潛移默化的作用。

當然我們也可以說他們也曾經歷過文革後的改革開放，按說應該和文革前的十七年教育和文革思維有所切割了。但是這也是我們要強調的洗腦的成功，使得這種切割變得非常困難。一個很好的例子是最近剛去世的猶太人所羅門·佩雷爾（Solomon Perel, 1925-2023）的故事。[12] 他在十幾歲時在逃亡路上被納粹兵抓去，後者問他是不是猶太人。他說不是，自己是德國裔人，自己的名字是約瑟夫·佩雷爾（Josef Perel）。於是他為了能活下去，改了名字，加入了「希特勒青年團」，積極參加了該組織的活動，接受了該組織的洗腦，儘管他在心裡還認為自己是猶太人。戰爭結束之後，他回歸了猶太人的身分，移民到以色列，參加了以色列建國的戰爭，後來又變成了一個成功的企業家。但是他發現在思想深處納粹教育還在起作用。比如他在讀到關於猶太人在美國政治、經濟、文化上的影響時，就會覺得納粹將一切問題都歸咎於猶太人的納粹宣傳是有道理的。他認為自己在身分上有精神分

裂的問題，他無法擺脫納粹教育的影響，並為之感到苦惱。這個苦惱伴隨了他的一生。這正是納粹洗腦的成功。這正如「脫北」者逃離北朝鮮多年之後都仍然無法相信朝鮮戰爭是北朝鮮挑起的一樣。[13]

　　正如我們在後面會討論到的，1949年後至今中共的洗腦教育也是非常成功的。儘管有了四十多年改革開放的經歷，中小學教育的基調並沒有太大的變化，多數人沒有機會，不敢、不願意或者無法接受不同的教育。於是一代一代人中的很多人，包括一些已經到了西方的留學生們，都會認可洗腦教育告訴他們的一切，並自覺抵制和自己所受教育不同的看法，從而使得中共的統治可以持續下去，儘管這種統治是專制的、不尊重人權的，是違背現代世界的潮流的，是會有嚴重的負面政治、經濟和社會後果的。

二、為什麼要洗腦：為了洗腦者的利益

　　我們在上面提到了洗腦的利益問題。利用教科書洗腦，當然是因為對當權者有好處。1949年以後建立的國家，是中國共產黨所領導的社會主義國家。所以教育要為黨服務，要為黨領導下的國家的社會主義政策服務，而這一點則主要體現在教科書上面。

　　方成智指出：「任何一個國家欲建立和鞏固自己的政權，不僅要依靠國家機器鎮壓各種反抗和掃除各種障礙，更重要的是要依賴各種宣傳輿論工具和學校教育在思想上向全體國民灌輸新的意識形態和政治認同感。而教科書是學校教育中最基本、最重要的知識載體，又承載著國家的主流價值觀，它包含了極為豐富的歷史的、社會的和現實的內容。因此，教科書被視為培養社會認同感的主要工具。」[14]

　　1949年中共建政以後，毛澤東就提出：「政治工作的基本任務是向農民群眾不斷地灌輸社會主義思想，批判資本主義傾向。」[15]這其實是向各個階層的人們都要灌輸的東西，包括中小學生。1949年10月中宣部長陸定一指示：「教科書要由國家辦，因為必須如此，教科書的內容才能符合國家政策……。」[16]這個時期強調的是：「國家認同、政治認同、社會化認同、文化認同。」[17]當然，這個認同，就是說教科書的內容需要向中共認同，向中共的政策認同。

　　這一點七十多年來都沒有變化。在1958年的大躍進時期，國家的教育宗旨是為無產階級政治服務，與生產勞動相結合。「葉聖陶指出教科書的編輯要貫徹黨的總路線的精神，教科書內容要貫徹多快好省的精神，編寫時要結合生產、結合政治，從而提升人民的政治覺悟和文化科學水平。」[18]無產階級的政治就是黨的政治，教

育為黨的政治服務仍然是不變的原則。

　　文革開始時的1966年，國家又進一步提出：「要把那些違背毛澤東思想，嚴重脫離階級鬥爭、生產鬥爭和科學實驗三大革命運動，宣揚剝削階級世界觀的一切舊教材統統埋葬。」[19] 也就是說，革命相較於之前的十七年，還要進一步地澈底。

　　文革後的1977年，鄧小平強調：「教材要反映出現代科學文化的先進水平，同時要符合我國的實際情況。」[20] 階級鬥爭不再是教育的重點。但是1978年教育部又規定在小學四、五年級開設政治課，對學生「進行馬列主義、毛澤東思想基本觀點的教育，小學四、五年級主要進行初步的共產主義思想教育和必要的政治常識教育」。[21] 不過在1989年的民主運動之後，鄧小平認為教育還是失敗的。他說：「十年最大的失誤在教育，這裡我主要是講思想政治教育，不單純是對學校、青年學生，是泛指對人民的教育。」鄧小平「特別強調要將青少年作為灌輸對象，將共產主義作為灌輸內容」，「要特別教育我們的下一代、下兩代，一定要樹立共產主義的遠大理想」。[22] 換句話說，教育還是要強調政治，儘管這個政治不是階級鬥爭，而是他所謂的四項基本原則：共產黨的領導、人民民主專政（實際是共產黨的專制）、馬克思列寧主義毛澤東思想、社會主義道路。這仍然是黨的政治，只是內容稍有改變而已。這種教育也需要從娃娃抓起，才能保證紅色江山代代傳。

　　從江澤民、胡錦濤到習近平，這些原則基本沒有變，只是更加堅持而已。江澤民強調：「思想政治教育的指導思想是『堅持和鞏固馬克思主義在我國意識形態領域的指導地位』。」這是社會穩定的基礎。胡錦濤強調要幫助學生建立在馬克思主義基礎上的正確的價值觀念和價值取向。習近平也強調馬克思主義是「全黨全國人們團結奮鬥的共同思想基礎」，而青年群體、領導幹部和黨員隊伍則是意識形態灌輸的重點對象。[23]

　　為了對抗1989年民主運動的影響，江澤民特別還加強了愛國主義教育。1991年他提出要「使小學生、中學生、大學生認識人民政權來之不易，提高民族自尊心自信心」，「防止崇洋媚外思想的抬頭」。1992年的初中歷史教學大綱要求「著重揭露資本主義和帝國主義的侵略本質和掠奪罪行」，突出體現中國人的反侵略鬥爭，宣傳「社會主義時代的優越性」。[24]

　　2012年習近平上臺以後強調：「核心教材傳授什麼內容、倡導什麼價值，體現國家意志。」[25] 在習近平時代，意識形態和黨的領導被強調到了一個更高的層次。意識形態也包括了中國文化，黨的領導也包括了對領袖的崇拜。2019年教育部教材局負責人就普通高中的思想政治、語文、歷史三科教材統編工作答記者問時說：「三科教材編寫始終堅持馬克思主義指導地位，貫徹落實習近平新時代中國特色社

會主義思想，有機融入社會主義核心價值觀，體現馬克思主義中國化最新成果，引導學生愛黨、愛國、愛社會主義，堅定『四個自信』。」[26] 思想政治、語文、歷史三科教材尤其重要，因為它們的「意識形態屬性強，是國家意志和社會主義核心價值觀的集中體現，具有特殊重要的育人作用」。[27]

　　這裡既有了馬克思主義，也有了社會主義；有了黨，還有習近平。上述負責人還強調：「歷史教材呈現中國人民一百七十多年鬥爭史和中國共產黨九十多年奮鬥史……，揭示了中國共產黨的領導和社會主義道路是歷史的選擇、人民的選擇，引導學生認同走中國特色社會主義道路是歷史的必然。」[28] 這也是所謂的四個自信：中國特色社會主義道路自信、（馬克思主義）理論自信、（一黨專政的）制度自信、文化自信（這個文化，既有黨的文化，也有中國的傳統文化）。

　　愛國即是愛黨與黨領導的社會主義國家、以中國優秀傳統文化為特點的國家。正如教育部關於印發普通高中課程方案和語文等學科課程標準（2017年版，2020年修訂）的通知裡所說，中國教科書的思想性是指：「堅持辯證唯物主義和歷史唯物主義，加強中國特色社會主義教育，充分反映習近平新時代中國特色社會主義思想，全面落實社會主義核心價值觀的基本內容和要求，提升道德修養，有機融入中華優秀傳統文化、革命文化、社會主義先進文化、法治意識、國家安全、民族團結和生態文明等教育，充分體現中國特色。」[29] 由此可見，中國文化、黨的文化、社會主義文化被有機結合起來。而所謂國家安全，即是執政黨的安全。於是愛國和愛黨也被有機地結合了起來，並且需要強制性的手段來保證人們能夠愛國愛黨，至少從表面上要看起來是這樣。

　　上面我們所討論的其實是一個洗腦的利益歸屬性問題，即洗腦對誰有好處。我們可以看到洗腦顯然是對執政黨有好處，一切都以執政黨的利益為依歸。這也將我們引入下一個問題，即中小學（甚至大學）的教育具體是如何洗腦的呢？

三、中小學教科書是如何洗腦的：內容與方法及其強制性和欺騙性

　　其實「一綱一本」，只能灌輸一種觀點，任何違背這一原則的人和事情都在被懲罰之列，就是強制性。有意地宣傳某些事情和觀點，刻意迴避或者強制刪除那些不符合洗腦者所喜歡的事實和觀點，就使得自己所宣傳的事實和觀點帶有欺騙的性質，這就是欺騙性。說得好聽一點，就是所謂的「隱性思政教育」理念，「即不能把思想性內容與學科知識簡單相加，而是要以春風化雨、潤物無聲的方式，做到以理服人、以情感人、以文化人」。[30]

　　和上一部分相同，我們下面的分析基本涵蓋中共建政以來的四個階段：建政初期的十七年，即1949到1966年；文革時期，1966到1976年；改革開放時期，1977到2012年；習近平時期，2012年至今。我們會看到這種「隱性思政教育」是如何做到的，強制性和欺騙性是如何相結合的。我們討論的是洗腦的主要內容和方式，包括擁俄反美、革命傳統教育、教育方法的靈活性等等。

（一）擁俄反美：國際上兩大陣營的較量

　　我們在前面提到了中國在俄烏戰爭中的立場：在全球的大多數國家都在反對俄國侵略烏克蘭的時候，中國政府的態度至少是曖昧的，如果說不是基本支持俄國的話。七十多年前中國革命的成功在很大程度上是因為蘇俄的人力與財力的幫助。之後中俄關係起起伏伏，但是習近平上臺以後兩國又成了「鐵桿朋友」。在第二次世界大戰中，中美是盟友，美國在亞太戰場上為抗擊日本人就犧牲了十萬的美國人。[31]如果沒有美國人的參戰，中國人的抗日也很難成功。改革開放後中國經濟的飛速發展，也與美國的支持無法分開。但是中共建政初期以及在習近平上臺以後美國又變成了中國的頭號敵人。中俄、中美關係似乎都在向毛澤東時代回顧。下面我們具體看一下中小學教科書在擁俄反美問題上的作用。

　　1949年12月，教育部召開了第一次全國教育工作會議，馬敘倫部長提出改造舊教育，即「提高人民的文化水平，培養國家的建設人才，肅清封建的、買辦的、法西斯主義的思想，發展為人民服務的思想」。具體辦法就是以俄為師，以蘇聯的教育經驗為榜樣，包括：「教學大綱、教材、課題教學過程、具體的教學方法、教學應遵循的基本原則、課內外的教學活動等等。」[32]

　　比如在世界史的教學內容方面，中共建政後的第一個小學世界史課程暫行標準指明：「世界史重點在說明以蘇聯為首的和平陣營日益強大，以美帝國主義為首的侵略陣營必然滅亡，殖民地被壓迫民族解放運動必然成功。」[33]亨特提到一本高中教科書說以美帝國主義為首的反民主陣營外強中乾，正在走向死亡。而以蘇聯為首的反帝國主義、民主陣營則日益強大。但是與此同時又說美國正走在法西斯的道路上，對世界造成了威脅，不過它還是紙老虎。[34]

　　建政初期的中小學語文教科書不僅提到蘇聯的時候多於提到美國，而且前者全是正面的描述，後者則是負面的描述。比如蘇聯制度的優越性、列寧史達林的平易近人、科學水平比美國高等等。而提到美國時則是資本家剝削工人、失業率高、貧富懸殊巨大、種族歧視嚴重等等。蘇聯則沒有人剝削人的情況，是幸福的人間天堂。[35]

　　《初級中學語文課本》第四冊第十八課〈蘇聯的一分鐘和美國的一分鐘〉說：「美國平均一分鐘有六個工人失業，或只能做一部分時間的工作。可是在蘇聯，平均每一分鐘有四個男女青年從中學、技術學校、高等學校畢業，開始在工廠或辦公室裡工作。美國平均每四十四秒鐘發生一件竊案，每六分或七分鐘發生一件盜案，每四十分鐘發生一起攔路打劫案。」[36] 孰好孰壞似乎一眼就能看得分明。

　　北京大學西語系教授馮至赴東歐訪問回國後，寫了《東歐雜記》一書，其中數篇文章被選入中學語文教材。其中一篇文章〈馬鈴薯甲蟲與蜜橘〉陳述蘇聯削減東德應付的戰後補償費50%，但是美國卻為了破壞東德的農業生產，派飛機灑下大量甲蟲來吃馬鈴薯。美國人還居心不良地在東西柏林邊界上拋灑無數德國難得一見的美國蜜橘，希望拍攝青年男女爭先恐後搶食蜜橘的畫面。全文引用了很多類似「一小撮帝國主義者豢養的……」、「陰險的面目」、「猙獰的面目」等等詞彙。課文還要求學生細心揣摩這些諷刺語的深長意味，而且還有這些諷刺語的作業和考試。[37]

　　余敏玲在她的研究中還討論了同樣收在語文課本裡的茅盾的〈剝落「蒙面強盜」的面具〉一文，說文中的「謾罵、痛批與偏執，同樣令人吃驚」。「在茅盾眼裡，美帝國主義等於六十個資本家家族的總和，也等同於希特勒的『孝子賢孫』。這些資本家像吸血鬼般地殘酷剝削工農和黑人，紐約市每五個人就有一個失業；他們像一群貪婪的狼，為了爭奪金錢而互相咬噬……。」美國文明其實就是拜金主義、酥胸玉腿、可口可樂、尼龍襪子、玻璃奶罩、蒙面強盜、冒險家等等物質和人物堆砌而來的。美國要的和平其實就是戰爭，民主是個面具，是用來欺騙人民的。[38]

　　亨特在他的書裡也描述了一個學校的老師和學生要學習為什麼中國革命是以蘇聯為首的世界革命的一部分，美國則是所有錯誤與罪惡的來源。中國人民一定要和蘇聯站在一起。[39] 共產主義者在美國身上找不到一點好處，美國人做任何事情都心懷叵測。在某一位馬克思主義歷史學家的眼裡，任何美國人對中國的友好與合作的舉動，都被扭曲抹黑，而且不需要任何事實來證明，只要說一句「大家都知道」，就可以了。一個繪畫本上描述醉醺醺的、不修邊幅的美國士兵隨意毆打中國人、強姦中國婦女。[40] 反正美國沒有一個好人。

　　1950年代的算術課本也對比美蘇的科學技術，表明美國如何落後於蘇聯。「高校算術就出現如下的應用題：蘇聯發射第三顆人造衛星重1,327公斤，美國發射的第三顆重量只有14.29公斤，蘇聯的人造衛星比美國重多少公斤？」[41] 1958年的初中語文課本裡還有一篇由中國科學院國際關係研究所所長孟用潛所寫的文章，第一句話就是「我們小麥總產量已經超過了美國」，儘管中國是在乾旱條件下生產的小麥的數量，而美國則是在理想氣候條件下生產出來的小麥數量。作者說：「美國在

小麥總產量方面既然已經被我國所壓倒，今後肯定將永遠被我國所壓倒。」他說吃了美國對外援助的小麥「常常使人氣得肚子發疼。所以美國小麥像瘟疫一樣，遭到全世界人民的咒罵」。[42] 正如1960年初版的高小語文和俄語課本中收入的毛澤東1957年在莫斯科的部分講話課文標題所說的那樣，「帝國主義和一切反動派都是紙老虎」。[43]

1950年代後期和1960年代早期，中蘇因為對史達林的評價等等問題交惡，中小學教科書中涉及蘇聯的篇幅急劇下降。[44] 一直到戈巴契夫1989年訪華之後，中蘇關係才得到緩和，之後蘇聯解體，變成了反面教材，於是蘇聯在教科書中的篇幅一直沒有能夠跟上中共建政初期的步伐。

1966至1976年間文革時期的語文教材涉及蘇聯的，就基本是批判性質的了。比如北京市教育局革命領導小組中小學教材編寫組編寫的北京市中學試用課本《語文》第三冊，涉及批判蘇聯的文章有三篇：〈珍寶島從來就是中國的領土〉、〈「國際專政論」是社會帝國主義的強盜「理論」〉、〈偉大祖國的壯麗山河，絕不容許蘇修侵犯！〉，還有一篇是列寧的〈歐仁·鮑狄埃〉，[45] 這是表明中共才是真正繼承了列寧的遺志，是當代共產主義革命的正統。

有趣的是這本書裡並沒有批判美國的文章，或許還沒有顧得上？

改革開放時期的一個語文教學大綱規定作為「基本課文」的九篇現代詩歌，其中涉及蘇聯的只有兩首：高爾基（Maxim Gorky, 1868-1936）的〈海燕〉和艾青的〈給烏蘭諾娃〉。其他為郭沫若的〈天上的街市〉、臧克家的〈有的人〉、賀敬之的〈回延安〉、公劉的〈致黃浦江〉和柯岩的〈周總理，你在哪裡〉。[46] 而且那兩篇詩歌即使和蘇聯有關，也和蘇聯政治沒有大的關係。

該大綱規定的十三篇現代小說基本課文，五個外國作家中只有一個是蘇聯作家：奧斯特洛夫斯基〔Nikolai Alexeevich Ostrovsky, 1904-1936，《鋼鐵是怎樣煉成的》（How the Steel Was Tempered）作者〕，另外契訶夫（Anton Pavlovich Chekhov, 1860-1904）是蘇聯前的俄國作家。其他三位是都德（Alphonse Daudet, 1840-1897）、莫泊桑（Henry-René-Albert-Guy de Maupassant, 1850-1893）和馬克·吐溫（Mark Twain, 1835-1910）。中國作家包括魯迅、老舍、趙樹理、周立波、王願堅和杜鵬程等。[47]

課本裡來自美國的作家很少：上面的詩歌與小說的必讀作家只有馬克·吐溫一人。這或許多少可以看出中共對美國政治和文化的態度。但是中共在主導思想上還是反美的。鄧小平在1989年之後認為西方國家正在對中國發動著一場沒有硝煙的戰爭，試圖挑動國內民眾的不滿，用資產階級自由化的思想來腐蝕中國，用和平演變

的方式來推翻全世界的共產主義。所以就有了江澤民、胡錦濤、習近平時代的愛國主義教育。[48]

不過總的來說，改革開放時期的教科書除了我們下面要講的革命傳統教育沒有太大的變化之外，對蘇聯和美國或者說西方世界的描述基本還是持平的。即使是習近平時代，也沒有像中共建政初期那樣強烈的擁俄反美的教育。比如在2006年修訂的普通高中課程標準實驗教科書《歷史》（1）（必修）就相對客觀地介紹了「美國聯邦政府的建立」、「資本主義政治制度在歐洲大陸的擴展」、「馬克思主義的誕生」、「俄國十月革命的勝利」等等。[49]

那麼從教科書的角度，如何解釋現在政府和民間強烈的擁俄反美情緒呢？或許和現在的七十歲左右的人所受的基礎教育是文革前十七年的教育有關。而四十歲左右的人的擁俄反美則更多的是與他們在改革開放以後，尤其是1989年民主運動之後，所受的愛國愛黨的教育有關。這個教育是對1989年民主運動的反彈。聽黨話，跟黨走，只有中國共產黨才能讓中國強大起來。如果黨說美國亡我之心不死，要和戰狼外交那樣反美，那咱們就都反美。如果黨說俄國是我們盟友，和我們站在同一條反美戰線上面，那我們就擁俄。這些正是教科書的功能。這也正是我們下面要討論的教科書的另一個主題。

（二）革命傳統的教育

(1) 對領袖的個人崇拜──毛主席是大救星，習總書記是定盤星

革命傳統教育可以說有幾個方面，包括對領袖的個人崇拜、對共產黨的歌頌、對英雄人物的歌頌、對革命事業的肯定等等。亨特在他的書裡描述了被訪者所說的一個學校的教職員和學生在中共軍隊進城以後組織他們開會的情況。其中一個特點是在會議結束的時候人們要站起來唱歌曲〈東方紅〉。之前他們還學會了唱歌曲〈沒有共產黨就沒有新中國〉。[50]

〈東方紅〉的歌詞這樣說：

> 東方紅，太陽升，中國出了個毛澤東。他為人民謀幸福（呼兒嗨喲）他是人民的大救星。
>
> 毛主席，愛人民，他是我們的帶路人。為了建設新中國（呼兒嗨喲）領導我們向前進。
>
> 共產黨，像太陽，照到哪裡哪裡亮。哪裡有了共產黨（呼兒嗨喲）哪裡人民得解放。

　　至於歌曲裡的「大救星」字眼和〈國際歌〉中的「從來就沒有什麼救世主」相矛盾，人們是不能追究的。人們只能相信毛澤東。亨特的一位被訪者說，領導給他們講話時說只有毛澤東的思想才能重建中國。如果你不同意毛的話，你就是不想讓中國變得強大，你就是一個自私的人。[51] 這位被訪者說有幾位老師因為問了一些尷尬的問題第二天就消失了，他再也沒有看到他們。[52] 這正是我們在前面所說的洗腦的強制性問題。正確的觀點只有一個，不容置疑，否則會有後果。

　　小學課本一開始就教「毛主席愛我們，我們愛他」（譯文）。[53] 那個時期的一本小學教科書也說：「毛主席，像太陽。他比太陽還光亮。照著你，照著我，大家拍手來歌唱。」（見圖一）

圖一：毛主席像太陽
（賈大錦先生收藏教科書之一頁）

　　那時候的一種高小的國語課本，一連三篇講了幾個毛主席如何愛人民、人民又如何愛毛主席的故事。此外還有朱總司令的故事，可見革命傳統教育所占比例極大。賈大錦先生收集到了三個不同的版本，講著同樣的故事。第一篇講毛主席如何將生了急性傳染病的孩子用自己的汽車送到醫院的故事，第二篇講一個瀕臨死亡的傷員在死前終於如願見到毛主席的故事。這些都是延安時期的故事，真假存疑。第三個故事講一個工人被邀請去參加羅馬尼亞駐中國大使館的宴會而見到了毛主席的故事。作者是一個工人。顯然一個工人那個時候多數情況下是文盲，有文化的人應該已經不是工人了。這個故事的真假也存疑。但是這些故事裡面表達的對毛主席的愛，以及毛主席對人民的愛，確實感人。小學生們，即使是初高中的學生也是很容易會相信的。而且誰敢不信呢？這裡的強制性和欺騙性是比較清楚的。

　　對毛的崇拜在文革時達到頂峰，林彪等人推出了毛澤東的所謂四個偉大：即偉大的導師、偉大的領袖、偉大的統帥、偉大的舵手。[54] 林彪說：「毛主席的話，水平最高，威信最高，威力最大，句句是真理，一句頂一萬句。」這些口號成為了當時最流行的話語。前引北京市教育局革命領導小組中小學教材編寫組的北京市中學試用課本《語文》第三冊開篇就是毛主席詩詞二首：〈和柳亞子先生〉與〈到韶山〉。接下來還有〈北京市革命委員會成立和慶祝大會給毛主席的致敬信〉、〈緊跟毛主席，一步一層天〉、〈愚公移山〉，陳永貴的〈讀毛主席的書全在於應用〉、〈毛澤東思想哺育的水下尖兵〉、〈中國人民政治協商會議第一屆全體會議開幕詞〉等讚揚毛澤東、宣傳毛澤東、歌頌毛澤東的文章。[55]

　　個人崇拜在改革開放時期降溫，但是在習近平時代，個人崇拜又時興了起來。原天津市委書記李鴻忠說：「有習近平總書記掌舵領航，是黨之大幸、國家之大幸、民族之大幸。習近平總書記的崇高威望、領袖風範、卓越智慧、人格魅力，是我們的寶貴政治財富、精神財富，是我們戰勝各種艱難險阻、成就新的歷史偉業的最大底氣和力量源泉。」原江蘇省委書記吳政隆說：「習近平總書記作為馬克思主義政治家、思想家、戰略家，展現出非凡政治勇氣、卓越政治智慧、強烈使命擔當和『我將無我、不負人民』赤子情懷，深受全黨全國人民愛戴，引領新時代中國巨輪劈波斬浪，不斷從勝利走向勝利。」原北京市委書記蔡奇說：「新征程上，為我們掌舵領航的，就是黨的領導核心習近平總書記，這個核心是時代呼喚、人民期盼、歷史選擇，是主心骨、頂梁柱、定盤星；為我們提供科學指引的，就是習近平新時代中國特色社會主義思想，這個思想是當代中國馬克思主義、21世紀馬克思主義，是中華文化和中國精神的時代精華，是旗幟、方向、信仰。」[56]

　　習近平上臺不久就有了自己的頌歌，比如〈包子鋪〉，描寫了習近平到包子鋪吃飯的情況，說看到習近平「身材魁梧、氣宇軒昂、紅光滿面」，說人們非常激動地看到了「親民愛民的習大大（爸爸）」，在「寒冬裡溫暖了老百姓的心田」。真的是和毛澤東可有一比，連習近平「端詳過的茶杯」和他「佇足回望」過的地方，都被樹碑立傳以供後人瞻仰。

　　這個個人崇拜也反映到了教科書當中。2021年出版的必修課教材《習近平新時代中國特色社會主義思想學生讀本》共有四套，涵蓋小學低年級、小學高年級、初中、高中四個階段。小學低年級的第一講第一頁就有「習近平爺爺和二十多萬軍民在北京天安門共同慶祝中華人民共和國成立七十週年」的大幅照片，並且說「習近平爺爺」提醒他們要「愛國」。全書充斥著習近平語錄、習近平照片，以及習近平的故事。像以前的教科書那樣，表達了「習近平愛我們，我們愛習近平」的意思。

　　小學高年級讀本中的前言〈致同學們〉，說每一講、每一節的標題都是「習近平爺爺講過的『金句』，都飽含深意，其中道理值得細細品味」。習近平「爺爺」語錄、習近平「爺爺」的照片、習近平「爺爺」的故事再次成為重頭戲，比如他在梁家河插隊時「為老百姓辦事、為人民奉獻自己的理想信念」的故事。

　　初中和高中的讀本仍然充斥著習近平語錄、習近平照片和習近平故事，儘管沒有再稱他為「爺爺」了。所謂「習近平新時代中國特色社會主義思想」的主要內涵是「中國夢」，雖然提到了胡錦濤時期的社會主義核心價值觀，但是並沒有提胡錦濤的名字。這四本書極少看到鄧小平、江澤民、胡錦濤的名字。總體給人的感覺是好像中國特色社會主義是習近平個人的創造。個人崇拜自毛澤東以來又達到了一個新的高度。

(2) 沒有共產黨就沒有新中國，要聽黨話，跟黨走，跟著黨的路線走

　　在崇拜毛主席、習近平的同時，也要崇拜共產黨，因為沒有共產黨就沒有新中國。只有共產黨才能領導人民站起來、富起來、強起來。孩子們從小就會唱〈沒有共產黨就沒有新中國〉的歌：

> 沒有共產黨就沒有新中國
> 共產黨辛勞為民族
> 共產黨他一心救中國
> 他指給了人民解放的道路
> 他領導中國走向光明
> 他堅持了抗戰八年多
> 他改善了人民生活
> 他建設了敵後根據地
> 他實行了民主好處多
> 沒有共產黨就沒有新中國

　　按照這裡的歌詞所說，好像只有共產黨在抗戰。不過這也是中共建政以後一貫的宣傳。一直到改革開放中後期，共產黨才承認自己是在敵後抗戰，而國民黨是在正面戰場抗戰。而且所謂的民主也並不是真正意義上的民主。

　　另外一本當時的小學生教科書這樣寫道：「共產黨，毛主席，領導人民分土地。人人有地種，家家都歡喜。」（見圖二）當然這裡的「人人」與「家家」並不

包括地主、富農、錯鬥中農。在中共的眼裡，這些都不是人。另外毛主席是共產黨的化身，歌頌了毛主席，也就是歌頌了共產黨。

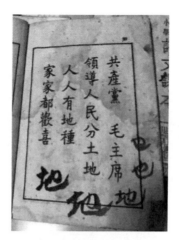

圖二：歌頌共產黨毛主席給我們分了土地

　　熱愛黨，就要跟黨走。所謂跟黨走，就是要跟著黨的路線走。黨的路線是無產階級革命的路線，是無產階級和資產階級鬥爭的路線。所以就有了階級鬥爭的教育。1950年和1956年的歷史教學大綱都明確規定，課程要讓兒童認識到階級鬥爭是推動歷史前進的動力。[57] 如果說在中共建政初期的主要敵人是美帝國主義和國民黨反動派的話，那麼到了文革時期，舊的反動派，包括地富反壞右等國民黨的殘渣餘孽，人還在，心不死。他們還在黨內培植了走資本主義道路的當權派。所以毛澤東說無產階級和資產階級之間的階級鬥爭要年年講、月月講、天天講。1962年毛澤東提出千萬不要忘記階級鬥爭的同時，小學語文就有一篇課文，名為〈要有鮮明的愛與恨〉，說：「愛什麼？恨什麼？總的來講，就是要愛我們的事業，愛共產主義，恨帝國主義。要愛人民，恨敵人。」[58] 黑白對立，愛憎分明。

　　文革期間的教科書所宣傳的正是這種鬥爭：「和帝國主義的走狗蔣介石國民黨及其幫凶們絕無妥協的餘地，或者是推翻這些敵人，或者是被這些敵人所屠殺和壓迫，二者必居其一，其他的道路是沒有的。」[59] 重慶市革命委員會中學教材選編小組1969年7月選編的重慶市中學試用課本《語文》②（一年級用）就包括了《紅岩》等革命傳統、革命鬥爭的教育，還有毛澤東的〈炮打司令部——我的一張大字報〉，炮轟黨內走資本主義道路的當權派。還有〈打倒李井泉、批臭李井泉〉、〈剝削有罪，罪該萬死〉、〈「收租院」解說詞〉、《沙家浜》（節選）等文章。[60]

在改革開放時期，階級鬥爭從黨的路線裡面被剔除了，取而代之的是中國特色社會主義的路線，即一個中心：以經濟建設為中心，與兩個基本點：堅持四項基本原則、堅持改革開放。1978年人民教育出版社出版的全國小學政治課教科書單元標題就很好地告訴我們中小學生所受政治教育的基本內容：

四年級

第一單元：舊社會勞動人民的苦難生活

第二單元：哪裡有壓迫，哪裡就有反抗

第三單元：偉大的革命導師馬克思和列寧

第四單元：共產黨、毛主席領導人民求解放

五年級

第五單元：做共產主義接班人（一）

第六單元：做共產主義接班人（二）

第七單元：學點正確的思想方法

第八單元：建設偉大的祖國，樹立崇高的理想。[61]

1986年的小學歷史教學大綱明確標明歷史教學「要向學生進行愛國主義、革命傳統和國際主義教育，從而激發學生的愛國主義熱情，並有助於樹立共產主義的遠大理想」[62]（我們會在後面具體討論歷史課如何貫徹這個教學思想）。改革開放時期的語文課，也很好地配合了政治課的革命傳統的教學思想。語文課所選的孫犁的小說《荷花澱》介紹了共產黨領導的游擊隊和日軍戰鬥的情況。周立波、趙樹理等人的小說則反映了共產黨所領導的土地改革的正義性。[63] 魯迅的〈從〉和葉聖陶的〈五月卅一日急雨中〉等散文則「反映了作者對反動政府屠殺無辜百姓的無比憤慨」，憤怒地控訴了帝國主義的暴行，激起了國人同仇敵愾的熱情。[64]「方紀的〈揮手之間〉寫的只是毛澤東登機時一瞬間的鏡頭，可在作者頭腦裡卻浮現了十五年。」[65] 說明文則選了〈人民英雄永垂不朽〉、〈雄偉的人民大會堂〉。如前所述，改革開放時期的一個語文教學大綱規定作為「基本課文」的九篇現代詩歌中，賀敬之的〈回延安〉和柯岩的〈周總理，你在哪裡〉都和革命傳統有關。[66] 現代戲劇的文學劇本，在中學語文教科書中也有選錄，比如賀敬之等編寫的歌劇《白毛女》（「舊社會把人逼成鬼，新社會把鬼變成人」）、沙葉新編寫的話劇《陳毅市長》、小說《林海雪原》改編的劇本《智取威虎山》、小說《紅岩》改編的《江

姐》、羅國賢的《高山下的花環》等等，都是革命傳統的經典作品。[67]

　　或許是由於改革開放以來黨內腐敗問題嚴重，老百姓對中共失去了信心，中共為了自己的政治安全，在習近平時代特別加強了中小學教科書中對中共合法性與唯一性的灌輸宣傳。《習近平新時代中國特色社會主義思想學生讀本》（高中）第三講的標題就是「領導力量：堅持和加強黨的全面領導」。本講提示特別強調：「中國共產黨是中國特色社會主義事業的堅強領導核心。堅持和加強黨的全面領導，是黨和國家的根本所在、命脈所在，是全國各族人民的利益所在、幸福所在，是奪取新時代中國特色社會主義偉大勝利的根本保證。」本講還強調「黨的領導地位是歷史和人民的選擇」，全體黨員必須「始終同以習近平同志為核心的黨中央保持高度一致」、自覺服從大局維護大局、「堅決維護習近平總書記黨中央的核心、全黨的核心地位」、「在思想上政治上行動上全方位向黨中央看齊，向黨的理論和路線方針政策看齊」（即所謂「四個意識」）。習近平就是黨中央，黨的領導不容質疑。

(3) 跟著英雄人物的榜樣走

　　「榜樣的力量是無窮的」，所以1949年以來的中小學教科書充斥著各種各樣的革命英雄人物的故事。余敏玲在她的《形塑「新人」》一書中說所謂新人，其實就是革命英雄人物，其價值觀是信仰馬列主義、崇尚（體力）勞動、強調階級鬥爭、愛國、反帝、反殖、國際主義、摒除個人主義、強調集體至上、全心全意投入社會主義建設和解放全人類的事業中去、成為革命事業的接班人。[68]

　　文革前十七年中小學教科書中出現的、代表這些價值觀的、在小說中和現實中被美化了的英雄人物有《鋼鐵是怎樣煉成的》中的蘇聯新人保爾‧柯察金及其作者奧斯特洛夫斯基、《把一切獻給黨》的作者吳運鐸、雷鋒、劉胡蘭、董存瑞、楊根思、羅盛教、向秀麗、黃繼光、邱少雲等等。[69] 還有王傑（一不怕苦，二不怕死）、麥賢得、劉英俊等等。文革中的紅衛兵、造反派、上山下鄉的知識青年正是這些英雄人物的後繼之人。

　　這些還不夠。文革剛結束後的歷史書，「感覺整本書都是梁山好漢」：有秦朝的陳勝、吳廣，有漢代的黃巾起義，宋代的王小波、李順起義，明代的李自成起義，清末的太平天國和義和團等等。[70] 這都是造反派的榜樣，是古代史上的英雄人物。

　　改革開放中期的中學語文教科書中所選的現代小說中的英雄人物還有「《老楊同志》中的老楊同志、《荷花淀》中的水生夫婦、《七根火柴》中的無名戰士、《普通勞動者》中的林將軍和戰士小李、《夜走靈官峽》中的小成渝，以及外國名

著《生命的意義》中的柯察金、《最後一課》中的韓麥爾先生、《母親》中的母親……。在所有這些光彩照人的人物形象身上，學生會深刻地感受到一個高尚的人、一個熱愛祖國的人、一個為國家強盛、民族振興而獻身的人該怎樣生活，該怎樣無私無畏地生活」。[71]

　　即使是古詩詞，比如杜甫的〈蜀相〉，也要體現「出師未捷身先死，長使英雄淚滿襟」的諸葛亮為國而忘身的精神。[72] 文言散文比如〈與妻書〉、〈譚嗣同〉、〈五人墓碑記〉、〈屈原列〉、〈「黃花崗七十二烈士事略」序〉、〈梅花嶺記〉則「從不同側面表現了中華兒女的錚錚鐵骨。個人事小，國家事大，為人處事當以國家民族的利益為重」，以及像〈岳陽樓記〉裡面說得那樣，「先天下之憂而憂，後天下之樂而樂」。[73] 和上面所討論的農民起義的英雄們和革命先烈們一樣，這些課文也將中華文化與革命文化有機地結合了起來。更重要的是，這些都有古今的英雄人物作榜樣。

（三）教學方法的「靈活性」

(1) 古為今用，斷「章」取義

　　教學方法的「靈活性」首先表現在對材料的為我所用，也就是毛澤東所說的「古為今用，洋為中用」，其實就是斷章取義。這一點在歷史教材中表現的比較明顯，也即在歷史材料的選擇和解釋上面，有欺騙性。中東媒體研究所（MEMRI）對這個問題有一個很全面的研究[74]。下面我們就來引述他們的一些發現。

　　七年級《中國歷史》第一冊第44頁說秦統一中國，結束了春秋戰國多年的戰亂，建立了中國歷史上第一個多民族的封建國家。秦始皇創造了一系列的規章制度，並被代代相傳下來。對秦的暴政，教科書則一筆帶過，甚至暗示秦始皇的罪惡是為了讓人民早日結束戰爭，過上穩定的生活。秦始皇在滅六國的過程中造成了一百六十萬到一百八十萬人民的死亡，西元前260年的長平之戰就殺了趙國降兵與百姓四十萬（另外也有說是二十萬），在其他幾次大的戰役中也殺害軍民幾十萬眾，六國死傷占總人口的三分之二。這些教科書都一字不提。

　　中小學歷史教科書的主旨是國家統一，任何代價都在所不惜。蒙古人征服中國也被看作是國家統一的偉大勝利，為中國帶來和平與穩定。對征服者的殺戮卻一字不提。

　　在教科書中，李自成的農民起義軍被稱頌為秋毫無犯、開倉濟貧的正義之師。但是這個時期的戰爭和殺戮造成了兩千五百萬人的犧牲，占了當時全國人口的五分之一，並導致了外族的入侵。張獻忠的軍隊殺死了六十萬到一百萬人。這些事實，

教科書也一字不提。教科書一方面主張和平與穩定，一方面又贊成人民起來造反，奪取政權、改朝換代，顯然自相矛盾。但是這卻符合中共自己的利益：一方面自己造反奪權是正確的、合理的，現在為了保護政權，不讓別人造反，從而達到和平穩定也是合理的。

教科書說1860年英法聯軍侵略天津、北京，火燒圓明園，並將其視為國恥。但是對北京政府拘捕英法外交使團三十九人並將其中的二十人酷刑致死，卻絕口不提。1900年的義和團運動也被認為是反帝國主義侵略的愛國運動，得到廣大群眾的支持。教科書提到義和團毀教堂、扒鐵路，但是絕口不提他們殺死了兩百四十個外國傳教士以及兩萬個中國基督徒，老人、小孩、婦女都無法倖免。還有很多非基督徒被殺，但是從來沒有人計算過這些被害者的確切數字。

現在的教科書承認國民黨的正面抗戰，但是大量的篇幅卻在講國民黨政府如何消極抗戰、積極反共，而且中國共產黨才是抗日的中流砥柱。[75] 教科書說土改的時候，連地主都分到了自己一份土地。但是實際情況和宣傳卻大相逕庭。暴力土改也絕口不提。1950年代初的鎮反殺了七十多萬（也有數據說是一百萬到兩百萬）原國民政府的官兵、政府工作人員等所謂反革命人士，監禁了近一百三十萬，監控了近一百二十萬，教科書也絕口不提。農民在分到土地之後很快就被合作社和人民公社給收回，也被認為是為了農民好。在後面的大饑荒造成三千萬到四千萬人被餓死也絕口不提。儘管提到了文革的十年災難，但強調的還是中國共產黨如何全心全意地為人民服務。1989年對民主運動的鎮壓也絕口不提。改革開放也是由於共產黨的英明領導，但是在1949年之前，中國本來就是開放的，閉關鎖國的是中國共產黨。改革開放的經濟成果，也是共產黨的成功，而不是西方國家援助的成果。

1989年民主運動之後，1992年的初中歷史教學大綱就「要求教材『著重揭露資本主義和帝國主義的侵略本質和掠奪罪行』，突出近現代史中的反侵略抗爭，並在國情教育部分，增加中國過去及現在各個時期的經濟歷史，以體現『社會主義制度的優越性』」。[76] 教什麼、不教什麼都是有選擇性的，是以自己的利益為準則的，因此是有欺騙性的。

更重要的是，任何和教科書的宣傳所不同的觀點，都在被禁止之列。老師們的工作和收入、學生們的考試成績，都和這一點相關。如果說對歷史的斷章取義是洗腦的欺騙性的例子的話，上面所說的這些懲罰性措施則是洗腦的強制性的例子。

(2) 潛移默化，潤物無聲

另外，教學也要有技巧，做到潛移默化，潤物無聲。除了課堂上的教學之外，

還有課下的作業。比如在中共建政初期，學生們被要求要對自己家庭的階級狀況進行調查，有幾口人、性別、職業、財產的種類與擁有量、各種收入和支出的情況、有無剝削等等。[77] 當然這種調查也是與時俱進的。比如文革後的初中歷史教材課後作業要求訪問老一輩人，看他們在文革中有什麼經歷，家鄉有沒有被破壞的文物古蹟，如何修復。但是在2019年的新版統編本中這些作業則全數刪除，代之以了解紅旗渠的修建過程，談談對紅旗渠精神的理解等等。[78]

當然還要利用電影教材來輔助語文教學，比如放映《萬水千山》來配合〈老山界〉、〈草地晚餐〉、〈紅軍鞋〉、〈七根火柴〉等課文的教學。[79] 在中共建政初期，他們就知道如何讓學生對教學有參與感，要多討論，讓他們感到這個結論是自己做出來的。[80]

在改革開放時期，課文後面的練習題會問學生懂得了一個什麼道理，提高了一個什麼樣的認識。比如在〈堅持民族氣節〉課後的練習題就要求學生「論一論蘇武是怎樣堅持民族氣節的」，「講一個堅持民族氣節或維護祖國尊嚴的故事」，討論一些「在同外國人交往中，小學生怎樣做才算維護祖國尊嚴」。[81]

改革開放以來可以配合國家意識形態教育的方式更加多樣化了：紅色旅遊、博物館、電影、電視、流行音樂等都填入了愛國主義的教育。[82] 這些都自然而然地將中共的思維方式根植在青少年的腦海之中。正如教育部教材組的負責人說的那樣，思想政治教材要採取「春風化雨」的方式，講述革命領袖、英雄先烈們的故事，講述革命傳統的故事，以培養學生的理想信念、愛國主義情懷，認識到中共和社會主義道路是歷史的選擇、人民的選擇。[83]

習近平時代最主要的方法仍然是「潛移默化」、「自然滲透」、「潤物無聲」。這使對改革開放以來教科書的修訂，看似細微，實際卻是「微言大義」。[84] 比如新版的初中歷史教材稱文革十年為「艱辛探索」，將「毛澤東錯誤地認為黨中央出了修正主義，黨和國家面臨資本主義復辟的危險」中的「錯誤地」以及「黨中央出了修正主義」刪掉，不再提毛澤東炮打劉鄧司令部，不再提「二月逆流」、「上山下鄉」等知識點，不再提林彪為動亂的煽動者，增加了毛對「四人幫」的批評，增加了「全國人民無限悲痛」地哀悼毛的去世，在評價文革時增加了「人世間沒有一帆風順的事業，世界歷史總是在跌宕起伏的曲折過程中前進的」等等。這正是習近平的所謂兩個不能否定，即：不能用改革開放後的歷史否定改革開放前的歷史，也不能用改革開放前的歷史否定改革開放的歷史。[85] 所有這些，其實都是在悄悄地洗白自己過去的歷史。

對宗教的色彩也要設法淡化，盡量不要讓學生接收到宗教的理念。比如部編版

小學六年級語文下冊節選的《魯濱孫漂流記》，就將譯文「我將沒法估算日子，甚至分不清安息日和工作日」中的「安息日」改為「休息日」。[86] 一字之差，宗教色彩就沒有了。

這種潛移默化、潤物無聲的方法，就和1989年前後關於政治體制改革的說法一樣。鄧小平要改革開放，教科書中關於歷代變法的內容增多。1989年之後則「淡化了宋范仲淹限制權力的政治改革，突顯王安石偏集中權力的經濟改革」。[87] 這一點看似是小修小改，實則是方針路線的大問題。教科書是為政治服務的。

四、洗腦的後果

我們在前面提到過納粹德國的洗腦，使得一個猶太青年會在腦海裡根植下反猶主義的思想。那麼七十多年來的洗腦在中國也會在幾代人的腦海中根植下愛國、愛黨、愛領袖、愛社會主義的思想。正如一位受訪者所言：「有一些關鍵詞是印在你腦子裡的，構成了你的語言系統。」她的腦海裡裝滿了階級侷限性、帝國主義等等詞彙，希望自己的孩子出國以後還要回來「振興中華」。[88]

這個語言系統最突出地表現在中國外交系統的官員嘴裡。以最近的幾個例子來說，中共中央政治局委員、中央外事工作委員會辦公室主任王毅說美國擊落中國的「無人飛艇」是濫用武力、過度反應、渲染炒作、近乎歇斯底里，顯示了美方對中國的偏見和無知已到了荒謬的程度，荒唐無稽。[89] 王毅這種語言風格和文革時期的大字報語言風格非常相似。這裡沒有為自己國家的偵查氣球闖入別國領土而道歉，有的只是攻擊謾罵。用這種態度來處理外交事務，只會火上澆油，使得中美關係越來越緊張，使得冷戰有可能變成熱戰，為中美兩國人民都帶來災難。

但是這正是多少年來擁俄反美的教育所帶來的後果。中國外交官反美擁俄的更多的文革語言還有以下這些例子：關於自由貿易問題，美國限制向中國出口半導體等商品，王毅說，君子好財，取之有道，只有小人才巧取豪奪。但是美方撕去了一切偽裝，連巧取都沒有了，只有豪奪。[90] 人家不賣給你東西，怎麼就成豪奪了呢？

關於飛艇事件，王毅說如果美方執意借題發揮、炒作升級、擴大事態，中方必將奉陪到底，一切後果由美方承擔。在烏克蘭問題上，他又說美方不應該拱火澆油、趁機牟利。[91] 本來美國是在犧牲自己的經濟利益援助烏克蘭抗擊俄國的侵略，現在卻成了趁機牟利。外交部發言人汪文彬也說美國大發戰爭財，良心何在？[92] 這是不是也是像汪文彬批判美國制裁中國企業時那樣批判布林肯（Antony John Blinken, 1962- ）國務卿的用語「口出狂言、顛倒黑白」呢？[93] 本來俄國是侵略者，但是汪

文彬卻說「美國是最大的戰爭製造者」，美國的霸權政策和好戰傾向延續一天，世界就將一天不得安寧。[94]

習近平的說法雖然稍顯溫和，但是也同樣嚴重：「以美國為首的西方國家對我實施了全方位的遏制、圍堵、打壓，給我國發展帶來前所未有的嚴峻挑戰。」[95] 他剛上臺時就認為國際上的敵對勢力正在企圖西化與分化中國，中國正面臨生死存亡的關頭。[96] 十幾年了，又開始擁俄反美，好像又回到了中共建政初期的情況。

在俄烏戰爭問題上，中國在批評北約東擴是引起戰爭的主要因素，[97] 隻字不提是俄國侵入烏克蘭。如前所述，這正是中國和中、東歐國家關係也越來越糟糕的主要原因。結果和中國結盟的重要國家就只有俄羅斯和伊朗，也就是威權與獨裁國家，而世界上最主要的民主國家則變成了中國的敵人。這是中國國際關係的危機，也是世界安全的危機。

在擁俄的問題上，王毅則說中俄關係經過國際風雲的考驗，成熟堅韌、穩如泰山。今後會繼續保持戰略定力，深化政治互信，加強戰略協作，拓展務實合作，維護兩國的正當利益。[98] 王毅顯然暗示中國可能會對俄國侵烏進行更實質性的幫助，從而更加惡化中美關係，引起國際局勢更大的動盪。

普丁說他自己就是蘇聯愛國主義教育最純粹、最成功的一個例子。[99] 結果就是我們現在看到的為了圓他的帝國夢而造成的生靈塗炭、哀鴻遍野。上面這些中國官員們或許也是中國的愛國主義教育最成功的例子，其後果也是災難性的。

上面是擁俄反美洗腦教育對今天的外交官員們的行為模式、語言模式的影響，及其在國際關係中對中國甚至世界的危害。其實在國內問題上的所謂中國特色社會主義的教育，又何嘗沒有給中國造成危害。中國在改革開放以來的政治與社會進步，比如政治體制的改革、公民社會的建設、傳媒的開放、言論的開放，在最近十多年來已經幾乎喪失殆盡。正如原國家總理溫家寶所說，政治體制不改革，經濟改革的成果也有喪失的危險。情況正是如此。四十多年來經濟改革，也有走倒車的跡象，比如在私營企業中設立中共的黨組織、公私合營的傾向；由於國際關係的惡化，海外企業在中國投資的減少、中國企業家移民海外的增多等等，都對經濟發展造成了極大的威脅。

或許最重要的是，現在的很多青少年，仍然在接受著洗腦的教育，並且在竭力地維護著極權體制，使得中國政治與社會很難走向民主與自由。在看完抗戰勝利七十週年閱兵之後，一位清華大學的學生說自己慶幸生活在這樣一個國家再也不受外人侵略的時代。一個八歲的女孩說我們要讓世界知道我們是一個多麼強大的國家。[100] 史塔拉德（Katie Stallard）觀察到，在這個愛國主義的教育過程中，老師和

學生都是非常認真的、誠懇的。[101] 儘管在中國沒有可靠的民意調查，但是我們幾乎可以肯定地說，由於這個教育的成功，和政府保持立場一致、擁俄反美的人，包括青少年，應該還是多數（當然也不可能像中共發言人所說的那樣，支持中國政府的人會達到90%以上）。

　　一個號稱為連續六年被評為新媒體百大人物、被湖北省省委常委兼統戰部長肯定了其「弘揚主旋律、傳播正能量方面所做的貢獻」的占豪及其公眾號，號稱有一百三十多萬訂戶，六千多篇原創內容，文章點擊率通常都在十萬以上。[102] 這個公眾號幾乎每天都有擁俄反美的文章，標題聳人聽聞，比如2023年2月27日和28日的標題就有「美國祕密謀劃，臺灣凶多吉少，中國將被迫出手」、「中國這一招走得妙，俄羅斯給中國點讚意義重大」、「中國又快『種島』了？菲律賓挑事，嚴重後果可能不遠了」！從多少年來的擁俄反美的洗腦教育看，這些文章被這麼多的人所歡迎，或許就是可以理解的了。但是如上所述，也正如占豪自己所說，其後果可能會是很嚴重的。

　　一代一代的人已經不知道如何用自己的語言來思考問題，因為他們需要自我審查，所以說話只能用官方話語，或者用錯別字。一代一代的人中的很多人，長時間不用某些詞彙，不探討一些問題，不了解一些觀點，很難有自己的思想，很難有自己的語言。由於語言限制了人們的思維，或許將來他們是沒有辦法和別人交流的。[103] 現在中國人在中美關係問題上、在俄烏戰爭問題上的這些話語其實就是雞同鴨講，或許就是一個例子。沒有共同的語言，找不到或者沒有發現共同的價值觀，國與國、人與人相處起來是很難的。

　　顯然洗腦的效果在中老年人、青年人、官員與非官員、國內的大學生或留學生中都是一樣的。何曉清的研究提到了在1989民主運動之後的愛國主義教育的成功，使得一些海外留學的年輕人的愛國主義、民族主義情緒非常嚴重，他們會將尖銳批評中國政府的華裔教授以及學生（比如杜克大學的王千源）看作是漢奸、叛國者，並對其進行網路欺凌。[104]

　　我在自己的研究中，也提到了在美國的中國學生侵犯學術自由的案例，比如要求校方撤除對他們來說涉及政治敏感話題的標語、傳單等，要求老師修改教學中的政治敏感內容或者話語，騷擾、干擾涉及對中國有所批判的討論會，給校方壓力要求他們取消涉及政治敏感的學術活動、監控其他老師或學生在校園舉行的涉及敏感內容的活動，恐嚇、霸凌、騷擾大學的其他師生員工等等。澳大利亞的大學也遇到了類似的情況，一個學生甚至警告其他學生說他已經向當地的中國領事館彙報了他們的反社會主義言論。2016年一位華裔老師在受到網路霸凌以後被迫辭職。[105]

五、結論

　　本文討論了1949年中共建政以來的教科書是如何洗腦的，包括擁俄反美、熱愛並擁護領袖、熱愛並擁護共產黨、熱愛中共領導的中國、熱愛社會主義，並像英雄人物們那樣為黨的事業獻身等方面。一位「脫北」者說所有的專制政權的套路都是一樣的：首先製造一個外來的對自己生存的威脅，然後你發現自己需要一個救星。最後你突然發現獨裁者就是你的救星。[106] 中國人正在面臨著各種外來的帝國主義威脅，只有共產黨、習主席才能救中國於危難。[107] 這就是洗腦的套路，而且是非常成功的。所以我們說洗腦是帶有強制性和欺騙性，並以洗腦者自己的利益為依歸的。

　　但是這種成功卻使中國在政治上走上了和全世界主要民主國家相反的路線，而不是中國經常呼籲美國的那樣，「相向而行」。在價值觀上的衝突，已經表明中國、俄國、伊朗、北朝鮮、白俄羅斯等專制或威權國家似乎要結為聯盟，和美國、歐洲等其他民主國家相抗衡。這除了在經濟上會給雙方都帶來巨大損失之外，在軍事上也可能產生衝突，正如俄烏戰爭所展現的那樣，從而造成不光是經濟而且還有生命的損失。

　　當然有洗腦就有反洗腦。也有不少年輕人，在朋友處、在學校等地方接觸到和自己在中國的教科書中所學到的東西不一樣的資訊時，他們的思想會有所改變，從而會站在更客觀、更公正的立場上看問題，使自己能夠變得更理性，更加認同民主的價值觀。即使是老一代的中國人，也有主動在網際網路上尋找不同於自己以前所受教育的資訊，並修正自己原來的觀點。

　　即使在教科書的編寫方面，如果主政者略微開放一點，允許一綱多本而不是一綱一本，那麼人們多少也可以減少一些洗腦的危害。比如上世紀末前後的「素質教育」，使得上海可以編出一套新的歷史教材，學生們可以探討沒有憲法的國家是什麼樣子，三權分立的時代變遷和實際應用。文明史可以探討兒童、婦女的權利公約、「人權宣言」等等。[108] 儘管這個教材改革曇花一現，儘管這個教材改革的政治正確性還是第一位的，但是這說明適當的開放，對抵制洗腦的危害是有作用的。

　　而且也不是所有的學生都相信教科書的說教。一個對微博的研究發現儘管有71%的發言者似乎認同教科書對歷史的描述，有的還發誓要「為中華崛起而讀書」！但是還有28%的人持質疑甚至批判態度，比如有的學生直接挑戰老師說「歷史是虛構的」，有的認為「教育被政治綁架」，學生在被「洗腦」。[109]

　　正如我在文章前面所說的，洗腦和反洗腦，對過去歷史的控制和反控制，會決定一個國家往哪裡走。希望這篇文章可以讓更多的人了解到這個問題的重要性，從而加入到反洗腦的運動中來，使中國走向民主，走向普世價值，使其真正成為一個負責任的大國，其人民也成為真正幸福的人民。

注釋

1　Emma Bubola and Isabella Kwai, "'Brainwashing a Generation': British Schools Combat Andrew Tate's Views," *The New York Times,* 20 February 2023, Section A, p. 1.

2　Katie Stallard, *Dancing on Bones: History and Power in China, Russia, and North Korea* (New York: Oxford University Press, 2022).

3　George Orwell, *1984* (New York: Signet Classics, 1949).

4　Edward Hunter, *Brain-washing in Red China* (New York: The Vanguard Press Inc., 1951).

5　Kathleen Taylor, *Brainwashing: The Science of Thought Control* (Oxford: Oxford University Press, 2017), pp. xxi, 6-7.

6　Taylor, *Brainwashing,* p. xiii。

7　徐賁：〈美國的洗腦理論〉，2020年7月2日，CND刊物和論壇網，hx.cnd.org/?p=178716。

8　Robert Jay Lifton, *Thought Reform and the Psychology of Totalism: A study of "Brainwashing" in China* (Chapel Hill and London: The University of North Carolina Press, 1989), pp. 438-441; Taylor, *Brainwashing,* p. 9.

9　陳嘉映：〈現代社會中，洗腦還有作用嗎？〉，《愛思想網》2016年3月14日（www.aisixiang.com/data/97810.html）。

10　Taylor, *Brainwashing,* pp. 73, 113, 119.

11　Andrew Higgins, "How China's 'Gateway to Europe' Began to Narrow," *The New York Times,* 13 February 2013.

12　Jackson Diehl, "The Sheep in Wolf's Clothing," *The Washington Post,* 25 March 1992; Richard Sandomir, "Solomon Perel, Jew Who Posed as a Hitler Youth to Survive, Dies at 97," *The New York Times,* 11 February 2023.

13　Katie Stallard, *Dancing on Bones,* p. 180.

14　方成智：〈新中國17年（1949-1965）中小學教科書的規整策略〉，長沙：《湖南師範大學教育科學學報》第11卷第3期（2012年5月），頁45。

15　見王眾威：〈思想政治教育灌輸理論的歷史理路、當代價值與發展路徑〉，揚州：《揚州大學學報（高教研究版）》第22卷第6期（2018年12月），頁9。

16　石鷗：〈中小學教科書79年憶與思〉，長沙：《湖南師範大學教育科學學報》第18卷第2期（2019年3月），頁1；姚馨：〈1949年以來我國中小學教科書政策的演變〉，宜賓：《宜賓學院學報》2021年第21卷第4期，頁73。

17　姚馨：〈1949年以來我國中小學教科書政策的演變〉，頁73。

18　呂曉娟、周婧、鍾楨：〈中小學教科書研究七十年的回溯與前瞻〉，蘭州：《當代教育與文化》第12卷第2期（2020年3月），頁70。

19　姚馨：〈1949年以來我國中小學教科書政策的演變〉，頁74。

20　見石鷗：〈中小學教科書79年憶與思〉，頁3。

21　胡金木：〈改革開放以來我國小學德育課程的歷史變遷〉（2008年9月11日），《中國高校人文社會科學信息網》，頁1，www.sinoss.net/uploadfile/2010/1130/9801.pdf。

22　王眾威：〈思想政治教育灌輸理論的歷史理路、當代價值與發展路徑〉，頁10。

23　同上。

24　楊鈺：〈壓縮的文革歷史與擴張的愛國教育，中國歷史教科書70年變遷〉，《端傳媒》2020年9月11日（theinitium.com/article/20200911-mainland -history-textbook-from-1949-to-2020/）。

25　同上。

26　教育部：〈編好三科教材，培育時代新人〉，北京：《光明日報》2019年8月28日。

27　同上。

28　同上。

29　周啟毅：〈中小學教科書內容體系建構探析〉，北京：《出版參考》2021年11月，頁77。

30　同上。

31　韓連潮：〈美國才是抗日的中流砥柱〉（2015年8月25日），《VOA網》，www.voachinese.com/a/hanlianchao-us-/2931177.html。

32　殷瑤瑤：《我國小學歷史課程發展研究（1949-1998）》（揚州：揚州大學碩士學位論文，2012年），頁6-7。也見余敏玲：《形塑「新人」：中共宣傳與蘇聯經驗》（臺北：中央研究院近代史研究所，2015年3月），頁92。

33　《形塑「新人」：中共宣傳與蘇聯經驗》，頁97。

34　Edward Hunter, *Brain-washing in Red China,* pp. 251-252.

35　《形塑「新人」：中共宣傳與蘇聯經驗》，頁99-100。

36　同上，頁100-101。

37　同上，頁102-103。

38　同上，頁103。

39　Edward Hunter, *Brain-washing in Red China,* pp. 104, 106.

40　同上，頁240-242。

41　《形塑「新人」：中共宣傳與蘇聯經驗》，頁107。

42　同上，頁107-108。

43　同上，頁104。

44　同上，頁110。

45　何蜀：〈「史無前例」年代的「紅色教材」〉，《胡耀邦史料信息網》2020年12月17日，www.hybsl.cn/beijingcankao/beijingfenxi/2020-12-17/72555.html。

46　顧黃初、顧振彪：《語文課程與語文教材》（北京：社會科學文獻出版社，2001年9月），頁202。

47　同上，頁225。

48　Katie Stallard, *Dancing on Bones,* pp. 69-82.

49　人民教育出版社課程教材研究所、歷史課程教材研究開發中心（編著），普通高中課程標準實驗教科書《歷史》（1）（必修），2006年。

50　Edward Hunter, *Brain-washing in Red China,* p. 100.

51　同上，頁101。

52　同上，頁103。

53　同上，頁286。

54　陳冠任：〈揭祕：林彪「四個偉大」是如何出籠的〉，《搜狐網》2016年2月22日，https://m.sohu.com/n/8321299058/。

55　何蜀：〈「史無前例」年代的「紅色教材」〉。

56　〈各地書記對總書記的由衷讚美〉，《抗衰老聯盟網》2023年2月7日，mp.weixin.qq.com/s/f26Gp7DihZ_jlWI-v4SnrQ。

57　殷瑤瑤：《我國小學歷史課程發展研究（1949-1998）》，頁18。

58　《形塑「新人」：中共宣傳與蘇聯經驗》，頁109。

59　何蜀：〈「史無前例」年代的「紅色教材」〉。

60　同上。

61　胡金木：〈改革開放以來我國小學德育課程的歷史變遷〉，頁1。

62　殷瑤瑤：《我國小學歷史課程發展研究（1949-1998）》，頁19。

63　顧黃初、顧振彪：《語文課程與語文教材》，頁229、232-233。

64　同上，頁209、212。

65　同上，頁210。

66　同上，頁202。

67　同上，頁244、246、249-250。

68　《形塑「新人」：中共宣傳與蘇聯經驗》，頁4。

69　同上，第一章。

70　〈壓縮的文革歷史與擴張的愛國教育，中國歷史教科書70年變遷〉。

71　顧黃初、顧振彪：《語文課程與語文教材》，頁227-228。

72　同上，頁279。

73　同上，頁261。

74　中東媒體研究所（MEMRI），"A Packaged Past: China's History Schoolbooks, Part I and Part II" (7 June 2022), China, Inquiry & Analysis Series No. 1635. 下面這些數據，除特別注明外，均來自這一出處。

75　也見Katie Stallard, *Dancing on Bones*, pp. 200-202對同一個問題的討論。

76　〈壓縮的文革歷史與擴張的愛國教育，中國歷史教科書70年變遷〉。

77　Edward Hunter, *Brain-washing in Red China,* pp. 258-260.

78　同注76。

79　顧黃初、顧振彪：《語文課程與語文教材》，頁298。

80　Edward Hunter, *Brain-washing in Red China*, p. 266.

81　胡金木：〈改革開放以來我國小學德育課程的歷史變遷〉，頁3。

82　同注76。也見Katie Stallard, Dancing on Bones, pp. 196-197.

83　教育部：〈編好三科教材，培育時代新人〉，北京：《光明日報》2019年8月28日。

84　「自然滲透」、「潤物無聲」、「春風化雨」是教育教材局負責人的話語。出處同上。

85　華盛頓：自由亞洲電臺：〈新版歷史教科書刪「文革」惹關注，官方急澄清〉，《RFA網》2018年1月11日，www.rfa.org/mandarin/yataibaodao/kejiaowen/ql2-011 12018 104005.html；羅四鴒：〈習近平欲為文革翻案？解讀新版歷史教科書爭議〉，《紐約時報》2018年3月14日，cn.nytimes.com/china/20180314/song-yongyi-china-textbook/zh-hant/；楊鈺：〈壓縮的文革歷史與擴張的愛國教育，中國歷史教科書70年變遷〉。

86　江真：〈中國大陸統一中小學教材，習近平思想成為靈魂指導〉，《VOA網》2021年8月11日，www.voachinese.com/a/Xi-and-CCP-impose-standardiz ed-textbooks-20210811/5997684.html。

87　〈壓縮的文革歷史與擴張的愛國教育，中國歷史教科書70年變遷〉。

88　同上。

89　〈王毅促美勿做荒唐無稽事〉，澳門：《澳門日報》2023年2月9日，http://www.macaodaily.com/html/2023-02/19/content_1655030.htm。

90　〈王毅批美只剩豪奪〉，澳門：《澳門日報》2023年2月20日，http://www.macaodaily.com/html/2023-02/20/content_1655263.htm。

91　〈王毅：必將奉陪到底〉，澳門：《澳門日報》2023年2月20日，www.macaodaily.com/html/2023-02/20/content_1655260.htm。

92　〈外交部：美良心何在？〉，澳門：《澳門日報》2023年2月22日，http://www.macaodaily.com/html/2023-02/22/content_1655696.htm。

93　見〈中方斥口出狂言顛倒黑白〉，澳門：《澳門日報》2023年2月23日。

94　〈華：世界將一天不得安寧〉，澳門：《澳門日報》2023年2月24日，www.macaodaily.com/html/2023-02/24/content_1656061.htm。

95　Keith Bradsher：〈習近平罕見公開批評美國對華採取遏制措施〉，紐約：《紐約時報》2023年3月8日，cn.nytimes.com/china/20230308/china-us-xi-jinping/zh-hant/dual/。

96　Katie Stallard, *Dancing on Bones,* pp. 186-187.

97　〈華促北約不要只做麻煩製造者〉，澳門：《澳門日報》2023年2月19日，www.macaodaily.com/html/2023-02/19/content_1655035.htm。

98　〈中俄關系穩如泰山〉，澳門：《澳門日報》2023年2月23日，www.macaodaily.com/html/2023-02/23/content_1655906.htm。

99　Katie Stallard, *Dancing on Bones*, pp. 64, 92-98. 關於蘇聯的愛國主義教育，也見頁62-63。

100　同上，頁185。

101　同上，頁205-207。

102　新媒體數據工具：〈公眾號數據分析系列之占豪〉，2018年11月27日，www.xiaokuake.com/p/zhanhao.html。

103　Mengyin Lin, "My Chinese Generation Is Losing the Ability to Express Itself" (10 February 2023), *The New York Times,* https://www.nytimes.com/2023/02/10/ opinion/ china-politics-language.html.

104　Edward Vickers & Krishna Kumar Eds., *Constructing Modern Asian Citizenship* (London and New York: Routledge, 2015), pp. 340-341.

105　Zhidong Hao, "Academic Freedom Under Siege: What, Why, and What Is to Be Done" in *Academic Freedom Under Siege: Higher Education in East Asia, the U.S., and Australia* eds. by Zhidong Hao and Peter Zabielskis (Switzerland: Springer Nature).

106　Katie Stallard, *Dancing on Bones*, p. 46. 也見頁213。

107　Isabella Jackson and Siyi Du, "The Impact of History Textbooks on Young Chinese People's Understanding of the Past: A Social Media Analysis," *Journal of Current Chinese Affairs* Vol. 51 (2), (2022): 196.

108　〈壓縮的文革歷史與擴張的愛國教育，中國歷史教科書70年變遷〉。

109　Isabella Jackson and Siyi Du, "The Impact of History Textbooks on Young Chinese People's Understanding of the Past," pp. 204-206, 213.

洗腦、宣傳和電影
——以傳播學和文字探勘視角

喬晞華

一、洗腦的歷史

　　洗腦是指通過各種方法使人接受一套不同的思想，從而改變信仰或行為。該詞在西方流行開來是由於冷戰的原因。1950年初，美國記者亨特[1] 通過報導，向世人介紹了中共採用的一種新技術，可以造就大批僵屍式的、聽話的士兵。次年，他發表了駭人聽聞的著作《紅色中國的洗腦》。[2] 洗腦的概念由於亨特的書，在西方從此一發不可收拾，特別是在朝鮮戰爭中，發生了美國士兵背棄對美國的忠誠，轉而投靠中共的醜聞。

　　目前，「洗腦」是個貶義之詞，以為該詞是由西方人創造的大有人在。然而令人大跌眼鏡的是，該詞是由中國的革新派知識分子創造的，而且當時是個褒義之詞。中日甲午戰爭中，清政府戰敗，與日本簽訂喪權辱國的《馬關條約》，令全中國震撼。有識之士認識到，單靠學習歐美船堅炮利技術，不足以抵抗外敵的入侵，他們提出政治改革的要求。維新人士康有為和梁啟超發起十八行省與臺灣、奉天的公車舉人連署簽名，要求清廷拒和、練兵、遷都和變法，史稱「公車上書」，後演變為推動君主立憲的維新運動，史稱「戊戌變法」。

　　中國的古人不知道腦子是用來思考的，以為思考的器官是心臟，於是在造字時突出「心」。漢語中，體現人的思想情感或意識活動的詞語，寫成漢字，一般都少不了「心」字底或者「忄」旁。例如，思、想、意、念、憶、憂、悟等。僅憑思維不借助任何工具的計算方法，中國人稱作為「心算」，善於算計別人並且不懷好意被稱為「有心機」。直到戊戌變法年代，中國人還以為人的思考是由心來完成的。這些維新人士所做的一件大事是在中國社會中，傳播人的意識存在於「腦」而不在於「心」的知識，此舉可以證明維新人士不僅是政治改革的先驅，而且是現代科學的先導。

　　維新運動失敗後，梁啟超等人深感改變中國民眾思維大腦的必要性，認為變革

的失敗表明，千年舊習已經深深地扎根於中國人的大腦，使國人無法自拔，自私自利，終成為一盤散沙。梁啟超大聲疾呼「赤手鑄心腦」，李世基則發表〈變易國民腦質論〉（1899），提出：「必須洗滌同胞腦質中的千年汙穢，以現代社會的模式取而代之。」[3] 次年，嚴復在譯作中加注聲稱：「學習社會學的人，須洗腦滌心。」[4] 洗腦的概念由此正式登場。需要說明的是，在革新派眼中的洗腦具有啟蒙和教育的目的，並無侵害和控制之意。此時的洗腦與「洗心革面」的意思差不多，是褒義詞，具有進步的意義。

　　然而，當「洗腦」一詞經亨特的著作傳入西方以後，該詞失去了進步的意義，逐漸成為貶義詞。洗腦包括兩個含義：（1）通過藥物和身體傷害輔以催眠術的技術，（2）採用強有力的思想控制技術的宗教式的灌輸過程。[5] 兩者均涉及「思想控制」（Mind Control），旨在把人降低變成動物、機器或奴隸。前者採用物理性的方法，後者採用思想性的方法。1921年，思想控制的理念產生於位於英國的塔維斯托克（Tavistock）的英國情報中心。思想控制技術後來在納粹德國得到發展，1943年德國人在達豪和奧斯威辛集中營將巴比妥酸鹽類中樞神經抑制劑、嗎啡、麥斯卡林等藥物用於審問，目的是摧毀受審人的意志。美國軍方也曾啟動這方面的研究，代號為MK-ULTRA計畫。美軍使用麥斯卡林藥物並不成功，改用一種叫作LSD的致幻劑。目前，隨著科學的發展，思想控制可以採用大腦奈米機器人、微晶片移植、大腦聯網等技術得以實現。[6] 此類研究的結果是，受害者僅僅成為一個空的軀殼，並沒有改變其世界觀，因此學者認為是失敗的。[7] 而採用宗教式的強制性的思想灌輸的效果更有效些。這就涉及另一個與洗腦、思想控制相關的領域：宣傳。

二、宣傳的演變

　　「宣傳」的最簡單定義是，任何改變人的觀點或態度的努力。宣傳操控心理學符號，而聽眾和觀眾對其目的並不知曉。美國學者拉斯維爾（Harold Lasswell）則認為，宣傳是某些個人或組織的觀點或行為，旨在通過預設的目標和心理操控達到影響他人的觀點和行為。[8] 埃呂則把宣傳定義為：由有組織的群體所使用的一系列手段，其目的是通過心理操縱，使大眾中的個體達到心理上的統一，令其團結在一起，積極地或被動地參與該群體的行動。他認為，所有帶傾向性的資訊，不論是有意的還是無意的，都是宣傳。宣傳者試圖通過心理操控改變受眾的觀點是一個要點。另一個要點是心理戰，宣傳用來對付敵國，使其喪失鬥志、對信念和目標產生懷疑。宣傳的另一個功能是對敵人進行改造和洗腦，如中共和前蘇聯的赤色宣傳。[9]

宣傳可分為黑、白、灰三類：（1）白色宣傳指的是如實標明消息來源，而且資訊是正確的宣傳。（2）黑色宣傳指的是掩蓋消息來源或偽造消息來源，所傳播的資訊是假的、捏造的和欺騙性的。如中共時常引用外電報導，而這些所謂的外電其實是大外宣的分支，往往是出口轉內銷，以此來欺騙國人。黑色宣傳的成敗取決於受眾是否願意接受消息來源的可靠性及其散布的內容。如果聽眾或觀眾本身具有獨立的思考能力，黑色宣傳會在此類人群中失去作用。（3）灰色宣傳介乎於黑白宣傳之間，其消息來源未必完全準確，傳播的資訊也未必完全正確。灰色宣傳往往以私人或民間組織的名義，這樣做可以使消息看起來源自一個非敵對方，更具有說服力。[10] 這也是中共慣用的手法之一。

納粹時期的德國、二戰時期的法西斯義大利、軍國主義的日本、前蘇聯、中共均創建出嚴密而有效的宣傳機構為其政權服務。而英美等國在宣傳方面也旗鼓相當。一戰中，協約國為了取得戰爭的勝利，進行了一系列成功的宣傳戰。對於交戰雙方來說，在國內和國際輿論中占領道德制高點尤其重要。雖然雙方均指責對方犯有暴行，但是英國人的宣傳在這方面略勝一籌。1915年，英國駐美國前大使起草了一個揭露德軍在比利時的暴行的報告（Bryce Report），指控德軍殺害了約六千名比利時平民。這一暴行引起國際公憤，對美國決定參戰起到一定的作用。然而戰爭結束後，人們發現協約國的宣傳誇大甚至捏造事實，其宣傳備受詬病。後來的盟國為此付出了沉重的代價，當二戰中德國納粹真的進行大屠殺時，有不少民眾對此類報導持懷疑態度。[11]

最能體現人們對「宣傳」一詞持負面意義的例子，莫過於有關美國著名導演約翰・福特（John Ford, 1894-1973）[12] 的佚事。二戰時期，福特擔任美海軍中校、美戰略局戰地影像處處長時，他的下屬問他，影片《中途島之戰》（*The Battle of Midway*）是否作為宣傳片，福特沉默了很久，從牙縫裡迸出一句話：「只要我還是你的上司，你以後別在我面前提宣傳二字！」[13] 目前，「宣傳」一詞已經基本屬於貶義詞，常與空話、廢話、謠言、歪曲、欺騙、操控、思想控制、心理戰和洗腦畫等號。

三、傳播學與電影

宣傳由於缺乏科學性，容易引起政治立場上的糾紛，又因為宣傳概念在產生後不久即背上惡名，為了繼續生存下去，它不斷地通過改變名稱，劃清與之前宣傳的界限。這些名稱不僅包括負面詞彙，如洗腦、炒作、意識形態霸權、訊息操縱、意識操

縱（Spin），而且包括中性的或略帶正面色彩的詞彙，如灌輸、再教育、思想改造、思想政治教育、新聞管理、公共關係、危機管理、廣告、策略性傳播、宣傳性廣告（Advocacy advertising）、形象管理、政治營銷、公共外交、心理戰、宣傳運動、大眾說服（Mass persuasion）、社會動員、心理操作（Psychological operation）、共識製造（Making consent）、國際傳播等。宣傳最終融入傳播學（Communication），成為大眾傳播的形式之一，旨在從受眾中獲得宣傳者所期望的反應。

　　1988年，兩位西方學者發表了《製造共識：大眾傳播的政治經濟學》[14] 一書，提出製造公眾共識的宣傳模式，在新聞的報導上受五種有利於扭曲事實的過濾機制，即媒體擁有權、廣告、資訊來源、炮轟（flak，也有人譯為「高射炮」）、反共和反恐。主流大眾媒體的運作模式皆以營利為目的，由於多數媒體的擁有者是財團和投資人，因此在營運上不得不顧及他們的商業利益。由於多數媒體的收入來源是廣告，因此廣告客戶是媒體實際上的控制者。媒體在新聞報導上必須顧及廣告客戶的政治與經濟利益。媒體為了降低取得新聞來源與製造新聞報導的成本，贊助者所提供的消息成為媒體的新聞來源。其他的來源往往較難得到關注，甚至會被贊助者所排斥。媒體機構為降低營運風險，會刻意避免得罪報導不利於贊助者的新聞。炮轟泛指既得利益團體針對媒體報導的反擊手段，形式包括書信、投訴、法律官司甚至立法行動，對媒體帶來巨大的傷害。媒體不僅會喪失廣告收入，而且會因為自衛花費巨額開銷。該書原版發表於1988年，冷戰尚未結束，作者當時僅將反共列為第五種過濾機制，再版時，作者認為反恐已經取代反共，成為第五種過濾機製作為社會控制手段的意識形態。[15]

　　與宣傳對應的是反宣傳，分為戰術性和戰略性兩種。戰術性反宣傳指的是針對敵方某個具體的資訊，如揭露中共關於疫情的謊言。戰略性反宣傳指的是針對敵國一套完整的傳播政策，如中共設立對外廣播、對境外媒體界的滲透等。反宣傳包括多種方法，如新聞檢查、無線電干擾、網路防火牆，甚至進入敵國執法。[16]

　　電影作為現代傳媒最重要的傳播手段之一，它的影響是巨大的。而電影的教育意義（也可稱為洗腦作用），更是不可忽視的。[17] 從傳播學視角來看，電影的製作、發行、放映和效果是一個完整的傳播過程，電影作為一門綜合性藝術，以其獨到的視聽語言吸引觀眾。集商業性、文化性、藝術性、宣傳性為一體的電影，跨越國界、種族、時代，成為民眾文化生活的重要組成部分。

　　當電影、小說、報紙和電視成為政治宣傳的工具時，文化就完美地融合進了宣傳。一個人越有文化，受的宣傳影響越大。我們可以看到一個奇怪的現象，大眾媒體傳播會產生一個大眾文化，而該文化卻摧毀個人的意志。埃呂認為，受宣傳者在

此過程中是同謀，有被宣傳的欲望。這是因為，人們希望遵循群體規範以便融入社
會，參加社會活動。他的看法與傳統的觀點背道而馳，因為後者認為，受宣傳者都
是受害者，專制的政權蒙蔽不知不覺的、被動的民眾，無選擇地接受它們的謊言。
按照埃呂的觀點，受宣傳者絕不是無辜的受害者，是受害者引發宣傳的心理作用，
不僅導致其在身上發生作用，而且從中得到滿足感。沒有這一隱含的認同，沒有這
一當今技術時代每個公民所體驗到的對宣傳的需求，宣傳本身是無法進行的。[18] 這
一情況不僅存在於西方的民主國家，也存在於像中國大陸這樣的專制國家。中國大
陸的大眾文化為中共的專制政權推行其文化政策提供了基礎。

四、中共的文化政策

電影作為一門綜合性藝術，受文化政策的影響很大。文化政策是國家作為文化
管理權力，行使主體對文化進行管理和規範的政治表現形態，是國家在文化藝術、
新聞出版、廣播影視、文物博物等領域實行意識形態管理、行政管理和經濟管理所
採取的一整套制度性規定、規範、原則和要求體系的總稱。[19] 這是中國語境下文化
政策的本質，把意識形態管理置於行政管理和經濟管理之上，是最優先考慮的因
素。自中共建政以來，作為唯一執政黨的中共所制定的文化政策是國家文化治理、
文化規範的最高意志，體現出國家的文化發展意志與目標，具有最高的權威性。

（一）中共文化政策的分期

文化政策並非一成不變，由於受多變的政治環境、複雜的歷史背景以及動盪的
世界格局的影響，中共的文化政策一直處在不斷的調整和變化之中。中共文化政策
的歷史源頭是1942年在延安召開的延安文藝座談會和毛澤東的〈在延安文藝座談
會上的講話〉（以下簡稱〈1942延安講話〉）。中共文化政策的建構則始於1949
年7月召開的第一次中華全國文學藝術工作者代表大會（以下簡稱「第一次文代
會」），此後的形成和發展過程根據政策的制定、調整和實施層面的特徵，可以分
為五個階段。[20] 通過召開文代會的形式，為一段時間內全國文藝工作設定方針、政
策和任務，是中共執政後管理文藝事業的主要方式和手段。[21] 文代會的召開是構建
中國當代文學範式的儀式，也是中國當代文學範式嬗變的標誌性事件。[22]

- 從1949年第一次文代會的召開至1966年5月文革爆發之前，可稱為中共文化
  政策的建構階段（以下簡稱「1949建構期」）。第一次文代會對中共「十七
  年」的文學體制中幾個重要構成要素的生成起到相當重要的作用。[23]

- 從1966年4月〈部隊文藝工作座談會紀要〉的發表到1976年文革結束，可稱為中共文化政策的激進階段（以下簡稱「1966激進期」）。中共對電影的改造過程，由一元化和一體化建立、衝突、調整、強化、逐步走向激進主義。[24]

- 從1979年10月第四次文代會的召開到1989年「六四事件」的第三階段可稱為文化政策的調整階段（以下簡稱「1979調整期」）。第四次文代會是中國社會經濟、政治和文化轉型發軔的特殊時間節點，是中共十一屆三中全會之後召開的規模最大、級別最高、內容最為複雜、過程甚為曲折的大會，對中國的思想文化和文學發展進程產生了複雜而深遠的影響。[25]

- 從1991年3月出臺〈中共中央宣傳部、文化部、廣播電影電視部關於當前繁榮文藝創作的意見〉以及1991年7月出臺〈國務院批轉文化部關於文化事業若干經濟政策意見的報告〉至2012年可稱為中共文化政策的轉型階段（以下簡稱「1991轉型期」）。中國電影逐步形成以主旋律電影為主體，其他電影為輔的多元結構。[26]

- 從2012年習近平擔任中共最高領導人開啟習時代，並於2014年中央全面深化改革領導小組第二次會議出臺〈深化文化體制改革實施方案〉至今，可稱為中共文化政策的強化階段（以下簡稱「2014強化期」）。

（二）文化政策的文本

表一：本研究採用以下資料作為文化政策的文本

時期	政策文本	字數
1942年延安期	毛澤東〈在延安文藝座談會上的講話〉	19,000
1949年建構期	第一次文代會「郭沫若的發言」、「陸定一的發言」、「周恩來的發言」[27]	16,500
1966年激進期	〈林彪同志委託江青同志召開的部隊文藝工作座談會紀要〉	7,200
1979年調整期	第四次文代會「鄧小平的發言」、「茅盾的發言」、「夏衍的發言」、「周揚的發言」、「大會決議」[28]	44,000
1991年轉型期	中宣部、文化部、廣播電影電視部印發〈關於當前繁榮文藝創作的意見〉的通知、國務院同意文化部〈關於文化事業若干經濟政策意見的報告〉[29]	10,800
2014年強化期	〈文化部明確2014年文化系統體制改革實施方案〉[30]	7,300

注：六個時期的文化政策文本共有約十萬五千字。

（三）文字探勘法

　　對於文化政策文本的分析，一般的方法是採用定性分析法，由研究者仔細閱讀各時期的政策文獻，從而歸納出各時期的重點和特徵。定性分析法的缺點之一是，由於採用人工的方法，如果文獻的數量很大，需要耗費大量的人力。本文採用近年來迅速發展的電腦輔助的「文字探勘法」（Text Mining，簡稱TM，另譯文本挖掘法）。文字探勘是一個跨學科的研究方法，涉及多個領域，包括數據挖掘技術、資訊抽取、資訊檢索，機器學習、自然語言處理、計算語言學、統計數據分析、線性幾何、概率理論和圖論等。文字探勘法是數據探勘方法在文本數據上的運用，目的是從大量非結構化的文本中挖掘資訊，從中獲取有價值的資訊和知識。

　　文字探勘（也稱為「從文本中發現資訊」，Knowledge Discovery from Text，簡稱KDT）是由兩位美國學者[31]在1995年首先提出的，而手工的文字探勘研究出現得更早（如「逐字解釋的內容分析技術」，Content Analysis of Verbatim Explanations，簡稱CAVE），在上世紀的80年代即已出現。[32]由於數據存儲技術和網際網路的不斷發展，數據正以前所未有的速度增長。這些數據記錄了人們的行為態度、交往過程和互動關係，為研究人們的社會化行為提供新的可能。傳統研究方法在當前海量文本內容分析中已不再適用。文字探勘可以利用機器學習、自然語言處理等電腦技術從大量文本數據中發現模式、規律、趨勢等，為學者以定量手段進行社會科學研究提供新的方法。文字探勘在社會科學領域研究中的應用得到了越來越多的關注。[33]隨著電腦技術的發展，越來越多的學者開始借助文字探勘技術進行研究。例如，國內有大量的學者對《紅樓夢》從不同的角度，如程度副詞、心理動詞、非詞語化、副詞的重疊等，進行分析。[34]

　　本文的分析對象限於文字本身（詞彙），涉及分詞。成熟的分詞軟體有多種，比較出色的是「結巴分詞」。本文的中文處理採用R軟體，[35]統計分析採用SAS軟體。[36]

（四）結果

　　本文對六個時期政策文本分別進行詞頻統計，以下是各時期按降序排列的30至40個高二頻詞（見表二）。

表二：各時期政策文本中的高頻詞

時期	高頻詞（降序）
1942年 延安期	文藝、群眾、革命、資產階級、人民、藝術、文學、政治、工農、同志、無產階級、普及、階級、馬克思、知識分子、根據地、立場、人民大眾、團結、敵人、抗日、黨、愛、人性、歌功頌德、改造、大眾、農民、工人、統治、文化、封建、魯迅、作家、軍隊、延安、服務、八路軍、出身、新四軍
1949年 建構期	文藝、人民、革命、文學、藝術、領導、運動、部隊、代表、改造、人民解放軍、新文化、敵人、毛澤東、統一戰線、團結、政治、農民、國民黨、群眾、解放區、新民主主義、資產階級、鬥爭、反動、工人、無產階級、民主、建設、人民大眾、五四運動、封建、文化、帝國主義、普及、反封建、反帝
1966年 激進期	毛澤東、社會主義、思想、資產階級、作品、創作、京劇、部隊、鬥爭、無產階級、文化、英雄、江青、兩條道路、群眾、人民、工農、藝術、軍隊、領導、錯誤、歷史、現代化、黨、敵人、反對、黑線、著作、電影、文化戰線、修正主義、方向、才華、林彪、馬克思、題材、影片、反黨、反動
1979年 調整期	文藝、人民、藝術、社會主義、革命、文學、作家、創作、歷史、四人幫、文化、鬥爭、作品、現代化、思想、政治、批判、群眾、精神、馬克思、林彪、毛澤東、民族、理論、創造、領導、實踐、傳統、無產階級、團結、建設、電影、服務、現實主義、運動、思想解放、自由、解放思想、黨中央、科學技術、世界觀、浪漫主義、民主、百花齊放、百家爭鳴、蘇俄、意識形態
1991年 轉型期	文藝創作、創作、藝術表演、文化部、部門、文化部門、繁榮、影壇、管理、廣播、組織部、人員編制、事業單位、學校、群眾鬥爭、上層建築、演劇隊、規劃、提高警惕、條例、制度、黨、生活理想、宣傳部、經濟、專業化、社會保障、思想道德、政策措施、人民大眾、提煉、馬克思列寧主義、理論工作者、毛澤東思想、深入基層、作曲、經費、財政部、傳播、整風、法制、民族風格、執政黨、資金投入、統一戰線、中央財政、業務費、政治部、中外合作
2014年 強化期	文化、企業、文化產業、市場、改革、藝術、對外、管理、文化遺產、投資、財務司、國有、融資、金融、體制改革、用地、產品、試點、增值稅、電影、改制、經營、優惠政策、扶持、創新、公司、技術、開發、稅收、資本、資產、財政、基金、監督、品牌、事業單位、投入、文化交流、專項資金

　　由於高頻詞未進行整理歸類，各時期之間存在的聯繫並不一目了然，僅有一點較為明顯：1966激進期時，「毛澤東」一詞的頻率最高，突顯當時毛的地位，為文革十年的極左路線鋪平了道路。我們對各時期的高頻詞進行分類如下（見表三）。

表三：各時期高頻詞的分類和分布

類別	高頻詞	時期					
		I	II	III	IV	V	VI
鬥爭	革命、反封建、反帝、抗日、帝國主義、階級、鬥爭、無產階級、資產階級、兩條路線、修正主義、黑線、反黨、兩條道路	有	有	有	有		
馬列	馬克思、列寧、馬列主義	有		有	有		
民眾	人民、大眾、工人、農民、工農、人民大眾、知識分子	有	有	有	有	有	
軍隊	軍隊、部隊、解放軍、八路軍、新四軍	有	有	有			
毛澤東	毛澤東、毛澤東思想	有	有	有	有	有	
民主	自由、民主、思想解放、解放思想、百家爭鳴、百花齊放、人性	有	有		有		
體制	體制、改制、人員編制、條例、制度、組織部、事業單位、法制、體制改革、編制					有	有
經濟	經濟、財政、經費、對外、合作、交流、中央財政、作價、業務費、資金投入、財政部、中外合作、優惠政策、財務司					有	有

注：（1）I、II至VI分別表示1942年延安期至2014年強化期；（2）由於是關於文化政策的文本，各期均有文化、藝術、文學等高頻詞，表三未列。

　　如表三所示，從1942年延安期直至1979年調整期，「鬥爭」一類的詞彙占上風，但是進入轉型期後，鬥爭、革命的重要性日趨下降，讓位於經濟改革。馬克思、列寧及馬克思列寧主義在1991年轉型期之前仍為主旋律之一。1949年建構期雖未形成高頻詞，卻仍有提到。但是進入轉型期後，馬列主義的重要地位終被經濟和改制取代。人民大眾一直是各期文化政策的重點，但是，進入強化期時，也逐步失去往日的關注。毛澤東及毛澤東思想在強化期之前一直占據重要地位，特別是1966年激進期占據首位，但是在強化期，毛澤東也被迫退出中國的文化舞臺。

　　儘管中共是一個專制的國家，但是在它奪取政權以前以及剛剛掌握政權時，中共還須打出民主和自由的旗號。但是在激進期，民主讓位於兩條路線的鬥爭，雖然此旗號在調整期又一度重新返回，但在轉型期和強化期也讓位給經濟和改制。特別值得一提的是有兩類高頻詞僅存在於調整期和強化期，這就是「體制」和「經濟」。轉型期和強化期明顯地側重文化系統的體制改革，而且經濟問題被提到議事日程上來。尤其是強化期，主要精力放在市場、投資、融資、金融、用地、產品、增值稅、經營、優惠政策、扶持、稅收、資本、資產、財政、基金、投入、專項資

金等方面。

　　以上是對各時期之間關係的分析，我們再來研究各時期各自具有的獨特之處。
表四列出了僅在某個時期出現，而在其他時期並未出現的詞彙。

表四：各時期獨有的詞彙

時期	獨有的詞彙
1942年延安期	人性、功利、同盟軍、超階級
1949年建構期	人民解放戰爭、官僚資本、群眾團體、政治協商會議、美帝國主義、土地改革
1966年激進期	樣板、黨性原則、白虎團、毒草、沙家浜、威虎山
1979年調整期	四人幫、思想解放、解放思想、極左、意識形態、革新、傷痕、安定、篡黨、流毒
1991年轉型期	資金、財力、轉業、籌集、法規、著作權法、資助
2014年強化期	企業、文化產業、市場、財務司、融資、金融、用地、增值稅、改制、機制、科技、優惠政策、開發、資本

　　如表四所示，中共奪取政權以前，為爭取民心，其政策還提到人性（當然是所
謂的無產階級人性）、同盟軍。而到了建構時期，關注更多的是土地改革、國內戰
爭（第一次文代會時並未完全結束）、政治協商會議。進入激進期時，其特點是樣
板戲和批判所謂的毒草。調整期的特色是解放思想、反對「四人幫」、安定團結。
轉型期以經濟、轉型為特色有異於其他各期。強化期則以改制、進一步強調經濟為
其特色。

　　概言之，中共的文化政策經歷了從強調階級鬥爭轉向注重經濟和加強體制的
過程。

五、中共對電影的管控

　　毋庸置疑，強化期注重改制和經濟並不意味著中共放棄或放鬆對文化的管控，
而是因為通過數十年幾代共產黨人的經營，嚴密的政治控制已經完全建成。中共歷
來重視輿論和宣傳，對電影自然不會不倍加重視。電影作為一種藝術形式，教育性
是其重要的特性之一。電影自引進中國以來，教育性一直備受重視。尤其是在中共
電影發展的過程中，教育性的內涵發生過變化，集中反映在電影教育所蘊含的政
治、道德、審美、娛樂等諸功能元素在實際發展的過程出現排位的變化，呈現出某

些功能的突顯、傾斜與擴張。[37]

　　革命倫理和道德教化體系，是中共在上個世紀逐步構建和發展起來的。考察文革前的教育成長主題電影，會發現無論是革命小英雄模式，還是後進變先進模式，都將個體成長與中共的革命聯繫在一起，詮釋了革命倫理與道德化體系對個體的構建和生成作用。電影創作既受到政府意識形態的強大影響，自身又作為意識形態的一個方面，在宣傳政府意識形態方面扮演一個重要角色。[38]

　　文軍[39]對「紅色電影」在中小學生愛國主義教育中的作用及運用進行分析，發現利用觀看紅色電影的形式能夠起到較好的教育和啟發效果。文軍結合中小學生愛國主義教育的現狀以及紅色影視的優勢進行探討，認為學校要想達到較好的教育效果，就要選取合適的影片，引導學生們獲得愛國主義思想的昇華。

　　「主旋律電影」是弘揚國家主流政治意識形態和主導文化價值觀的一類電影，是中共電影中提倡的、能夠促進所謂社會主義精神文明建設的電影作品的總稱。[40]中共建政後，主旋律電影以其特有的存在方式，一直在中共的電影市場上占據重要地位。具有鼓舞振奮風格的主旋律電影，傳達著中共意識形態的思想內涵。[41]何夢雲[42]通過分析長春電影製廠的歷史，發現主旋律電影具有「一種特殊的意識形態」的本質、「意識形態國家機器之一」的效用，突顯主旋律電影本身的意識形態宣傳性。

　　中共傳統的思想政治理論課教學側重理論灌輸，缺乏實踐認識，強調教師的主導性，忽視學生的主體性。近年來，大學引進的「微電影」既不是簡單的政治宣講，也不是傳統的理論灌輸，實現了高校思想政治理論課的思想課、政治課、道理課的統一，成為學生自我教育的有效途徑。[43]還有學者發現，紅色電影作為黨史教育的傳播載體，在鞏固意識形態主導地位、黨史教育陣地建設、提高大學生政治素養等方面具有重大價值，並在黨史教育內容、教育方式和教育效果等方面發揮著獨特功能。[44]

　　中共一方面用紅色電影和主旋律電影強制推行其意識形態，另一方面對不合其意識形態的影片進行無情的打壓和摧殘，大量的優秀影片被禁。例如，田壯壯執導的《藍風箏》（1993）、張藝謀執導的《活著》（1994）、韓倞和高富貴執導的《天安門》（1995）、陳沖執導的《天浴》（1998）、王兵執導的《夾邊溝》（2010）等被中共當局以各種理由禁映。

六、實例分析

　　本節以兩個實例：[45]陳凱歌等人執導的《長津湖》（2021）和吳京執導的《戰

狼2》（2017），來分析中共是如何通過電影來推行其意識形態的。

（一）影片《長津湖》

「長津湖之戰」是朝鮮戰爭中，中共軍隊發動的第二次戰役中的重要一仗。1950年6月25日，北朝鮮軍隊越過三十八度線入侵韓國，挑起朝鮮戰爭。在精心準備的北朝鮮軍隊面前，毫無戒備的南韓軍隊不堪一擊，迅速敗退，逃至南韓國的最南部地區。6月25日，聯合國安理會通過決議，認定北朝鮮軍侵略，敦促其撤至三十八度線。蘇聯在此期間缺席會議，沒有動用手中的否決權。7月7日，聯合國安理會通過關於組織統一司令部的決議，美國的麥克阿瑟（Douglas MacArthur, 1880-1964）將軍被美國總統任命為「聯合國軍總司令」。數月後，來自十八個國家的軍隊陸續到達朝鮮半島援助韓國。

為解釜山之圍，聯合國軍於9月15日在仁川港登陸，切斷了北朝鮮軍隊的後路，聯合國軍乘勝直奔中朝邊境，大有全殲北朝鮮侵略軍之勢。中國不宣而戰，於10月19日派志願軍祕密入朝解救潰不成軍的北朝鮮軍。中共此舉純屬替人火中取栗，[46] 對於這場戰爭的正義性，因篇幅和本文論題範圍的限制，筆者不做更深入的討論，看看現在的北朝鮮和南韓，答案不言自明：如果當年聯合國不出兵，南韓人將過上北朝鮮人的生活；如果中共不出兵，北朝鮮人就會過上南韓人的生活。

聯合國軍未料到中共會出兵，也沒有收到任何中共軍隊跨過鴨綠江的情報，被打得措手不及。11月25日，中共志願軍在長津方面由宋時輪第九兵團（約十五萬人）發起第二次戰役，企圖殲滅美軍第十軍下屬的第1陸戰師等部約三萬人。中共志願軍雖然人數上占據優勢，卻因準備倉促、後勤補給困難，遭受巨大非戰鬥減員（主要是凍傷）。同時，在聯合國軍的強大炮火和空中支援打擊下，志願軍損失慘重。由於中共的參戰，聯合國軍取消攻勢，撤離北朝鮮，美國決定打一場「有限戰爭」。[47] 長津湖一戰，中共一個兵團的兵力圍住美國陸戰1師，沒有能夠殲滅，沒有能夠擊潰，卻付出巨大的代價，讓美軍全建制地撤出戰鬥，還帶走所有的傷員和武器裝備，總共有一百九十三艘滿載人及物資的船只退回南韓，當中包括十萬五千名士兵、九萬八千名平民、一萬七千五百部車輛及三十五萬噸物資被送往釜山。在撤往釜山的船上，包括後來成為南韓總統的文在寅的父母。[48]

影片《長津湖》的主要情節講述了志願軍戰士伍萬里（易烊千璽飾）在朝鮮戰爭中成長蛻變的故事。通過伍萬里的視角，觀眾了解並感受到朝鮮戰爭的殘酷和志願軍戰士「少鋼多氣」的精神，引起觀眾的共鳴。長津湖之戰中，志願軍的很多士兵在零下三十多攝氏度的極端天氣下，端著槍呈戰鬥隊形凍死在陣地上，有三個連

隊的全體官兵以此方式獻身，後人稱之為「冰雕連」。

電影《長津湖》的製作方博納影業，最早是在2019年7月，接到國家電影局關於拍攝朝鮮戰爭題材的任務。該影片在中共中央宣傳部和國家電影局的直接指導下策劃創作拍攝，得到中央軍委政治工作部宣傳局、北京市委宣傳部及遼寧省、河北省委宣傳部等方面的大力支持。該片是一次主旋律電影商業化的嘗試，作為一部具有濃厚政治色彩的主旋律獻禮片，該片是一部體量巨大的商業大製作電影。首先是陣容豪華，由著名導演陳凱歌等坐鎮執導。演員陣容則由吳京和易烊千璽這兩位國內極具票房號召力的演員領銜主演，還有多位中新代優秀演員加盟參演。整部電影投資超過十三億，拍攝近兩百天，七千名劇組人員，工作總人數達一萬兩千，超過七萬人次群眾演員參演，其中包括大量的解放軍士兵，超大規模的服（裝）化（妝）道（具）投入，堪稱國產電影有史以來最大規模的戰爭片。

中共幾十年來一直不提長津湖戰役，是因為此戰並未取得真正意義上的勝利，而且付出巨大代價。令人想不到的是，現在突然拍成電影加以宣揚。幾年前美國人也拍了一部有關長津湖的紀錄片《長津湖戰役》，如實記錄戰役的起因、當事人的回憶、雙方死傷等。中國拍的電影卻將「悲慘的歷史拍成勵志的英雄史詩」。同一個話題的電影，美國重敘事，聚焦個體生命的慘劇，中共則重煽情，書寫中共的威風。

中共掩蓋事實、喪事當喜事辦的手法在該片中表現得淋漓盡致。影片對朝鮮戰爭的真正起因隻字不提，再次重彈「保家衛國」的老調。而中共不顧下級官兵的死活，致使很多官兵在極端嚴寒中沒有禦寒衣，被凍傷甚至活活凍死的悲劇卻被描寫成英雄之舉。甚至編造出志願軍用火箭筒打飛機，在戰場上搶走美軍坦克與之飆車，並以炮彈打偏對方射來的炮彈，用卡車載著標識彈誘使美軍飛機轟炸自家坦克等，離奇而又違反軍事常識的鬧劇。如果作為娛樂片，這些荒誕不經的橋段可以理解，而作為以歷史背景為題材的嚴肅片，這樣的安排就顯得不可思議了。

儘管該片粗製濫造、趕工痕跡明顯，品質不盡如人意，但是在中國國內的效果卻出人意料得好。影片《長津湖》累計票房近五十七億，成為中國內地票房最高電影，並刷新多項中國影史紀錄。該片在中國上映後好評如潮，評分竟達7.4的高分。很多中國觀眾認為，該部影片場面震撼宏大，攝影很有新意，劇情起伏有戲劇化，值得一看。還有觀眾從民族情感方面點評，認為那些犧牲在冰雪中的戰士，不應該被遺忘，後輩一定要牢記前輩為保家衛國做出的犧牲，砥礪前行。中共洗腦的目的達到了。

（二）影片《戰狼2》

　　如果說影片《長津湖》是基於史實的故事片的話，那麼由吳京執導的《戰狼2》基本上是沒有根據的瞎編了。[49] 該片的劇情如下：冷鋒（吳京飾）送戰友的骨灰回老家，將壞人踢成重傷。因此被開除軍籍，並被判刑，期間未婚妻龍小雲（余男飾）向其求婚，卻在前往邊境執行任務時失蹤。冷鋒尋找龍小雲時，在非洲被捲入某非洲國（連個國名都沒有的臆想國）的動亂，冷鋒率眾逃往中國大使館。撤離到中國海軍艦船上後，得知需要解救仍被困的中國工人，冷鋒隻身赴險前去營救。冷鋒等人幾經周折打敗雇傭軍和反政府武裝，解救出工廠裡的兩國員工，並帶領他們穿越交戰區，返回中國軍艦所在的港口。

　　《戰狼2》取得票房和口碑的雙豐收，是中國大陸主旋律電影類型化的成功作品之一。影片在中國大陸的票房總計近五十七億人民幣，是中國大陸上映的首部總票房突破五十億的電影，曾一度保持中國影史票房總冠軍的紀錄，是全球第一個非好萊塢製作且進入全球總票房前一百行列的電影。

　　該片票房的成功得益於天時、地利與人和的相助。為了扶植國產電影，中共當局把每年的6月至8月定為國產電影保護月，全國各院線全力支持國產影片，不鼓勵引進海外分帳大片。其次，2017年恰逢解放軍建軍九十週年，該片成為「八一建軍節」的獻禮片。為彰顯對解放軍的愛戴情懷，很多觀眾應時應景地選擇觀看電影。而一個月前的6月，印度武裝入侵中國西藏非爭議區事件，使得民眾的民族情緒高漲，在一定程度上刺激了觀眾的觀影熱情和觀影期待。有的年輕人觀後表示，希望長大後可以成為像冷鋒一樣有責任、有擔當、有勇氣的男子漢。

　　據統計，中產階級聚集的北上廣深一線城市僅為該片貢獻了19%的票房，而普通工薪階層和勞動者聚集的三、四線城市票房占比卻達到40%。劇中主人翁冷鋒是一個胸懷大義、褪去軍人光環的草莽英雄，而不是體制內的人物。他的詼諧、瀟灑、自嘲、酗酒、狂奔踢球、展示肌肉這樣的人物形象，突破了以往對正面英雄臉譜化的認知。這樣的小人物憑一己之力，成為救眾人於水火的英雄，讓很多來自工薪階層勞動者的觀眾產生共鳴，成為影片超高票房的重要來源。[50]

　　同濟大學文化批評系教授朱大可認為，電影《戰狼》系列非常清楚地突顯愛國主義，與中共所宣傳的主旋律完全一致。該影片以「犯我中華者雖遠必誅」為口號，展現中國軍隊在海外遠距離執行任務保護國民震懾敵人的能力。一位觀眾看完後說道：「中國人就該這樣！得讓老外知道一下我們的厲害！」還有網友評論認為，中國軍隊讓中國公民自信心滿滿，冷鋒式的好男兒讓中國人走到哪兒都心裡有底。

　　然而，現實卻很骨感，如果僅從網際網路和影視劇看，中國現在無疑是最有血性的時代。不少人一開口就是民族的生存、國家的安危與世界的格局。網路上總是熱血沸騰，今天滅日本，明天幹美帝。但一觸碰到現實，一走出電影院，一離開網路，面對眼前的社會，中國人就慫了。正如朱大可所說，這是極度的精神分裂，這種分裂不僅是導演和整個製作團隊的問題，也是中國國民現狀的一種反映。打著愛國主義的旗幟，其實是民族主義的心態。民族主義的崛起是因為長期以來中國一直陷於一種民族自卑。如果是一個非常自信的民族，它就不需要用這種方式強調自己厲害。越是強調自己厲害的，都是內心非常深刻的無法擺脫的自卑。[51]

　　影片《戰狼》不由使人聯想起發生在華僑身上的悲劇。1975年，中共支持的紅色高棉（即柬共）攻入金邊，各國外僑紛紛到自己國家的大使館躲避。其中最多是美國僑民，他們乘坐直升機到停在海上的美國軍艦，撤離柬埔寨。金邊的華僑更多，他們湧到中國大使館前，但是大使館大門緊閉，室內窗簾落下，任憑華僑湧在門前叫喊，使館人員充耳不聞。後來，約二十萬至三十萬華人被柬共屠殺，無數華人開始大逃亡。部分華人僥倖逃到泰柬邊境，過境後，他們拉起橫額：「寧做美國狗，不做中國人！」

　　1998年5月13日至15日，印度尼西亞發生震驚世界的大規模有組織的、極其殘暴的排華暴亂，首都雅加達市內有二十七個地區發生暴亂。暴徒們慘絕人寰的獸行令人髮指，整個雅加達恰如人間地獄。據不完全統計，不到三天的時間，僅印尼首都雅加達就有五千多家華人工廠、店鋪、房屋、住宅被燒毀，兩千多名華人被殺。更令人髮指的是，印尼暴徒還在光天化日之下，以極其殘忍的手段喪心病狂地強暴數百名華人婦女，其中有二十多名華人婦女因此而重傷死亡，包括一名九歲和一名十一歲女童。同時發生在梭羅、巨港、楠榜、泗水、棉蘭等地的類似暴亂所造成的華人生命財產損失更是無法估量。

　　美國、加拿大、香港、紐西蘭、澳大利亞、馬來西亞、菲律賓、臺灣等國和世界各地的華人民間組織紛紛表示極大的驚駭和憤怒，嚴厲譴責印尼政府，要求印尼政府迅速查清事情真相，對犯罪分子繩之以法，保護華人的合法權益，並對受傷的華人婦女表達了深切的關懷。

　　美國大使館敦促其僑民離開雅加達，安排兩架波音747包機，協助僑民撤離。美國政府認定該事件為種族歧視，批准了部分華人的避難請求，使這部分華人得以以難民身分進入美國。臺灣籍僑民有三萬兩千人準備撤離，臺灣長榮和華航增加專機前往雅加達，由於雅加達機票難求和哄抬票價，長榮航空指示印尼職員，對無現金支付機票的臺商、旅客和僑民，可以先登機，回臺後再補交票款。中華民國外交

部長胡志強在7月29日約見印尼駐臺代表提出強烈抗議。香港國泰航空公司改派波音747客機飛行，每日增加兩百個機位，協助滯留在印尼的港人返港。香港特區的抗議群眾更用黑漆塗抹印尼領事館大門。新加坡唯一的一個機場二十四小時晝夜不停地營救難民。

　　而中共對印尼的態度卻是「不干涉印尼內政」！中國大陸所有媒體一律禁止發表印尼「排華」事件，網路上出現的有關內容也多遭刪除，北京大學學生組織的抗議行動被制止。對印尼的野蠻行徑採取不報導、不譴責、不干涉的態度，甚至如期送給印尼政府四億元貸款，使本來驚恐萬分的蘇哈托（Suharto）大受鼓舞。不僅如此，中國國內的各大報紙也似乎斷絕了消息來源，對印尼發生的暴行非常陌生，好像印尼華人血管裡流的不是中華民族的血液，擺出一副莫管閒事的姿態。最後，還是美國武力出面，阻止印尼慘無人道的屠殺行為，派出軍艦從印尼接回大量華人。被救的印尼華人在抵達美國時，在船上打出了「寧做美國狗，不做中國人！」的橫幅，成為中華民族歷史恥辱與羞愧。

　　這就是「寧做美國狗，不做中國人！」的由來，中共的醜行狠狠地打了《戰狼》的臉！

七、結語

　　吳京可能不會想到，他的影片《戰狼》會以另一種方式揚名世界。當「戰狼外交」成為新名詞，國際社會印象深刻的不是該影片的臺詞：「無論你在海外遇到了怎樣的危險，請你記住，你的背後有一個強大的祖國。」而是中國外交官從以往常掛在嘴邊的套話，變為咄咄逼人的惡語狠言。

　　習近平在2012年首次提出「世界正發生前所未有之大變局」，「當今世界正面臨著前所未有的大變局，中國特色社會主義進入了新時代」。習近平對「百年變局」的判斷是：「時與勢在我們一邊，這是我們定力和底氣所在，也是我們決心和信心所在。」百年變局是「中華民族偉大復興」的「中國夢」。隨著中國夢的實現，世界領導權將從西方讓位於東方，加上全球疫情對歐美國家的影響，東升西降是時勢所趨。中共也將中美關係從「新型大國關係」改為「新型國際關係」，其核心是以中國為中心的國際新秩序。

　　受宣傳者不是無辜的受害者，中國大陸的大眾文化為中共的專制政權提供了基礎。中國人民需要再一次地洗腦，才能真正地融入世界。中共可以堂堂皇皇地對西方國家進行文化滲透，而中共依靠其嚴密的「防火牆」（如「防火長城」）阻止中

國民眾獲得西方的資訊。

　　目前，中國與西方世界的對峙是一場不對稱的博弈。西方自由國家受文明的約束不會毫無顧忌地行事，而專制的中共卻可以為所欲為。這就像兩個摔跤手，一個是被繩索捆綁的大漢，另一個是手腳放開的莽徒，前景令人擔憂。除非西方世界制定出有效的方法和措施，否則最終結局西方將負多勝少。

注釋

1　愛德華‧享特名為記者，實為美國戰略情報局成員，堅定的反共人士。

2　Edward Hunter, *Brain-washing in Red China: the calculated destruction of men's minds* (New York: Vanguard Press, 1951).

3　Ryan Mitchell, "China and the Political Myth of Brainwashing," *Made in China,* 3, 2019, pp. 48-53.

4　同上。

5　Ron L. Hubbard, "The Brainwashing Manual," 1955, www.Abika.com.

6　David Salinas Flores, "Mind Control: From Nazis to DARPA", *SM Physical Medicine & Rehabilitation,* (2018):1-7.

7　Massimo Introvigne, "Brainwashing Theories: The Myth and the History of Mind Control," *Bitter Winter: A Magazine on Religious Liberty and Human Rights,*2021.

8　Jacques Ellul, *Propaganda: The Formation of Men's Attitudes,* Translated from French by Konrad Kellen and Jean Lerner (New York: Vintage Books, 1965), p. xi.

9　Nuno Rodriguez, "The War for the Public Mind Propaganda", *Journal of the Americas*, Second Edition (2020): 120-132.

10　Garth S. Jowett and Victoria O'Donnell, *Propaganda and Persuasion* (Fifth Edition, Thousand Oaks, CA: Sage, 2014), p.7.

11　Haroro J Ingram, "Propaganda During Conflict: Lessons for Counter-Terrorism Strategic Communications," *ICCT Research Paper,* 2016. www.icct.nl/sites/default/files/import/publication/ICCT-Haroro-Ingram-Brief-History-Propaganda-June-2016-LATEST.pdf.

12　約翰‧福特，藝名John Ford，本名約翰‧馬丁‧芬尼（John Martin Feeney 1894-1973），美國著名的電影導演、海軍軍官。

13　T. P. Doherty, *Projections of war: Hollywood, American culture, and World War II* (New York: Columbia University Press, 1993), pp. 25-26.

14　Herman, Edward S. and Noam Chomsky, *Manufacturing Consent: The Political Economy of the Mass Media* (New York: Pantheon Books, 1988).

15　Jason Stanley, *How Propaganda Works* (Princeton University Press, 2015).

16　Cull, Nicholas J., "Counter-Propaganda: Cases from US Public Diplomacy and beyond," *Transitions Forum*, (2015), www.prosperity.com.

17　王曉雲：〈中國當下主旋律電影與審美教育：以影片《建國大業》、《建黨偉業》、《辛亥革命》為例〉，長春：《電影文學》2012年第7期，頁28-29。

18　David Edwards, "Propaganda: The Formation of Men's Attitudes By Jacques Ellul," 2023. www.academia.edu/32348584/Propaganda_The_Formation_Of_Mens_Attitudes_By_Jacques_Ellul.

19　胡惠林：《文化政策學》（太原：蘇海出版社，1999年），頁3。

20　林洛：〈紅色文化政策導言〉（博士後申請材料，2022年，未發表）。

21　王廣鋒：《中國文學藝術工作者第四次代表大會研究》（北京：中共中央黨校博士論文，2016年）。

22　徐玉松：《中國當代文學範式的嬗變（1949-1985）：基於第一次至第四次文代會的考察》（蘇州：蘇州大學博士論文，2016年）。

23　斯炎偉：《全國第一次人代會與十七年文學體制的生成》（杭州：浙江大學博士論文，2007年）。

24　啟之：《人民電影（1949-1966）：一個制度與觀念的歷史》（德克薩斯州奧斯汀：美國華憶出版社，2019年），頁3。

25　鄧小琴：《第四次文代會與當代文學結構的轉型》（杭州：浙江大學博士論文，2016年）。

26　尹鴻、凌燕：《新中國電影史（1949-2000）》（長沙：湖南出版社，2002年），頁8。

27　選自《中國文藝網》，www.cflac.org.cn/wdh/cflac_wdh-1th.html。

28　同上。

29　選自《北京法院法規檢索》，fgcx.bjcourt.gov.cn:4601/law?fn=chl226s093.txt &truetag=1905&titles=&contents=&dbt=chl,《中國改革信息庫》，www.reformdata.org/1991/0410/17322.shtml。

30　選自《人民網》，http://culture.people.com.cn/n/2014/0411/c172318-24885590.html。

31　Feldman, R. and I. Dagan, "KDT - knowledge discovery in texts," In Proc. of the First Int. Conf. on Knowledge Discovery (KDD),1995, pp. 112-117.

32　如Christopher Peterson, Barbara A. Berres, and Martin E.P. Seligman, "Depressive symptoms and unprompted causal attributions: Content analysis", *Behaviour Research and Therapy*, Volume 23, Issue 4, 1985: 379-382. Schulman, Peter, Camilo Castellon, and Martin E.P. Seligman, "Assessing explanatory style: The content analysis of verbatim explanations and the attributional style questionnaire," *Behaviour Research and Therapy*, Volume 27, Issue 5, 1989, pp. 505-509.

33　徐德金、張倫：〈文本挖掘用於社會科學研究：現狀、問題與展望〉，北京：《科學與社會》2015年第5卷第3期，頁75-89。Hotho, Andreas, Andreas Nürnberger, and Gerhard Paaß,"A Brief Survey of Text Mining", 2005: pp.19-62, https://www.researchgate.net/publication/215514577_A_Brief_Survey_of_Text_Mining.

34　尹雪璐：《《紅樓夢》程度副詞計量研究》（保定：河北大學碩士論文，2011年）。周曉鳳：《《紅樓夢》心理動詞多維度研究》（長春：吉林大學博士論文，2017年）。楊建軍：〈定量分析法在中國現當代文學研究中的運用〉，廈門：《廈門大學學報（哲學社會科學版）》2016年第4期，頁35-43。

35　R語言是一種免費軟體，主要用於統計分析、繪圖、數據探勘和文字探勘。R開始由紐西蘭奧克蘭大學的統計學家羅斯・伊哈卡和羅伯特・傑特曼開發，現在由R核心小組負責開發，同時也有其他用戶編寫諸多外掛的軟體包，如本文發掘使用的tm, tmcn等。

36　SAS統計分析系統（Statistical Analysis System），於1966至1976年北卡羅來納州立大學由兩位生物統計學研究生編寫和制定，最早只是一個數學統計軟體，1976年由吉姆・古德奈（Jim Goodnight）及約翰・索爾（John Sall）博士等人成立統計分析系統公司，並且正式推出相關軟體。

37　熊立：〈教育性：中國電影的社會理性〉，《藝術探索》2017年第31卷第1期，頁123-128。

38　杜霞：〈革命倫理教化體系中的十七年教育成長電影〉，濟南：《東嶽論叢》2009年第30卷第4期，頁60-65。

39　文軍：〈論紅色電影在中小學生愛國主義教育中的作用及運用〉，桂林：《求知導刊》2017年10月，頁13。

40　佟光耀、楊淑萍：〈主旋律電影的社會道德教化功能及實路路徑〉，《思想理論研究》2022年，頁29-32。

41　王曉雲：〈中國當下主旋律電影與審美教育：以影片《建國大業》、《建黨偉業》、《辛亥革命》為例〉，長春：《電影文學》2012年第7期，頁28-29。

42　何夢雲：《主旋律電影推動意識形態宣傳研究：以長影為例》（上海：上海大學碩士論文，2019年）。

43　田鵬穎：〈高校思想政治理論課實踐教學新探索：關於微電影教學模式的若幹思考〉，《河北大學學報（哲學社會科學版）》2022年第47卷第5期，頁44-51。

44　羅海英、于秀文：〈紅色電影融入新時代大學生黨史教育的多元路徑：以《1921》為代表的紅色電影為例〉，《通訊師範學院學報》2022年第43卷第3期，頁55-61。

45　本節論述參考了《維基百科》、《百度百科》、《豆瓣電影》等網站資料。

46　沈志華：《冷戰在亞洲：朝鮮戰爭與中國出兵朝鮮》（北京：九州出版社，2013年）。

47　喬晞華、張程：《星火可以不燎原：中國社會問題雜論》（德克薩斯州奧斯汀：美國華憶出版社，2021年），頁112-4。

48　以上敘述參考《維基百科》。

49　也有人認為是基於中共近年來的幾次撤僑行動。

50　於超：〈現象級電影《戰狼2》的成功因素分析〉，《全球電影產業發展報告（2018）》（北京：社會科學文獻出版社），藍皮書數據庫。

51　何塞：〈《戰狼2》大熱：票房冠軍兼愛國強心劑？〉，香港：《經緯文化》2017年，www.dw.com/zh/。

中共對囚犯的洗腦工程

楊子立

一、背景介紹

根據中國司法部提供數據，2012年中國關押犯人一百六十四萬，[1] 與美國差不多。不過，看守所每年要關押八十萬人左右。[2] 另有分析指出，如果考慮到中國的拘留所、戒毒所和學習班之類黑監獄，以及美國的受管制人員中有相當大的比例是緩刑、假釋狀態，那麼中國被強制剝奪人身自由的人數將大大超過美國。[3] 據勞改研究基金會提供的數據，中國的囚犯在2009年大約三百萬至五百萬人。[4]

中國的囚犯除了在監獄服刑的囚犯，還包括在看守所被刑事拘留的犯罪嫌疑人、留在看守所服刑的犯人、在拘留所被行政拘留的違法人員、在戒毒所接受強制戒毒的人員、在少管所服刑的未成年犯人。此外，由於中國是個非法治國家，還有監禁法輪功和所謂邪教的各種學習班、強制轉化學校，以及關押訪民的黑監獄。對於中共官員以及特殊政治犯，中國還有無名看守所，或者借用賓館，對中共官員進行雙規，或者對政治犯進行可以長達六個月的指定居所監視居住，其實就是祕密失蹤。

近些年中共對新疆穆斯林進行了大規模監禁，美其名曰職業培訓，美國國務院估計總的被監禁人數超過一百萬。[5]

對於剝奪政治權利和緩刑、假釋的犯人，中國也有社區矯正的政策，並且於2020年7月1日實施《社區矯正法》。進行社區矯正的犯人通常不喪失人身自由，主要由當地司法行政機構，比如司法所監控。因此進行社區矯正的人不在本文討論的囚犯之內。

在歷史上，除了以上強制剝奪人身自由的機關，另外還有勞教所，用於關押被判勞動教養的囚犯。1957年8月3日，中華人民共和國國務院公布了《關於勞動教養問題的決定》，可以不經法院審判而剝奪公民人身權利，顯然這是嚴重的侵犯人權。被勞教的人待遇跟被判刑的人待遇類似，儘管被認為是所謂的「人民內部矛盾」。經過公民社會的抗爭，勞教制度於2013年被廢除。[6]

更往前，中國還有收容遣送制度（1961-2003），所謂的無業遊民可以被政府

強制收容，被關押在收容所的人也相當於沒有犯罪的囚犯，除了沒有人身自由，往往也要被強迫勞動。2003年發生了著名的孫志剛事件，由此觸發要求取消收容遣送的公民權利運動，當年的胡溫政府將收容遣送取消。

　　現在正式關押囚犯的地方是監獄、看守所和少管所。管理監獄和少管所的法律是《中華人民共和國監獄法》，而管理看守所依靠《中華人民共和國看守所條例》。在1990年之前，管理監獄和看守所依靠的法規是1954年中國政務院頒布的《中華人民共和國勞動改造條例》。1990年3月17日國務院頒布了《看守所條例》，同時《勞改條例》中有關看守所的規定作廢。1994年12月29日開始實行《監獄法》，但《勞改條例》直到2001年10月才被國務院明文廢除。[7]

二、中國政府對囚犯的勞動改造理論

　　總的來說，中共政府對囚犯實行的是勞動改造政策。《勞動改造條例》規定的勞動改造機關包括看守所、監獄和勞動改造管教隊，簡稱勞改隊。看守所用於關押未決犯，而監獄和勞改隊用於關押已決犯。當時的勞改隊主要分為勞改工廠和勞改農場。囚犯通常按照戶籍所在地到當地監獄服刑，但是也有專門「流放」到西北或東北的做法。

　　中國現在的監獄、看守所系統來自歷史上的勞改系統，而且中國的司法機關也承認在目前的監獄管理系統和先前的勞改系統是一脈相承的。[8] 所以有必要先說清楚中共的勞動改造理論。

　　勞動改造的理論早在中共建政前就由毛澤東在〈論人民民主專政〉中提出過：「對於反動階級和反動派的人們，在他們的政權被推翻以後，只要他們不造反、不破壞、不搗亂，也給土地，給工作，讓他們活下去，讓他們在勞動中改造自己，成為新人。」[9] 可見，毛澤東是基於無產階級專政（人民民主專政被認為是中國特色的無產階級專政）理論，要把所有「反動階級」進行強迫勞動進行改造。中共建政後，相當於臨時憲法的《中華人民共和國政治協商會議共同綱領》沿用了毛的說法：「對於一般的反動分子、封建地主、官僚資本家，在解除其武裝、消滅其特殊勢力後，仍須依法在必要時期內剝奪他們的政治權利，但同時給以生活出路，並強迫他們在勞動中改造自己，成為新人。」[10] 政協的這一規定是制定《勞改條例》的基礎。所以從理論上說，中共的勞改系統，與其說是懲罰犯罪分子的場所，不如說更像納粹德國的集中營，囚犯並非僅僅因為犯罪而是因為身分而被剝奪人身自由。

　　之所以叫「勞動改造」，首先當然是勞動，也就是壓榨和剝削勞動力。其次是

改造，也就是改造為服從中共統治的人，美其名曰改造為「社會主義新人」。[11]
　　中共是這樣解釋其勞改制度對囚犯的好處：

> 從事有益於社會的生產勞動，對於罪犯有著特別而重要的意義。第一，通過生產勞動，使罪犯了解社會財富來之不易，可以培養其熱愛勞動、習慣勞動的思想，樹立「不勞動不得食」的觀念，矯正好逸惡勞、貪圖享受等惡習；同時在勞動中可以培養其社會責任感和遵紀守法的精神。第二，組織他們從事適宜的勞動，可以增強體質，保持健康，避免在單純的監禁中，長年無所事事，導致他們心情壓抑、意志消沉、精神頹廢，甚至萌生逃跑、自殺和重新犯罪等念頭。第三，通過生產勞動使罪犯盡可能地掌握一種或幾種生產技能及知識，可以為刑滿釋放後的就業謀生創造條件。防止他們因惡習不改或生活無著落而重新犯罪。第四，組織罪犯從事與正常社會條件和形式相同或相近的勞動，可以培養罪犯與他人或社會組織的協調和合作精神，使之在回歸社會後能夠盡快地適應社會環境。[12]

　　當然，勞改的目的不是為了犯人好，而是如何鞏固中共的統治。勞改基金會出版了一套黑色文庫，[13]裡面大部分是勞改倖存者講述的在監獄和看守所中的遭遇。在出版這套叢書的〈出版緣起〉的說明部分，是這樣介紹勞改制度的：

> 1949年中共奪取政權之後，參照了當時蘇聯的勞改制度，在史達林派來的「古拉格」專家指導下，融合了毛澤東的「改造與生產結合」的思想，發展出這套具有中國特色的監獄制度。勞改是一套政治工具，一方面要消滅犯人的獨立人格和意志，剝奪其人身和思想的自由，並美其名曰為「改造」。另一方面要利用這項龐大的無償勞動力，為共產政權創造財富。[14]

　　1950年代蘇聯派顧問進行「社會主義建設」也包括建立勞改系統。勞改基金會的網站收了若干篇蘇聯顧問普高夫根的講話和答疑，傳授勞改知識。針對中共建政初期的各種不規範，蘇聯顧問提供的主要意見就是規範化、制度化。這一方面要嚴格管理犯人，比如看守所要嚴格禁止未決犯與外界聯繫，要杜絕在監獄或勞改場所的犯人自由外出甚至回家探親等現象；另一方面也提出過要保證犯人權利、不要酷刑毆打等野蠻管理辦法。

三、殘酷的勞動改造

　　勞動改造首先是強迫勞動，中共對囚犯的強迫勞動是非常殘酷的。雖然根據蘇聯專家指定的《勞改條例》對囚犯的勞動時間、勞動環境有一定要求，但是由於中共的階級專政理論，囚犯被認為是階級敵人。在被認為是國家主人的農民都被奴役化的年代，囚犯遭受的折磨可想而知，這些在諸多的囚犯回憶錄中都能看到。寫這些回憶錄的人往往也是一身傷病，九死一生，靠著運氣和頑強的求生意志成為中共勞改的倖存者。

　　比如，《勞改條例》規定：「犯人每日實際勞動時間，一般規定九小時到十小時，季節性的生產不得超過十二小時。」這個規定時間已經很長了，但實際上囚犯農場的囚犯從天不亮幹到天黑，尤其是在秋收時期，甚至只能睡一、兩個小時。囚犯不但時間長、勞動強度大而且受到監管人員的虐待，很多囚犯根本等不到釋放那天就病餓而死。

　　中共官員當然不願承認殘酷的現實，但是官方文件偶爾也會透露。比如1954年，蘇聯顧問普高夫根在全國第二次勞改工作會議上講：「1953年僅湖北沙洋農場就死了609名犯人，華東新人農場1952年冬至1953年因寒冷和飢餓就死了165名犯人，廣東連縣1953年死去了593名犯人，占犯人總數的31%。」[15]

　　在饑荒年間，普通農民還大量餓死，那麼囚犯的生命更難以保證。以甘肅的夾邊溝勞改農場為例，1958年關押的超過三千人當中，到1960年底活下來的只有五百多人。[16]

　　勞改的殘酷性除了體現在官方對囚犯的體制性壓榨，還因為生存條件惡劣，導致囚犯之間為了一點點活命的資源而進行生死搏鬥。比如吳弘達在其《昨夜雨驟風狂》中講述其在延慶鐵礦勞改隊每到分發餐食的時候都要幾個人嚴格保護窩頭和菜湯，一不小心就被人搶走，就算追上，窩頭也被人吃下肚裡沒有辦法了。而1961年其到了清河農場後遭遇饑荒，犯人之間連爭搶的力氣都沒有了，只能靜躺著等死。除了看管警察的虐待，囚犯的頭目也會欺壓其他囚犯，那些最軟弱的囚犯當然也就最先死去。[17]各種各樣的殘酷場景在諸多的回憶錄中都有描述。

四、勞改隊的囚犯洗腦

勞改改造所謂的改造，本質上就是洗腦。洗腦的第一步就是伏法認罪。不認罪就表示囚犯不服從中共的統治秩序，這是要嚴厲打擊的。

由於中共的統治建立在不允許批評一黨專制的基礎上，所以大量根本不是犯罪的行為被當作犯罪。尤其是在毛澤東統治時期，大量的知識分子因為說了真話被打成右派，接受勞教和勞改。普通老百姓也往往因為得罪了中共官僚而被構陷政治罪名。所以很多有良心有骨氣的人不願意認罪。同時，由於中共長期迷信暴力，擅長刑訊逼供，也導致大量普通刑事犯罪的犯人被冤枉入獄，其中很多人不願意違心認罪。

勞改系統對於不認罪的囚犯會加重懲罰力度，這叫「抗拒改造」，要受到酷刑甚至增加刑期的懲罰。毛統治時期槍殺的眾多政治犯的判決書的用詞中，除了「罪大惡極」，往往還有「不堪改造」，也就是說不接受改造是可以作為被殺理由的。比如李九蓮案。李久蓮在1969年因為給男友的信中表達了對劉少奇的同情（那時劉已經被打倒）而被告發被捕。1972年因林彪失事而獲釋。1974年李九蓮到處呼籲反林彪無罪，要求給自己平反，反而遭到當局再次逮捕，並判刑十五年。1976年文革結束，李九蓮繼續寫信抗議對自己的迫害，但是繼而在1977年以反革命罪名被判處死刑，並在處死前下顎和舌頭被戳竹籤以防呼喊。[18]

除了認罪，勞改機關少不了政治教育。在囚犯寫的會議錄中，往往都是一筆帶過，因為那純粹是走形式。一種形式是集中起來聽機關幹部做報告，也經常犯人小組討論學習上面的指示和精神。犯人在勞累一天後還要專門學習討論不能休息，也是一種變相折磨。學習會雖然是走形式，但是如果囚犯厭倦中共這套形式主義，堅持自己的人格就可能遭受酷刑。比如葉少華記載湖北沙洋農場勞改時期，有個難友每次開學習會一言不發，結果遭到組長（犯人頭目）毒打，去取藥時又受勞改醫生刁難，於是上吊自殺。[19]

犯人努力完成生產任務是勞動改造的主要內容。囚犯都是幹的重體力活，在毛澤東時代作為專政對象，更是吃不飽飯。在那種叢林環境中，囚犯自然會消極怠工甚至逃跑、自殺，犯人之間打鬥、偷盜也很常見。所以勞改機關的洗腦主要圍繞防止犯人不服從管理規定展開。從制度上講，基本上也是胡蘿蔔加大棒兩手。所謂胡蘿蔔就是對於服從管理，賣力勞動的犯人給予減刑等獎勵。而對於不服從規定的則有加戴戒具、禁閉、加刑等懲罰。但是在毛澤東時代，減刑是很少的。在那個時代

坐牢的回憶錄裡基本上沒有正常減刑的記載。筆者有位北京第二監獄的獄友韓春生先生，在青少年時代曾經因為所謂「反革命宣傳罪」判處十五年徒刑，他也認罪正常服刑勞動，也是一天沒有減刑。

在實踐中，中共的勞改機關使用的懲罰手段當然不限於書面所列，其他主要是各種酷刑。對於「犯錯誤」的囚犯，進行吊打、群毆、餓飯、捆綁折磨、冷凍、曝曬各種酷刑。通常不須正式管教幹部動手，自有其他囚犯充當打手。此外，對於需要利用的犯人，只須多給一點吃的，就足以令犯人感激涕零，死命效忠。

毛時代的勞改隊除了壓榨囚犯的勞動力，還可以把囚犯作為資源進行壓榨的，就是唆使囚犯之間互相誣告，然後動用酷刑屈打成招，迫使囚犯承認莫須有的「反革命罪行」，比如攻擊了毛、林領導人、賄賂腐蝕幹部、企圖逃跑等。如果死不承認，那就朝死裡折磨，反正打死囚犯頂多算是個小錯誤，基本上不會追究，而一旦認罪，那就成為監獄幹部升官的資本。[20]

中共的勞改本來是想把犯罪分子改造成有道德的「新人」，從政策上，改造也是要使壞人精神面貌一新，不再做壞事。但是在其階級鬥爭理論指導下，大量堅持良心和正義的好人被抓進勞改隊，而那些服從中共統治但利用這種極權體制做壞事的人卻飛黃騰達。況且，真正的勞改隊就是一個弱肉強食的叢林世界，尤其是食物短缺到危及每個囚犯生命的時候，囚犯們盜竊、告密、搶奪、助紂為虐成為普遍現象。《勞改條例》規定：「勞動改造必須同政治思想教育相結合，使強迫勞動逐漸接近於自願勞動，從而達到改造犯人成為新人的目的。」[21] 實際上，勞改只能達到壓榨勞動力的目的，而思想道德改造則是澈底失敗的。

勞改對思想改造的失敗原因當然也包括中共幹部的特權和腐敗。比如，文徹赫恩在《苦難的歷程》中描寫在青海林場勞改後強制勞動期間，看到幹部們享受著各取所需的共產主義生活，勞改犯給他們提供免費的肉、菜、打製家具和各種服務，他寫道：「這樣的土皇帝似的共產黨幹部在勞改隊裡要把我們都改造成社會主義新人，不是天大的笑話嗎？」中共的腐敗是制度性的，不僅僅體現在具體中共幹部的貪腐上，也體現在制度性的包庇上。文徹赫恩的妻子被共產黨幹部強姦，但是中共為了維護自己的面子反而對受害者施加酷刑逼迫其承認誣告，所有的證人也都不敢說話。[22] 下面這段話摘自丁酉的《往事追憶——荒原的隱私（八）》：

> 羅雀、捕鼠、挖野菜、抓蜥蜴，凡是咬得動的東西都往嘴裡塞，這樣的人活下來了，一點野外生存能力都沒有的人大批死亡，豁出臉皮去偷去搶的人活下來了，還想潔身自好的人先入鬼門關。那是一場與死神捉迷藏的遊戲，

> 那是一場真正的「思想改造」。你若能澈底忘了那些「忠孝仁愛，禮義廉
> 恥」只把自己當作一頭動物，也許你還能在這場遊戲中成為「勝者」。[23]

　　如果說勞改還有一點效果的話，那就是囚犯們被切斷了外界資訊來源，而且在
胡蘿蔔加大棒的政策下，自覺不自覺的相信中共向他們灌輸的那套「革命道理」。
比如，文徹赫恩是一名滿族右派，被發配到青海農場勞改。為了立功受獎，他導演
了《白毛女》、《洪湖赤衛隊》等歌劇，成為中共洗腦的宣傳者。甚至他出獄後已
經看清中共的殘酷和欺騙而寫下回憶錄，也把三年大饑荒的原因歸結為「蘇修逼
債」，因為即便他知道共產黨會欺騙，但是因為資訊封鎖也難免接受部分被洗腦的
結果。

　　通過勞動改造對囚犯洗腦基本上是一個回歸野蠻時代的過程。那些要改造囚犯
的中共幹部大部分早就練出了鐵石心腸，反而是那些抗拒中共洗腦保持良心的囚犯
還能在殘酷的洗腦中體現出人性來。葉少華的《紅塵白浪》記載了1960年逃難的老
百姓路過沙洋農場，在農場收穫後的地裡撿拾遺漏的麥穗救命。幹部們堅持沒收老
百姓的所得，而包括作者在內的幾個囚犯反而把省吃儉用節約下來的食物救濟老百
姓。[24]

五、當代中共監獄的洗腦

　　與勞改隊同時存在的是監獄，根據《勞改條例》，監獄跟勞改隊的主要區別是
「主要監管不適宜在監外勞動的已判決死刑緩期執行、無期徒刑的反革命犯和其他
重要刑事犯」。

　　1994年實行監獄法以後，中國勞改農場和勞改工廠也逐漸改稱監獄，但是其勞
動改造的理論和實踐都沒有改變。只不過一方面是稱呼上與國際接軌，同時也為了
改變「強迫囚犯勞動」的國際形象。

　　與勞改時代相比，專政對象從「反動階級」變成了判刑的囚犯本身。筆者曾經
在北京市第二監獄服刑，管理監區的警察就公開對囚犯訓話：「我們是人民民主專
政國家，你們就是專政對象，刀把子在我們手裡。」

　　由勞改隊改名來的監獄仍然有工廠和農場。如果說毛時代的勞改隊壓榨囚犯勞
動力是為了國家政權，那麼現在市場經濟條件下，監獄壓榨囚犯主要為了監獄和監
獄管理局的小金庫部門利益和具體的官員的個人利益。處於市場經濟下的中國監獄
有了自身的經濟利益，所以壓榨囚犯勞動力的動力更強，只是在中國走向世界過程

中受到外界關注不得不有所收斂。21世紀初，筆者同案張宏海在浙江喬司監獄被強迫勞動，如果完不成繁重的任務仍然會受到禁止休息甚至毆打等懲罰。監獄利用無償勞動力不僅給國內市場造成不公平競爭，甚至還出口國外。勞改基金會創辦人吳弘達曾潛入中國收集了中共出口勞改產品的證據，並因此而坐牢。

因此，中共監獄也往往同時經營企業。比如浙江監獄管理局同時也是浙江省東聯集團有限責任公司的法人，局長、副局長等人同時也是公司的董事長、董事。如下圖浙江省監獄管理局黨委書記、局長王爭的職務陳列：

王争

职务：

省监狱管理局党委书记、局长，省东联集团有限责任公司党委书记、董事长。

电话： 0571-88256908　　电子邮箱

分管范围：

主持局党委和行政全面工作；负责省东联集团有限责任公司董事会工作。

简历

省司法厅党委委员、副厅长，省监狱管理局党委书记、局长，省东联集团有限责任公司党委书记、董事长王争，男，汉族，1969年11月出生，大专学历，中共党员。

圖片來源：浙江監獄管理局官網。

如果說中共監獄在21世紀跟毛時代相比有一些文明進步，那就是2001年加入了聯合國《經濟、社會文化權利國際公約》，同時為了與世界接軌，承認聯合國《囚犯待遇最低限度標準規則》，並開始重視1988年就加入的聯合國《禁止酷刑和其他殘忍、不人道或有辱人格的待遇或處罰公約》，2005年聯合國酷刑問題特別調查專家諾瓦克來到中國在不經政府批准的情況下會見囚犯，這是至今唯一的一次。筆者2004年到北京市第二監獄服刑時，聽犯人說，從2003年起，獄警隨意電擊毆打犯人的情形得到明顯改善，監獄在勞動時間方面也有所規範，在胡溫時代囚犯的人權成為人權評價標準之一。但是到了習近平上臺，隨著法治的倒退，中國的監獄管理更加不受聯合國和外國人權機構監督，囚犯人權自然也在惡化，比如浙江長湖監

獄政治犯呂耿松受到虐待被國際關注後，當局反而變本加厲剝奪其正常接見家屬的權利。

監獄洗腦跟勞改洗腦一樣，首先要求犯人認罪伏法。如果不認罪悔罪，那麼即便立功受獎，也不會減刑。筆者在北京二監難友曾先生以貪汙罪名判處死緩，因為覺得自己被冤枉了，不斷上訴，筆者被釋放時他已經坐牢十五年但是還面臨十六年刑期，但假如認罪，以他受到的獎勵，可能還有兩、三年就可以出獄，不至於後來病死在獄中。

監獄常見的洗腦方式包括：背誦監規、看新聞聯播、寫思想彙報、不定時訓話、聽講座報告，以及其他文化教育活動。背監規是初進監獄的人都要求的，背不下來就要犧牲休息時間或受到更嚴厲的處罰。我在北京天河監獄及北京第二監獄的時候，新聞聯播是囚犯們每天必看的，可見新聞聯播本身就是洗腦工具，裡面的內容不是為了讓觀眾明白發生了什麼事情，而是為了給觀眾塑造中共什麼都好、外國什麼都壞的印象。思想彙報也是要求每個犯人都寫，如果不寫，不但影響減刑假釋，還影響寬管和嚴管分級，受到嚴管就施加更多限制。犯人如果打小報告，也就寫在思想彙報裡面。絕大部分思想彙報都是走形式，筆者坐牢時雖然沒有認罪，但是也寫思想彙報，每次六個字「本週平安無事」，以便幹部們向上交差。幹部訓話幾乎每天都有，普通訓話是傳達政策、通報事項、布置任務，如果要通過懲罰囚犯殺一儆百也是在訓話時進行。有時候監獄也會組織囚犯集體聽外來的中共幹部做報告，效果跟新聞聯播類似。

當代的中共監獄也鼓勵囚犯自學考試，如果有囚犯得了學位，也是監獄領導幹部的成績。當然這是在不能影響壓榨剝削囚犯勞動力的基礎上，由囚犯在自由活動時間自學。因此，監獄允許家屬或律師給囚犯送學習類的書，但是對於開啟民智的所謂「不利於改造」的書籍則不予放行。因為獄警文化水平有限，有時也鬧過笑話。我的律師朋友給我送書時，《圍城》不能送入，但《聯邦黨人文集》卻放行了，因為朋友說那是一本「愛國主義教育」的書。

洗腦的很重要形式是重複。剛進監獄的新犯人被要求歇斯底里地練習大喊「報告」、「到」、「是」這些服從命令的短語。還有就是練隊列、疊被子、唱紅歌，跟新兵訓練差不多。通過這些訓練讓囚犯養成服從的習慣以及對紅色政權條件反射式的擁護。

中共監獄除了直接給犯人洗腦，還通過囚犯中的「改造積極分子」向其他囚犯洗腦。這些積極分子可能是通信員、宣傳員，也有的監獄叫「宣鼓」。這些囚犯宣傳分子辦黑板報、監獄刊物，對中共、對監獄管理機構、對獄警竭力美化稱頌，當

然囚犯們也知道這些人也僅僅是為了獲得獎勵而已。網際網路興起後，有些囚犯甚至上網為官方充當五毛，把洗腦工程擴展到全世界。

　　監獄中的政治犯和堅持申訴的囚犯雖然不再像勞改隊時期當作「抗拒改造」加重刑罰，但是在購買食品、打親情電話、與家屬團聚同居等待遇上還是低人一等。這也體現了當局一貫的階級專政思維，對於拒絕接受洗腦的囚犯還是要進行懲罰。

　　中共的監獄法雖然規定了「教育和勞動相結合的原則」，但是由於監獄變成了企業，而且使用的是幾乎無償的奴工，所以「教育」僅僅成了形式，賺錢成為第一位的。[25] 監獄的看守也盡力使用囚犯為其個人服務。比如作者在北京第二監獄的時候，囚犯除了利用個人能力和關係為監獄牟利，而且還有為獄警打掃衛生，甚至替獄警填寫加班紀錄。社會上的腐敗在監獄裡表現得更加明顯，此處不再細述。總之這樣的環境下要想把囚犯改造好是不大可能的。

六、看守所的洗腦

　　看守所是關押嫌疑犯的場所。現在看守所關押的囚犯叫「嫌疑人」，跟勞改時期叫「未決犯」相比，似乎體現了無罪推定，但實踐上跟以前差不多。跟監獄相比，看守所沒有自己的工廠，通常囚犯也不進行生產勞動。但是有些看守所也會私下承攬一些手工活交給囚犯完成，近些年推行規範化管理，看守所強化了配合審訊的功能，而剝削囚犯勞動力的現象有所減少。

　　由於監獄歸司法局管轄，而看守所歸公安部門管轄，所以看守所對嫌疑人的洗腦主要目的是配合審訊，讓其承認指控的罪行。根據從看守所出來的人的各種紀錄，國內大部分地方看守所都人滿為患，條件比監獄更惡劣，因此嫌疑人也有動機趕快認罪判刑離開看守所。由於刑訊逼供普遍存在，加上看守所的環境惡劣，家屬禁止接見（只有少數留所服刑人員可以有家屬接見），導致了躲貓貓死等各種稀奇古怪的死法。雖然在胡溫時代由於公民社會活躍並且當局有意與世界接軌導致社會監督增多，對於改善看守所的人權所有幫助，比如北京的看守所普遍安裝了空調暖氣等設施，但是習近平上臺後的司法倒退使得嫌疑人權利更加沒有保障。網上可以查到各種慘死於看守所卻無人負責的事件。

　　看守所對囚犯的洗腦方式首先是恐嚇，常見的「坦白從寬、抗拒從嚴」只能對沒有經驗的罪犯有效。看守所環境的惡劣其實也是一種恐嚇，即便是無罪釋放者也會對再進看守所懷有深深的恐懼，從而有利於當局的維穩。跟監獄一樣，背誦監規

也是人人必過的坎，通過機械背誦來訓練囚犯的服從習慣。看守所通常也要每晚強迫囚犯收看新聞聯播進行洗腦。此外當然也鼓勵囚犯互相檢舉揭發其他犯罪嫌疑人。檢察院通常在看守所有個駐所辦公室，理論上囚犯是可以檢舉揭發看守所的警察虐待囚犯的，但是駐所檢察員跟看守所警方通常關係很好，不會真正受理。看守所的囚犯通常也要寫思想彙報或者認罪反省一類的材料，這些也被當成看守所警察的「成績」。

表面上看守所也要對囚犯「進行法制、道德以及必要的形勢和勞動教育」，但由於看守所嚴酷的叢林狀態，導致很多良心未泯的人在裡面變得冷酷、麻木甚至心狠手辣，往往出來後二次犯罪。即便是有些知識分子良心犯，關押得久了也會培養出「獸性」來。比如大學老師閔和順本來是受尊敬的老師，但是在看守所裡不是靠學養，而是靠野蠻惡鬥才能保護自己不受欺凌。[26] 僅從這點就可以看出看守所對囚犯的洗腦也是失敗的。

筆者曾經因參加學生社團組織「新青年學會」被北京市國家安全局抓到其所屬的看守所監禁三年。那裡關押的一半是所謂危害國家安全罪的嫌疑人，一半是借押的經濟犯。安全局更加注重政治洗腦。一進看守所大廳，就是「對黨絕對忠誠」六個大紅字。除了看新聞聯播、寫思想認識，還有思想管教時常談話了解囚犯的思想動態。安全局看守所也知道短期的關押期間不可能真正讓囚犯，尤其是政治犯轉變思想認識，因為經常關押外國人，所以不便使用暴力洗腦，主要手段是防止異端思想在囚犯們之間傳播。筆者就因為在監室裡談論共產主義危害而整個監室在盛夏停止開空調。平常囚犯也沒有紙筆可供書寫記錄真正的思考。在北京國安局看守所囚犯只能看一份報紙《北京日報》，囚犯只能通過這份黨報和新聞聯播了解外部資訊。當時發生「九·一一」恐怖襲擊時，不但警察連囚犯都大多數幸災樂禍，這裡就有洗腦的部分效果。大部分囚犯被告知：離開安全局看守所的時候所看到的、所聽到的都是國家機密，不准對外講。

習近平上臺之前和之初，學者們認為看守所歸公安部門管轄是刑訊逼供的根源之一，建議轉歸司法部管轄。但是習的權力鞏固後就沒有了這些議論，而且由於言論環境日益嚴酷，揭露刑訊逼供也日益艱難。

七、學習班的洗腦

學習班興起於文革，本來目的是促進造反派之間聯合，但是在「階級鬥爭為綱」氣氛下成為整人和洗腦工具。任何人都可能被送進「學習班」，遭受批鬥、侮

辱、刑訊逼供，「學習班」成為遍布全國的牢籠，導致數不清的悲劇。[27] 到了改革開放時期，學習班被取消。

到了江澤民時期，為了對付法輪功和所謂的「邪教」，中共當局又拾起了歷史沉渣，大辦學習班，強行拘禁信教群眾進行洗腦。

對於法輪功修煉者這樣的不服從群體，如果是個別人，當局會送到拘留所、勞教所、戒毒所關押，再嚴重的則判刑送監獄。如果是群體性的，當局就會開辦所謂「學習班」進行強制洗腦。據法輪功修煉者描述，如果堅持信仰不悔改，會遭到各種慘無人道的酷刑，直到非法處死。法輪功的網站對這些酷刑有詳細的描述。[28] 法輪功的另一份報告〈中共酷刑虐殺法輪功學員調查報告〉[29] 則收錄了三千六百五十三個已被證實的被中共迫害致死法輪功學員案例。發生這些酷刑的場所，除了看守所、監獄等正式囚禁機關，也有相當多的發生在「學習班」。

由於學習班關押無罪公民的便利性，也成為中共政府濫用的一個工具。比如在強制計畫生育高潮中，很多地方多生孩子的家庭成員被送進學習班，交夠了罰款才能出來。有些多生子女的父母逃跑了，其親屬甚至鄰居被關進學習班，直到本人「投案自首」。比如引發陳光誠案的臨沂暴力計生[30] 名義上是學習計畫生育政策，實際上就算虐待和懲罰。

此外，中共當局對於少數民族也採用辦學習班強制洗腦的辦法。2017年以來，中共在新疆建立了大量的「再教育營」，自稱職業培訓學校，關押了數萬到超過一百萬以維吾爾人為主的穆斯林民眾。[31] 中共對外宣稱辦培訓學校是為了反「恐怖主義」和「極端主義」（對內宣傳則加上「分裂主義」，合稱「三股勢力」），但是這些所謂學員因為被剝奪了人身自由，其實等於囚犯，只不過要被迫接受中共的漢化及反宗教洗腦教育。並且這些學員被要求接受採訪或者拍攝影片時按照官方的要求說謊。[32] 由於引起了廣泛的國際關注，讀者可以通過《維基百科》的有關詞條[33] 找到大量相關的報告和研究。

八、其他監管機構的洗腦

（一）勞教所

勞教場所是實行勞動教養的場所。勞動教養被中共說成是人民內部矛盾，所以不需要判刑就可以剝奪公民人身自由最長四年。勞動教養跟勞動改造本質上是一樣的，跟判刑的犯人一樣進行高強度勞動。管理上稍微鬆一點，比如對於表現好的囚犯可以回家探親。但是在毛澤東時代由於濫用勞教，而且有些戴著右派或壞分子帽

子的人一旦進入勞教根本沒有停止期限，所以勞教跟勞改沒多大差別。吳弘達在自傳中描述了自己被勞教後搶著進勞改隊的情景。[34] 1957年開始實行的勞教制度只是根據國務院的一個決定，[35] 目的是「為了把遊手好閒、違反法紀、不務正業的有勞動力的人，改造成為自食其力的新人」，實際上這些模糊用詞本身就賦予了政府可以剝奪公民人身自由的權力。著名的馬三家女子教養院關押了大量含冤上訪的女訪民，裡面充斥著各種酷刑虐待，還有人為此拍攝了紀錄片。[36] 2013年12月28日，第十二屆全國人大常委會通過了〈關於廢止有關勞動教養法律規定的決定〉，勞動教養制度正式廢止。勞改隊的那些洗腦措施完全適用勞教所，當然其洗腦效果也是失敗的。

（二）少年犯管教所

這是關押少年犯的地方，跟監獄類似，也要進行勞動改造，只是勞動強度沒有那麼高，而且更多是手工活。少年犯可以在裡面學習初中文化課，這是區別於成人監獄的地方。據網上流傳出來的描述以及筆者在監獄時聽到的情況，少年犯因為精力旺盛往往更容易在獄中以折磨人為樂趣，只要別太過分，警察一般也不管。不過，少年畢竟可塑性大，如果碰到好的警察，很多少年犯還可能改邪歸正。

（三）拘留所

拘留所是實施行政處罰中的拘留措施的地方。通常拘留時間為三到十五天。因為時間短，除了背背監規，沒有限制人身自由之外的特別措施。

（四）戒毒所

這是強制戒毒的地方。通常戒毒所的管理類似看守所，被強制戒毒的人不算犯罪，類似以前的勞教，屬於行政處罰，通常一到兩年可以釋放。

由於拘留所和戒毒所是行政處罰，無須開庭審判那麼麻煩，地方政府往往把根本沒有違法行為的良心犯送到拘留所關押或者送到戒毒所進行強制洗腦。根據各地不同情況會施加或多或少的酷刑。

精神病人監獄和精神病醫院，病人監獄則是收治年老、有病、不能勞動的囚犯，如果囚犯有精神病通常會送到病人監獄。按說有病應該保外就醫，但實際上只有少量有特殊關係或者瀕死的囚犯才能保外就醫。精神病醫院本是看管治療精神病人的，但是近年來越來越多的維權人士被政府當成精神病人送入精神病醫院接受強制治療。筆者在北京市第二監獄時，同案徐偉因為所謂的反改造行為被捏造精神病

送入接收精神病囚犯的延慶監獄，而且因為不吃藥被綁在鐵床上長達半個月。北京維權人士張文和被五次送入精神病院看管起來。

（五）黑監獄以及不具名看守所

黑監獄是臨時性羈押受害者的地方，可以是旅館、機關單位的空房、臨時租借的住房，也可以是任何一處可以方便看管的地方。地方政府為了維穩，普遍使用黑監獄對付訪民，有時候在「敏感日」用於對付政治異議人士。北京的政治犯李海曾在兩會前被臨時關押在一個地下室，經過抗議後來再到「敏感日」改為待遇較好的「被旅遊」。設立黑監獄本身就是違法的，所以通常連形式上的教育也沒有，只有為了關押方便切斷受害者一切外部聯繫。為了讓關押者感到恐懼，加上看守的低素質，對訪民的虐待倒是家常便飯。[37] 中共官員受到雙規或者政治犯剛被逮捕受到指定居所監視居住，也會送到黑監獄，以便刑訊逼供且不為外界所知。官員和政治犯有時候會送到不知名的看守所接受審訊。筆者的一個政治犯朋友曾經在北京小湯山附近的一處無名看守所受到審訊和酷刑，那裡有武警近距離監控，禁止任何閒談，據推測可能是軍隊看守所。

九、小結

中共對囚犯的洗腦首先體現在服從性，無論是暴力洗腦還是宣傳重複，讓囚犯服從命令是首要的，在此基礎上，達到剝削囚犯的勞動、聽從官方管理、乃至擁護中共領導的目的。表面上的教育也包括了促進囚犯放棄惡劣習慣、培養健康心理、提高道德水平、學習知識技能等良好目的，但是在一黨專制造成的黑暗統治下，囚犯只能在暴力強迫下部分接受服從命令的洗腦，至於提高道德水平這些目標則是完全失敗的。

注釋

1　〈全國共有監獄681所押犯164萬〉，《全國人大網》2012年4月25日，www.npc.gov.cn/zgrdw/huiyi/cwh/1126/2012-04/25/content_1719250.htm。

2　〈聚焦看守所〉，《財新網》2010年4月1日，magazine.caixin.com/2010-03-29/100130180.html?p1。

3　〈究竟哪個國家在系統性地製造人權災難？〉，www.cdp1998.org/file/2015112301.htm。

4　《勞改——中國特色的罪與罰》，吳弘達主編（紐約：安博拉奇出版社，2009年），頁27。

5　美國國務院：《2019國際宗教自由報告》。

6　2013年12月28日，第十二屆全國人大常委會通過了〈關於廢止有關勞動教養法律規定的決定〉。

7　〈國務院關於廢止2000年底以前發布的部分行政法規的決定〉，中國政府網：《國務院公報》2001年第32號，www.gov.cn/gongbao/content/2001/content_61147.htm。

8　〈中國共產黨領導下中國監獄改造罪犯的初心和使命〉，《司法部官網》2021年6月25日，www.moj.gov.cn/pub/sfbgw/jgsz/jgszzsdw/zsdwzgjygzxh/zgjygzxhxwdt/202106/t20210625_428859.html。

9　見「中文馬列主義文庫」，www.marxists.org/chinese/maozedong/marxist.org-chinese-mao-19490630.htm。

10　〈中國人民政治協商會議共同綱領〉第七條，《中國政協網》，www.cppcc.gov.cn/2011/12/16/ARTI1513309181327976.shtml。

11　〈中國的勞改制度：歷史與宗旨〉，勞改研究基金會，laogairesearch.org/%E5%8B%9E%E6%94%B9%E5%88%B6%E5%BA%A6/?lang=zh-hant。

12　國務院新聞辦公室：《中國改造罪犯的狀況》（白皮書）（北京：法律出版社，1992年8月），頁5。

13　勞改研究基金會出版的電子書網址，laogairesearch.org/publications/，可以免費下載。

14　這套叢書每一本都有相同的「出版緣起」，比如第1集，徐文立：《我以我血薦軒轅》（華盛頓：勞改研究基金會出版，2001年），頁009。

15　勞改紀念館網上數據庫：laogairesearch.org/archives/soviet-adviser-pugaofugens-remarks-at-the-second-national-conference-on-laogai-work/

16　趙旭：《夾邊溝慘案訪談錄》（華盛頓：勞改研究基金會出版，2008年），頁18。

17　吳弘達：《昨夜雨驟風狂》（華盛頓：勞改研究基金會出版，2003年），頁100-122。

18　《維基百科》詞條：〈李九蓮〉，https://zh.wikipedia.org/wiki/%E6%9D%8E%E4%B9%9D%E8%8E%B2。

19　葉少華：《紅塵白浪》（華盛頓：勞改研究基金會出版，2004年），頁161。

20　文徹赫恩：《苦難的歷程》（華盛頓：勞改研究基金會出版，2003年），頁126。

21　《百度百科》詞條：〈中華人民共和國勞動改造條例〉第25條，https://baike.baidu.com/item/%E4%B8%AD%E5%8D%8E%E4%BA%BA%E6%B0%91%E5%85%B1%E5%92%8C%E5%9B%BD%E5%8A%B3%E5%8A%A8%E6%94%B9%E9%80%A0%E6%9D%A1%E4%BE%8B/18561657?fromModule=lemma_inlink。

22　文徹赫恩：《苦難的歷程》（華盛頓：勞改研究基金會出版，2003年），頁115-122。

23　丁西：〈往事追憶 荒原的隱私（八）〉，《華夏文摘》，刊登在2010年「華夏快遞」欄目，http://archives.cnd.org/HXWK/author/DING-You/kd101022-3.gb.html。

24　葉少華：《紅塵白浪》（華盛頓：勞改研究基金會出版，2004年），頁231。

25　綦彥臣：〈中國監獄人權狀況惡化的經濟原因〉，香港：《中國勞工通訊》2005年12月28日，clb.org.hk/zh-hans/content/%E4%B8%AD%E5%9B%BD%E7%9B%91%E7%8B%B1%E4%BA%BA%E6%9D%83%E7%8A%B6%E5%86%B5%E6%81%B6%E5%8C%96%E7%9A%84%E7%BB%8F%E6%B5%8E%E5%8E%9F%E5%9B%B0。

26　閔和順：《我和我的三個半奴隸》（華盛頓：勞改研究基金會出版，2005年），頁162-168。

27　張傑：〈文革學習班：遍地牢籠〉，北京：《愛思想》，www.aisixiang.com/data/56379.html。

28　〈明慧二十週年報告：酷刑折磨〉，《明見網》，www.ming-jian.net/千古奇冤/中共為什麼迫害法輪功/7443-明慧二十週年報告：酷刑折磨.html。

29 原文鏈接：www.minghui.org/mh/articles/2013/12/7/中共酷刑虐殺法輪功學員調查報告-1--283668p.html。

30 《維基百科》詞條：〈臨沂計畫生育事件〉，zh.wikipedia.org/wiki/%E4%B8% B4%E6%B2%82%E8%AE%A1%E5%88%92%E7%94%9F%E8%82%B2%E4%BA%8B%E4%BB%B6。

31 聯合國人權高專辦報告，OHCHR Assessment of human rights concerns in the Xinjiang Uyghur Autonomous Region, People's Republic of China | OHCHR，轉引聯合國消除種族歧視委員會報告中的人數，www.ohchr.org/en/documents/country-reports/ohchr-assessment-human-rights-concerns-xinjiang-uyghur-autonomous-region。

32 《聯合國人權高專辦報告》，第39-44節。

33 鏈接是：https://zh.wikipedia.org/wiki/新疆再教育營。

34 吳弘達：《昨夜雨驟風狂》（華盛頓：勞改研究基金會出版，2003年），頁85-87。

35 〈國務院關於勞動教養問題的決定〉，《百度百科》，baike.baidu.com/item/%E 5%9B%BD%E5%8A%A1%E9%99%A2%E5%85%B3%E4%BA%8E%E5%8A%B3%E5%8A%A8%E6%95%99%E5%85%BB%E9%97%AE%E9%A2%98%E7%9A%84%E5%86%B3%E5%AE%9A。

36 杜斌：《小鬼頭上的女人》（紀錄片），www.youtube.com/watch?v=sFEl7oophB0。

37 RFA：〈訪民在駐京辦黑監獄受虐待令人髮指〉，www.rfa.org/mandarin/ yataibaodao/fangmin-20080122.html。

IV

國際視野下的極權和洗腦

國際外交中的中共洗腦宣傳

余茂春

　　謝謝夏明博士，也謝謝我的老朋友宋永毅先生邀請我出席這個重要的會議。我也感到很高興能在這裡重逢久違的其他舊識，結識新的同仁和學者。近幾年因為太多事務纏身，失去了和朋友保持聯繫的不少機會，尤其是中文圈子裡面的朋友，更是相見甚少。所以我今天在這裡有如魚得水的興奮之感。

　　會議主持人請我講講對洗腦的看法，尤其是洗腦在中國的國際交往中間的一些實際的操作和運用。今天我就來簡單談一談我的一點心得體會，希望大家不吝指正。

　　我認為洗腦是一個很殘暴，讓人細思極恐的詞彙。頭腦本是人類精神活動的中樞，是思想和靈魂界域的核心，是認知世界的關鍵領域。一個人的認知世界通常是隨著環境的變化、年齡的增長、身體的發育和教育的獲取而不斷變化，趨向成熟、理性和智慧。但是通過系統的政府政策措施，強行的暴力和恐嚇來改造和控制人的精神和靈魂，操縱人的思維的全社會工程則是20世紀共產主義運動的突出劣跡。自由世界對共產主義運動的空前絕後的大災難的研究通常都是集中在其對人類肉體和生命的巨大摧殘和毀滅之上，但是在對共產主義運動對人類思想精神和靈魂認知上的改造、破壞和掌控則缺乏足夠的研究和討論。

　　我們現在身在自由的美國，對大多數的美國人來講，「洗腦」這個詞是在七十年前的朝鮮戰爭之後才開始熟悉起來的，其詞源就是中共公開宣傳的「思想改造」。對於在自由的認知環境裡生長的美國人來講，當時十分令人震驚的是居然有二十一位朝鮮戰爭中被俘的美國士兵願意背叛自由，在1953年選擇戰後去到共產黨中國。這些人在中國被中共強行舉辦學習班之後，還自覺自願地讚美欣賞共產主義制度，美國人民對此無從理解，自然地認為這些人的腦筋被共產黨洗刷過了。於是當時中共公開宣傳的「思想改造」（Thought Reform）一詞就在美國被直接翻譯成「洗腦」（Brainwash）。

　　共產黨的洗腦在當時的美國造成了巨大的恐慌。原因之一是這樣一來，共產主義對美國政治社會制度的威脅，就已經超越了肉體、種族和國界。而這種威脅很可能來自於就在你身邊受過共產黨洗腦的鄰居、同事，甚至親戚，讓你無法辨認，更

無從反擊，因為被洗腦的這些美國人看似平常，但實際上是聽命於中國共產黨，其新的人生使命就是摧毀美國的民主制度，顛覆美國的自由。

　　這種對中共洗腦戰術的恐慌，不僅反映在美國政府和國防情報系統，更重要的是它也反映在美國的大眾文化裡面。其中最有代表性的，就是1959年出版的一本書，叫作《滿洲候選人》（*The Manchurian Candidate*）。作者康登（Richard Condon, 1915-1996）在這本轟動一時的暢銷書中，講述了一個貌似虛構，但很大一部分美國人都有切身感受的故事：幾個美國大兵在朝鮮戰爭中被共產黨的突擊隊抓獲，然後共產黨把這一群美國戰俘押送到中國東北的滿洲進行「思想改造」。該書對共產黨的洗腦手法、理論和具體的操作，有令人毛骨悚然的細緻描述。通過系統的洗腦之後，這些美國戰俘回到了美國，重新融入美國社會，似乎沒有任何異樣。其中一名叫作雷蒙德・蕭（Raymond Shaw）的戰俘，還因為在洗腦過程中共產黨為他精心編造的戰鬥表現，回國後獲得了美國政府授予的最高榮譽獎章（The Medal of Honor）。但是，實際上蕭是一個由共產黨控制的，經過澈底洗腦的臥底間諜。在平時，他是一個普普通通的美國人，但是一旦接收到共產黨下達的暗號命令的時候，蕭就會心甘情願地、毫不猶豫地去執行所交給的任務。而直接掌控這個共產黨臥底間諜的人，竟是他的有共產黨特工身分而又陰險毒辣和蠻橫霸道的媽媽。他的媽媽嫁給了一個美國參議員，而共產黨交給蕭的任務就是通過他媽媽的支持讓她的參議員丈夫去競選美國總統，從而讓共產黨完全掌控白宮。其具體計畫是這個參議員去作為副總統搭檔競選人，然後由蕭去暗殺總統候選人，這樣該參議員就會成為總統競選人，獲選之後就會成功地讓美國總統服務於共產黨政權。雖然這個陰謀後來被蕭的一位老戰友識破而破產，但是通過這本小說，共產黨的洗腦術對於美國政治制度的巨大威脅，讓全美國都倒吸了一口涼氣。這本小說在三年之後被好萊塢搬上了銀幕，立刻成為舉世經典，讓全世界對共產黨洗腦的理論和行為有了更廣泛的全球共識。有趣的是，四十二年後的2004年，好萊塢在這個經典影片基礎上以原名改編成新片，由丹佐・華盛頓（Denzel Washington, 1954-）和梅莉・史翠普（Meryl Streep, 1949-）等大明星主演，又造成轟動，只不過那個被用來替共產黨服務去競選美國總統的參議員由原來的共和黨籍變成了民主黨籍。

　　但是比美國人對共產黨的洗腦術有更深刻的認識和具體體驗的人，是歐洲的一些曾經發誓為共產主義獻身，後來因為幻想破滅而成為共產黨的死對頭的知識分子和活動人士。他們把洗腦和共產黨的制度必然性聯繫起來，認為自十月革命以後，共產主義運動對世界文明的摧殘的最重要的一個方面就是改造獨立人格和統一思想，是對自由民主制度的最大的挑戰。

　　這方面最有代表性的一個人物就是喬治・歐威爾。作為一個曾經的、狂熱的社會主義分子，歐威爾在他的《一九八四》這本經典著作中具體地描述了共產主義的洗腦對於一個正常的人所發生的根本性的變化。在這本書中，主角是一個叫溫斯頓・史密斯的人，他在真理部裡面工作，專門負責審查篡改新聞報刊，使黨中央的政策在新聞和發行物中間得到澈底的貫徹，使之符合黨的意志。史密斯對這種做法開始時出現了本能的抵抗，還曾祕密地發展了他的情侶一起企圖造反。但是，黨組織對史密斯這樣的反賊有非常有效的對付的方法，以殺雞儆猴的手段對史密斯實施心理上的恐嚇和威懾，讓他在生存下來和背叛良心之間做出一個選擇。最終，史密斯屈服於恐嚇，心甘情願地為黨組織和「老大哥」服務，而且忠心耿耿，對黨的領袖萬分的崇拜，毫無二心──一個典型的洗腦作業就此完成。

　　但是我要更進一步講，歐威爾的分析當然有一定的深度，但是他還沒有從共產主義意識形態來加以進一步的闡述。就絕大多數的共產主義組織和國家洗腦的理論和實踐來看，除了強制性的明目張膽的威脅和脅迫之外，更重要的是共產黨的洗腦往往是基於一種核心的意識形態理念，一個人只要認同了這個頗有活力和貌似理性的理念，洗腦就完成了一半。

　　那麼這個貌似理性的理念是什麼呢？

　　共產黨洗腦的意識形態根源存在於經典的馬克思主義理論中。馬克思主義認為，每一個人都帶有特有的階級屬性。這種階級屬性叫階級覺悟。不同的階級有不同的覺悟。不同的覺悟，是由不同的個人的經濟基礎和物質環境決定的。更廣義一點來講，這就是大家非常熟悉的所謂「生產關係決定上層建築」的馬克思主義經典教條。這裡所謂的生產關係，當然包含了獨立的、個人的物質和經濟條件。一個沒有財產的人的經濟基礎是非常低下的。但是在馬克思的眼睛裡面，這種低下的經濟基礎恰好是最先進的階級覺悟的先決條件，因為他的貧窮並不是由他個人的能力或者努力造成的。恰恰相反：一個經濟基礎非常低下的人是創造了最大程度的物質財富的勞動者。他之所以有如此低下的經濟基礎，是因為在資本主義制度下，他被剝削、被壓迫。他的勞動所帶來的財富，不僅沒有給他帶來幸福和快樂，相反，他所創造的財富反而成了壓迫他的根源，形成了勞動者和他的勞動所帶來的財富和資本的非人道的分離，這就是馬克思哲學範疇裡面很重要的所謂「異化」論。而共產主義的最終目的就是要消滅這種異化，通過無產階級的革命行動，來實現勞動和財富的完美結合，達到人性的澈底復歸。

　　這是一個編織得很美麗的烏托邦神話，頗具誘惑力。但是馬克思主義無法解決一個根本的問題，那就是，無產階級革命並沒有像馬克思所預言的那樣在異化最嚴

重的資本主義國家發生。相反地，在馬克思1883年死去的時候，世界資本主義和勞工之間的衝突，也就是所謂的異化，不但沒有增加，反而趨於緩和。這對馬克思主義的信譽帶來了空前的威脅。

　　在這種理論危機下，出現了列寧和列寧主義。而列寧主義對馬克思主義的最大的修正，就是重新解釋了資本主義社會的內在邏輯。列寧認為，資本主義已經進入了最高階段，也就是所謂的帝國主義階段。而帝國主義是一個全球的系統，由一塊塊鏈條組成。在這個全球鏈中間，有資本主義最強的地方，也就是資本主義經濟最發達的國家；也有一些微弱的、資本主義不怎麼發達的國家，比如俄國和中國。而在資本主義欠發達的國家首先搞共產主義革命才最有希望。所以在列寧主義中，最有希望引發共產主義革命的不是最發達的工業國家，而是無產階級和工業生產都欠發達的國家。

　　那麼怎麼樣在這些欠發達的國家把微弱的無產階級強化起來，從而取得共產主義革命的勝利呢？列寧說，最最關鍵的因素，就是要建立一支無產階級的先鋒隊，也就是一個強有力的，組織性極強的共產黨。這就是為什麼20世紀以來的所有的各國共產黨，不僅僅是馬克思主義的信徒，更主要的都是徹頭徹尾的列寧主義政黨，非常強調黨的集中領導。當然，這個黨的階級屬性是偉大、光榮、正確的，其首要任務是通過各種各樣的手段來提高廣大的不發達的地區的人民的階級覺悟。而「提高覺悟」是一個龐大的工程，這個列寧主義的工程就叫作「思想改造」，是共產主義革命能否成功的關鍵所在。

　　在世界歷史上，思想改造最成功的典範，就是中國共產黨，而且中共的洗腦運動比歐威爾的警示還要早得多。中共在延安的十二年，是國際共產主義運動中洗腦運動最澈底、最成功的大事件，走火入魔，登峰造極。延安以及延安整風運動就像一個巨大的洗腦機器，成千上萬的人排著隊挨個受洗，而且人人過關，無一漏網。延安整風的這種洗滌運動不是一般的溫良恭儉讓、舒舒服服的淋浴和搓澡，也不是在浴缸裡面泡一泡，抹一抹那樣清閒雅致，而是充滿了暴力和恐懼，把每個人的腦袋擰下來做澈底的挫骨揚灰、敲山震虎的沖刷消毒和清洗等，再把這個腦袋裝回原處，這個人的腦袋已經被澈底程序化，與黨中央高度一致，對最高領袖毫無二心。

　　中共建政之後，更是按照馬克思的異化理論和列寧的提高階級覺悟的訓導，搞全民洗腦。篤信馬列的中共，認為人性之所以沉淪，階級屬性之所以低下，是因為一部分人有不勞而獲的特權，所以理所當然地決定，拯救人性和提高階級覺悟的唯一辦法就是勞動，只有勞動才能改造思想和靈魂；所以，勞動改造，即勞改，在中華人民共和國是一個興旺發達的共產主義巨大工程。因此說共產主義理論正是中共

龐大而血腥的勞改制度的意識形態根源一點沒有錯，幾千萬人在這種以勞動來改造思想的洗腦制度下遭受無以言喻的苦難甚至死亡。在21世紀的今天，勞改制度不僅陰魂不散，而且還在新疆等地大肆推展，成為以思想改造和洗腦為目的、規模巨大的少數民族集中營。

在中共權力有絕對控制的地方和區域，比如說中國大陸、新疆、西藏和香港，洗腦是不需要遮羞布的，是直接通過暴力和強制性的手段來完成的。在中國，洗腦和宣傳是密切關聯的。「宣傳」這個詞，在中國是一個褒義詞，是凌駕於真理和事實之上的概念。為了做好宣傳，真理和事實必須被修正和篡改。對於這一點，中共沒有任何道德上的猶豫和自責，而自認是堂而皇之、天經地義的事情。中共中央設有名正言順的宣傳部，其權力和資源都無可匹敵。在宣傳被合法化的一個國度裡，資訊絕對沒有自由地流通的可能性，也不可能有真正的言論自由。這就是為什麼「記者無國界」這個組織歷年以來認定中國的新聞自由度都是全世界墊底的。2023年4月該組織剛剛公布了2022年度的全球新聞自由指數，中國是一百八十個受評估的國家的倒數第二，其新聞自由的惡劣程度，比倒數第一的北朝鮮只有微弱的差距。而沒有新聞自由的國度，其國民被洗腦的程度，是最澈底的。所以，在北朝鮮和中國，我們可以清楚地看到洗腦和思想改造對國民素質的悲劇性的影響多麼的令人不寒而慄。

但是中國共產黨的洗腦工程並不僅僅受限於中國的疆土。中共的使命是解放全人類，而中國共產黨認為在所有的世界共產主義運動的嘗試中，自己一花獨秀，唯我獨尊，奉有改天換地、建造人類命運共同體的歷史責任。正因為如此，作為中共運作靈魂的洗腦術不只是侷限於中共直接管轄的區域，在其全球範圍的國際交往中，洗腦也起了舉足輕重的作用。

可是在國際範圍內，暴力和強制性手段通常是行不通的。但中共對於國際洗腦並不因為這一障礙而加以放棄，反而是變本加厲，投入更大的資本和人力，採取完全不同的手段，其中主要的方式方法是統一戰線和大外宣。

毛澤東曾經講過，中國共產黨取得政權有三大法寶，這就是統一戰線、武裝鬥爭和黨的建設。在這裡，毛澤東把統一戰線列在三大法寶的首位，可見其極端重要性。大家也都知道，在中共的官僚體制中，統戰部是有極大權力的，往往是由中共最高權力機構的政治局常委中的一位直接主管，其地位高於中共龐大官僚體制裡面的絕大部分機構和部委。

中共的統戰工作，非常的細緻，而且不惜血本，其手法也數不勝數。其中之一是「菁英抓捕」，也就是所謂的elite capture；另一個就是收買，拉攏第二、第三階

梯的對手來全方位地孤立和打擊中共的頭號敵人，等到頭號敵人完蛋之後，第二、第三階梯的敵人也被一鍋端。我把這種策略叫作「集中力量打孤立戰」。

先講「菁英抓捕」。在這方面，中共做得爐火純青。在國內把所有的文化和社會菁英都奉養起來，籠絡在所謂的民主黨派和政協裡面，進行集中管控。這種辦法也用來統治香港。1997年中共接管香港以來，基本上就是運用菁英抓捕的方式，把香港的金融、財政、房地產、製造業和文化菁英拉攏收買，搞菁英治港。在對付自己的死敵中華民國的時候，也是靠收買菁英來最大限度孤立政府最高層。

在國際上，菁英抓捕也是中共慣用的手法。以美國為例，中共統戰部門對大批美國前政府官員下了非常大的功夫。正是這一群人，成了中共在美國政界、財界、甚至軍界的代言人。他們為一己私利替中國政府和中國國營公司做說客，影響美國的對華政策，長期以來對美國的國家利益造成了嚴重的傷害。這一群非常有影響、有勢力的中國說客集團，即所謂的China Lobby，肆虐美國對華政策制定的程序長達將近半個世紀，一直到2016年川普總統上臺以後，才有了根本性的改變。

除此之外，中國的統戰部門對幾乎所有的在美國有成就的華裔人士也大下功夫，把他們其中的不少人變成替中共說話，影響美國對華政策的另一群代言人。尤其是像「百人會」（The Committee of 100）這樣的組織，中共更是不遺餘力地加以滲透和控制。由中共中央統戰部直接管轄的「和平統一促進會」，在美國有三十幾個分支機構，分布於美國各大城市，嚴重干擾華裔社團的言論和結社自由。在川普政府時期，美國政府將其中最猖狂的華盛頓支部列為「外國使團」，才將這個機構的氣焰打了下去不少。

除了「菁英抓捕」之外，中共統戰策略的第二個重要手段，是集中力量孤立主要對手，以達到擒賊先擒王和樹倒猢猻散的目的，其慣用方法是用大外宣來進行全球洗腦。為了達到這一目的，中共不擇手段，對其定準的頭號對手進行毫無道德準則的輿論攻擊、誣衊和詆毀。比如說，在中國的國際大戰略中，美國成了中共的頭號對手，所以中國政府不遺餘力地在全世界煽動蠱惑，把世界上所有重大問題都描繪成美國所為，為人類公敵。其目的是想欺騙世界輿論，把中美關係中因為政治制度和價值觀的衝突而帶來的雙邊關係的冷卻全部歸罪於美國，而忽略一個最根本的事實，那就是，有關中國的問題，根本就不是中國和美國兩個國家之間的問題，而是中國這個獨裁專制的統治模式與全世界所有的自由民主制度之間的根本衝突。中共的對臺政策，也是出自一個模式，一心一意集中打擊臺灣民主選舉的最高領袖。今天聚集在這裡的各位肯定對中共集中火力打擊對中共政權持批評態度的外國知識分子的做法有切膚之感。這樣的例子舉不勝舉，從早期對林語堂、胡適、高羅佩

（Robert Van Gulik, 1910-197）、賽珍珠（Pearl S. Buck, 1892-1973）等的攻擊，到後來對林培瑞、余英時、宋永毅以及對我本人的誣衊和制裁，無一而足。

但是，中國共產黨的終極目的是把共產主義的專制獨裁的統治模式向全球推廣，最終讓自己成為世界霸王。多年來，這種統治模式的精髓和核心概念以各種誘人的包裝逐漸在自由世界滲透，甚至生根發芽。這是一種很高級、很潛移默化的制度性的洗腦，已經對美國社會產生了深刻的負面影響。這種影響也許不是明顯的，但是它埋伏在美國社會的深處，其潛在的危險是不可估量的。

如今主導美國左翼政治的因素之一，是所謂的「進步人士」（The Progressives）。這個概念是完完全全從馬克思那裡搬來的。在馬克思主義裡面，人類社會分成進步與反動兩大陣營，兩者勢不兩立，絕對不可妥協。在這些「進步人士」眼裡，反動分子一無是處，應該向馬克思所倡導的那樣被扔進歷史的垃圾桶。這種激進的鬥爭情懷是美國目前兩極分化、黨派意識嚴重的重要因素。中共的大外宣趁機大力助長這種分裂，不遺餘力地借用美國「進步人士」的激烈言詞來對美國民主自由制度進行全面的推翻和否定，藉機推銷中共「安定團結」的獨裁統治模式。

而美國的「進步人士」也是中共洗腦策略的直接受害者，不少中國共產黨的洗腦策略所輸出的一些重要概念也成了他們的座右銘和行動綱領。其中很有名的一個影響美國的中共洗腦理念，直接原於延安整風時期思想改造的主要手段，即「提高覺悟」（consciousness raising）。這個概念是幾十年來美國女權運動的最重要的行動綱領，它直接來自於延安。

美國二戰期間《時代》雜誌駐華記者白修德（Theodore R. White）曾經在他1969年出版的名著《追尋歷史》（*In Search of History*）中，詳細描述了「提高覺悟」這個中共思想改造的概念是怎麼樣由延安傳到美國而風行起來的。白修德在書中有一段講他1941年在延安和八路軍副司令彭德懷的一段對話。彭德懷對白修德說：「從前線回來的同志必須要把他的腦袋洗乾淨，要重塑他的意識形態。開始的時候，也許他覺得只需要三個月的時間來重塑他的思想，但是現在他明白了，做這件事必須要花整整一年的時間。大腦被改造之後，才能讓他去做其他的事，比如學習軍事方面的、經濟方面的課題，以及解決其他有關休養和管理方面的問題。」彭德懷的翻譯和我一時間找不到恰當的詞彙來描述「重塑大腦」這個概念。最後彭德懷的翻譯終於想好了一個詞彙，叫作「提高覺悟」（Raise the Level of Consciousness）。這是我第一次聽到這個詞彙。而正是這個詞彙，後來跑出了中國，在1960年代美國的大街上成為了全美國的時尚。

那麼為什麼像「提高覺悟」這種充滿血腥的洗腦概念會在美國這樣的自由國度

裡面輕易地盛行起來呢？原因是多方面的。

其中之一，是因為一般的美國人對中共的馬列主義性質、它的鬥爭策略、它的奮鬥目標等等，沒有一個真正的了解，只能從字面上非常膚淺地去理解而欣然接受。來自中國的一些聽起來無關痛癢而實際上殺氣騰騰的概念和理念，如「統一思想」、「人類共同命運共同體」、「雙贏」、「共同富裕」、「祖國統一」等等，在幾十年的時間裡基本上沒有在國家政策上受到正確的分析和提供應對的方法。

最近十幾年來，中共輸出自己統治模式的一個很重要的方式就是在世界各國設立所謂的孔子學院，借儒學之名搞滲透和國際洗腦，美其名曰占領國際輿論高地和控制「話語權」（The Discourse Power）。中共最高領袖習近平說得更直截了當，叫作「講好中國故事」。實際上，孔子學院在世界各地把教書育人的崇高使命，變成了灌輸中共黨控的學術原則，和美化中共惡行的思想改造機構。在所謂的孔子學院中，中文教學一般要有中方對內容的審批和限制，課內課外活動一定不能有中共不認可的話題，如人權、西藏、臺灣、自由民主等等；而且在人員的任命上，也通常讓中共有決定權。這種機構在自由、學術平等的社會裡面是不能接受的。其實孔子學院與提倡儒學、學習中國傳統文化，沒有什麼必然的聯繫，是中共暗渡陳倉的一種高級的洗腦手段而已。

另外一個麻痺西方世界的重要概念，是中共所極力倡導的所謂「中國特色的社會主義」。習近平還加了一個「新時代」來助勁，其實新舊無差，都是一個貨色。它聽起來好像不痛不癢，無傷大雅。一般的美國人聽到「中國特色的社會主義」是很放心的，因為它似乎是表明中國共產黨只關心在中國國家範圍之內實行所謂的有中國民族色彩的社會主義。確實真正懂得中共政權本質和它的理論基礎的人，會有完全不同的理解。對中共的「中國特色的社會主義」的正確的理解，應該是中國共產黨所奉行的社會主義，而不是有中國民族色彩的社會主義。

那麼什麼是中共所奉行的社會主義呢？這就必須要懂得國際共產主義運動的歷史。中共自認為在國際共運中是最具有馬列主義原教旨主義色彩的，是最純真的馬列政黨。它從建黨初期，一直到今天的一百年時間裡，一直是在和不純潔的馬列主義的修正主義做鬥爭。而在世界上所有存在過的，以及現存的馬列主義政黨中間，如前蘇聯共產黨、西歐的參與議會民主選舉的各國共產黨、越南共產黨、朝鮮共產黨、古巴共產黨等等，都是沒有出息的，而最終能夠實現因特納雄耐爾的，就只有中國共產黨，因為它永遠是偉大、光榮和正確的，是純純正正的馬列毛的嫡系黨，最有資格和能力把全球變成赤旗遍插的世界。這才是中共津津樂道的所謂中國特色的社會主義的真正含義。

　　其次，美國人對東方社會尤其是中國社會缺乏整體的深層了解也是對中共的洗腦方式掉以輕心的原因之一。不少人到中國去看到高樓林立、車水馬龍的中國大城市，再逛一趟蘇杭和桂林，到成都去看一看大熊貓，喝一杯星巴克北京分店的咖啡，和吃一頓重慶麥當勞，就馬上認定中國的城市管理和政治文化，和美國紐約、芝加哥和洛杉磯沒有什麼根本的區別。這種十分普遍的美國社會心態，給中共的洗腦策略提供了一個鑽空子的大好機會。

　　一個有意思的例子，就是中國政府出大錢，讓美國哈佛大學的一個研究中心在中國做所謂的民調。這個民調一本正經地總結說93%的中國民眾都認可和擁護共產黨的領導。這個哈佛大學的民調，多年來成了中國政府糊弄中國老百姓和世界民眾的護身符，經常被中共外交部和中共為控制輿論和不厭其煩地引用。其實這是一個欺世盜名的經典例子。這個哈佛大學的研究中心在中國搞的所謂民調，並不是它自己搞的，沒有任何一個外國研究機構能被允許在中國大陸進行獨立的民意調查，那是要犯間諜罪的。真相是這個拿了中國不少捐助的哈佛大學研究中心委託一個在中國國內注冊，總部設在北京的「零點研究諮詢集團」（Horizon Research Consultancy Group）來捉刀代筆和代辦，其真實性可想而知。因為在中國這樣一個完全沒有個人言論自由的國度，根本不可能有反映真實民意的輿論調查。這不僅反映出美國一些名望很高的研究中心的道德水準的沉淪，也反映出中共國際洗腦技術的良苦用心和不擇手段。

　　另外，中共高層領導人有很重要的一個心理特徵，就是喜歡附庸風雅、引經據典、玩弄深沉。但是中共領導人基本上是沒有什麼學問的，說起話來往往空話、套話連篇。由於與他們交往的很多外國領袖對中國的語言文化和政治文化不是很了解，所以往往被他們糊弄，讓不少人覺得中共領袖常常掛在嘴邊，故弄玄虛說出來的俗套化和官僚化的中國成語和俗語，是充滿哲理和智慧的箴言。這些外國領袖回國後往往不斷引用來自中共領袖的空話和套話，好像已經獲得了東方文明的最高結晶。其實真正在中國的語言文化和政治環境中間生活過的人都知道，中共領袖的引經據典大都是一些普普通通的習慣表達，沒有任何指導意義和隱藏的哲理。一位美國前總統曾經花了五分鐘時間給我講他是如何對鄧小平和江澤民的博學多才所感動。尤其是有一句成語，讓他銘記心懷。這個成語是「解鈴還須繫鈴人」。我聽了半天後是一頭霧水，最後我對他說，這是在中國連小學生都天天會用的一句俗語，沒有任何深層的東西在裡面。在尼克森總統1972年去見毛澤東的時候，他畢恭畢敬地期望從這位偉大領袖的口中聽到劃世紀的醒世名言。結果，這種強烈的期望心態使尼克森把毛澤東的一句口水話當作了至理名言，還在自己的書裡面和演講中間不

斷地引用。這句毛主席贈送給尼克森總統的俗套得不能再俗套的話就是：「一萬年太久，只爭朝夕。」

　　我常常在想，中國共產黨對中國語言文化的摧殘當然表現在很多地方，但其中一個少為人們注意的方面是中國在國際交流中利用翻譯來為全世界進行思想改造。這是一個很複雜的問題，也是一個非常重要的問題。中共訓練翻譯人員是有系統的，有強烈的政策指導的，絕對不是只是學會「信達雅」的語言翻譯技能。我所接觸的所有中共正規的翻譯人員都有非常堅強的黨性，很能在翻譯過程中把握政策的尺寸，按照黨的意志對關鍵的字詞和概念，該翻譯的就翻譯，不該翻譯的就漏翻或赤裸裸地誤翻。這是非常危險的做法，對中美戰略交流和政策互動有不可估量的危害。

　　對於這一點我深有感受。我發現，在我參與的大大小小的與中方政界、軍界的接觸中，中方的翻譯人才都非常地傑出，但政治性很強。在關鍵問題上，他們都表現了職業道德的缺陷。

　　但是搞戰略糊弄實際上是中共的一貫的拿手好戲。這就是為什麼在1971年和1972年尼克森和季辛吉（Henry Alfred Kissinger, 1923-）與毛澤東和周恩來的所有的重要會晤和談話時，中共堅持不能有美方的翻譯參加。所有在中南海、人民大會堂和外交部的口譯都必須只能由中方人員擔任。結果我們看到的會談紀錄，都沒有親臨其境的美方翻譯專家的核實和驗證。而更加不可思議的是尼克森和季辛吉居然同意了這種蠻橫無理的安排。這對美國的國家安全和世界和平是十分危險的。

　　口頭翻譯當然有問題，但是通過筆譯來執行洗腦任務的例子更是舉不勝舉。2004年，當時的美國副總統錢尼（Richard Cheney, 1941-）訪問中國。他堅持要在復旦大學對學生進行演講，中國政府被迫答應。但錢尼的條件是對他的演講的報導和稿件不得有任何的審查和篡改。對此中方欣然答應。結果演講之後的第二天，新華社、《人民日報》發表了錢尼在復旦大學的演講稿，還清清楚楚地標明是「全文」的字樣。但是，中共的官方的「全文」版本對錢尼副總統的演講進行了毫不害羞的、大面積的刪除和篡改，多達幾十處。在演講中，錢尼多次提到美中關係的一系列重要文件，其中包括三個中美公報和《臺灣關係法》，指出這些是處理美、中、臺關係的基本文件。但是在中共發表的中文「全文」版本中，所有提到《臺灣關係法》的地方被全部刪除。錢尼還講到，東亞和東南亞的很多國家都放棄了獨裁，擁抱了自由。這些詞句也統統被刪掉。當時中共利用國際反恐聯盟的機會，在新疆和西藏以反恐的名義實施更加恐怖的民族鎮壓。錢尼在演講中警告中共不能以反恐的名義實施內部鎮壓。這些詞彙、這些段落，也在中共公布的所謂「全文」稿

中全部消失，不翼而飛。不明真相的中國老百姓讀了被篡改後的美國副總統的演講，感覺跟閱讀中共總書記的美中關係演講基本上差不多。這就是赤裸裸的、光天化日之下的洗腦運作。

　　但是在中共進行國際洗腦的行動中間，核心的工作重點是向世界隱瞞中國仍然是一個不折不扣的馬克思列寧主義的共產主義政權這個基本現實。在這方面，北京下的功夫著實不淺。為了兜售共產黨在西藏解放了農奴的大外宣，中共在世界各地的使、領館散發大量印有美麗西藏風景和有甜蜜蜜笑容的藏族婦女的宣傳品，還大張旗鼓地鼓勵西方人到西藏去旅遊。但是，實際上，西方人要獲得去西藏的旅遊簽證是難上加難，即使你獲得了去中國大陸的旅遊簽證，也無法輕易地獲得去西藏的許可。所以這是一種不擇不扣的大外宣手段。

　　很不幸的是，由於種種歷史的和文化意識方面的原因，有不少美國的政策菁英和政治領袖，頑固地拒絕接受「中國共產黨是一個徹頭徹尾的馬克思列寧主義的政黨」這個事實。他們由衷地認為，馬克思列寧主義這種現代共產主義意識形態，是西方人的發明，而東方人搞這一套並不是為了實現這種意識形態的終極目標，而是借用共產主義意識形態來實現民族獨立和國家的解放。換句話說，這些人認為中國人不可能成為真正的現代西方意識形態的真正信徒，中國不可能有真正的共產主義分子，而邏輯推理當然是中華人民共和國並不是一個共產主義政權，中國人只想回歸歷史的輝煌。帶這種有色眼鏡來制定對華政策，使美國吃了將近八十年的虧。結果，每一次美國政策的重大轉變都基本上沒有搞對。

　　在2019年，我們向國會遞交了一份美國對華新戰略的文件，其中明確指出美國自尼克森總統以來的對華政策基本上是失敗的。具有諷刺意味的是，在1972年尼克森重新制定美國對華政策的時候，也說過同樣的話，他認為以前的幾十年來，美國對華政策也是不對的，需要改變。更具有諷刺意味的是，1948年美國國務院發表了上千頁的「中國問題白皮書」，其中心思想也是說美國到那個時候為止的對華政策也是錯誤的。所以總的來講，在川普政府以前，美國對華政策基本上都是錯來錯去的。這是一個非常悲慘的歷史。之所以如此，我想當然原因很多。但是我個人認為，這和美國的政府菁英無視中共是一個馬克思列寧主義的政黨和中國是一個徹頭徹尾的共產主義國家有重大關係。換句話說，川普政府以前的七、八十年間，美國的對華政策，著重於自我審視，無視中國的現實，只考慮美國自己如何改變自己的對華方針和態度，認為只有這樣才能使中美關係穩定發展而達到兩國互利。但實際上，這樣做不現實，完全忽視了一個基本事實，即決定中美關係最主要因素根本不在華盛頓，而在北京的中國共產黨；如果中共不改弦更張，完全不可能有中美關係

的良性發展。不直面這個事實，中美關係將在長期內不會回到正軌。

　　可喜的是，過去的六、七年以來，我們重新確認了中共對中美關係的性質和走向的主導關係。面對中共是馬列主義政黨這個現實，對它的行為主張、戰略意圖，以及進攻性的實力發展，都有了非常現實的、兩黨派一致同意的重新認識。這在美國這個黨派之爭非常嚴重的國家裡面是十分少見而寶貴的，實在值得慶幸。我們每一個美國公民，都有責任和義務，盡我們最大的努力，確保這種黨派一致的對華共識能夠持續下去。這不僅是美國的國家利益所在，而且最應該受益的是被中國共產黨統治的廣大的中國人民，因為中國共產黨的利益和中國人民的利益有嚴重而不可調和的衝突。

　　謝謝大家！

2023年5月30日，拉斯維加斯

中國對臺灣認知戰中的「疑美論」分析

李酉潭、楊琇晶

一、前言

　　1949年以來的臺灣歷經國民黨準列寧主義黨國戒嚴統治，於1987年解嚴才開始啟動自由化，歷經1991、1992年的國會全面改選，以及1996年總統直選的民主化以後，終於完成民主轉型，成為主權在民的自由民主國家。2000、2008年雖發生二次政黨輪替，但直到2016年民進黨才第一次在國會取得過半席次。2023年《自由之家》評列臺灣為全球第十七名的自由民主國家，[1]《經濟學人》（*The Economist*）全球民主指數評比臺灣排行第十名，[2] 但臺灣畢竟仍然屬於年輕的自由民主國家，不僅司法改革很難進行，轉型正義進行不澈底，更嚴重的是臺灣有一項維繫民主最重要的因素缺乏，那就是民主理論大師羅伯特・達爾（Robert A. Dahl, 1915-2014）所提出有利於民主的三項關鍵性條件之一，即不存在強大的敵視民主的外部勢力[3]（另外二項也是不可或缺的因素為軍隊、警察控制在由選舉產生的官員手裡，以及民主的信念和政治文化）。

　　達爾在《論民主》一書中指出：一個國家如果受到敵視民主的強大國家支配，其民主制度不大可能獲得發展，或者中途夭折。例如，二戰以後蘇聯干預之下的捷克、波蘭和匈牙利的民主皆夭折，一直要到蘇聯垮臺以後才能發展出穩固的民主制度。[4] 然而，出版於1998年的《論民主》一書未能處理俄羅斯民主發展並不順利，普丁上臺後於2004年就從部分自由的選舉式民主（electoral democracy）崩潰回不自由的威權政體後，屢次威權擴張，進而於2022年全面入侵烏克蘭，致使其自由與民主皆發生嚴重倒退的現象。

　　的確，目前全球最受矚目的重大危機就是俄羅斯侵略烏克蘭，以及中共國一直想要對臺灣侵略併吞所實施的文攻武嚇。而顯得相當荒謬的就是依據《經濟學人》與《自由之家》的測量評比，全球民主排名倒數第十一，自由分數只有九分的中國，卻一直想要統一全球民主排名第十，自由分數高達九十四分的臺灣。[5]

　　極權專制中共政權對臺灣極限施壓所使用的手段就是，以武力威脅為後盾的統戰、超限戰、資訊戰與認知戰等。現在，全球正聚焦於臺灣即將在2024年舉行的總

統與立法委員選舉，本文擬從認知戰中最受矚目的「疑美論」來加以分析，中共國現階段對於臺灣人民洗腦的情形。

二、疑美論

（一）中共疑美論認知戰中的「羨憎交織」

　　「疑美論」在臺灣選舉期間無論是總統大選或大型地方選舉，在民進黨執政期間最常形成親中輿論操作的觀點，且此類言論經常與「棄臺論」相互貫穿成似是而非的邏輯，再由臺灣名嘴和偏藍媒體露出渲染，使臺灣閱聽群眾難分真假，進而對臺灣本土政權的反共路線產生懷疑。「疑美論」成為假消息操作主軸，必須將其置於美、中、臺三方歷史淵源框架下來討論。「敵視美國」本來就是大中國民族主義的重要成分，而臺灣同樣存在該主義，其中也有反美、憎美的元素，只是比較隱晦。[6] 除此之外，疑美論還包含了厭惡民主的成分。余英時在1996年曾舉社會學家管禮雅（Liah Greefeld, 1954-）的論述指出，中國民族主義者的憎美不完全是憎恨，當中還充滿著「羨憎交織」（ressentiment）的情緒，對美國的民主夾雜著羨慕和攀附。因此，從中共對臺統戰的角度看來，疑美論的輿論和假消息操作，不僅止於訴諸臺獨勢力分裂中國，也進一步將「分裂活動」和「外國勢力的干涉」緊密地聯繫在一起。[7]

　　從中共對臺認知作戰欲達成的目的，或可透析疑美論之操作手法和模式。所謂認知作戰（Cognitive Warfare），美國國家民主基金會的定義為：「利用爭議消息，破壞社會既有網絡及深化對立。」然而，在網路科技快速變動時代，對臺灣的認知作戰也不斷地快速出現新形態。洪子偉2022年的研究指出，在疫情大流行與美中貿易戰後，中共認知戰由過去的正面宣傳經濟利多，轉為負面情緒動員，且由實體交流轉化為以網路為主，針對特定族群設計不同的喜好與議題，以潛移默化的方式，漸使臺灣閱聽民眾改變想法與行為。[8] 他舉例，中國許多新聞式的內容農場網站，如每日頭條（kknews）原先只是消息雜亂的內容農場，近來中共將其內容改寫、包裝成內嵌有意識形態的知識百科，用以宣傳「美國如何背棄盟邦」、「美國亞裔與非裔如何受到歧視」等「美帝」的惡劣作為，意圖挑撥民主國家的同盟關係。[9]

　　另一方面，俄烏戰爭爆發後，中共對臺灣認知戰中的疑美論操作力道更加猛烈。董立文2023年分析，中共全力發動疑美論認知作戰包含了三段式論述：「美國人不會來」、「蔡政府沒準備」以及「國軍沒能力」，其結論就是要臺灣人投降的

「投降論」，意在催眠臺灣人不要相信民主自由的價值。[10] 北京從烏克蘭抗俄過程中發現，必須斷絕臺美之間的所有關聯，中國才有可趁之機。林穎佑則認為，中共將頻繁實施「虛實並進」的「灰色作戰」，當中「虛」的部分，就是以大量不實消息與網路攻擊，包括「毀臺論」、「棄臺論」等，皆為弱化臺灣人對於國家團結抵抗意志的手法。[11]

中共刻意操作疑美論，其實並非近來美中關係緊張時才出現，自超過半世紀前，中共就以疑美論作為主要心戰主軸。1958年10月，「八·二三」炮戰後，由毛澤東起草、當時中共國防部長彭德懷名義發出的兩篇〈中華人民共和國國防部再告臺灣同胞書〉，向當時美國支持的國民黨喊話，內容便多次提及要求臺灣要團結一致對外，「與美國一起是沒有出路的」、「美國人總有一天肯定要拋棄你們的」、「我們只是希望你們不要屈服於美國人的壓力，隨人俯仰，喪失主權，最後走到存身無地，被人丟到大海裡去」云云。而現今由於俄烏戰爭的爆發，國際上民主陣營與極權陣營加倍分道揚鑣，「烏克蘭之於俄羅斯vs.臺灣之於中國大陸」的討論，成為全球關注焦點。臺灣內部的親中、親美、反美、反霸權等的爭論，也因區域地緣政治的緊張而更加分歧。中共抓準時機，疑美論的認知戰，從過去心戰文宣進化到媒體與網路社群的精密操作。

綜上所述，中共的認知作戰中，「疑美論」的操作囊括了以下幾種成分：疑美、憎美、厭憎民主；以及臺灣投降論、（美國）毀臺論、棄臺論等。

自2016年以降，由於中美貿易戰越趨激烈，半導體與晶片是世界兵家必爭領域，不只牽動美、中、臺角力，更左右地緣政治輕重。在臺灣2022年期中選舉期間，全球最大晶片製造商「台積電」赴美設廠舉動全球關注，也成為選舉攻防關鍵議題。本研究以選舉期間台積電赴美設廠新聞為例，檢視中共如何操作疑美論來影響臺灣媒體輿論，並試圖揭露其傳播手法與路徑，盼提供日後臺灣民眾接觸到該類消息時的警戒。

（二）臺灣2022年九合一選舉疑美論傳播路徑

中國刻意挑動台積電赴美的疑美論，主因是台積電是半導體行業的領導者，被視為是臺灣抵抗中國攻擊的最強「矽盾」（Silicon Shield），若中國軍事犯臺，將嚴重干擾全球相關產品的供應，使美、日、歐相關企業的市值蒸發數兆美元，中國的軍事行動必然引發美國為首的全球干預，以保護資訊科技產品供應鏈。[12] 因此「台積電被美掏空論」在臺灣選舉前夕，中共資訊戰操作大舉疑美論，一方面攻擊美國，同時助長臺灣人反美情緒，降低臺灣民眾對台積電的信心。

　　為了了解疑美論在臺灣輿論中的滲透程度，以及如何透過臺灣的傳統媒體與 KOL（Key Opinion Leader，關鍵意見領袖）作為內應來擴大認知資訊戰的影響力和真實度，本研究透過檢視臺灣目前政治立場傾向偏藍，且傳統上具有輿論影響力的大型媒體的新聞為例，包括電視新聞媒體《TVBS》收視率最高的政論節目《少康戰情室》、由電視轉為網路影音新聞媒體《旺旺中時》，以及在臺灣在2022年收到網路實際金錢「贊助」最多的名嘴KOL，在選舉前的一個月期間，對於台積電的相關議題的內容走向來分析，疑美論的資訊戰在臺灣的傳播途徑。

表一：TVBS政論節目《少康戰情室》
2022年選舉前後以台積電赴美為議題之節目內容（本研究製表）

日期 （2022年九合一選舉日 前一個月10.26-11.26）	TVBS政論節目《少康戰情室》 談論台積電與疑美論相關主題
2022.10.21	從不會戰爭變2023年臺海臨戰，國安局長料敵搞髮夾彎？
2022.11.01	【沈富雄／郭正亮／黃暐瀚】台積電美國廠掀晶片戰新篇章，中美肉搏蔡政府變工具人？
2022.11.01	【完整版上集】台積電「東移」拜登親自出席，晶片戰臺灣傭兵團助美抗中？
2022.11.02	【完整版中集】蘇貞昌：臺灣獨立是一個事實……蘇院長質詢不忘偷渡臺獨？
2022.11.10	【沈富雄／郭正亮／黃暐瀚】美國學者：共和黨贏期中選舉對華更強硬，臺海危機升？
2022.11.10	台積電一句話蔡英文原形畢露？中國鵬不辭立委鄭文燦好累？《新聞大白話》2022.11.10
2022.11.11	【沈富雄／尹乃菁】「美國軍事捍衛臺灣」拜登不說賣關子，G20美中畫臺海紅線？
2022.11.14	綠桃竹竹苗候選人當護國群山後盾，掏空台積電搞抗中保臺？
2022.11.15	【沈富雄／郭正亮／黃暐瀚】臺灣問題是「第一條」不可逾越紅線，中美會晤不尋常細節？
2022.11.17	台積電7奈米高雄廠最新進度曝後投資客剉咧等？柯志恩週日合體韓國瑜尬陳其邁大造勢 翻轉高雄在此一舉？
2022.11.22	【今日精華搶先看】網：臺灣科技產業慘了，台積電美國整碗捧去釀隱憂？
2022.11.22	臺股跌近600點、台積電挫36.5元，美晶片禁令成黑天鵝？
2022.11.22	張忠謀：5奈米或是3奈米曝台積電美廠擴大投資？
2022.11.22	【完整版上集】張忠謀爆料3奈米赴美，知情人曝台積電南科受衝擊？

日期 （2022年九合一選舉日 前一個月10.26-11.26）	TVBS政論節目《少康戰情室》 談論台積電與疑美論相關主題
2022.11.24	韓國瑜歎台積電被大卸八塊，蔡英文扯綠贏給力量守臺海
2022.11.24	【完整版中集】蔡英文高喊「臺灣隊互挺」製造對立挑仇中情緒催基本盤？

表二：《中時電子報》報導台積電與疑美論相關新聞（本研究製表）

日期 （2022年九合一選舉日 前一個月10.26-11.26）	《中時電子報》報導台積電與疑美論相關新聞
2022.10.26	台積電鼓勵員工多休假，股價創新低
2022.10.30	《中時社論》：戰爭與和平，蔡總統一念間
2022.10.31	半導體業恐去臺化？名嘴警告台積電：恐淪下個東芝
2022.11.01	《中時社論》：景氣衰退併發地緣病，經濟危矣
2022.11.02	台積電移機典禮成美戰略大內宣
2022.11.02	半導體去臺化成真？郭正亮曝老美盤算：反害慘台積電
2022.11.02	台積電淪為外交伴手禮
2022.11.04	台積電遠赴美國設廠，藍委驚爆：蔡政府有想過這件事嗎？
2022.11.11	台灣正摸著石頭過海
2022.11.20	台積電先進產能不排除赴美，張忠謀曝亞利桑那廠12/6開幕「邀請這些人」
2022.11.21	台積電雙手奉上給美國？蔡正元：臺灣有「1個人」可談判
2022.11.21	台積電被美國整碗捧去？張忠謀一席話讓網崩潰：臺2產業慘了
2022.11.21	張忠謀爆料3奈米赴美！台積電南科受衝擊？知情人曝內幕
2022.11.22	台積電3奈米製程將赴美　羅智強：蔡政府對美中關係束手無策
2022.11.22	《時論廣場》：「護國神山」被愚公移山？
2022.11.22	這3人把台積電推入火坑？蔡正元怒：不折不扣的漢奸集團
2022.11.23	臺灣矽晶圓一哥赴韓設廠遭1通電話攔胡，韓媒暴怒：狂轟背後凶手
2022.11.23	張忠謀拋求救訊號？台積電恐被美掏空，前外交官揭真正幫凶

　　2022年11月選舉前夕，當月1日「台積電赴美包機起飛」，以及選前一週21日「張忠謀證實3奈米會在美生產」，兩大新聞議題在偏藍的新聞和政論節目上，在這兩個時間點前後的討論熱度衝高，偏藍的傳統電視政論和網路新聞，操作疑美論包括兩大主軸：其一，美國將臺灣視為棋子，不只掏空台積電，臺海若發生危機只

願撤離台積電工程師；其二，執政黨民進黨為了自身利益出賣臺灣安全，只為了迎合美國。接著，中共在臺灣人主要使用的社群媒體平臺，包括Facebook、YouTube、LINE，以及中國的微博等，大量發布轉貼相關文章，指台積電赴美為美方的陰謀論，爾後中國官媒立刻跟進，指控臺灣執政黨正在美國幫助下，掏空台積電。[13]

我們同樣以台積電為主題，觀察2022年「九合一」選舉前後，網路意見領袖朱學恒[14] 在YouTube上的頻道《朱學恒的阿宅萬事通事務所》直播關鍵詞，發現其主軸與上述偏藍的傳統電視媒體的立場幾乎如出一轍，皆以疑美論為貫穿；無獨有偶，參與其直播的來賓，如郭正亮等，與傳統藍營電視臺所邀請的政論評論員，重疊性超過九成。

表三：朱學恒YT頻道《朱學恒的阿宅萬事通事務所》
2022年選舉前後以台積電赴美為議題之節目內容（本研究製表）

日期（2022年九合一選舉日前後）	朱學恒YouTube直播節目談論台積電與疑美論相關主題
2022.10.11	最會吃魚的郭正亮來吃魚啦！臺灣要陷入美國的焦土戰略了嗎？ft.郭正亮
2022.10.13	翁履中副教授果然先知，去年就談美方好心規劃的臺灣焦土策略啦！撤退的道路上沒你沒我，只有台積電工程師和高官！
2022.10.30	翁履中：美國一中政策從未改變，但臺派卻一直自顧自地開心
2022.11.01	郭正亮又來大吃大喝了！美國的極化狀況越來越嚴重了！ft.郭正亮
2022.11.16	朱學恒、張善政捅破鄭運鵬最大謊言，為了選舉謊稱台積電1奈米落腳桃園的騙局！
2022.11.19	台積電1奈米落腳龍潭「唬爛」？張善政曝：竹科根本沒接到通知
2022.12.13	郭正亮出擊！《紐約時報》都說了這將逆轉半導體往亞洲的趨勢，臺灣還在大內宣說台積電各國建廠不痛不痛？是不是當國民都跟你們一樣笨？ft.郭正亮
2022.12.18	翁履中：先進製程移去美國的台積電還是臺灣的護國神山嗎？
2022.12.27	郭正亮警告：台積電赴美，矽盾弱化，臺灣地緣政治風險上升
2023.01.05	台積電二度下修資本支出，陳鳳馨憂矽盾分拆，先進製程還能守得住？
2023.01.10	美國人讓臺灣防禦戰術從境外決戰變成本土玉碎，臺灣人怎麼這麼倒楣？ft.郭正亮

　　《臺灣民主實驗室》的調查亦發現，無論是台積電包機赴美或台積電3奈米先進製程事件，皆有不少具有輿論影響力的前立委、政治評論員等分享談論並擴大上述言論，進而引起更大的輿論討論。其中包括：國民黨立委溫玉霞、前國民黨立委蔡正元、政治評論員黃智賢；粉專頻道《韓黑父母不崩潰》、《高雄林小姐》、《工程師看政治》、《觸極者》等，在實體反對黨的選舉宣傳和造勢中，也將疑美論當成煽動支持者的演說主軸，強調不可相信美國及民進黨。[15] 例如立委鄭麗文在高雄助選的談話內容，就環繞該議題。[16]

　　民進黨對於2022年「九合一」選舉的敗選報告中提及，網路社群的操作失當與假消息，是選舉失利的外部不利因素之一：「在議題設定及網路社群經營部分須深切檢討的事項包括：未能主動設定議題、假消息防守不及擴散速度、各社群平臺存在操作困境、封閉式社團擴散假消息，我方涉入程度有限、KOL合作創造社群聲量低」。[17] 以上述媒體與網路社群的成效分析對照，在選舉過程中，綠營支持者對於媒體言論的主動接觸較少、投票熱情亦較不顯著，兩者互為因果，因此顯得相對立場的言論，包括疑美論的操作，得以在網路與偏藍的電視媒體中的聲量被放大。

　　本研究訪談了民進黨在選舉第一線操盤網路社群的「A主任」，他發現在2022年選舉中，中共採用認知作戰或類似疑美論的假消息傳遞樣態，以傳統媒體和網路社群媒體的中介路徑而論，與前幾次選舉已有轉變。過去在臺灣網路媒體新聞尚未蓬勃的時期，傳統媒體為主要新聞輿論產出的第一步，傳統媒體先報導，網路媒體接著才會發酵，進而在網路上延續討論。另一種直接在網路上流傳的假消息，過去則是明顯由中國的「內容農場」產出的文章，當中有顯著的簡體字、中國字詞用法、不流暢也不符合臺灣人閱讀習慣的文筆。

　　但在「九合一」選舉中的假消息或來自中國的操作路徑，已有所轉變。首先會從網路名嘴、KOL以「爆料」方式拋出議題，接著藉由網路匿名粉專大量在各網站和私人社群中轉載，在網路造成討論聲量後，傳統媒體就跟進報導。網路新聞議題的最初來源雖難以查證，但由於在臺灣社群中發酵，傳統媒體便找到合理化的報導和討論空間，也因為傳統媒體一向被視為較有引導能力與正當性的新聞來源，讓臺灣民眾取信的程度大大上升。

　　尤有甚者，在本次選舉中亦發現，來自中國內容農場的消息也快速「進化」了。內容已經不用簡體字，可能用AI學習臺灣人的敘事方式，或是以「半真半假」的事實摻入文章中，讓人難以分辨是否為認知操作，疑美論的消息便是此模式。A主任認為，現代人看網路新聞講求快速實時，尤其是臺灣網路新聞充斥的時

代，閱聽人不自覺會以「網路新聞標題」兩句話就對該新聞事件心有定見：「當一個事件有先入為主觀念的時候，後續無論多少澄清，都很難扭轉回來，尤其是對於平時沒有關心政治新聞議題的『中間選民』來說，他們不大清楚前因後果，也不想再回頭去了解，就讓中共和有心人士想操作的假消息和議題導向，更容易傳遞散布，最後對投票行為產生影響。」

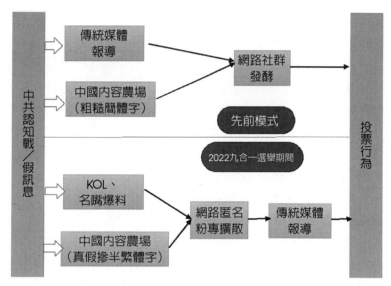

圖一：中共認知戰透過傳統媒體與網路社群傳遞路徑轉變
（本研究製圖）

　　即便這些媒體、網紅或政治人物僅在散布言論，並非實際收取中共紅利的資訊戰操作者（或沒有證據顯示），但臺灣新聞媒體特殊的競爭環境，加上藍綠長期政治極化現象，使得中共操作類似疑美論這類的認知戰，得以更輕易取得切入點的原因，也不自覺成為廣義的「在地協力者」。

（三）臺灣媒體為何成為中共疑美論認知戰協力者

　　日本學者小笠原欣幸不久前預測，「疑美論」可能成為臺灣2024年總統大選的勝負關鍵議題。若是「疑美論」更加深入人心，國民黨的勝選幾率會提高，而如果疑美論能被有效控制的話，則對民進黨有利。[18] 由於中國在過去幾次大選中加強文攻武嚇，對選舉結果證實都造成了「反效果」，因此若藉由擴散疑美論影響的話，會被認為是「美國理虧」，因此2024年總統選舉中，對中、對美關係和臺灣定位兩

大議題，中共操作方式將與往年有不同之處。

疑美論在臺灣究竟滲透程度有多少？在2022年臺灣「九合一」選舉前後，幾個大型民調數字可看出端倪。首先，中研院在11月投票日前，針對臺灣民眾對於美、中、臺關係的調查，有83%的民眾認為中共威脅加劇；58%的民眾認為近年美國增加對臺灣安全的支持。對於美國或中國「講信用」的程度，只有9.4%的民眾認為中國是講信用的國家，但對於美國，也僅有34%認為美國講信用、56%的臺灣民眾不認為美國是講信用的國家，顯示臺灣人普遍對美國的信任度呈現兩極化觀感。此些不信任美國者的比例，可能會在中共的認知作戰中受到較為嚴重的影響。[19] 同樣針對美、中、臺局勢，中華亞太菁英交流協會在2023年選後三個月所做的民調亦顯示，雖然臺灣民眾對美中兩國的好感度，以滿分10分計算，對美國為5.78分，偏好感，對中國平均3.76分，偏反感；也有69%的比例認為中國對臺灣的威脅嚴重。不過，這當中卻還是有將近四分之一比例、25.8%的民眾覺得中國對臺威脅「不嚴重」。臺灣民眾依舊存在如此思維，便足以讓中共可操作疑美論、美國毀滅臺灣計畫、親中、和中等輿論有發酵空間。[20]

疑美論對於臺灣的年輕族群影響更甚。根據臺灣民意基金會在2023年1月的民調中，二十歲以上臺灣人中，相信美國會派兵協防臺灣的占42.8%、但不相信美國會派兵協防臺灣的比例更高，有46.5%。當問及「近來美國對臺空前友好，提供各種軍事或非軍事援助，這早晚會將臺灣推向戰爭。」請問您同不同意這種說法？「不同意」53.4%的比例雖超過半數，但結果呈現「同意」還是占38.1%，將近四成，尤其是二十到二十四歲年輕族群。[21] 是否與年輕人更常使用社群軟體，或更長接觸網路媒體有關，值得更進一步研究關注。

從上述民調推測，疑美論在臺灣滲透程度確實不低，且對2022年「九合一」選舉的產生實質影響，勢必也將左右2024年的總統大選投票行為。我們衍生出兩大臺灣需要迫切認知處理的問題：未來臺灣的總統大選和地方選舉，是否更受到疑美論假消息操作的影響，使得親中政黨在選舉中得利？再者，為何臺灣某些媒體在疑美論的新聞輿論操作上，會成為中共的本地協力者？臺灣該如何因應和預防？兩者勢必成為聯動效應。

首先，從媒體扮演的角色來分析。臺灣的特殊媒體環境，包括新聞臺的過度競爭、壁壘分明的媒體立場等，也讓收視市場呈現越來越極端的藍綠光譜，於是臺灣媒體對於網路新聞操作的急速改變，使得假消息、刻意操作的新聞得以在尚未成熟的媒體環境中發酵。尤其在選舉期間，新聞媒體操作民粹主義與排他激情下所獲得的收視率，也導致臺灣藍綠意識形態各自按照身分認同和意識形態去主動選擇媒體

或網路意見領袖（KOL）的言論影音來收看。政媒眾多複雜因素的糾結，也反映出臺灣資本主義與民主政治結構的缺陷，形成不同立場群體之間難以相互理解和對話，甚至造成社會對立和撕裂的政治極化（political polarization）現象，導致人們不再根據「事實」（facts）、而更多地依賴自身的「價值觀」（values）來理解和詮釋世界。[22]

　　政治極化現象也反映在臺灣選舉期間媒體「收視率」上和網路名嘴的「點閱率」上。2022年11月的「九合一」選舉，選前的超級星期六（11月19日），除當天全臺收視率最高為金馬獎頒獎的3.09之外，新聞臺與政論節目都在轉播各政黨的造勢大會。偏藍電視臺TVBS為當天各新聞臺的第一名，收視率1.33、偏本土立場的三立新聞臺收視率1.12。如統計當天全天全臺灣前十名新聞臺的新聞及政論節目，偏藍TVBS占五名、三立三名，另一偏綠媒體民視占二名。對照選舉結果，國民黨拿下十三個縣市首長，大勝民進黨史上最慘的五席（無黨籍二席、民眾黨一席）。

　　另一實例，同年年初1月9日，為基進黨立委陳柏惟被罷免後的臺中市第2選舉區立委補選，以及臺獨立場鮮明無黨籍立委林昶佐罷免案的投票日。選舉結果中二選區由民進黨的林靜儀勝出；林昶佐的罷免案未通過。觀察當天自下午四點開票和晚上八點兩個時段的收視率，偏綠電視臺三立，分別是2.31與2.13，為各新聞臺的第一名；同樣是本土電視臺的《民視新聞》，也以2.01與1.84占據第二。偏藍立場的TVBS新聞臺，收視率則為四點的1.21以及八點的1.18。

　　臺灣的網路社群媒體上的名嘴、網路KOL亦有同樣現象。2022年全年的YouTube頻道斗內（英文Donate之意）金額，以「監督執政黨」「反塔綠斑直播頻道」為要求的偏藍名嘴朱學恒，粉絲贊助金額破千萬，位居全臺第一名，也是唯一名。位居二、三名的也是被NCC（國家通訊傳播委員會）不予發給電視新聞執照而轉戰網路平臺的《中天新聞》，以及以支持國民黨前總統候選人韓國瑜起家的「韓粉」直播主「鈞鈞大實話」。[23]臺灣前十大YouTube頻道的觀眾回饋熱度，2022年完全沒有一個挺綠的頻道。

　　以上種種現象可視為臺灣政治與媒體有高度的聯動性，電視臺和網路社群的收視率、點閱率，可相當反映出當時的政治氛圍。也就是說，藍綠選民對於投票傾向的熱情，會導致其選擇媒體的「主動性」，尤其在網路媒體新聞的時代，原先的政治立場更不易受媒體影響而變動，反而是加深了選擇與解讀媒體內容的框架，更堅定其信仰體系，「頑固閱聽人」（obstinate audience）理論在臺灣選舉期間更加顯著。

　　其次，我們從言論自由、媒體第四權的角度，或就臺灣在國際政治上的特殊地

位的博弈賽局上來看，媒體人「質疑權威」（questioning authority）難道不允許存在任何質疑美國的言論嗎？若沒有放在「中共對臺灣主權造成威脅」的前提下以及「臺灣尚未成為正常的民主國家」這兩個框架下來看，這個問題在世界任何「正常國家」答案當然是肯定的。但為何臺灣某些媒體和名嘴網紅大量散布疑美論點，成為中共在地協力者是刻意還是意外？第一線操作的臺灣大型電視媒體與網路新媒體的資深媒體主管（以下簡稱「受訪者B」[24]）認為有兩個主要因素。首先，網路媒體的快速發展導致臺灣原本就競爭激烈的媒體環境快速產生質變：

> 目前新聞的發酵方式，跟以往不同。以前是電視媒體為主流，擴散到網路發酵；現在則是每一秒網路都有新消息，網路新聞先出現，晚間的電視政論節目再來跟。因為消息太多太大，大多數的新聞工作者，沒有時間也無法去查證來源在哪、求證真實性的過程被「搶推播」的壓力縮短到幾乎不可能，實際第一線的主管遇到一個突發消息，以前是先打電話猛查證，而現在，就是「先發出去再查吧！」導致假的消息，太容易在網路媒體領軍的環境中傳遞。

　　難道臺灣閱聽人和傳統媒體，無法分辨什麼是假新聞和認知戰嗎？臺灣傳統媒體編輯室的層層把關，難道無法認知到哪些新聞資訊是來自中共的操作嗎？臺灣當務之急能做些什麼？最主要的關鍵點，就媒體新聞第一線操作的角度來看，關鍵在於，目前認定假資訊越來越困難，是否來自中共手法，從媒體平臺無法得知，閱聽人的「頑固性」，越來越大於媒體平臺供應者。當務之急的第一線自然是透過法令管控，長期而論，臺灣受眾民主素養的堅定程度，才能真正不受中國認知作戰威脅。B媒體主管說出臺灣新聞資訊轉動迅速下的認知戰漏洞：

> 　　對媒體來說，我們當然有基礎知識能判斷哪些消息來自中國，或是這對臺灣的地位有太不合理的詆毀和喪失主權的說法等等，這些太明顯，臺灣媒體絕對不敢直接採用。
> 　　但是當無法得知是否是來自中國時，就像我前面提到，對藍媒來說，就是一個不錯的攻擊民進黨的題材，採用之後，所有媒體都是看收視率、網路看聲量和點擊率的。當名嘴和電視臺、網路新聞，操作這些角度而獲得點閱率的直接收看收聽群眾的回饋時，自然就會繼續操作好幾天，直到紅利消失為止。為何有收視率？有觀眾呀！現在是「隨選」和「主動」媒體影音的時

代，幾百的電視頻道，無遠弗屆的網路世界，沒有人逼觀眾要看什麼，都是主動選擇。

其實就電視和網路的操作都有一樣的結果，每次選戰藍綠媒體的收視率相對的好壞，大致就可以猜到該次選舉結果。

目前電視臺已經在民進黨執政下，真正被定義親中的電視臺已經關臺，本土親綠的電視臺已經是相對多數。為何多數群眾選擇主動看網路上的被認定為假消息的新聞和名嘴節目？我認為考驗的還是臺灣民眾的民主素養，以及是否依舊對中國抱有幻想。臺灣民主之路，還要持續深化才行。中國共產黨的方式就是分化、裂解、鬥爭，這套也用在資訊戰上，因為中文的共通性，他們認為操作起來成本太低太低了！[25]

若以數量二分法來看，目前臺灣的偏本土立場的傳統媒體確實為相對多數，但以選舉結果來看，顯示網路社群媒體對於輿論的影響力逐漸擴大。中間選民與使用網路接受新聞為主的年輕選民，成為認知作戰中最容易受動搖的一群，也是臺灣選戰中經常左右選舉結果的關鍵選票族群，根據民進黨A主任預估，目前大約三百萬人。扣除這些中間選民，其餘不同立場的意識形態，在選舉期間，還是會回到各擁其主的歸隊藍綠的狀態，網路社群輿論便形成了同溫層的回聲室效應（echo chamber），會主動靠攏符合自身脈絡的媒體和消息來收看。

中國短影音是從TikTok抖音開始，雖臺灣目前使用率不高，於是短影音的路徑，在臺灣這次選舉發現，是從LINE的「封閉群組」流傳，以及YouTube關鍵詞的購買，來大量「洗」這些短影音。

不是民進黨沒有做澄清的短影音影片，只是偏藍的封閉群組進去不了，他們也不會傳綠營的影片。中國認知作戰和假消息的操作方式，「每年都在變」，如何防堵只能靠自己（指民進黨）希望在未來重大議題上，提升「預判能力」，比對方先釋出正確消息。

三、結論

林培瑞教授最近指出，「洗腦」的意思是一個站在眾人上面的權威，為了自己的某種利益，往下強加概念和價值觀，懲罰出軌者。中國共產黨的洗腦工程是歷史上規模最大的，而且侵入人們的意識比蘇聯的還厲害，甚至能夠比肩邪教。[26]

根據瑞典哥德堡大學發布的2023年V-Dem（VARIETIES OF DEMOCRACY）

研究報告指出，臺灣是全球受境外假消息影響最嚴重的國家，且已經蟬聯十年榜首。[27] 疑美論意在離間美臺之間的合作，讓臺灣在面對中共侵略時，失去了國際社會最大的支持力量，只能放棄抵抗投降，淪入共產獨裁牢籠。[28] 隨著中共以攻臺恐嚇來影響臺灣選舉之深化和加強，臺灣內部的「疑美論」也鋪天蓋地而來。以往是論述美國不會防衛臺灣，2022年是指美國會掏空臺灣，部分論者並扭曲台積電赴美設廠是另類棄臺。現又指美國縱然軍事支持臺灣，也會像烏克蘭，把臺灣當成美中戰場，牽制與消耗中共國力，由此延伸臺灣不當棋子。[29]

中共對臺的認知戰，一方面要求臺人在中國嚴格遵守其國安規則，包括不能發表與「一中原則」相違背的言論，但另一方面，卻是堂而皇之利用臺灣的言論自由、媒體自由、採訪自由、新聞自由等，來進行情搜、收買、色誘，甚至威脅恐嚇等，這無疑是一場「不對稱作戰」，利用民主制度來顛覆民主政體。而拜科技應用工具之所賜，近年來，除了透過傳統地方交流、赴臺學習、新聞駐點、宮廟宗教活動等來進行滲透與顛覆外，還會透過內容農場、深偽技術、加工消息等有趣短影音（抖音為主要媒體），來博取臺灣民眾眼球並製造人民對執政黨或特定議題的錯誤認知。[30]

臺灣民主實驗室於2023年3月24日舉行記者會發布「中國影響力指數」，理事長沈伯洋說明，研究結果發現臺灣在調查的八十二個國家中，中國影響力指數排名為第十一名，而社會與媒體兩個領域的被影響程度則為全球排名第一名。[31] 毋庸否認：認知戰能夠發揮效果的最重要因素就是透過媒體來操作。2019年5月，中共政治局常委、全國政協主席汪洋接見出席兩岸媒體峰會的臺灣媒體負責人時表示，希望共同努力實現和平統一、一國兩制。他還說，現在時與勢都在中國，臺灣當局可能連兩年後的事都保證不了，臺獨是走不通的，臺獨想要靠美國人是靠不住的。臺灣出席峰會者包含旺旺中時媒體集團董事長蔡衍明、旺旺集團副董事長胡志強、世新大學校長吳永幹、中時電子報社長賴岳謙、中華新聞記者協會理事曠湘霞、專欄作家郭冠英，及《中國時報》、中天、中視、《聯合報》、《經濟日報》、TVBS、東森電視等臺灣媒體高層。他們所獲得的最重要指示就是臺灣不要當美國的棋子，這就是近年來中共對臺灣認知戰的主軸。[32]

曾經坐過中共監獄五年黑牢的李明哲，2022年12月6日在其臉書上發表帖文來提醒大家，臺灣社會有一個相當嚴重的問題，那就是：敵視民主的外部勢力一直有在地協力者的配合。他以親身經歷明白地指出：

　　這五年在中國監獄學習過程中，常常被迫收看《海峽兩岸》，那節目有一些

固定的臺灣朋友獲邀「代表」臺灣人的聲音，例如：唐湘龍、陳鳳馨、王鴻薇、游梓翔、賴岳謙、邱毅、黃智賢，這些人也是臺灣一些媒體政論節目的固定來賓或者主持人，這或許是我們更應該關注並且警惕的。這些人的言論常常偽裝成「理性、中道、愛臺灣」，但其實只不過認為自己是中國人，必須為了中國的偉大復興做貢獻罷了。[33]

　　的確，臺灣民主面對的最大危機就是，一直有敵視民主的外部勢力，還有在地協力者的配合，使得民主運作不順暢，也使得一般民主國家可能發生的政黨輪替現象顯得不正常！臺灣面臨的困境就是：若武力侵犯臺灣，中共政權有可能會倒臺；但只要中共不倒臺，就不可能放棄併吞臺灣！因此，誠如前美國副國家安全顧問博明（Matt Pottinger）蒞臨政治大學，以〈驚濤駭浪中的自由：臺灣準備好了嗎？〉為題發表演講所指出的：

美國與臺灣和盟友密切合作，目的是阻止兩岸戰爭的發生，因為戰爭無論對哪一方都是災難性的。美國國父華盛頓曾教導我們：「為了確保和平，……必須讓人知道，我們已經做好隨時作戰的準備。」無論是臺北和華盛頓目前都應將此當成睿智的共識。臺灣的民主實驗會不會是曇花一現呢？美國的民主又是否能夠永續呢？臺灣和美國面對著相似的強敵，正對我們的民主虎視眈眈。我們需要不斷努力，遏制來自敵人的威脅。我們不可以屈服，也不應當對敵人視而不見。[34]

　　然而，如何破解疑美論？筆者認為美國做得還不夠。1996年臺灣透過民主化確立為主權在民的自由民主國家，美國卻一直尚未調整一個中國政策。除了承諾以武力防衛臺灣之外，美國仍須制定以下議程（Agenda）：

1. 明確告訴中共，若對臺動武，馬上與中華民國臺灣建交。
2. 幫臺灣在國際上正名為臺灣，協助立陶宛、捷克先設立臺灣代表處。
3. 協助臺灣加入國際組織，尤其是世界衛生組織（WHO）。[35]

　　當然，臺灣也必須構建好「民主防衛機制」，提防中共藉臺灣的民主機制顛覆臺灣的自由民主！我們一定要認清，中共統治的本質就是「暴力加謊言」，所以對臺以武力為後盾，從事統戰和認知戰乃是必然的，其標準做法就是臺灣「黑熊學

院」執行長何澄輝所說的，「打臺灣不如買下臺灣、買臺灣不如騙臺灣、騙臺灣不如嚇臺灣」，[36] 不過，筆者要進一步強調的就是中共可以同時進行「打、買、騙、嚇」，不論是統戰或認知戰，中共現在對臺已經達到「超限戰」的規模，就是以武力為後盾，對一切無限施壓。因此，筆者認為，面對中共無所不用其極的「超限戰」，政府應當成立一個像COV-19疫情指揮中心一樣，能統合各部會的機構，並且每週向全民報告，說明中共「超限戰」的最新手法，尤其是澄清相關的假消息。

附錄

一、受訪者編碼

編碼	職務經歷	身分屬性	受訪日期
A	民進黨前社群中心主任	本土政黨在2022年選戰第一線操盤者	2023/1/19
B	偏綠電視臺與其新媒體中心主管	臺灣最大電視媒體與新媒體新聞長期主導者	2023/2/6

二、受訪者A訪問內容全文

問：2022年大選發現中國假新聞、假消息，對選舉影響與之前如2020年有何不同？

答：新樣態是現在的假消息並不會讓你發現是從中國來的，以前還會是中國用語，一看就知道，比如當年假公文事件。但現在難以防備的原因是，根本不知道從何而來，也無法證實是否來自中國。因此影響臺灣人比之前深刻。

問：認知作戰或是假消息的操作的樣態，由這次選舉為例，你們操作選舉時發現有何新轉變？

答：最新路徑我們觀察到，

1. 名嘴爆料→網路匿名粉專放大操作→傳統媒體跟進報導，引導能力強〈疑似境外勢力配合〉
2. 現代人看網路講求「實時」，以及習慣只看「網路新聞標題」，兩句話就定調，真假難辨，傳播快。

跟先前路徑不同，傳統媒體先報導→網路再發酵；中國「內容農場」產生假消息→再以擴散。

問：假消息製成大量短影音的傳播，如何對選舉產生影響？

答：中國短影音是從TikTok抖音開始，雖臺灣目前使用率不高，於是短影音的路徑，在臺灣這次選舉發現，是從LINE的「封閉群組」流傳，以及YouTube關鍵詞的購買，來大量「洗」這些短影音。

　　不是民進黨沒有做澄清的短影音影片，只是偏藍的封閉群組進去不了，他們也不會傳綠營的影片。

問：（承上問題追問）既然藍的群組不會傳綠營的正確影片、綠營群眾也不會相信藍的在傳的假新聞影片，那麼對臺灣選舉版圖來說，不就還是回到信者恆信、藍綠歸隊的基本盤狀態，那麼認知戰、假消息真正的衝擊在哪裡？

答：對，是信者恆信沒錯。因此這次選舉來看，就是那中間的三百萬票受到影響。他們可能是習慣只看網路標題，或是平常根本沒在關心政治新聞的年輕群眾，到了有「重大議題」時，就會被簡單幾個字的網路新聞標題影響，他們可能不知道中間新聞發展攻防過程，但是容易形成對某事件或某人物的「既定印象」，再扭轉就很困難。

問：（承上問題）有這次經歷之後，能夠有確切如何防堵的解決方案嗎？

答：中國認知作戰和假消息的操作方式，「每年都在變」，如何防堵只能靠自己（指民進黨）希望在未來重大議題上，提升「預判能力」，比對方先釋出正確消息。

問：除了假新聞部分，這次選舉還有發現其他自中國認知戰的新途徑嗎？

答：有，就是「陸配網紅」的反串。模式：嫁到臺灣的陸配，有不少人經營YouTube頻道和臉書，現在看來內容都在稱讚臺灣的好、臺灣多民主。

　　但是這是假象！有陸配來爆料，其實這些陸配背後都有「高層勢力」在支撐她們拍片，故意要她們平常稱讚臺灣，博取臺灣人認同。等到下一次選舉或是「關鍵時刻」，高層就會要求她們「帶風向」，如開始罵民進黨和本土勢力等等，這樣臺灣人就會相信。陸配爆料說，她們從臺灣回中國探親，都會被人找去「喝咖啡」，要求他們每個月發多少篇文章、多少支影片。因為她們的家人都在那邊，所以大多數都會遵從。

三、受訪者B訪問內容全文

問： 以2022年選舉為例，學者專家與民進黨普遍認為，中國操作假消息與認知戰、資訊戰，是造成臺灣本土政黨大敗的主因。就國內大型媒體的角度來看，認為假消息是關鍵嗎？

答： 就媒體角度而論，假消息的定義可能跟一般人認知有點不同，其實應該要定義清楚。比如，民進黨方面所謂的假消息，泛指「與綠營立場觀點不同的新聞和消息」，但是這可能無法確認來自中國或是國民黨陣營，觀點不同不能定義為假新聞。這也是問題所在，我們無法分辨。

就目前看來，中國操作的「假」的方式，並非是杜撰一個新的事件，而是將原本臺灣就發生的新聞事件，以加油添醋、反串的方式，變成臺灣人族群中的另一種觀點來呈現，假裝好像「臺灣人裡頭真的很多人這樣認為」的假象。因此，就媒體角度而論，本來臺灣的媒體就壁壘分明藍綠立場清楚，當偏向藍的媒體看到能攻擊執政黨的角度，只要是媒體人，就會放大來操作，變成政論節目討論議題。

問： 目前所為的認知戰，就是分化臺灣，有學者認為中國當前唯一的目的就是先下架本土政黨民進黨的執政，因此加強力度。就你認為和了解，臺灣的傳統電視媒體和網路媒體，真有所謂的「在地協力者」？或是跟中國沆瀣一氣的媒體嗎？

答： 全世界都在關心中國的滲透，尤其是TikTok這種，或是大量短影音的洗腦。我分成兩個角度來觀察。

首先，我操作過電視媒體也操作過網路新聞媒體，就媒體角度來看，當然不能不懷疑有媒體是直接跟中共高層有聯繫的，這個也在NCC（國家通訊傳播委員會）和司法調查中揭露過。目前新聞的發酵方式，跟以往不同。以前是電視媒體為主流，擴散到網路發酵；現在則是每一秒網路都有新消息，網路新聞先出現，晚間的電視政論節目再來跟。

因為消息太多太大，大多數的新聞工作者，沒有時間也無法去查證來源在哪、求證真實性的過程被「搶推播」的壓力縮短到幾乎不可能，實際第一線的主管遇到一個突發消息，以前是先打電話猛查證，而現在，就是「先發出去再查吧」！導致假的消息，太容易在網路媒體領軍的環境中傳遞。我先前看過美國前總統歐巴馬（Barack Hussein Obama II, 1961-）的專訪，他也提起一樣的擔憂，認為Fox電視臺幫川普傳遞太多假消息，即使民主黨候選人到處澄清、和

其他電視臺幫忙解釋事情不是那樣的，但是效果實在遠不及假的消息傳播速度，他也在擔憂美國該怎麼面對這樣的狀況。

我想，全世界都在面臨網路世界所帶來的後座力。

剛剛提到Fox電視臺，為何歐巴馬會點名？Fox就是全美收視率最好的新聞臺！同一個邏輯，為何執政黨所謂的假消息，能讓臺灣多數人投票給親中政黨？你說靠一、兩個在地協力者，能這麼大範圍的擴散所謂的假新聞，而讓執政黨選舉大敗嗎？我認為關鍵還是在「臺灣民眾本身的民主素養」。

對媒體來說，我們當然有基礎知識能判斷哪些消息來自中國，或是這對臺灣的地位有太不合理的詆毀和喪失主權的說法等等，這些太明顯，臺灣媒體絕對不敢直接採用。

但是當無法得知是否是來自中國時，就像我前面提到，對藍媒來說，就是一個不錯的攻擊民進黨的題材，採用之後，所有媒體都是看收視率、網路看聲量和點擊率的。當名嘴和電視臺、網路新聞，操作這些角度而獲得點閱率的直接收看收聽群眾的回饋時，自然就會繼續操作好幾天，直到紅利消失為止。為何有收視率？有觀眾呀！現在是「隨選」和「主動」媒體影音的時代，幾百的電視頻道，無遠弗屆的網路世界，沒有人逼觀眾要看什麼，都是主動選擇。

其實就電視和網路的操作都有一樣的結果，每次選戰藍綠媒體的收視率相對的好壞，大致就可以猜到該次選舉結果。

就電視媒體人的角度，我們或許可以用另一個角度思考所謂的認知戰和假消息這件事：如以這次選戰為例，會不會是大多數的民眾比較「不想」接收到什麼消息而不去看？還是真的假消息的量太多，不看到都不行？

目前電視臺已經在民進黨執政下，真正被定義親中的電視臺已經關臺，本土親綠的電視臺已經是相對多數。為何多數群眾選擇主動看網路上的被認定為假消息的新聞和名嘴節目？我認為考驗的還是臺灣民眾的民主素養，以及是否依舊對中國抱有幻想。臺灣民主之路，還要持續深化才行。中國共產黨的方式就是分化、裂解、鬥爭，這套也用在資訊戰上，因為中文的共通性，他們認為操作起來成本太低太低了！

問：中國的短影音等，近來大量流入臺灣洗腦，民進黨也開始製作許多短影音，但是他們評估成效不彰，您就媒體專業的角度來看，中國如何洗腦？臺灣如何因應？

答：中國的抖音是大型平臺，一開始其實並非就是要灌輸政治語言。臺灣小朋友也

很流行拍跳舞的短影音，或是跟著看中國來的娛樂內容、遊戲挑戰內容。如果都是唱歌跳舞遊戲，為何是世界要緊張？

因為它們的模式是：先砸錢砸人，先從平凡無害的跳舞唱歌中擴散影響力，有影響力、閱聽人被黏著之後，再悄悄置入政治性的議題，讓人不自覺就收看和被洗腦。這也是一種中國文化的洗腦，就像為何很多年輕人會不自覺使用中國用語，認知戰是全方面的、點點滴滴的，只是對臺灣比較充滿政治層面的意義。

至於民進黨執政黨也做了很多短影音，為何影響力沒出來。一方面臺灣缺乏自己的大型平臺，當依靠的都是國外的影音平臺如META、YouTube甚至抖音，你的內容審查權都在別人手中，要他們交出中國的資訊、金流、不要亂審查等等，其實它們都是生意人，市場還是關鍵。或許臺灣政府可以開發出一個臺灣製的影音或社群平臺，比如南韓有SNS等等，就不須受制於人，不須受到中國的侵害。上述提到中國的短影音是從平凡到關鍵時刻置入政治洗腦，但民進黨現在開始製作的短影音，內容大都直接就是政治性內容，當缺少了娛樂包裝，原本的目標TARGET（鎖定）年輕人，反而不大想看這種純政治的影片，變成只能侷限在同溫層的群組中流傳，缺乏擴散性。

此外，中國非常積極在網路上培養KOL，一樣的模式，從平凡無奇的議題中，關鍵時刻再插入政治文洗腦於無形。目前綠營的KOL或是名嘴，就媒體角度觀察，同構型過高，同溫層效應太集中，影響力還是不夠。以上是對比中國的網路操作模式而論的。終究還是得靠臺灣人本身的民主的觀念持續深化。

注釋

1　"Global Freedom Scores" (2023)，《自由之家》網站，freedomhouse.org/countries/ freedom-world/scores。

2　《經濟學人》，www.eiu.com/n/campaigns/democracy-index-2022/。

3　Dahl, Robert. *On Democracy* (Yale University Press, 1998), pp.146-148.

4　同上。

5　同注1和注2。

6　此為陳弱水的看法。www.facebook.com/joshui.chen.5?fref=nf。2023年3月5日檢索。

7　余英時：〈海峽危機今昔談——一個民族主義的解讀〉，顏擇雅主編：《余英時評政治現實》（臺北：印刻文學生活雜誌出版股份有限公司，2022年）。

8　Hung Tzu-wei, "How China's Cognitive Warfare Works: A Frontline Perspective of Taiwan's Anti-Disinformation Wars," *Journal of Global Security Studies*, 2022: 7(4). academic.oup.com/jogss/article/7/4/ogac016/6647447.

9　中央社：〈中研院分析中國認知戰模式 示警年輕人易受干擾〉，2022年7月29日，www.trader168.com.tw/page/58696/report/213442。

10　〈「疑美論」是一套組合拳！俄烏戰爭週年啟示：中共侵臺前會做3件事〉，《今周刊》2023年2月27日，udn.com/news/story/6839/6997526。

11　同上。

12　Craig Addison, *Silicon Shield: Taiwan's Protection Against Chinese Attack* (Fusion Press, 2001).

13　Hunter, Gregor Stuart, *TSMC's Turning Point, The Wire China*, 2023. www. thewirechina.com/2023/03/05/tsmc-turning-point/.

14　2022年全年臺灣YouTube頻道「抖內」（英文Donate之意）贊助金額第一名，也是唯一一個臺灣網紅靠網友贊助收入破千萬的意見領袖。朱學恒以「監督執政黨」、「反塔綠斑直播頻道」為要求，立場偏藍。

15　臺灣民主實驗室：〈2022 臺灣選舉：境外資訊影響觀測報告〉，medium.com/doublethinklab-tw/2022%E5%8F%B0%E7%81%A3%E9%81%B8%E8%88%89%E5%A2%83%E5%A4%96%E8%B3%87%E8%A8%8A%E5%BD%B1%E9%9F%BF%E8%A7%80%E6%B8%AC%E5%A0%B1%E5%91%8A-879a4c470017。2023年3月8日檢索。

16　〈柯志恩+鄭麗文~立法院國民黨戰將鄭麗文：台積電宣布暫緩高雄設廠~但已高漲的房地產讓人民頭抱著燒〉，《非常新聞》（2022年），www.youtube.com/watch?v=_diJHQyL1Pg。2023年3月8日檢索。

17　Newtalk：〈上萬字敗選檢討報告出爐！民進黨認了林智堅論文案未即時止血……黑金、民生問題、抗中失靈全入列〉，2022年12月28日（www.businesstoday.com.tw/article/category/183027/post/202212280070/）。

18　〈小笠原欣幸觀點2024總統大選關鍵因素：懷疑美國棄臺、對美不信任的「疑美論」蔓延背景〉，《關鍵評論網》2023年3月6日，https://www.thenewslens.com/article/181392。

19　中研院歐美所：〈美臺中關系重點研究計畫〉，2022年11月15日至20日透過政大選舉研究中心，以問卷方式調查1,234名臺灣成年民眾，載《自由時報》，news.ltn.com.tw/news/politics/breakingnews/4183366。

20　該民調由中華亞太菁英交流協會委託大地民意研究公司於2023年2月22日至23日進行，訪問1,035位全國22縣市滿20歲以上的民眾，在95%信心水平下抽樣誤差正負3.05%。《自由時報》，news.ltn.com.tw/news/politics/breakingnews/4222277。

21　該民調由臺灣民意基金會游盈隆教授負責問卷設計、報告撰寫、研究發現的判讀及相關公共政策與政治意涵的解析。山水民意研究公司受基金會委託，主要負責抽樣設計、電話訪談與統計分析。訪問期間是2023年1月9日到11月3日，以全國為範圍的20歲以上成年人，抽樣方法是以全國住宅電話用戶為抽樣架構，以系統抽樣加尾數二碼隨機方式抽樣，有效樣本1,085人，抽樣誤差在95%信心水平下約正負2.98個百分點。《新聞》，www.storm.mg/article/4699457。

22　羅世宏：〈關於「假新聞」的批判思考：老問題、新挑戰與可能的多重解方〉，《資訊社會研究》2018年

第35期，頁51-85。

23　PLAYBOARD，https://playboard.co/en/youtube-ranking/most-superchatted-all-channels-in-taiwan-total?period=1672704000。2023年3月8日檢索。

24　參見附錄一，其身分為「偏綠電視臺與其新媒體中心主管」。

25　同上。

26　林培瑞：〈洗腦和洗嘴之間〉，《縱覽中國》網站，2023年4月10日，www.chinainperspective.com/default.php?id=73485。

27　〈瑞典研究：臺灣境外假訊息全球最嚴重，連10年榜首〉，《公視新聞網》2023年4月2日，news.pts.org.tw/article/630354。

28　〈疑美論、反美論系出同源〉，《自由時報》2023年3月20日，社論，talk.ltn.com.tw/article/paper/1572979。

29　余茂春：〈余茂春：對臺海局勢的三大錯誤認知〉，《自由時報》2023年2月19日，talk.ltn.com.tw/article/paper/1567852。

30　藍去蕪：〈投書：賴清德的對中政策應以「民主防衛機制」為根基〉，《上報》2023年4月23日，www.upmedia.mg/news_info.php?Type=2&SerialNo=170720&utm_source=newsshare-link。

31　〈臺灣民主實驗室：臺灣社會、媒體受中國滲透全球排名第一〉，《自由時報》2023年3月24日，news.ltn.com.tw/news/politics/breakingnews/4249705?utm_source=LINE&utm_medium=APP&utm_campaign=SHARE。

32　〈2019兩岸媒體人北京峰會　臺灣媒體參訪團完整名單〉，《大紀元》2019年5月12日，www.epochtimes.com.tw/n281198/。

33　李明哲臉書。www.facebook.com/mingchel0210/posts/pfbid02w38mK9u2U56EvBQqUvpp1DmV4x1F24YAjHUSP4RceWEXLj1gCgSpRQPpGtWUukTRl

34　三立iNews：〈[訪問完整]「臺灣意志力越渙散　越鼓勵北京行動」！前參謀總長李喜明、美前副國安顧問博明談「臺海安全　臺灣加強戰備易掀戰爭？」博明：北京認知戰像臭豆腐一樣臭〉，youtube.com/watch?v=-kbWNX1 XwZ8&feature=shares。2023年4月15日檢索。

35　李一平：〈破除「疑美論」，李教授提出良方〉，youtu.be/TgLjWQwxXXk。2023年4月20日檢索。

36　China Change：〈Taiwan Interviews_No.1: Ho Cheng-hui, CEO of Kuma Academy / 臺灣訪談(一)：黑熊學院執行長何澄輝〉，www.youtube.com/watch?v=o0KIO8S3jlM。2023年4月20日檢索。

意識形態因素在蘇聯後俄國民主轉型失敗中所起的重要作用

郭伊萍

一、前言

　　俄國全面入侵烏克蘭戰爭於2022年2月爆發後，中國清華大學政治學教授劉瑜就俄國民主轉型失敗話題出了一篇文章，[1] 評論說，俄國民主的失敗是一種很經典的失敗，因為俄國民主是不自由的民主。我認為，這值得進一步追問、更重要的問題是：為什麼俄國民主會成為不自由的民主，是因為俄國人不懂得民主必須以自由為基礎嗎？

　　事實上，民主與自由形影相隨的理念早已在幾乎所有嚮往民主人士心間成為常識。西方媒體大都將烏克蘭人英勇抵抗俄國入侵的行為說成是為了保衛民主而戰，有時又稱其是為保衛自由而戰，這兩種說法在多數西方人眼裡相互等同、可以互換。美國人在自豪地表述美國代表著什麼時，更是民主與自由不分，一會兒說美國是民主的燈塔，一會兒又說美國是自由的燈塔。俄國人在追求民主時，對自由的重視也一點不亞於西方人，蘇聯解體後的第一任俄國總統葉爾欽曾經宣告，要給予俄國人民以最大限度的自由。[2] 西方學界和媒體界至今仍然廣泛認為葉爾欽是一位真正相信民主自由的政治領袖，葉爾欽時代的俄國也確實一度存在過自由，可是，葉爾欽於1999年底宣布辭職之前，親手挑選了普丁作為自己的總統接班人，將俄國推上了政治不自由的道路。一位相信最大自由的政治領袖為什麼會做出將國家政治道路引向不自由的舉動呢？這種從最自由到不自由的轉換是怎麼發生的？

　　我對以上問題的回答可以用一言以蔽之，即，因為葉爾欽不懂得什麼是「自由」，換句話說是，葉爾欽對自由的理解出了大錯。這種對什麼是自由的錯誤理解在受紅色教育長大的中國人當中也相當普遍，所以，回顧蘇聯解體後的俄國是如何走回了專制道路的，研究俄國的民主轉型為什麼會最終轉成不自由的民主，對幫助中國人走出洗腦教育所帶來的思維誤區具有重要的借鑑意義。吸取俄國的失敗經驗教訓，可以讓中國避免跌入俄國式的專制者系統性地破壞人民思想素質、人民又不

懂得該如何提高自身思維水平的循環命運，使中國未來有可能可以更順利地擺脫專制、走向民主。

二、葉爾欽如何從最自由走向不自由

葉爾欽崛起的時代，海耶克主義正風行於美國和英國，葉爾欽作為一位生長於蘇聯之人，從小接受的是蘇聯式洗腦教育，缺乏獨立思考能力，他照單全收了美國總統雷根（Ronald Wilson Reagan, 1911-2004）所推崇的海耶克式自由觀，埋下了讓俄國走回專制道路的禍根。海耶克主義從本質上講，是資本主義至上論，資本主義自由被海耶克尊為是自由的最高境界，政府對資本主義的約束被說成是對自由的侵犯、是通向專制和奴役之路，那些主張限制資本主義、以防止社會問題惡化的西方知識分子們則被海耶克斥為是假自由派，在海耶克看來，只有讓資本主義走向澈底的放任自由才能算是真正的自由。這種對「自由」一詞的極其狹隘的定義，導致有些西方人錯誤地將自由與民主的相互伴隨解讀為自由市場與民主的伴隨，以至於他們認為，只要有了自由的資本主義市場經濟，民主就會自然而然地接踵到來。這一自由市場經濟必然通向民主的理論被美國耶魯大學歷史學教授提摩希·史奈德（Timothy Snyder）形容為是一種politics of inevitability，[3] 即，政治發展必然性學說。這種政治發展具有必然性的說法，對在中國受教育長大的人來講，聽上去會覺得頗為耳熟，因為這與馬克思主義理論中的歷史發展必然性之說如出一轍。事實上，海耶克主義與馬克思主義有許多相似和相通之處，歷史發展必然性只是其中之一，兩者的相似和相通是為什麼蘇聯式國家的人很容易被海耶克主義吸引的一個重要原因。

正是在海耶克主義自由觀的影響下，葉爾欽開始了他在蘇聯解體後的俄國所進行的體制改造，改革的重點被放在了推行經濟私有化上，所謂「最大自由」，重點在於給予資本主義以無限自由，如何改造權力腐敗氾濫的蘇聯式政治體制問題被嚴重忽略。蘇聯體制下的權力腐敗從蘇聯剛建國的列寧時代起就已經非常嚴重，進入列寧之後的史達林時代，腐敗變得制度化、合法化，再到蘇聯後期的布里茲涅夫（Leonid Illich Brezhniev, 1906-1982）時代，腐敗更是達到了登峰造極的地步，可以說，七十年蘇聯歷史是蘇聯官員的七十年腐敗史，[4] 這是列寧創建蘇聯體制時完全沒有考慮設立監督和制衡權力機制的反科學設計所帶來的必然結果。可惜，在分析專制問題的根源時，海耶克缺乏對歷史的深入透視，未能抓住東西方陣營的根本差別在於一方是專制政治制度、另一方是民主自由制度的實質。他被蘇聯宣傳迷

惑，將東西方對抗理解成是社會主義與資本主義兩種經濟制度的對抗，由此得出了社會主義經濟體制會導致專制的結論，並進而認定，只要有了資本主義私有化經濟，就可以防止專制。出於這一錯誤結論的指導，葉爾欽在尚未建立起具有監督和制約權力功能的健全政治體制情況下，過早地開啟了對蘇聯公有經濟體制的資本主義私有化改造，原先的社會主義公有財產迅速變成了少數寡頭的私有財產。蘇聯時代的腐敗主要是所謂「公有」變成了官有，但這種官有畢竟與官職相連，有其暫時性，而在政治體制不健全條件下所進行的私有化改造，使得「公有」很快變成了政府官員們的永久私有。這一錯誤的改革道路選擇，造成蘇聯垮臺沒能帶來腐敗的終止，反而進一步合法化了腐敗，葉爾欽時代以及隨後普丁時代的俄國官場腐敗不僅一點不亞於蘇聯時代，而且變得更加直接、更赤裸裸，許多美國的俄國通們將葉爾欽時代的俄國稱為是寡頭們偷竊國家資產的時代。[5] 而腐敗在蘇聯垮臺後的俄國繼續延續，直接導致了民主自由無法在俄國被真正建立起來，因為官員們害怕實現了民主自由，自己的腐敗會遭到清算。葉爾欽挑選普丁做總統接班人，其出發點正是從如何確保自己離位後可以逃脫因腐敗被起訴的法律安全角度考慮，克格勃官員出身的普丁由於具備對上司格外忠誠的特點，被葉爾欽看中，至於普丁擁有什麼樣的價值和理念追求，他是否有能力推動俄國繼續走民主自由的道路，這些關係到俄國未來前程的重大問題，對腐敗纏身的葉爾欽來講，根本就顧不上考慮了。

　　普丁在蘇聯解體前是克格勃派駐東德的一名工作人員，柏林圍牆倒塌後，普丁回到家鄉列寧格勒（後恢復舊市名聖彼得堡），被克格勃派往他的母校列寧格勒大學工作。他的母校導師索布恰克（Anatoly Sobchak, 1937-2000）於戈巴契夫時代在市政選舉中當選為列寧格勒市市長，普丁通過師生關係當上了市長特別助理。進入葉爾欽時代後，繼續擔任聖彼得堡市市長的索布恰克於1994年將普丁提拔為第一副市長。普丁作為市長助理和第一副市長，主管對外貿易，常常是賣出國的貨物運出去了，說好要買進來的東西卻不見運進來，因此有人懷疑市政府腐敗嚴重，還有人指控索布恰克在房產私有化過程中貪汙嚴重，主張調查。1996年，索布恰克在新一輪市政選舉中落選，不久便因執政期間的腐敗嫌疑面臨檢察官的起訴。在即將被召喚出庭的前夜，索布恰克突然心臟病發作，家人提出讓他去國外治療的請求，稱如果在俄國接受治療，他有可能會被政敵暗殺。普丁為此親自出手相救，安排了將索布恰克送往國外的救援行動，[6] 坐在輪椅上的索布恰克被推上一架私人飛機，飛往法國。普丁的舉動，葉爾欽看在眼裡，記在心上，葉爾欽知道，自己一旦下臺，也將面臨被追究腐敗罪的危險局面，普丁對恩人的忠誠之心和大膽相救之舉，成為葉爾欽重用普丁、最終挑選他做總統接班人的主要因素。

　　葉爾欽推行的「最大自由」政策不僅導致官場腐敗惡化，而且造成貧富差距加深，少數富人富得流油，俄國開始出現億萬富翁，多數底層民眾卻被推入了生活極其貧窮困難的境地，原先蘇聯政府為人民提供的社會福利被嚴重削減，或甚至被取消。俄國人均壽命出現明顯下滑，從蘇聯解體前1980年代末的69.13歲，下降至1990年代末的65.7歲，到2000-2005年，俄國人均壽命降到最低點，只有64.95歲。相比之下，中國1980年代末時人均壽命為68.92歲，比不過蘇聯，可是，從1990年代上半期起，中國人均壽命開始超越俄國，到1990年代末時爬升為70.86歲，進入2000-2005年，中國人均壽命上升到73.11歲，遠遠好過俄國。[7] 多數情況下，人均壽命明顯下降往往是戰爭造成，可是，葉爾欽的「最大自由」經濟政策，與列寧的戰時共產主義政策、和史達林的農業集體化政策一樣，皆為一場災難性的經濟實驗，使人民的生命在和平條件下蒙受了巨大損失。

　　在極度「自由」、政府什麼都不管的葉爾欽時代裡，不僅上面的人亂來，下面的人也亂來，社會上搶劫率和謀殺率大幅度上升，城市街頭被黑幫控制，做生意的人面臨敲詐勒索，必須向黑幫上繳保護費，否則輕則店面被砸，重則有可能喪失性命。這種「最大自由」所帶來的政府腐敗氾濫、犯罪率急劇上升、街頭黑幫橫行，以及底層老百姓生活水平嚴重下降，使得多數俄國民眾對普丁上臺後陸續收回自由之舉，抱著完全無動於衷的態度，因為在他們看來，自由不是一個好東西，給自己生活帶來的全是壞處。

　　當然，葉爾欽時代的自由不僅僅是經濟自由，還包括一定程度的言論自由和政治自由，但是，對老百姓來講，他們大都分不清此自由與彼自由的區別，只看到自由造成的實際結果。不過，自由在俄國的消失並非民眾選擇的結果，民眾只是抱無所謂態度而已，自由在俄國消失是葉爾欽一手造成。葉爾欽先是將普丁提拔為FSB（克格勃的後身）第一把手，普丁主持FSB期間，公布了一段嫖娼錄影，錄影中那位與兩個年輕女子同床尋歡的中年男人看上去像是正在調查葉爾欽腐敗案的檢察官。影片質量極差，讓人難以斷定其中的男人是否真是那位檢察官，但普丁一口咬定，那個男人就是檢察官。面對即將被判嫖娼罪的威脅，檢察官不得不同意放棄對葉爾欽及其家人的腐敗調查和起訴。[8]

　　葉爾欽要確保自己下臺後不被清算，就必須保證普丁能夠順利當選俄國總統，為此，葉爾欽於1999年8月任命普丁為俄國總理，並公開表示希望普丁成為自己的接班人。普丁當上總理後不到一個月內，莫斯科等三個俄國城市連續發生了四起公寓樓爆炸案，造成三百多人死亡。案發後，普丁迅速得出結論，稱爆炸案是「車臣恐怖分子所為」，他以極其強硬的言詞，發誓要將車臣恐怖分子「淹死在臭屎坑

裡」。1999年10月，藉口車臣分離分子挑釁，普丁發動了車臣戰爭，採用類似於他如今攻打烏克蘭的殘酷手法，幾乎炸平了車臣首府格羅茲尼，打贏了戰爭，將鬧分離的車臣收回俄國。聯合國於2003年發行的一份文件稱，格羅茲尼是地球上損毀最嚴重的城市，國際特赦組織於2007年公布的一份調查報告則報導說，有多達兩萬五千名平民死於普丁發動的車臣戰爭。[9] 普丁對待車臣恐怖分子的無情態度，以及他不計代價打贏車臣戰爭的戰績，使他在俄國民眾當中人氣大升，厭倦了混亂的葉爾欽時代的俄國人，此時盼望著有一個強人來解救俄國。

　　雖然普丁通過打贏車臣戰爭樹立了強人形象，葉爾欽對普丁當選下一任總統仍然不敢掉以輕心，他進一步部署一系列操縱手法，以加強普丁當選的機會。1999年底，尚未服完第二任總統任期的葉爾欽突然宣布辭職，指定普丁接任代理總統，讓普丁在參加競選之前先沾上一些總統的光環。葉爾欽辭職的另一層意圖是為了將2000年俄國總統大選日期出人意料地提前三個月，使沒有心理準備的反對派參選對手措手不及。葉爾欽一派還通過操縱媒體，為普丁打造形象。葉爾欽時代的主要媒體大都是私營，掌握在幾個寡頭手上，有一定的自由度，但是，由於葉爾欽時代錢權勾結問題嚴重，有權就有錢，有錢的也離不開有權的，私營媒體並不完全獨立於權力。靠腐敗發了不義之財的寡頭們與葉爾欽一樣擔心自己被清算，因此他們力挺葉爾欽扶持普丁之舉，他們掌控下的媒體在塑造普丁的高大全形象時，摻和了許多虛假成分，為普丁當選總統立下了汗馬功勞。普丁在參加2000年的俄國總統大選之前，從未參加過任何一個級別的民主選舉，他被葉爾欽任命為總理時，大多數俄國人根本不知道他是誰，可是，通過當權者及其同夥的一系列相助和操縱，他在幾個月內從一位名不見經傳的政治無名小卒火速上升為政治明星，於2000年3月在俄國總統大選中贏得53%的選票，當選為俄國總統。

三、普丁執政導致俄國民主自由嚴重倒退

　　普丁上臺後的第一個重要舉動是將幾家最大的私營媒體收歸國有。當時，連一些俄國知識分子都支持媒體國有化，[10] 因為擁有媒體的寡頭大都錢財來路不正，也沒有什麼價值和理念追求，他們掌控下的媒體常常是為有利於寡頭斂財的權力服務，幫助普丁競選成功正是明證。真正具有獨立思想的俄國媒體大都是一些缺乏贊助者的小媒體，在俄國收視率不高，因此，俄國知識分子並不將寡頭們私營的媒體看成是言論自由的希望所在。而媒體國有化也不一定意味著言論自由的消失，英國最大媒體BBC即是國有媒體，曾經長期占據英國媒體的主導地位，英國卻是西方

國家中最早實現言論自由、並長期保持高言論自由度的國家。英國議會專門立有
法律，明文規定政府官員不得干涉BBC發表的內容。關鍵是，如果政治菁英素質
差，法律再怎麼規定不得干涉，也不過是一紙空文。同樣，如果媒體人素質差，缺
乏價值追求和獨立思想，那麼，無論是私營還是國有，也都將難以建成獨立自由的
媒體。在葉爾欽時代，由於後者素質低，俄國私營媒體自甘墮落地充當了為權力服
務的角色，到了普丁時代，前者素質低問題變得更加突出，國有化後的俄國媒體被
迫做權力的宣傳話筒。那些真正獨立的媒體人在普丁時代面臨被迫害、被毒殺、被
監禁的危險，俄國的言論自由走向了惡化。

　　普丁上臺後做出的另一個舉動是立刻恢復了學校的軍訓。[11] 每一名學生必須參
加軍訓原本是蘇聯時代的傳統做法，戈巴契夫和葉爾欽執政時，這一傳統被取消，
普丁卻找回了這一蘇聯時代的做法。普丁還大幅度增加了俄國的軍費開支，開始了
他的強軍之路。

　　在外交政策上，普丁最初並沒有放棄葉爾欽向西方靠攏的做法，他剛上臺時與
英國首相布萊爾（Tony Blair, 1953-）和德國總理施羅德（Gerhard Fritz Kurt Schröder,
1944-）關係打得火熱，美國總統小布希去莫斯科訪問時，普丁也曾故意向小布希
透露自己對基督教的虔誠信仰，以博取小布希的好感。普丁發動全面入侵烏克蘭戰
爭之後，許多西方人在震驚之餘，不斷地詢問：普丁從上臺之初討好西方，到如今
與西方為敵，這期間到底發生了什麼？是什麼原因使普丁越來越背離西方？英國前
首相布萊爾在接受CNN電視臺採訪時表達了他對此問題的看法，認為，普丁缺乏
承擔在俄國繼續推動改革任務的能力，改革對普丁來講太難了，因此他尋找了一條
容易的捷徑，將俄國推向了民族主義化的道路。

　　普丁走民族主義化道路的理論依據來自俄國著名知識分子索忍尼辛的思想。[12]
索忍尼辛曾因寫下《古拉格群島》等作品，揭露蘇聯政府的對內殘酷鎮壓，獲得了
諾貝爾文學獎。有意思的是，索忍尼辛恰恰是普丁最喜愛的精神導師，普丁於2007
年在克里姆林宮向索忍尼辛頒發俄國最高獎——俄羅斯聯邦國家獎時，稱讚索忍尼
辛「將一生都奉獻給了祖國」，索忍尼辛對普丁也欣賞有加，在一次採訪中歌頌普
丁為俄羅斯帶來了「緩慢而漸進的復興」。索忍尼辛是一位極端民族主義者，不將
烏克蘭視為一個獨立的國家，認為蘇聯之後的俄羅斯必須包括烏克蘭，他在一篇文
章中寫道：「所有關於自9世紀以來就存在並擁有自己的非俄語語言的獨立烏克蘭
人民的言論都是最近捏造出來的謊言。」索忍尼辛雖然痛恨蘇聯體制，卻反對俄國
走西式道路，他說：「如果有人問我，我們國家是否應該以今天的西方為榜樣，
坦率地說，我不得不給予否定的回答」。他預言：「下一場戰爭很可能將永遠埋葬

西方文明」。普丁曾特意去索忍尼辛家中拜訪自己心目中的大師，告訴對方說，自己對俄羅斯未來的規劃與大師的看法是如此一致。美國《Politico》雜誌記者將普丁自2008年以來不斷侵略他國之舉解讀為是在一絲不苟地遵循著索忍尼辛為俄國設計的新帝國主義復古議程。索忍尼辛的例子說明，我們不能只看一個人反對什麼，同樣重要的是要看這個人支持什麼。

俄國著名女記者葉夫根尼婭‧阿爾巴茨（Yevgenia M. Arbats, 1958- ）從蘇聯時代起就是一位持不同政見者，在普丁執政下的俄國，她是僅存不多的一家俄國獨立媒體《新時代》週刊的主編。她於大約2017年接受美國PBS電視臺記者採訪時稱，普丁是一位史達林主義者，是一種輕型版北朝鮮領袖，她說，普丁不怕打仗，甚至不怕打核戰爭。[13] 阿爾巴茨說這些話時，在普丁全面入侵烏克蘭之前五年，五年後，普丁因侵略烏克蘭受阻，發出了使用核武器的威脅語言，聽上去像是北朝鮮領袖，使人不禁感嘆，還是俄國人最了解普丁，阿爾巴茨對普丁的描述是如此準確。阿爾巴茨後因堅持報導俄烏戰爭真相，於2022年7月被當局扣上「外國代理人」的帽子，即將遭刑事起訴並被逮捕，迫使她離開了俄國，流亡到美國。

普丁時代的俄國，社會上犯罪率明顯下降，街頭不再有黑幫，老百姓為之拍手稱快。許多俄國民眾對提倡「最大自由」的葉爾欽充滿了微詞，對專制的普丁卻更為支持。不過，普丁時代的俄國官場依然腐敗氾濫，普丁禁止了街上的黑幫，自己卻用黑幫手段統治俄國，用英語講，叫作kleptocracy，即盜賊統治。一群聽普丁話的新寡頭崛起，不聽普丁話的寡頭財產被沒收、被國有化，敢於公開表達不同意見的寡頭甚至被判刑、被關監獄。許多偷竊了俄國國家資產的寡頭們利用西方資本主義經濟在西方各國洗錢，有些乾脆移民到西方生活，英國倫敦如今被人稱為是小莫斯科，因為有相當數量的俄國寡頭現在生活在那裡。購置美國房地產也成為俄國寡頭們洗錢的一大管道。

除了政治專制和官場腐敗嚴重，普丁時代與蘇聯時代的另一個相同之處，是城鄉差距、地域差距巨大，首都莫斯科極為光鮮發達，小城鎮和偏遠地區依然貧窮落後。俄國經濟則非常單一，主要靠賣自然資源（如石油和天然氣等）維持。俄國優秀人才紛紛移民他國，流失嚴重。在一個腐敗的政治體制下，不可能發展出健康發達的經濟，因為利益的大頭流入貪官的口袋，優秀人才缺乏創新和勤奮工作的動力。

另一方面，儘管俄國經濟發展單一，而且，石油業等一些決定政府財政收入的行業在普丁時代被大批國有化，仍然有西方學者認為，普丁的政績之一是在一個原本沒有資本主義基礎的國家裡建立起了一套運轉還算順暢的資本主義經濟體系，其

運行成功的一個重要表現是，俄國從原先蘇聯長期依靠進口糧食來防止史達林時期大饑荒的重現，轉變成為今天的一個農產品出口國。[14] 貧富差距問題在普丁時代依然十分嚴重，但俄國普通人的生活水平相對於葉爾欽時代得到了廣泛的改善也是事實，當然，這背後的原因不完全是普丁經濟政策的功勞，很大程度上是出於運氣，普丁上臺時恰逢世界石油價格大漲，給俄國經濟助了一臂之力。俄國人均壽命從2005年起開始回升，到2015年回升到蘇聯解體前的水平，至2019年又上升到72.9歲，名列世界第一百零九位，不是什麼好名次，可是，比起葉爾欽時代來，仍然是很顯著的進步。這種資本主義經濟成功與政治專制化的同行，並不是俄國特有的現象，納粹德國和今天的中國也是證明資本主義經濟完全可以與專制政治共存的另兩個例證。事實上，正是資本主義經濟的成功為普丁發動侵略戰爭提供了充足的金錢基礎。而普丁的侵略戰爭，已造成俄國年輕人大批死於戰場，這必將導致俄國人均壽命再一次出現明顯下降。

在意識形態上，普丁用保守主義替代了蘇聯時代的共產主義，他拒絕來自於西方的普世價值觀，堅持說俄國擁有自身獨特的傳統文化，與西方不同，不可能走與西方一樣的道路。普丁的保守主義思想核心是一種基督教、民族主義和傳統帝國意識的混合物，[15] 其目標是要將俄國建成為一個能夠與西方抗衡的主導歐亞大陸的強國。普丁之前的葉爾欽在廢除蘇聯意識形態之後，乾脆放棄了嘗試尋找新的意識形態替代物，除了鼓吹建立資本主義市場經濟，葉爾欽沒有提出任何能夠對人民產生吸引力的意識形態理念，[16] 使俄國社會陷於意識形態真空。這種要麼是意識形態真空、要麼是重拾沙皇時代的落後意識形態，是俄國民主轉型走向失敗的主要因素之一。

普丁於2000年第一次當選為俄國總統的那一場選舉，固然充斥著當權者的種種操作和其他問題，但在一定程度上，還算是自由的選舉，有真正的反對派對手參選。普丁上臺後的歷屆連任選舉，成了沒有競爭對手的假選舉，選舉過程作弊也日益嚴重，在有些地區，普丁的得票率甚至超過百分之百。任何有可能挑戰普丁權力的競爭對手不是被暗殺，就是被關進監獄，那些堅持調查普丁在聖彼得堡市政府工作期間外貿有出無進問題的人，以及執意追究可疑的莫斯科等地公寓樓爆炸案真相的人，同樣是輕者被關監獄，重者被毒殺。普丁還於2004年取消了省長選舉，省長職位變成了任命制。俄國憲法原本規定總統只能連續擔任兩屆，普丁到2024年卻將當滿二十年的俄國總統。他自2000年當選第一任總統，並連任第二屆後，於2008年將總統職位出讓給了忠誠於他的下屬梅德韋傑夫（Dmitriy Anatolevich Medvedev, 1965- ）。2012年，普丁重回總統職位，再任兩屆，憲法中的總統任期則從原先的

四年被修改為延長至六年，使他可以執政到2024年。2019年，普丁再次修憲，根據最新憲法，他可以繼續參加2024年（他將年屆七十二歲）和2030年（年屆七十八歲）的總統競選，普丁因此有可能成為實際上的俄國終身總統。[17]

可以說，自普丁上臺之日起，俄國的民主自由轉型就注定走向了失敗。在《經濟學人》智庫發布的2021年世界各國民主指數排行榜上，俄國名列第一百二十四位，被歸入專制（authoritarian）國家的行列。民主並不意味著只有投票的形式，一個不自由的民主實質上就等同於專制。否則，據從北韓逃到南韓的脫北者YouTuber介紹，朝鮮民主主義人民共和國（即北韓）的領袖還是通過人民投票選舉產生的呢，問題是，北韓選票上每一個職位都只有一名候選人，沒有競爭對手，更可笑的是，北韓人沒有不投票的自由，你如果不去投票，會被逮捕，所以，北韓選舉的投票率和北韓領袖的得票率都是百分之百。

美國前總統柯林頓（William Jefferson Clinton, 1946-）於2000年訪問莫斯科與俄國新總統普丁面談後，曾推心置腹地告訴葉爾欽說：「普丁心中沒有民主。」[18]對當時已經離職的葉爾欽來講，他可能早已認識到自己建立民主的失敗，他面臨的更急切問題是，自己與家人在他離職後會遭遇什麼樣的命運，普丁上臺，對解救他和家人至關重要。普丁於2001年2月簽署了一項法案，賦予前總統及其家屬以法律豁免權，保證了葉爾欽和他家人的法律安全。葉爾欽扶持普丁之舉取得了他所期望的回報，他的個人利益得到了保護，可是，換取葉爾欽個人利益的，是俄國人民的民主自由前程，正是這樣一位相信「最大自由」的政治領袖親手葬送了俄國走向自由的機會。葉爾欽辭職時曾公開向俄國人民表達抱歉之情，他或許真像許多西方人所說的那樣，真心相信民主自由，可惜的是，他缺乏獨立思想能力，盲目地跟隨在英美右派觀點之後，不具備建設民主自由的領導水平。葉爾欽以為自己是在建設一個民主自由的制度，最後建成的卻是一個腐敗專制的制度，這與當年列寧創建蘇聯時是一樣的狀況。列寧也以為自己是在打造一個世界上最先進的國家，可是，由於列寧思想上盲點多，看不見制度設計需要符合人性、需要講科學的重要性，使得他建成的蘇聯式體制成為一種極其腐敗落後的體制。所以，建國時或轉型時的第一代政治領袖的思想水平和政治素質，對新建體制的性質有著決定性的影響作用。

四、俄國意識形態問題的歷史和文化根源

俄國民主改革失敗經驗給我們帶來的一個重要教訓是，民主政治所需要的自由絕不等同於市場自由或資本主義自由，盲目輕信海耶克式自由觀，不僅會帶來貧富

差距和地球環境問題的惡化，而且會導致腐敗氾濫，而一個腐敗的政府是不可能建立起真正的民主自由的，海耶克所指的道路才是一條真正會通向奴役和專制的道路。中國如果未來有機會推翻蘇聯式體制，絕不能立刻進行國有資產的私有化改造，而是必須首先致力於健全權力監督和權力制約的政治功能，以防止原來的「公有」變成官員們的私有。

俄國民主轉型失敗帶給我們的另一個教訓是，追求民主自由單憑一腔熱情是遠遠不夠的，雖然民主並不像中共所說的那樣是一項如此之難、以中國人的素質無法實現的事業，但是，民主也不像有些天真浪漫的人所以為的那樣是一個如此容易、不需要智慧、不需要人們的努力、只須憑藉著某種必然發展規律就可以輕輕鬆鬆自然而然到達的仙境。民主是一個人類理想，也是一門科學，是一項系統工程，建設民主需要領導者有高超的思想和智慧、有考慮周全的科學性制度設計和法律建設，還需要有來自政府和民間，尤其是政治菁英和社會菁英們的共同努力，才可能完成。

那麼，當一個社會中大多數人的思維素質長期遭到專制者破壞時，怎樣才找到或形成一股有智慧、有獨立思想水平的領導力量來帶領人民走向民主呢？如果說葉爾欽領導能力不足是蘇聯式洗腦教育造成，產生蘇聯式教育體系的源頭又來自哪裡？為什麼俄國總是會湧現出一代又一代缺乏智慧的領導者？為回答這些問題，讓我們先從俄國人意識形態觀易於出問題的歷史和文化根源談起吧。

從地理位置和人群種族成分上講，俄國屬於歐洲國家，但由於其所處地點遠離歐洲文化中心，尤其是遠離政治和經濟都比較發達的西歐，在古代那種交通和通訊極不方便的情況下，西歐思想向俄國的滲透非常有限，使俄國自沙皇時代起便落後於多數歐洲國家一大截。這種地理位置造成的思想自然滲透的稀缺，到了近代和現代，可以通過主動學習來彌補。比如，從距離上講，日本離西歐更遠，但是日本很早就開始主動學習西方，成為亞洲最早成功的國家。俄國其實一直將自己定位為歐洲國家，曾多次嘗試學習西方，最有名的一次是沙皇彼得一世〔即彼得大帝（Peter the Great）〕於18世紀初發起的一場西化改革。彼得一世將俄國首都從更內陸的莫斯科遷到位於俄國最西邊的一塊沼澤地上，建立起新首都聖彼得堡，此舉的象徵意義正是要表明俄國下決心向西方靠攏、向西方學習。彼得大帝規定，俄國政府裡的男人們不得穿俄羅斯民族服裝、不得留鬍子，聖彼得堡的許多宮殿請義大利建築師來設計、充滿了歐洲風情。問題是，俄國人學西方，學的都是一些表面的、容易學的東西，穿西裝、剃西式髮型、造西式大樓、信基督教、跳芭蕾舞，這些容易學的東西俄國人都學會了，可是，西方文化中的精華，即，起源於希臘古典文明的理性思維，和產生於西歐啟蒙運動的自由思想、獨立思考，以及對普世價值觀等現代更

高理念的追求，這些西方文化中最好卻又最難學的東西，俄國一樣也沒有學會。沙皇對西歐啟蒙思想懷抱的是嚴加防範的態度，實施極為嚴格的言論審查制度，禁止這些新思想流入俄國。沙皇宣稱，俄國是基督教國家，只相信上帝，而人是罪人、惡人，不可信賴，絕不能依靠他們的理性和人性。[19] 這種思想上的長期禁錮，導致俄國人普遍思維水平低下，菁英素質差，在一定程度上，俄國是啟蒙之前的歐洲中世紀的活化石。

　　與沙皇的選擇形成鮮明對照的是，日本統治者在學習西方時拒絕了基督教。日本人對宗教的態度大都寬容，道教來了，他們接受，佛教來了，他們也接受，不同宗教同時存在、和平共處。可是，當基督教傳教士來到日本，宣稱基督教是唯一的正教，其他宗教都是歪教、邪教時，日本天皇大怒，認為基督教傳教士是在破壞日本社會的和諧，下令將他們驅逐出日本。如今，日本成功、俄國失敗，展示出統治者的歷史選擇對國家未來所產生的重大影響。當然，以現代眼光看，只要沒有政教合一，基督教徒們的唯我獨尊未必會對社會和諧產生多大的破壞作用，不過，日本人的選擇至少說明日本在學習西方時沒有將不重要的東西誤當成寶貝，保持了自己的思想多元化傳統。

　　沙皇堅持以基督教教義為國家指導思想的選擇，將俄國人的頭腦侷限在低層次的宗教式思維方式上，他們一般只會盲從、缺乏獨立思考能力，因為宗教是一種不問為什麼的意識形態，來自上帝旨意的《聖經》上是如此說的，就解答了一切問題。除了不問為什麼，宗教式思維的另一大特點是思想上的統一化和標準化，排斥不同觀點。後來蘇聯推行的洗腦教育，基本上照抄了宗教教育的方法，也是不解釋為什麼的重複灌輸型教育，以及具有強烈排他性的思想一元化教育。洗腦教育的另一大特點，即，它是強迫受教育者接受的強制性教育，[20] 在宗教教育中也可能存在，但在政教分離情況下，宗教教育的強制性不如洗腦教育那麼嚴重。所以，我們可以說，洗腦教育實質上是一種強制性宗教教育，大都存在於政教合一體制當中。蘇聯式教育不僅具有宗教教育的灌輸性和思想排他性特點，而且在具體形式上，也照搬了基督教的許多做法，比如，蘇聯式國家裡黨支部書記要定期開大會、做報告，學的是基督教牧師的每週布道，蘇聯式國家的國民必須參加政治學習並發表學習心得，模仿的是基督教的查經會，蘇聯式領袖的語錄或選集被捧為指導人民思想的紅寶書，與基督教教徒對待《聖經》的態度非常相似。

　　列寧創建的蘇聯除了在思想教育方法上與沙俄體制一脈相承，在政治手段上，也繼承了許多沙俄傳統。沙皇拒絕啟蒙思想所帶來的最不幸結果是，這造成其統治理念落後，解決問題時易於被一些簡單、粗暴、短見的方法吸引。從沙皇到列寧再

到葉爾欽和普丁，俄國一代又一代統治者領導水平低下，是宗教式意識形態所產生的直接惡果，如果說葉爾欽是蘇聯式洗腦教育的受害者，那麼列寧就是沙俄式宗教教育的受害者。這種意識形態水平低下導致的統治者領導能力低下，使得沙皇在治國時只會一味地依賴於強制性暴力手段，缺乏更理性、更高瞻遠矚、更具備軟實力的政治思想指導。每一次面對俄國社會問題的爆發，沙皇的對策總是先用暴力強行鎮壓下去，過後再收緊政府對社會的控制，許多起初是經濟或文化原因引發的民間事件常常由於警察過度鎮壓，迅速上升為政治對抗事件。漸漸地，沙俄政府將社會上每一個人都看成是威脅沙皇權力的潛在敵人，政府警察雇傭的密探滲透到社會的各個角落，嚴格監視民眾，以保證將任何可能危及政權穩定的民間活動扼殺在萌芽狀態，沙俄因此成為人類近代史上最早的一個警察國家，可以說，沙俄政權是後來蘇俄政權的雛形，[21] 只不過蘇俄政權在使用暴力時更上了一層樓。

蘇聯解體後，俄國在葉爾欽時代一度有過言論自由，這原本給了人民從傳統思維方式中走出來的機會，可惜，當時的俄國改革受錯誤理念的指導，只看重建立資本主義經濟，完全忽視了思想進步的重要性，讓時機錯過。進入普丁時代後，重拾舊傳統的保守主義被樹為官方意識形態，改造傳統教育方法和傳統思維習慣之事就更不可能發生了，因此，俄國人的思想至今大都停留在低層次水平上。

與不問為什麼、只會盲從的低層次宗教式思維迥然不同的，是強調培養獨立思考能力的自由思想。自由思想的最主要特點是，鼓勵思想多元化，反對盲從權威，提倡凡事要問為什麼、要尋找為什麼背後的答案，在尋找答案的過程中進行獨立思考、發展出認識事物的獨立觀點。這樣一個鼓勵探索的學習過程，使得自由思想者對理念的認識一般不停留在知其然的水平上，而是上升到了知其所以然的水平，理解為什麼自己相信的理念更加合理、更有利於人類社會。因此，自由思想者信奉某種理念與宗教信仰者信奉某種理念層次非常不同，自由思想者的信念更富有深度，更高瞻遠矚，更具備扎實的事實基礎和理性支柱，也更平衡，更理論聯繫實際，不容易走極端。自由思想者認識理念時的知其所以然水平，還使得他們思考問題更加靈活自由，不會過於拘泥於教條的約束，從而成為思想自由的自由派。

相比之下，用宗教方式思維的人大都有以下幾種特點：（1）他們信奉理念出於盲從，不知其所以然，因此，大都思想僵化死板，不善於理論聯繫實際，會變成以意識形態為綱，成為固守教條的保守派；（2）思想上的不知其所以然還導致他們對人文概念的理解膚淺表面，判斷事物時停留在看標籤的水平上，兩種實質上截然不同的事物被人貼上相同的標籤，他們就往往分不清真假，會輕易地被騙子欺騙；（3）分析問題簡單粗獷，易於犯一刀切的錯誤，缺乏深入分辨細節的能力，

以至於常常得出黑白顛倒的結論；（4）不善於進行立體式思考，思想上大都只有一個維度，很容易走極端；（5）只會抱怨問題，卻提不出解決問題的方案，只擅長於反對，而不擅長於在批評的同時提出建設性意見；（6）反理性，反科學，這是宗教教育或洗腦教育的根本問題所在，前面所列特點實際上皆為反理性和反科學的更具體表現。以宗教方式思維的人還存在許多其他思想缺陷，限於篇幅，不在此一一列數了。

需要補充說明的是，並不是所有人都有能力成為自由思想者，自由思想是一種更難、更複雜的思維方式，而宗教式思維相對簡單、易於掌握，不識字的人也可以信上帝，思維能力低下者照樣可以背教條，而要真正樹立起獨立思考能力、對概念理解達到知其所以然的程度，需要一定的思維水平，只有善於進行高層次思維的人才能掌握，這是為什麼西方社會裡也存在反理性和反科學的人。

五、走出洗腦教育所帶來的思維誤區

當我們了解了俄國人思想易於出問題的根源後，就可以找到如何幫助中國人走出洗腦教育思維誤區的出路，這個出路在於思想的啟蒙。專長於研究西方啟蒙運動的著名英國歷史學者喬納森・以色列（Jonathan Israel, 1946-）曾經說：「改變人的思維，就能改變人的存在狀況。」[22] 而人的思維的改變，起源於知識分子思想的改變，西方啟蒙運動正是由一群知識分子發起、參與，他們的思考和努力改變了西方人的思想，進而改變了西方，也改變了世界。啟蒙運動對西方思想進步有三大重要貢獻：第一，倡導思想上的寬容和多元化，主張容忍不同觀點的存在，為自由思想的發展提供了環境；第二，反對宗教式盲從，鼓勵獨立思考，提倡培養批判性思維能力和用科學化方法分析問題的能力；第三，提出了以平等、自由和民主為核心理念的普世價值觀。如果沒有啟蒙運動，西歐與俄國就不會有多大差別。

中國從清末到民國初年曾經經歷過一定程度的啟蒙，可惜，共產黨政權成立後，中國被拖向了倒退，中國的思想教育被完全俄化、宗教化。今天的中國需要經歷一場重新啟蒙，啟蒙的責任像西方那樣只能落在知識分子的肩膀上。中國知識分子們應該先自我啟蒙，擺脫蘇聯式教育所帶來的盲從習慣，學會獨立思考，建立起能夠承擔啟蒙大眾責任的能力。只有知識分子率先提高自身思想水平，克服洗腦教育造成的思維缺陷，然後再教育自己的學生、讀者，或聽眾，帶動社會各界，包括政治菁英們，抬高他們的思想水平，這樣，才有可能讓中國從專制者破壞人民思想素質所造成的惡性循環中走出來。

　　洗腦教育對思想能力的最大損害之一是，它導致人們認識概念時頭腦一團漿糊，易於跌入將概念含義極端化甚至曲扭化的陷阱，這種認識概念能力的缺乏進而帶來價值判斷能力的缺乏，以至於他們評判事物時常常黑白顛倒、分不清是非對錯和真假善惡。像列寧、葉爾欽、普丁，以及習近平這樣的受洗腦教育長大的領袖，他們思想上的一大共同特點是概念混亂，雖然他們有時是故意混淆概念，以欺騙民眾，但多數時候，他們自己實際上也沒有能力深入認清概念的真正含義。因此，中國知識分子們需要承擔的最重要啟蒙任務之一是，幫助人民澄清各種基本人文概念的含義，尤其需要加深理解到底什麼是自由。

　　「自由」一詞如今在不少中國人的口中被捧上了天，幾乎成了一個懸在空中的崇拜物，可是，多數人對什麼是自由的理解停留在看標籤的水平上，很容易被烏托邦式的空想主義理論吸引、或被騙子欺騙，有人（比如海耶克）給自己的學說貼上個「最自由」的標籤，很多中國人就盲目地拜倒在這一「最最自由」的旗幟之下，正像當年有人（即列寧）給自己貼上「最先進」的標籤，有些中國人就信以為真，跟在其後鬧革命，以為自己真的是在建設一個「最先進」的國家。

　　受蘇聯式洗腦教育長大的中國人在理解自由時除了思想易於停留在標籤化水平上，還常常會以非此即彼的單向化和一維化視角來看待自由，他們大都將平等、自由、和民主這三個普世價值核心理念之間的關係視為相互孤立，甚至相互排斥，比如，他們將自由與平等說成是不可共存的狀態，要自由就必須以犧牲平等為代價，要平等就必須犧牲自由，甚至有些人將自由與民主分裂開來，以至於提出自由高於平等、自由高於民主等說法，據說中國國內有一批自稱為「自由主義者」的學者們夢想要建立一個沒有民主的自由憲政，卻完全罔顧這個世界上是否存在沒有民主的自由國家的事實。

　　還有一種在中文界廣為流傳的將自由孤立化的說法是，右派看重自由，左派看重平等，在我看來，這是對左右之爭的極大誤解。撇去一些極端政治流派不談，西方社會左右派之間的差別並不在於誰更看重自由，而是在於雙方對什麼是自由的理解互不相同，左派對自由的看重絲毫不亞於右派，關鍵是左派所說的自由與右派所說的自由常常不是同一回事。這種同一個人文概念在不同人心目中意味著不同的含義，是為什麼說文科比理科更難的主要原因之一。理科概念的定義往往相對來講比較客觀簡單，可以遵從某個權威機構或專家的統一定義，文科概念卻由於人類思想和行為的複雜性與多變性，以及人類社會條件的多維性與流動性而呈現千姿百態的狀況，因此，難以有統一、簡潔的定義。一些缺乏理解複雜概念能力、無法進行立體思考的人會用狹隘的方式去簡化人文概念定義，使理念變得絕對化、極端化，另

一些人則會利用文科概念的千姿百態性故意攪渾其含義以達到某種政治目的，所以，我們在判斷人文事物時絕不能停留在看標籤的水平上。我們不能因為列寧黨將「社會主義」、「左派」、「平等」和「先進」等標籤貼在自己身上，就讓列寧黨占有這些概念，同樣，我們不能因為海耶克和一些美國右派給自己貼上「最自由」、「真正的自由主義者」等標籤，就把自由的頭銜出讓給他們，正如我們不能因為普丁給烏克蘭人貼上「納粹」的標籤，就支持普丁的侵略戰爭一樣。每一個人都願意將好聽的標籤貼在自己的身上，把貶義的標籤貼在對手或敵人的身上，如果判斷事物時只會看標籤，就注定常常會被騙子欺騙，或被思想水平低下者誤導。

　　正是由於左右派對自由的概念有著不同的理解和定義，帶來了左右派對平等價值重要性的不同認識，左派所追求的自由不需要以犧牲平等為代價，右派所主張的自由卻往往為保護少數人的自由而犧牲其他人的自由，西方右派與許多中國人一樣，大都將平等視為對自由的威脅。作為政治上的左派，我認為，不講平等的自由，只能是極少數人的自由，反過來，不講自由的平等，也只能是一小撮人的平等，正像民主與自由相互依靠、缺一不可一樣，平等與自由的關係也是相輔相成、缺一不可，只有平等的自由才是真正的自由，反過來，也只有自由的平等，才可能實現名副其實的平等。平等、自由和民主這三個名詞常常被同時寫入現代國家憲法，或人權宣言中，原因即在於這三項權利是同一個立體概念——人權的三個不同之面，缺了任何一面，其他之面就會倒塌。以列寧式國家為例，列寧黨將平等的口號喊得震天響，列寧式體制卻剝奪人民的民主自由權利，使得列寧式國家恰恰是一個極度等級化、極度不平等的國家。

　　中國人理解自由時容易掉入的另一個思想陷阱是像海耶克那樣，從極其狹隘的視角定義自由，自由被他們當成是等同於放任自由，等於政府什麼都不管，屬於一種極端化的絕對自由觀。實際數據表明，[23] 當今世界上大多數發達國家屬於政府花銷占GDP比例較高的大政府國家，而發達國家的一個重要標誌就是民主自由指數高，這說明，大政府更有利於提高民主自由指數，只有政府將該管的部分管好了，將該約束的領域約束住，人民才更自由。有意思的是，中國政府也是一個大政府，中國的民主自由指數卻躋身於世界最壞國家行列，這說明，並不是任何大政府都有利於改善民主自由指數，如果大政府將不該管的領域管得死死的，該管的地方卻不管，人民就既沒有自由，也沒有平等，中國恰恰如此。而什麼該管、什麼不該管，才更有利於自由，這樣的細節分析，是許多中國人缺乏分辨能力之處。中國人的自由觀，大都容易處於兩極，要麼主張極端自由、政府什麼都不管，要麼因害怕天下

大亂而倒向極度不自由、一管就管死，這兩種絕對化的認識方法不需要分辨細節，不需要價值判斷，是最容易的思維方式，用這種簡單思維方式來指導國家政策的制定，不管是處於哪一種極端，都必定會給社會帶來禍害。正如平等的概念不能被絕對化一樣，自由的概念也不能被絕對化。同時，我們在理解民主的概念時也要注意不能走過頭，不能將其絕對化，這是為什麼現代民主政治制度是民主代議制，而不是直接民主制。

許多中國人對言論自由的認識同樣易於處在極端化和絕對化的水平上，他們認為言論自由就是任何人說任何話寫任何文章，都值得發表，都可以被推上首頁，許多身處自由世界的海外中文媒體毫無社會責任感和價值追求，讓人很難想像，這樣的「自由」媒體能對建設民主自由有什麼幫助作用。每年發布世界各國言論自由指數排行榜的無國界記者組織，在衡量言論自由指數高低時使用的標準既包括政府對言論的壓迫程度，也包括民間傳播假資訊的任意度，其中一個評估標準是看自由是否被濫用。濫用自由所導致的假資訊廣泛流傳會讓人們不知道真相是什麼，從而破壞民主制度的正常運作，所以，濫用自由最終會帶來破壞自由的後果。濫用自由還可能造成大多數人的自由被犧牲，讓少數壞人獲得更大自由，從而惡化社會風氣，加重人與人之間的互害。可以說，許多海外民間中文媒體是濫用言論自由權利使得假訊息廣為流傳、價值觀曲扭現象氾濫，以及語言戾氣橫行的典型範例，葉爾欽時代的俄國私營媒體與權力沆瀣一氣、通過作假幫助普丁登上總統職位更是民間濫用自由導致自由被破壞的清晰例證。

中國人理解自由時還常常誤入的一個思想誤區是看問題一刀切、分不清此自由與彼自由的區別，比如，很多人將經濟自由與政治自由混為一談，連不少中國知識分子也如此，中國的海耶克主義者們大都簡單地自稱為自由主義者，好像這個世界上只存在經濟自由這一種自由。自由主義中的「自由」一詞，到底指的是什麼自由？是思想自由、言論自由、政治自由、社會自由，還是經濟自由？不同自由之間如果相互發生衝突，哪一種自由最根本、最重要？這些是我們在理解自由概念時需要深入思索分析的問題。一個以政治自由為上的自由主義者，與一個以經濟自由為上的自由主義者，在制定國策時有可能立場相互對立，所以，所謂自由主義可以被區分成許許多多的流派，海耶克主義所提倡的經濟自由最大化，最多只能算是自由主義中的一個分支。事實上，如果從政治自由為根本自由的角度衡量，海耶克恰恰是一位反自由主義者，因為他反對民主，將民主看成是多數人暴政，對那些認為民主與自由不可分割、民主即自由、自由即民主的人來講，海耶克對待民主的態度使他站到了自由的對立面。

六、澄清自由的真正含義

　　回到如何定義自由、到底什麼是自由的問題，啟蒙時代的著名德國思想家康德曾經說，自由就是做最好的自己。在康德看來，只有當人們自覺遵守道德規則時，人才是自由的，自由的意義在於人們遵守的是自己心中自願認同的道德標準。康德認為，如果一個人只是出於欲望想做什麼就做什麼，就沒有自由可言，因為這時人會成為各種欲望的奴隸。[24] 也許有些人會認為康德對自由的定義境界太高，自己作為常人達不到像康德那樣的思想水平，不過，自願地做最好的自己至少可以作為衡量自由的一種標準，如果某項政策帶來的是鼓勵更多的人自願地做最好的自己，那麼，這種政策就可以被稱為是有利於自由的政策，而有些政策哪怕自貼「自由」的標籤，結果卻導致社會上人與人互害加重，這樣的政策就是反自由的政策，從這個意義上講，海耶克主義思想指導出來的政策往往是反自由的。

　　做最好的自己不等於否認合理追求欲望的權利。人不可能沒有欲望，完全壓制欲望也未必有益於做最好的自己，關鍵是要掌握好追求欲望和做最好的自己之間的平衡。做最好的自己也不等於要求做完美的自己，而是每一個人在自己力所能及的範圍內做到最好，如果自己做不到更好，至少支持和宣揚那些有能力做到更好的人，尤其是在投票時將選票投給他們，將政府大權交到素質更高的好人手中。如果像海耶克式自由觀那樣，把無限制地追求欲望當成是真正的自由，欲望被捧到最高地位，被推向極限，一切任由欲望來驅動，人就會成為欲望的奴隸和受害者，社會將退化成弱肉強食的叢林世界，政府大權會落入自私腐敗的最壞者手中，地球環境會遭受嚴重破壞，最終使人類被自己不受限制的欲望毀滅。

　　在自由社會裡，做最好的自己是自願選擇的，而不是被強迫的，因為自由的一個重要含義就是不被強迫。儘管自由社會裡的法治帶有強迫的意義，但法治限制的是下限，是不可逾越的底線，而人們向上追求到什麼程度，是人民的自由，靠的是自願，也只有靠自願，人們才可能向上追求得更高。另外，怎樣才算是最好的自己，對不同的人有不同的要求，對底層民眾來講，遵紀守法常常就足夠好了，可是，越往上的人，越是有影響力的人，對他們的要求就應該越高，絕不能僅僅要求他們不犯法。

　　要形成人與人互益的良好社會風氣，既離不開合理的制度、政策和法律，也取決於人民的自覺努力程度，這是為什麼說民主制度不是保證國家成功的充分條件，而只是必要條件。為鼓勵更多的人民自覺向上追求得更高，建立起一套符合人性、

富有吸引力、能讓優秀人才心甘情願追隨的意識形態理論體系，可以起到極為關鍵的幫助作用。有些國家由於傳統宗教，或傳統文化習慣的強勢，阻礙了更高意識形態的發展，壓制了人民做最好自己的自覺性，造成這些國家哪怕實現了民主制度，也難以走向成功，印度是最典型的例子，俄國是另一個例子。而臺灣民主的成功則透露出孫中山三民主義思想的優越性，也證明，只要與現代民主政治制度相結合，中華傳統文化便會展示出其有利於人民自覺地做最好自己的一面。

自由還意味著掙脫思想枷鎖，擺脫無知、偏見和盲從。思想的自由和解放是做最好自己的一個重要條件，只有擺脫無知、偏見和盲從，學會獨立思考，才可能獲取更強的分辨是非對錯和真假善惡的能力。

自由的另一層含義是多元化，我有做左派的自由，你有做右派的自由，有主張進步的自由，也有主張倒退的自由；可以信基督教，也可以信佛教、伊斯蘭教，還可以信無神論，甚至可以信共產教。那麼，在一個政治主張多元化、每一個人心目中的理想世界互不相同的情況下，怎樣才能達成共識呢？這時就需要有民主程序，需要人們共同承認和遵守民主規則，民主投票結果證明大多數人主張進步，社會就向前邁進，選票證明大多數人主張倒退，社會就向後復辟。如果大多數人投票支持進步，規則卻讓那些堅持倒退的少數人說了算，這就成了強迫，自由就出了問題，這是為什麼說民主與自由不可分割、民主即自由、自由即民主的原因之一。

民主與自由不可分割的另一個原因是任何少數人統治的制度必定會面臨社會維穩難度大大增加、言論自由需要受到限制的局面。沒有一個政府能夠做到十全十美，政府推行的政策總是會有得有失，甚至有成有敗，如果放開言論自由，在少數人統治條件下，批評政府之過的人多於為政府成敗負責的人，大多數人的怒氣會衝著少數人而發，少數人反過來會擔心自身安全，造成少數人害怕大多數人，統治者因此必須管制言論自由，以減少人民心中的怒氣，所以，少數人統治與言論不自由必然相隨。只有一人一票的民主制度才可能既保證言論充分自由又便於維護社會穩定，因為這時批評的人與負責的人合二為一，可以讓社會既充滿批評與反對之聲，又在反對的動態中維持著穩定。

七、結語

總之，中國人應該從俄國民主轉型失敗的經驗中吸取教訓，思考如何讓中國未來避免俄國式的專制循環命運，即，專制者系統性地破壞人民的思想素質，人民又不懂得該如何提高自身思維能力，導致國家無法從專制的怪圈中走出來。要提高人

民的思想能力，必須依靠知識分子，只有知識分子首先自覺地做最好的自己，率先加深對人文概念的理解，尤其需要加深對平等、自由，和民主這三個普世價值核心理念含義的理解以及對三者之間關係的認識，才有可能帶領人民從低思想水平中走出來。西方國家之所以相對優秀發達、成為世界各國競相學習的榜樣，根源就在於西方知識分子思想優秀，帶來了西方社會中思想水平高的人比例較高，尤其是西方菁英裡優秀人才比較多。如果中國知識分子的思想大都停留在索忍尼辛那樣的水平上，如果中國知識分子像葉爾欽時代的俄國私營媒體人那樣不在乎做最好的自己，中國就會與俄國一樣，陷在專制的循環圈裡難以自拔。幸運的是，比起蘇聯解體時的俄國人來，今天，人們擁有更發達的資訊交流技術，中國人在西方留學或生活的數量也已相當可觀，為中國人更深入地了解西方民主制度運作提供了方便，俄國民主轉型失敗又可以作前車之鑑，臺灣民主的成功則可以作學習的榜樣，因此，今天的中國知識分子們應該比蘇聯解體時的俄國人有更好的機會來提高自身思想水平。

　　值得提醒人們的一點是，說西方知識分子思想優秀，不等於說西方存在某個完美的知識分子或某種完美的理論體系，有些中國人總是喜歡在西方知識分子當中捧某個大師，或在西方著作中捧某個最高經典。我們需要認識到，西方是一個言論自由的社會，沒有統一標準的觀點，講什麼樣的話的人都有，我們學習西方，重點應該放在學習西方知識分子的思維方式上，學會自由思想、獨立思考，和科學地分析問題，而不是盲目地跟隨在某家西方思想流派，或某個西方大師之後。西方知識分子的優秀是一種群體的優秀，是從古到今、來自不同時代和不同國家的西方知識分子集體智慧的傳承、互補和結合，才使得西方思想的整體水平相對較高。而西方社會中從事教育和媒體等行業的大批知識分子們富有理想主義情懷，自願地做最好的自己，自覺承擔提高民眾思想水平的社會責任，雖然他們每一個人未必完美，他們所說的每一句話也未必全對，但是，他們的集體智慧，他們作為一個群體所進行的不懈的共同努力，是西方為何優秀的一個不可或缺的根本因素。

注釋

1　劉瑜：〈不自由的民主〉，《CND.ORG網》，hx.cnd.org/2022/03/31/%e5%88%98%e7%91%9c%ef%bc%9a%e4%b8%8d%e8%87%aa%e7%94%b1%e7%9a%84%e6%b0%91%e4%b8%bb。

2　FRONTLINE PBS, *The Putin Files: Michael McFaul*, youtu.be/CiKZPRoqOpg.

3　Timothy Snyder, *Timothy Snyder Speaks, ep. 14: Politics of Eternity, Politics of Inevitability*, youtu.be/Eghl19elKk8.

4　沈志華：《一個大國的崛起與崩潰》（北京：社會科學文獻出版社，2009年）。

5　FRONTLINE PBS, *The Putin Files: Julia Ioffe*, https://youtu.be/b1HWNc LDK88.

6　Philip Short, *Putin* (New York：Henry Holt and Company, 2022), pp. 251-252.

7　Wikipedia, *List of countries by past life expectancy*, https://en.wikipedia.org/wiki/List_of_countries_by_past_life_expectancy.

8　Philip Short, *Putin*, pp. 264-265.

9　《維基百科》：〈第二次車臣戰爭〉，zh.wikipedia.org/wiki/%E7%AC%AC%E4% BA%8C%E6%AC%A1%E8%BB%8A%E8%87%A3%E6%88%B0%E7%88%AD。

10　FRONTLINE PBS, *The Putin Files: Yekaterina Schulmann*, youtu.be /0TDO8IWvSRw.

11　FRONTLINE PBS, *The Putin Files: Masha Gessen*, https://youtu.be/ Kk9igTqTx9s.

12　Peter Eltsov, *What Putin's Favorite Guru Tells Us About His Next Target*, Politico, February 10, 2015, www.politico.com/magazine/story/2015/02/ vladimir-putin-guru-solzhenitsyn-115088/.

13　FRONTLINE PBS, *The Putin Files: Yevgenia Albats*, youtu.be/iqY-ufUZsDc.

14　Philip Short, *Putin*, p. 666.

15　Fiona Hill with Clifford G. Gaddy, *Mr. Putin: Operative in The Kremlin* (Washington, D.C.: Brookings Institution Press, 2015), pp. 255-256.

16　Timthy J. Colton, *Yeltsin: A Life* (New York：Basic Books, 2008), p. 261.

17　Philip Short, *Putin*, pp. 635-636.

18　FRONTLINE PBS, *Putin and the Presidents (full documentary) | FRONTLINE*, youtu.be/aJI8XTa_DII.

19　Mark D. Steinberg, *A History of Russia: From Peter the Great to Gorbachev*, Part 1 of 3 (Chantilly, VA: Teaching Co., 2003).

20　林培瑞：〈洗腦和洗嘴之間〉，《CND.ORG網》，hx.cnd.org/2023/04/18 %e6%9e%97%e5%9f%b9%e7%91%9e%ef%bc%9a%e6%b4%97%e8%84%91%e5%92%8c%e6%b4%97%e5%98%b4%e4%b9%8b%e9%97%b4/。

21　Richard Pipes, *A Concise History of the Russian Revolution* (New York: Vintage Books, 1996).

22　Jonathan Israel, *Democratic Enlightenment: Philosophy, Revolution, and Human Rights 1750-1790* (New York: Oxford University Press, 2011).

23　伊萍：〈從數據看是小政府好還是大政府好〉，《CND.ORG網》，hx.cnd.org/2022/05/29/%e4%bc%8a%e8%90%8d%ef%bc%9a%e4%bb%8e%e6%95%b0%e6%8d%ae%e7%9c%8b%e6%98%af%e5%b0%8f%e6%94%bf%e5%ba%9c%e5%a5%bd%e8%bf%98%e6%98%af%e5%a4%a7%e6%94%bf%e5%ba%9c%e5%a5%bd/。

24　Wikipedia, Immanuel Kant, https://en.wikipedia.org/wiki/Immanuel_Kant.

陰謀論與覺醒文化：殊途同歸的美國兩極政治[1]

郭　建

　　就民眾的政見而論，當下的美國是一個分裂的國家。在紅、藍兩大陣營中，對民意影響最大的是來自右翼的陰謀論和來自左翼的覺醒文化。在前者的影響下，有大約40%的美國選民認為2020年大選川普失敗、拜登（Joseph Robinette Biden Jr., 1942- ）獲勝是舞弊的結果，所以不承認當下的政府為合法政府。[2]而後者則是「取消文化」、膚色性別身分政治，以及一系列導致禁言和自律的極左思潮和行為的思想基礎。

　　然而，我選擇的題目是有關美國社會左右兩極的「洗腦」問題，但美國又並非極權主義國家，所以，在進入正題之前，我覺得有必要做一點說明：根據我們的親身經歷和由此而來的通常理解，在政治意義上的「洗腦」是自上而下的、強制性的政府行為，而我要討論的美國社會的「洗腦」——一個連官方媒體都不允許存在的國家的「洗腦」——並非強制性的政府行為，而是在民主體制下仍然能夠出現的蠱惑人心的宣傳與教化，是某些個人或群體推銷政治商品的行為，目標在於影響民意，或以自身的政見和意識形態同化大眾（尤其是年輕人）的頭腦。

一、右翼勢力的宣傳、蠱惑和群眾運動：川普革命

　　川普本人是一個沒有任何政治立場和意識形態的、自我膨脹到不斷有妄想溢出的商人，以至於政治上的「左」與「右」對他來說並沒有任何意義。他與右翼勢力聯手，靠右翼勢力當選和執政，不過是一種偶然。而他搞民粹、蠱惑群眾的本領卻是地道的右翼政客望塵莫及的，以至於共和黨為得到選票而被川普綁架至今。

（一）堪稱「陰謀論」的「大謊言」比小謊言更能惑眾

　　這句話聽起來實在有點違背常識，但是，歷史經驗和心理學研究卻一再顯示彌天大謊的強有力的蠱惑性和「洗腦」功能。試舉眼下美國的兩個幾乎盡人皆知的例子：一，以神祕的暗語QAnon自命的陰謀論宣稱，一個包括民主黨頭面人物和一些電影明星在內的陰謀集團拐騙兒童，吃這些孩子的肉以返老還童（這個細節不由得

讓人想起《西遊記》裡對唐僧垂涎欲滴的眾多妖怪）；同時，川普正在向這個已經篡權的陰謀集團發動一場祕密戰爭，風暴將至，橫掃這些牛鬼蛇神。善於與群眾互動的川普本人也曾說過，QAnon的信仰者「愛我們的國家」，他們「很喜歡我」。[3] 我無意討論這個聳人聽聞、荒誕不經的謊言，但還是忍不住要提及兩個令人吃驚的數字，以顯示彌天大謊的蠱惑性：根據美國公共宗教研究所在五十個州組織的有近兩萬人參加的民調，在川普落選以後的一年多時間裡，從2021年3月到2022年3月，QAnon的信仰者從民調參加者人數的14%增長到18%，而絕對不相信QAnon陰謀論的人從40%下降到30%。[4]

我要舉的第二個陰謀論的例子更為簡單，也更為重要：川普在沒有任何證據的情況下宣稱，2020年美國大選拜登獲勝是舞弊的結果（他使用的詞是「rigged」，或者「stolen」，即選舉「被操縱」或「被盜竊」。按地道的中文翻譯，當今的美國總統豈不成了「竊國大盜」）！如此危言聳聽的指控，關係到政權的合法性，當然要查清。兩位總統候選人票數接近、選舉結果被質疑的幾個州，選票重新數過，有的甚至數過不止一次，包括川普公然向州務卿憑空索要11,780選票的喬治亞州，選舉結果再次被確認，而且拜登的票數還有所增長。[5] 儘管如此，大選結束兩年之後，在2022年冬美國中期選舉之際，仍有40%的美國人認同川普的指控，認為當今的美國總統是因為舞弊而當選的。[6] 正因為川普有這樣的群眾基礎，共和黨政客中的大部分人，明知川普謊言連篇，卻不敢向他的謊言挑戰。

也正因如此，作為保守派中少數敢於直言者之一的前法官盧狄格先生（John Michael Luttig, 1954- ）才字斟句酌，為眾議院1月6日衝擊國會事件調查委員會寫了一篇聲明記錄在案。他在聲明中指出，為了能執掌權力，川普與其同夥挑起了一場對民主的戰爭，制定了一個「不惜一切代價推翻2020年總統大選的完善計畫，1月6日就是執行這個計畫的最後決定性日子」。[7] 盧狄格在眾議院聽證會上警告：

> 唐納德・川普及其盟友和支持者是對美國民主明顯而現實的危險。他們試圖推翻2020年的選舉，他們將試圖以同樣的方式推翻2024年選舉。雖然他們在2020年失敗了，但他們可能在2024年取得成功。我並非輕易說出這些話。我寧願這輩子都不說這些話，但是，這的確是前總統和他的盟友們正在告訴我們的。[8]

盧狄格先生所說的「對美國民主明顯而現實的危險」的確存在：2023年3月的民調顯示，76%的注冊的共和黨選民仍然希望川普在2024年再次當選總統，儘管川

普所說的2020年大選舞弊早已被證明是謊言。這樣的謊言如何能夠如此持久地惑眾？也許正是因為它是彌天大謊，而不是小謊言。

對於大謊言的蠱惑性以及當下川普的惑眾手段，心理學家沃爾特・朗格（Walter C. Langer, 1899-1981）為二戰期間美國戰略服務辦公室寫的對希特勒心理概況的歸納很富於啟示性，如下：

> 他的主要規則是：永遠不要讓公眾冷靜下來；永遠不要承認任何錯誤；永遠不要承認你的敵人可能有一些優點；永遠不要給其他選擇留下餘地；從不接受責備；一次專注於一個敵人，把所有的錯誤都歸咎於他；人們更容易相信大謊言而不是小謊言；如果你經常重複它，人們遲早會相信它。[9]

把這段描寫用到川普身上，不是惟妙惟肖嗎？

大謊言比小謊言更有欺騙性這個判斷來自希特勒的自傳《我的奮鬥》（*Mein Kampf*）。希特勒寫道：「謊言的可信度與其大小有關。作為大眾成員的一般人容易在情緒上被煽動，但不大會有意作惡；他們頭腦原始、簡單，在大謊言和小謊言之間，更容易相信前者，因為他們自己一般只在小事情上撒謊，不齒於撒大謊；面對彌天大謊的時候，就很難想像會有人編出這樣不著邊際的謊言來騙人；在這種情況下，你就是拿出事實來證明那是謊言，他們還會找出別的解釋來說服自己：不，那不是假的，而是真的。」[10] 希特勒及其同夥就是利用了一戰後德國民族的屈辱心理，靠編造聳人聽聞的陰謀論嫁禍於猶太民族和左翼政黨，蠱惑德國民眾，攫取國家大權，挑起第二次世界大戰的。

但是，如果把希特勒的話理解成他在說他自己為蠱惑大眾，會編造彌天大謊，那就錯了。他在講這段話時，是在誣衊猶太人，說他們就是用這樣伎倆欺騙大眾的。按照心理學的解釋，這應該是希特勒本人的內心投射，即將自己本性中的惡在潛意識中轉嫁他人。像希特勒和他的宣傳部長戈培爾（Paul Joseph Goebbels, 1897-1945）這樣的大騙子是絕對不會承認自己騙人的。廣為人知的戈培爾名言「謊言重複百遍便是真理」也基本屬於訛傳，沒有任何證據證明他說過這句話，他只是說過，搞宣傳的人「必須堅持宣稱宣傳是真實的。這並不意味著他沒說過謊，但是，只有低級的宣傳家才會公開說他要說謊了」。[11]

川普也從來沒說過，恐怕也永遠不會承認，他對2020年大選結果的指控是謊言。他一直聲稱，他當選的結果「被盜」，稱戳穿這一謊言的新聞為「假新聞」，而40%的美國選民仍舊相信他的謊言。歷史的軌跡與近九十年前的德國竟如此相

似！更令人警覺的是川普居然向他的辦公室主任約翰・凱利（John Kelly, 1950-）
抱怨他的政府工作人員不像希特勒手下的將領一樣對統帥「絕對忠誠」。[12]

　　從川普與凱利的對話來看，這位前總統未必了解納粹德國，也未必知道希特勒
對大謊言功效的判斷。但是獨裁者和羨慕獨裁的領導人之間心有靈犀、不謀而合也
並不奇怪。在大謊言和小謊言之間，群眾更容易相信大謊言，這個判斷可能是希特
勒的首創，也是川普的感悟。心理學界對此也有各種不同的解釋。但是，有一點是
明確的：製造並不斷重複彌天大謊，被證明是很有效的惑眾手段，有很強的「洗
腦」功能。[13]

（二）民蠱領袖（demagogue）、民粹主義、意識形態遮蔽（mystification）

　　小標題中的英文demagogue是一個從希臘文借用的詞。希臘原文由「$\delta\tilde{\eta}\mu o\varsigma$」
（人民、群眾）和「$\dot{\alpha}\gamma\omega\gamma\acute{o}\varsigma$」（領導、領袖）兩個字組合而成，這個詞的本義是正
面的，至少是中性的，指群眾領袖或為民請命的雄辯家。但是在後來的使用過程
中，它的負面意思和用法逐漸占了上風，指那些為獲得權力或擴大自己的利益和勢
力，毫無原則地討好大眾，甚至不惜煽動暴民激情和偏見的政治鼓動者。[14] 我尚未
看到這個詞的中文通譯，姑且把它譯成「民蠱領袖」，取蠱惑民眾者之意。

　　西方史學界對民蠱領袖現象關注已久，對其特徵的研究有不少積累，比如：這
樣的人物一般出現在民主體制下，以人民領袖自居；煽動群眾挑戰菁英，推翻既定
的政體、法律和行為規範；有反智傾向，善於拉攏教育水平較低的群眾；激發大眾
的狂熱，淹沒理性思考的空間；通過在非主流群體中尋找替罪羊來煽情；用謠言製
造、誇大危險以引發恐懼；迴避討論真正的問題，向所有的人開空頭支票；煽動種
族、宗教、階級偏見；主張立即採取強有力的行動來解決危機，同時指責溫和而深
思熟慮的反對者軟弱或不忠誠；試圖解除憲法對行政權力的限制，並將民主制度轉
變為獨裁制度。[15]

　　以上所列的民蠱領袖現象，幾乎無一不在當下的美國再現，尤其表現在川普
身上。川普是一位反智、反菁英、反體制的民粹領袖。一方面他本人的無知、無
修養使他心虛，知道那些有知識、有文化的人與他話不投機，而且看不起他，所
以他盡量避免在政府中錄用有學識者〔例如，有人提名麥馬斯特（H. R. McMaster,
1962-）當他的國家安全事務助理，他很遲疑：「我聽說他可是寫過一本書啊，能
行嗎？」〕。[16] 這種對有識之士的戒心，以及似乎與此相對的誇張的、挑戰式的傲
慢，是典型的自卑情結的兩面。對於一向逃避自省的川普來說，理解這一點似乎很
困難。另一方面，他很清楚他的群眾基礎在哪裡：在他的支持者中，文化程度較

低、經濟地位較低的工人和農民占了相當大的比重，他們的居住區多半在幅員廣闊的郊外，以至於美國以紅（共和黨）藍（民主黨）為標誌的政治版圖顯示出在地域面積上相差懸殊的大片農村紅色根據地包圍城市藍區的景象。現實如此，川普也就知道如何討好他的支持者：「我就愛那些教育程度低下的人。」[17]

　　出身富商、身為富商的川普何曾接觸過「教育程度低下」的藍領階層？更不用說「愛」。但是，他知道他的語言和作態中自然流露的反智、反菁英文化的傾向會與這個階層共鳴，而且，這也和美國本身的反智土壤有關：資本主義時代歐洲大陸的新富，附庸風雅也好，傾心仰慕也罷，多半要用舊貴族所擁有的文化裝點自己。美洲「新大陸」的文化環境則不同：在這裡，文化上的欠缺給暴發戶的壓力遠遜於大西洋彼岸的「舊世界」，他們甚至可以自比西部牛仔，並為大眾所接受，甚至讚揚。[18]

　　川普惑眾的成功還有一個歷史的契機。一方面隨著現代社會科學技術的高度發展，文化教育水平越來越成為競爭的重要資本。如阿爾文‧古德納（Alvin W. Gouldner, 1920-1980）所分析的那樣，由技術菁英、管理人員、教師、醫生、律師等組成的知識階層迅速崛起，挑戰擁有金錢和產業的資產者在資本主義社會的統治地位，教育資本與物質資本的抗衡改變了以勞資矛盾為主要衝突的社會格局。[19]

　　另一方面，在這個以知識為本的新階級隨著資訊革命的浪潮取得重大成功的時候，教育程度較低的藍領階層的生計和地位正受到全球化的嚴重衝擊，製造業工廠外移使很多人面臨失業。而且，新階級普遍的、顯然同教育程度有關的自由主義傾向，也使在文化上趨於保守的藍領階層感到不適，尤其在墮胎、控槍、免疫、移民政策、性別認同等問題上。再加上「種族替代」（great replacement）陰謀論的傳播以及它引起的恐懼，川普看到了他在政治上的「商機」。

　　這也就是川普敢於公開貶低文化教育價值，破壞民主規範，甚至宣揚暴力，卻得到將近一半美國大眾支持的原因。他甚至公開在競選集會上說：「就算我站在第五大道上開槍打人，我仍然不會失去任何選票，信不信？」[20] 這位無師自通的民粹領袖，懂得如何利用群眾的弱點與群眾互動，為自己造勢。他自稱是一個「非常穩定的天才」，可以在電視臺、交易所及政壇稱雄。在全球化造成美國工人失業或地位下降的情況下，他以救世主自居，打出「讓美國再次偉大」的民族主義旗號，說只有他能拯救美國。他的支持者不僅相信了這一點，而且很多信仰基督教的群眾，寧肯忽略川普的諸多失檢瀆神行為，認定他是上帝特選特派的領袖，負有領導他們對抗現代社會道德淪喪的神聖使命。這場由總統領導的反智、反文化、反體制的運動自然會將美國社會引向愚昧、粗俗、仇恨和暴力，正如川普競選集會上頻繁出現

的憤怒與喧囂以及2021年1月6日川普支持者衝擊國會山時的暴行所顯示的那樣。

　　川普惑眾成功的一個最具有諷刺意味的悖論是：它是一場由一個資本雄厚的地產商領導，有許多窮困的工人、農民參加的右派革命。如上所述，全球化對美國工人生計和地位的負面影響的確給川普造成了機會，使他的「救國」的口號對下層群眾有很強的號召力。與此同時，富於文化教育資本的白領階層的興起、壯大和成功也使藍領階層感到不平和無奈，前者的自是自滿和傾向於世俗化的自由主義觀念也使在文化上趨於保守、虔誠的藍領階層感到不適，以至於本是民主黨基礎的許多工農大眾倒向共和黨，成為川普的支持者。當然，這也可能是馬克思在一百多年以前就指出的意識形態遮蔽現象（mystifikation），[21] 據此，我們可以想像資本主義社會主流意識形態的強大影響力。馬克思認為，它可以使一個受富人剝削壓迫的窮人堅定地相信，只要勤奮努力，一定能實現夢想，甚至成為川普。類似的意思，英國詩人威廉・布雷克（William Blake, 1757-1827）通過〈地獄箴言〉（The Proverbs of Hell）表達出來，就難免惡毒：「被犁斷的蚯蚓原諒犁頭（He who desires but acts not, breeds pestilence）。」[22]

　　勒龐（Gustave Le Bon, 1841-1931）和佛洛伊德（Sigmund Freud）等心理學家對大眾心理的研究，可以幫助我們理解川普和群眾的關係：這些群眾作為個人，多半都是很好的人，甚至是很可愛的鄰居。但是一旦捲入有領袖領導的群眾運動，感情就會膨脹到不讓理性有任何空間，集體的非理性就會驅逐個人的清醒判斷，群眾的頭腦就會變得異常輕信，甚至成為領袖本人的頭腦，或稱「被洗腦」。[23] 這就是為什麼當下美國至少有40%的人罔顧事實，相信川普所說的大選舞弊，從而視拜登政權為非法。如此眾多的選民失去了對真假的判斷能力，失去了對民主的信心，這是川普革命對美國民主體制的最大威脅。

（三）右翼新聞媒體的極端走向與社交媒體平臺上的廣播、推送（feed）和回聲效應：以福斯新聞和推特（Twitter）為例

　　對於美國的先賢們來說，新聞媒體對於他們正在進行的現代民主制度實驗如此重要，以至於托馬斯・傑佛遜（Thomas Jefferson, 1743-1826）說：「如果我們必須在報紙和政府之間做選擇的話，我寧願捨棄政府而選擇報紙。」[24] 也就是基於這一對公民知情權和知情度重要性的認識以及由此而建立的傳統，美國的新聞媒體是民間的，不允許有宣傳之嫌的官方媒體存在（《美國之音》一類的新聞媒體是對外的，而政府部門的網站是網際網路產生以後為提供資訊產生的，並非新聞媒體）。而川普因反感於大部分新聞媒體對真相的執著和對總統的批評，在當選後的第二年

就開始對「主流」新聞媒體大肆攻擊，說它們傳播的都是「假新聞」，稱它們為「美國人民的公敵」。[25] 這種說法本身就是對民主基本原則的挑戰。

但是，川普並非不需要新聞媒體，他只是要那些能夠成為他的宣傳工具的媒體。而且，事實證明，真正製造和散布假新聞的美國政客中，川普本人首當其衝；真正致力於製造和傳播假新聞的是川普所依賴的，以福斯新聞為代表的右翼媒體。對這位不讀書、不看報的總統來說，福斯電視新聞還是他的消息來源。最近由在選舉中被廣為使用的投票機的廠家多米寧投票系統（Dominion Voting System）起訴福斯新聞而引發的一系列事件對我們理解川普總統、其支持者和右翼媒體之間的關係提供了一個典型的範例。

多米寧投票系統起訴福斯新聞，控告誹謗，索賠損失費十六億美元，是因為福斯散布大量謠言，說多米寧投票機被操縱，計票結果偏向拜登。多米寧投票系統訴訟的起源是大選舞弊這一謠言，而川普正是這一謠言的始作俑者。落選的總統一旦如是說，他的支持者便開始幫他尋找「證據」來圓謊，他的律師團隊捕風捉影，首先從投票機入手，聲稱某些地方的投票機或刪掉大量川普選票，或將川普選票轉換成拜登選票。如福斯和「一個美國」（One American News Network）這樣的右翼媒體馬上跟進，利用報導和採訪川普同盟者等方式傳播謠言。川普隨即也以他自己的方式，尤其是利用社交媒體平臺推特（推特的「洗腦」功能稍後再議），擴大影響……。[26]

然而，就在這段公案就要開庭審判的前夕，福斯突然與多米寧庭外和解，賠款索賠數目的一半（近八億美元），卻無認錯道歉之舉。顯然，沒有任何證據證明多米寧投票機及其操作有任何問題，而有足夠的證據顯示福斯新聞造謠中傷；為了避免在法庭出醜，避免有罪判定，福斯總部才做出庭外和解的決定。據報導，這個決定還和近期披露的福斯的一些主播和公司上層人士有關大選結果的私下議論有關：這些議論顯示，他們很清楚選舉結果是公正的，而且對川普頗有微詞，但在新聞報導中他們卻質疑，以至於否認選舉結果。

以明星主播塔克·卡爾森（Tucker Swanson McNear Carlson, 1969-）為例：他在新聞節目中散布各種謠言和陰謀論，為川普造勢，而且嫁禍於人，誣衊一位叫瑞·艾普斯（James Ray Epps, 1961或1962-）的老人是聯邦政府特工，在2021年1月6日煽動暴民衝擊國會。[27] 但私下裡頭卻對同事說「我痛恨川普」，並說川普是一種「惡魔的力量，毀滅者」。[28] 在多米寧索賠案準備期間，卡爾森發送的一些私人訊息記錄在案，但其中的一些涉嫌種族主義、極具攻擊性、煽動性的言論在法律文件中被刪節。直到審判前夕，福斯董事會才知曉此事。據新聞界的分析，擔心這

些露骨的言論在法庭上公之於眾，很可能是福斯急於尋求庭外和解的重要原因。[29] 幾天以後，卡爾森便被福斯新聞辭退。次日，福斯新聞收看率大跌。有研究者認為，有如川普在政界，卡爾森已成為新聞界的民蠱領袖，在群眾中大有影響。福斯新聞在卡爾森之前，也辭退過幾任右翼主播，所以仍可能會找到像卡爾森那樣的主播繼任。而卡爾森，鑑於他的群眾基礎，則未必會像他的前任那樣，因離開福斯而銷聲匿跡。[30]

多年來，福斯新聞在它的觀眾和美國右翼政客之間起了中介的作用：福斯一方面是右翼政治的傳聲筒，一方面也為保持其新聞收看率領先的地位取悅於觀眾，為此目的往往罔顧事實，甚至編造謠言，結果使觀眾不辨真假，更容易被右翼的宣傳影響，的確起到了「洗腦」的作用。右翼政客們當然也試圖利用媒體的這一作用，有時甚至公然違反安全規則。例如，新上任的眾議院議長凱文・麥卡錫（Kevin O. McCarthy, 1965- ）將未經安全保衛部門檢查過的2021年1月6日暴亂前後國會大廈的監控錄影，共四萬一千小時，交予卡爾森和他的團隊觀看並使用，但並沒有給其他任何一家媒體這樣的觀看和使用權。結果，福斯新聞精選了錄影片段，編造出一個電視節目，顯示1月6日在國會山發生的是和平示威，而不是暴亂，並聲稱調查1月6日的眾議院特別委員會欺騙美國公眾。[31]

福斯新聞的這種配合右翼的宣傳不僅加劇了美國民意的兩極化，而且，在新冠疫情期間，直接影響到了公共衛生和公民的健康。儘管福斯的絕大部分雇員都注射了新冠疫苗，但在新聞節目中卻一直質疑疫苗的有效性，甚至傳播疫苗有害的謠言。[32] 在這種宣傳的影響下，到2023年3月13日為止，美國只有68%的人接種疫苗，居世界各國第六十九位。新冠感染死亡人數為1,130,662，比例遠高於許多醫療條件低於美國的國家。據2022年9月美國國家經濟研究局的統計，在整個疫情期間，共和黨人的超額死亡率（excess deaths rate，即在自然死亡之外的死亡率）比民主黨人高76%。不同國家、地區和人群的新冠死亡率顯然與疫苗接種率相關，而美國的疫苗接種率偏低又顯然與右翼媒體的宣傳有關。[33]

在那個報紙幾乎是唯一的公共傳媒手段的美國建國時期，傑佛遜，如前所述，曾為建立一個知情的、開明的公民社會而寧要報紙，不要政府。其實，就是在那個時代，傑佛遜的理想主義訴求也會面臨紙質宣傳品的挑戰，更不用說現代社會多種媒體（在報紙之後有廣播、電視、網際網路、社交媒體、自媒體等不一而足）的訊息傳播對社會的全面滲透了——不管訊息是真、是假，還是模棱兩可、真假難辨。這些傳播管道也自然被政客、商家及所有欲己見廣播於世者所用。我在前面所舉的福斯新聞的例子基本上屬於電視媒體，網際網路輔之。下面我想簡單討論一下另一

個曾為川普總統有效使用的傳媒手段：作為社交媒體的推特。

在《願上帝助我》一書中，川普的副總統麥克・彭斯（Michael Richard "Mike" Pence, 1959-），回顧白宮時光，寫道，每天川普見到他時打招呼的話經常是：「你看到我的推文了嗎？」川普曾多次告訴他：「如果沒有推特，我很可能選不上總統。」從2015年6月16日他宣布參加競選到2016年7月22日成為共和黨總統候選人，川普平均每月發推文兩百七十六次（轉推除外）。彭斯也認為，社交媒體平臺推特對川普如此重要，它實際上為川普提供了「與美國人民的直線電話」。[34] 在2020年12月19日的一次長達六小時、被一位白宮助手稱為「精神錯亂」的白宮辦公室會議之後，川普走上社交平臺，發文召喚推友：「1月6日在華盛頓特區有大示威。要去啊，會很猛烈的！」此時他在推特的追隨者，或稱「粉絲」，已有八千九百萬之眾。[35]

民主體制下的總統自然不會有極權專制下獨裁者掌控國家宣傳機器、向全民發號施令、進行思想灌輸的特權。但作為公民之一、享有公民權利的總統，公共媒體畢竟可資利用。在科技高度發展的現代社會，大眾聚首交談、樂此不疲、甚至分秒不離的社交平臺，當然也可以成為總統的廣播站和他與大眾的聯絡處。對於川普總統來說，如我前面舉的幾例所示，推特就是這樣的一個宣傳工具。在這個平臺上，他與所有追隨者的距離只有一鍵之遙。

推特（以及類似的社交媒體，如Facebook、Instagram、Reddit、TikTok）的基本功能遠不止於迅速廣播訊息，更重要的是它一方面為用戶提供極為方便的互動條件，如點讚、反饋、分享、評論、轉推等，另一方面它的演算法設計（algorithms）還主動給用戶推送（feed）他並未追隨但觀點相近的人的文字或訊息。這種由算法設計替代用戶做出的投其所好的訊息選擇、定向傳播還同時起了過濾器的作用：像防火牆一樣阻擋異見，屏蔽用戶所不願看到的推文和訊息。社交媒體的這些功能在觀點相同或相近的用戶之間產生了一種奇特的回聲效應，好像他們生活在一個「回音室」（echo chamber）中，只聽到一種最悅耳的聲音：自己的聲音；之所以是自己的聲音，是因為所有的人都異口同聲，和自己的聲音毫無區別，越聽越愛聽。

有研究者把這個語境中的「回音室」定義為：「這樣的一個環境，在這種環境中，由於與具有相似傾向和態度的人的反覆互動，他們的觀點、政治傾向或信念便得到鞏固和加強。選擇性曝光和確認偏見，即為堅持已有觀念而尋求資訊的傾向，可以解釋為什麼社交媒體上會出現回聲室的現象。」[36] 它使人感受到「一種[符合自身]偏見的、量身定製的媒體體驗，這種體驗消除了對立的觀點和不同的聲音。由於社交媒體算法確保我們只看到符合我們喜好的媒體，我們發現自己處在一個舒

適、自我確認的訊息流中。」[37]

可見，這是一個既可以自覺「洗腦」、自我陶醉，又可以與志同道合者抱團取暖的環境，可笑、可悲，也很可怕。其可怕之處就在於它可以成為民蠱領袖傳播謠言、呼喚追隨者，甚至煽動暴亂的工具。這就是為什麼在2021年1月6日暴亂之後，推特和臉書（Facebook）暫停了川普的使用權。但是，已經在實踐中看到社交媒體巨大功用的川普自然不會放棄，大約一年以後他便創建了自己的社交媒體平臺「社會真相」（Truth Social）。雖然這個平臺有「推特克隆」的綽號，但是它同眾聲喧譁的推特不同，因為它並非一個可資利用的公共空間，而是一個基本上在川普控制之下的右翼宣傳機制。一位跟蹤「社會真相」數月的記者發現它是一個「任右翼發洩不滿的超現實遊樂場」，充斥了「超保守資訊圈的憤怒和怪誕」。[38] 不難想像，「社會真相」會如何與真相背道而馳，而成為一個自我封閉的「回音室」。

二、覺醒文化：以膚色為標誌的壓迫者／受害者兩分法、歷史修正主義、政治正確論及其他

「覺醒」（woke）是當下美國政治話語中最為流行的詞彙之一。將「woke」這個本界定於生理範疇的詞（意思是從睡眠中「醒來」）賦予政治含義，源自20世紀20、30年代興起的泛非主義運動和黑人民族主義運動。這些運動的領袖們痛感美洲的大部分黑人對自己受白人欺壓的現實麻木不仁，被白人至上的社會洗腦，在精神上處於沉睡、死亡狀態，亟待思想上的覺醒。[39]「Woke」在規範英語中是動詞「wake」的過去時，把它當作分詞或形容詞字使用，如「stay woke」（而非規範的「stay awake」），是黑人英語中的習慣用法。在現有的語言紀錄中，它首先出現在美國黑人歌手里德・貝利（Lead Belly，別名：Huddie William Ledbetter, 1888-1949）1938年創作的抗議歌曲〈斯科茨伯勒男孩〉（Scottsboro Boys）的口語後記中。[40] 這個詞（包括派生出的wokeness、woke-ism等）的政治含義在當代英語中指「警惕種族的或社會的歧視和不公正」，「了解並積極關注重要的社會現象和問題（尤其是種族和社會正義問題）」。[41]

由於近年來美國民意、政見的兩極分化，「覺醒」在使用中因人而異，也有負面含義，甚至成為右翼眼中政治自由主義的代名詞。[42] 我下面所要討論的覺醒文化與傳統的自由主義無關，只是著重於分析以「覺醒」自命的左翼政治中的極端傾向；更確切地說，是從傳統自由主義的角度審視左翼陣營中的極端傾向。它尤其表現為教育界、知識界、文化界的極左思潮，對社會也頗有影響。對於正在成長的年

輕一代來說，它還有教化功能，難避思想灌輸或「洗腦」之嫌。

　　覺醒文化與傳統知識界普遍認同的人道主義、自由主義和多元化劃清界線，認為後者尊重的個性、客觀、以才取人／任人唯賢（meritocracy）和去種族化意義上的「色盲」（colorblindness）掩蓋了種族主義社會的現實：「一個色盲的憲法所維護的就是白人至上的美國。」[43] 作為左翼思潮，它也有別於以經濟地位和生產關係定義人類階級屬性的傳統馬克思主義，因為它強調所有的有色人作為受壓迫者的身分認同，稱其對立面為白人特權（white privilege）。這一思潮的開創者和信仰者以進步派（progressives）自詡。

　　覺醒文化現象舉例如下：

（一）奴隸制原罪論和種族主義歷史宿命論

　　2019年8月14日，《紐約時報雜誌》刊出「1619課題」（1619 Project）專輯，紀念四百年前一艘載有「二十多個黑人奴隸」的海船抵達當時的英國殖民地維吉尼亞。[44] 這個百頁專輯包括十篇文章和一些詩歌、小說和圖像。儘管「奴隸制」這一說法當時在殖民地的法律上尚未成立，這些從非洲搶來的、完全失去人身自由的黑人被當作「契約傭工」（indentured servants）買賣，實際上與奴隸無異。所以，「1619課題」的編輯和作者將1619年定為北美奴隸制的開端。這一課題的提出很自然地使我們想到美國知識界、思想界不斷以批判的眼光重審和反思自身社會歷史的優秀傳統。

　　但是，「1619課題」的具體內容和主題、結論卻令熟悉美國歷史的讀者震驚。專輯的領軍人物和首篇文章作者妮克爾·漢娜·瓊斯（Nikole S. Hannah-Jones, 1976-）寫道：一直排除在美國「建國神話」之外的事實是那時的「殖民者之所以要從英國獨立的基本原因之一是他們想要維護奴隸制」。[45] 雜誌編輯亞克·西爾弗斯坦（Jake Silverstein, 1975-）為強化這一主題，後來又補充道：奴隸制「時常被稱作美國的原罪。但實際上不僅如此，它還是這個國家的起源」。[46] 也就是說，「1619課題」的主旨是要顛覆美國大革命建立世界上第一個現代民主共和國這一歷史認知，重新建構（reframe）美國歷史，以1619年取代1776年作為美國建國的開端，即奴隸制才是美國真正的建國基礎。

　　再者，與其文章標題〈我們的建國民主理想在其付諸文字時是虛假的，美國黑人一直在為實現它而奮鬥〉相呼應，漢娜·瓊斯在文章中寫道，為實現自由平等，「在大多數情況下，美國黑人一直是在孤軍奮戰」；他們是「這個國家真正的『國父』（founding fathers），比任何一個民族都更是國旗的主人」。[47]

　　問題是，以上這兩個雙重主題並非對歷史事實的重新闡釋，而是明顯地違背歷史事實本身。「1619課題」發表以後，有五位歷史學家聯名致信《紐約時報雜誌》，明確指出以上的兩處重大事實錯誤，並駁斥《課題》作者對林肯總統在種族和人權問題上的片面指責。他們還批評《課題》站在種族立場上「以意識形態取代歷史認知」，並要求《紐約時報雜誌》對《課題》中的事實錯誤予以更正。[48]

　　但是《課題》的編輯和作者都沒有做任何更正。編輯西爾弗斯坦寫了一篇很長的回覆為《課題》辯護。作者漢娜・瓊斯隨後還擴充了《課題》內容，主編了將近六百頁的作品集《1619課題：新起源記》，在序言中對歷史學家的批評含糊其詞，仍舊堅持《課題》原作的觀點。在她的以「民主」為標題的文章中，漢娜・瓊斯重複了雜誌版中的美國黑人「孤軍奮戰」那句話以後，加上稍做補充修正但仍舊不符合事實的半句話：「從未能使大多數美國白人參與和支持他們爭自由的鬥爭。」[49]

　　「1619課題」的傳播甚為廣泛，除了《紐時雜誌》的印刷版、網路版、廣播片、播客和以上提到的論文作品集外，還有各家報紙的評論、解釋和爭論文章、有圖解的兒童讀物、為中小學教育設計的歷史課程等等。漢娜・瓊斯還因為她的那篇《紐時雜誌》版文章獲得2020年的普立茲評論獎。

　　儘管如此，也許「1619課題」仍舊並不那麼廣為人知，但是對於我要討論的美國當下的覺醒文化來說，這個課題對事實的態度，它的基本觀點、論證方式，以及它所反映的左翼知識界的思想狀況，卻都很有代表性。經歷過中國文革的人都知道，在那個時代，事實是服務性的，只有經過政治和意識形態過濾的「事實」，哪怕是子虛烏有，才可被稱作事實；在用這些「事實」來佐證所需要的政治觀點時，迴避或歪曲歷史背景、斷章取義、從無人敢挑戰的「正義」制高點宣示結論等等，都是司空見慣的手法。雖然「1619課題」「重構」美國歷史的方式遠不及文革大批判那樣武斷，但「以意識形態取代歷史認知」（如五位歷史學家所言）、以政治取代事實的性質是一樣的。

　　關於美國革命是為維護奴隸制的說法，離事實相差太遠，恕免駁論。而原罪論及其影響，因為抽象，倒是更值得進一步討論。「原罪」本是在聖奧古斯丁影響下形成的基督教傳統觀念，根據這個觀念，由於亞當和夏娃偷食禁果，人類作為他們的後代便生而有罪；而且，因為這個罪是人本性之罪，受誘惑而越界行有罪之事的傾向永存，再虔誠的人也無法只靠自己的力量獲得救贖，人的脫罪再生最終是上帝才能給予的。如果說奴隸制是美國的原罪，實際上是說由奴隸制產生的對黑人的壓迫、歧視和白人的特權在美國會是一個永久的現實。或者說，如果你是白人，你的特權是從胎中來的，無可改變的；不管你是否意識到你的特權，也不管你在意識到

以後，如何感到深深的內疚，而且盡力用實際行動來改變現狀，白人和黑人之間的不平等現實終究是不可能因你的努力而改變的。結果，原罪論便成為宿命論。

當然，有人會說，「原罪」不過是一個隱喻，並非現實。但是，這個隱喻卻像文革中詛咒的剝削階級罪惡、由血統傳下來的劣根性和永遠不可忘記的階級鬥爭一樣，成為當下美國在種族問題上的社會現實的背景，甚至現實本身。比如，在因奴隸制給黑人退賠議題上頗有影響的作者塔─內西斯‧科茲（Ta-Nehisi Coates, 1975- ）認為美國欠黑人的這筆債是永遠無法還清的。[50] 循著這個思路，接著就有人說，這筆債務不光是經濟上的計算問題，因為它根本不可能消除奴隸制給黑人造成的精神上的痛苦。[51]

再比如，當下十分流行的美國「制度性（systemic）種族主義」的說法。應該承認，種族偏見仍舊很普遍：在個人身上，在意識或潛意識裡，或在某些民間組織中，在某些小區的習慣勢力中。由種族偏見導致的歧視現象，尤其是對黑人的歧視甚至警察暴力，也的確存在，以至於美國黑人在2013年提出「黑人的命也是命」（BLM：Black Lives Matter）的抗議口號。2020年5月喬治‧佛洛伊德（George Perry Floyd, 1973-2020）慘死於警察之手，這個種族主義暴力事件在全國範圍內引起公憤，白人和其他有色族裔的民眾同黑人一起將BLM抗議運動推向高潮。

但是，以上所列的種族主義例證，包括駭人聽聞的佛洛伊德慘案，並不是準確意義上的「制度性種族主義」所包含的內容，因為制度所指的是聯邦或州的法律、成文的條例、政府部門和規範等等。美國歷史上奴隸制當然是最為嚴重的制度性種族主義例證，但是，從1863年的廢奴宣言和1865年的第十三修正案開始的大約一百年時間裡，一系列被稱作「吉姆‧克勞法」（Jim Crow laws）的種族歧視、種族隔離法律被逐漸廢除。20世紀60年代的民權運動和以甘迺迪（John Fitzgerald Kennedy, 1917-1963）、詹森（Lyndon B. Johnson, 1908-1973）兩屆總統行政令形式出現的平權法案的廣泛推行至今，使婦女和包括黑人在內的少數族裔成員的地位有了很大的提高。也就是說，自獨立戰爭以來，美國在全民和政府的共同努力下，在種族問題上已經有了長足的進步，不僅法律意義上的種族歧視已經消除，而且教育界、文化界、新聞界、知識界在種族問題上對全民的啟蒙成績斐然，歐巴馬能當選並連任總統難道不是證明嗎？所以，說當下美國社會的種族主義是制度性的，不僅模糊了有形的制度和無形的意識之間的界線，模糊了既定的法律規範和違規的個人行為之間的界線，而且也忽視了美國人民和政府多年來力爭種族平等的巨大成果。

（二）身分政治（identity politics）和種族主義批判的激進化

美洲的早期移民稱歐洲為「舊世界」，那個世界與王權、貴族、宗教勢力密切相關的文化傳統、等級制度以及由此而決定的各階層的經濟地位，在相當程度上幫助他們形成了對自己腳下的這片土地的想像或自我意識：與歐洲這個「他者」相對，作為「新世界」的美洲是一片原始的、大自然的天地，一個新伊甸園；在這片土地上沒有等級，人人自由，人人平等，每個人都可以憑自己的力量和智慧開創自己的家園。個人自由和人人平等是民主理想的兩個側面，如美國詩人惠特曼（Walt Whitman, 1819-1892）在《草葉集》（*Leaves of Grass*）首篇寫的那樣：「我歌唱一個人的自我，一個單一的個別的人／但我發出的聲音卻是民主、全體。」惠特曼最著名的長詩〈自我之歌〉（Song of Myself）以「我」開頭，以「你」結尾。這就是「美國夢」的內涵，也就是說，美國是一個多民族融合的、多元的國家，每個人的定位首先在於個人，並承認他人的自由和尊嚴。

當然，這只是「夢」、想像、理想，而不是現實。在美國獨立宣言和憲法發布的時候，奴隸制還存在；廢奴宣言發布和憲法第十三修正案通過以後，南方各州還制定過一系列種族隔離法律；直到1920年，婦女才在全美範圍內獲得選舉權；某些州對黑人選舉設置的各種障礙，也是在1965年詹森總統簽署投票權法案以後，才最終被掃除⋯⋯。儘管如此，美國歷史上向理想目標的進步，畢竟也是現實的一部分。

但是，左右兩極對現實的看法，卻未必有歷史的、發展的角度。19世紀中葉以降，右派傾向於信仰社會達爾文主義優勝劣敗的叢林法則，把人類社會分成「勝利者」和「失敗者」兩部分，永遠如此；而左派所見則多半是若非「壓迫者」，便是「受害者」。馬克思主義老左派從普世的、社會發展階段論（歷史唯物主義）的角度，以經濟地位和生產關係為基礎，視現代社會的資產階級為壓迫者，無產階級為受害者；而當下美國認同覺醒文化的新左派，則將壓迫者─受害者兩分法從階級分野轉向以膚色為標尺的群體歸屬：「身分政治」。在他們眼中，美國至今仍舊是一個白人至上的種族主義社會，白人的特權生而有之，所以白人也就是有意無意的壓迫者。而黑人及其他所有的有色族裔都是這個社會中的受害者，僅僅有色族裔身分本身就使他們有獨特的「有色之聲」（voice of color），以此來向白人講述白人不大可能了解的種族主義現實。[52]

左翼的大多數實際上並非祖上曾受奴隸制壓迫的黑人，而是白人知識階層和學生，他們傾向於接受源於身分政治的批評，檢討自身的特權地位，有很深的負罪

感，堅定地反對種族主義。這一點其實挺感人的。然而，對於左翼中的激進派來說，這樣做是遠遠不夠的，甚至這種立場和態度本身就是「種族主義」的。羅賓・迪安傑羅在（Robin Jeanne DiAngelo, 1956- ）《白人的脆弱：為什麼種族主義的話題對白人如此困難》一書中開宗明義：「我們在民權運動中的所有進步都來自身分政治。」[53] 白人是一種身分，有色人群是另一種身分，兩者之間的關係是壓迫和被壓迫的關係，歧視和被歧視的關係。作者所謂「白人的脆弱」基於她觀察到的白人對種族問題的過敏和規避種族焦慮（racial stress）的特需：「哪怕是些微種族焦慮都難以忍受，以至於引發一系列的自我保護反應，包括明示的情感，如氣惱、恐懼、內疚，以及如爭論、沉默、迴避等行為方式。」[54] 迪安傑羅是白人女性，以進步派自詡，並說此書就是為「我們白人進步派」而作，言詞謙卑懇切。她認為，因為「白人進步派認為自己不是種族主義者，至少不那麼種族主義，……並把精力用在讓別人相信我們已經超越了種族主義」，所以，「白人激進派每天給有色人造成的傷害最大……，白人激進派的確是在支持和延續種族主義，但是我們的自衛機制和自信實際上使我們無法向自己解釋我們是如何這樣做的」。[55] 這是一種自我解構的，有後殖民理論背景的、處在循環邏輯中的、不可證偽的身分政治論和文化心理分析。如同前面提到的原罪說和種族主義宿命論，或者如同曾在太平洋彼岸流行一時的「階級烙印」說（又稱血統論或出身論）：白人出生在一個白人至上的社會，僅因其白人身分，便不可能擺脫種族主義。按照這個類似第二十二條軍規的邏輯，如果一位進步派白人說：「我痛恨種族主義，所以我絕不是種族主義者。」這個否定句本身就證明，他一定是種族主義者，因為他並沒有檢討自身的種族主義烙印，思想不正確，缺乏在靈魂深處鬧革命的徹底性。

　　前面提到的黑人作家塔─內西斯・科茲在2015年出版了《在世界與我之間》（*Between the World and Me*），連續三週居《紐約時報》暢銷書榜首，而且很快成為許多高等院校學生的必讀書。他在書中提到，上大學的時候讀到過索爾・貝婁（Saul Bellow, 1915-2005）的一句話，這句話為他濃縮了西方社會的種族主義。科茲寫道：「貝婁俏皮地說：『誰是祖魯人的托爾斯泰（Lev Nikolayevich Tolstoy, 1828-1910）？』托爾斯泰『白』，所以托爾斯泰『重要』，就像所有其他的白的東西『重要』一樣。……我們黑，在光譜之外，在文明之外。我們的歷史低下，因為我們自身低下，……與這一理論相反的是我的馬爾科姆（Malcolm X, 1925-1965）。……還有格里格・塔特（Gregory Stephen Tate, 1957-2012）、毛主席，和只比我大一點的夢・漢普頓（dream Hampton, 1972- ），他們創造了一種我以本能就可以理解並用來分析我們的藝術和我們的世界的新語言。」[56]

　　其實，科茲引用的那句話並不見諸貝婁的寫作，而是來自1988年一月《紐約時報》的一篇關於阿蘭‧布魯姆（Allan Bloom, 1930-1992）的專題報導。[57] 布魯姆和貝婁同是芝加哥大學的教授，又是鄰居和知交，記者採訪布魯姆時，貝婁在座。當時的議題是有關「經典作品」的爭論：什麼作品可稱經典？經典作品選讀是否應當是大學生的必修課？也就是說，這是學術之爭，或關於文學作品是否有普世評判標準之爭。但是科茲對貝婁的批判卻無視這句話的背景，把頂多能說成是文化保守主義的學術觀點上綱上線到種族主義；應該說是無限上綱，因為在當下的美國，任何譴責的分量都很難超過說某人是種族主義者。

　　科茲在這一段議論中以諷刺手法表現出的情緒，在關於「九‧一一」的議論中變成了憤怒與仇恨。2001年9月11日晚上，他站在曼哈頓的一座公寓頂上，望著仍在瀰漫的硝煙，並沒有為現代美國最大的恐怖事件感到震驚，而是「心冷」，因為「我有那麼多我自己的災難」。他想到「他們」曾經在世貿大廈下面的土地上販賣黑人奴隸，他想到那裡還有一片土地曾經是黑奴的墓地，他尤其想到一年以前他的一位叫普林斯‧瓊斯（Prince Jones）的黑人大學校友死在警察的槍下，而警察以「自衛」為由被判無罪……。科茲寫道：「在槍殺普林斯‧瓊斯的警察和眼前這些死去的警察和消防隊員之間，我看不出任何區別。對我來說，他們都不是人。無論黑、白，或其他什麼，他們都是天然的凶險物；他們是火，是彗星，是風暴，這些東西不需要任何理由都能摧毀我的身體。」[58]

　　在近些年出版的旨在喚醒有色人覺悟的著作中，科茲的《在世界與我之間》是文筆最好的、最有影響的一本，如前所述，在精神意義上的「覺醒」觀念源自20世紀20、30年代興起的泛非主義運動和黑人民族主義運動。這些運動的領袖們痛感美洲的大部分黑人對自己受白人欺壓的現實麻木不仁，被白人至上的社會洗腦，在精神上處於沉睡、死亡狀態，亟待思想上的覺醒。科茲在書中多次提到的「馬爾科姆」當時還是孩子，後來成為穆斯林牧師、泛非主義者和黑人民族主義運動最著名的領袖之一。在美國1960年代的民權運動中，他和馬丁‧路德‧金（Martin Luther King, Jr., 1929-1968）代表了兩種不同的路線。馬丁‧路德‧金的訴求是通過非暴力抗爭反對種族歧視，使美國這個多民族的國家成為一個「不以膚色，而以品格視人」的平等社會。而馬爾科姆則認為美國的種族主義已經不可救藥，他不相信白人和黑人能夠和平共處，他要喚醒黑人群眾，放棄夢想，成為「憤怒的革命者」，在美國南部或非洲建立黑人自己的國家。1963年8月28日，在首都華盛頓有二十五萬人參加的抗議集會上，馬丁‧路德‧金發表了著名演講〈我有一個夢〉。當時馬爾科姆也在場，事後他稱這個白人黑人攜手並肩反對種族歧視的集會為「華盛頓的鬧

劇」，對馬丁‧路德‧金的「夢」也不以為然，因為要有夢，先得處於睡眠狀態，不能醒著，況且「美國的黑人群眾曾經，而且正在，經歷一場噩夢」。[59]

馬丁‧路德‧金和馬爾科姆的分歧不由得使人想起19、20世紀之交兩位著名黑人領袖之間的爭論：教育家華盛頓（Booker T. Washington, 1856-1915）主張以溫和、忍讓、寬容，並通過教育和經濟獨立來改變黑人的不平等地位，社會學家杜波伊斯（W. E. B. Du Bois, 1868-1963）相信包括激烈行為在內的政治抗爭才是通向平等之路。杜波伊斯晚年對美國徹底失望，移居非洲，成為迦納公民。

如今已經很少有人關注華盛頓的主張，但馬丁‧路德‧金仍舊是眾望所歸，只是右翼保守派和左翼激進派對他的思想的詮釋大相逕庭：保守派認為一個去種族化的「色盲」的美國是他的理想，激進派則認為他有明確的「色意識」（color-aware），因為「色盲」這個說法本身遮蓋了美國社會的真相，有種族主義之嫌。相比之下，有更強烈鬥爭意識的杜波伊斯和馬爾科姆越來越被激進左派所推崇，成為他們的先驅和旗手。當下覺醒文化的流行也顯示了，至少對激進左派來說，馬丁‧路德‧金的「夢」實際上已經被馬爾科姆「覺醒」所取代。

在今天的美國，最能代表覺醒文化的當屬「種族批判理論」（critical race theory）。它起始於20世紀80年代法學界左翼對憲政中立原則的批判（因為現實中沒有真正的中立），挑戰作為自由主義基礎的啟蒙理性和平等理論（因為它們都是脫離現實的假設），認為種族主義並非反常或異端，而是當今社會無處不在的「包括人的情感和潛意識層面的、極難克服的常態」。這個社會的結構是「白人至上，有色人居下的制度」，在這個結構中白人的「利益重合」：「白人菁英階層在物質上獲益於種族主義，白人工人階層在心理上獲益於種族主義，所以這個社會的許多層面都沒有消除種族主義的動力。」種族批判理論家們認為種族的概念是人的創造，實際上是「白人」以「有色人」作為對立面或「他者」來定義自身。這樣的身分對立也就是「有色之聲」的根據：膚色非白的「少數民族身分本身就賦予講話者獨特的能力，向白人講述他們很難了解的種族主義問題」。這個理論一方面批評自由主義和任人唯賢服務於個人利益，批評去種族化意義上的「色盲」和多民族融合的社會理想掩蓋了白人至上的現實，一方面支持各個少數族裔強調相互差異的「文化民族主義」運動。[60]

種族批判理論家們很坦誠地說，他們所做的不僅是學理方面的闡釋、分析和批判；他們還是社會活動者，旨在從結構意義上改變這個社會。但是，在揭露和批判了啟蒙理性、法學思維、平等意識以及諸多普世價值所掩蓋的種族主義內涵之後，除了一再強調種族主義是社會常態，極難克服之外，並不能給出建設性的社會模

式。在左翼運動史的大背景之下，人們看到的是從階級向種族的轉換，以有色族裔與白人特權的激烈對抗取代了無產者與有產者的階級鬥爭而已。

（三）脫離歷史環境的「取消文化」（cancel culture）

「取消文化」是近年來很流行的一個詞彙，它多半被用來指稱民間力量或公眾輿論對名流或歷史人物因其不良行為而做出的懲罰：取消對他們的支持，將他們驅逐出公眾視野，在歷史中打入另冊。這種「取消」有賴於公眾的言論自由以及言論表達的媒體，如社交媒體，所以和民主的氛圍有關。但是，也因為同樣的原因，激奮的群眾，加之意識形態的影響，是可以喊出諸如「打倒」、「取締」之類的口號的。由於後者的例子較多，「取消文化」這個詞在使用時多半是貶義，或云修正歷史、歷史虛無主義。下面我想借用這個流行詞彙，討論近期美國左翼激進派在重審歷史的議題下所施行的「取消」行為。先舉幾個例子，然後重點討論有關第十六屆美國總統亞伯拉罕・林肯的評價問題。

在最近的幾年中，美國有一股拆除歷史人物塑像的風潮。最早的是2020年夏天俄亥俄州首府哥倫布市市長下令拆除市政廳前的哥倫布（Christopher Columbus, 1451-1506）銅像，原因是群眾抗議哥倫布參與早期（15世紀末）西印度群島的販奴。由於這座塑像是哥倫布故鄉義大利的熱那亞市民的贈品，哥倫布市長的這一決定遭到很多義裔公民的反對。此後的幾個月內，有三十多座哥倫布塑像在美國的其他城市被拆除。類似的多處「取消」也發生在下面的例子中，原因也都是群眾壓力，恕不贅述。

2021年秋天，內戰時南方軍隊統帥羅伯特・李（Robert Edward Lee, 1807-1870）在維吉尼亞首府里奇滿的巨型雕像被拆除，因為他在戰爭中代表並保衛南方奴隸主的利益。

同年冬初，獨立宣言起草者、美國第三、四屆總統托馬斯・傑佛遜的塑像從紐約市政廳拆除，因為他是奴隸主。

2022年年初，富有重視自然保護、建立國家公園盛名的美國第二十六屆總統西奧多・羅斯福（Theodore Roosevelt Jr., 1858-1919）在紐約市美國自然博物館門前的塑像被拆除，原因是塑像的設計──他騎在馬上，站在兩邊的是一個印第安人和一個黑人──表現了種族的上下尊卑。

美國第一任總統喬治・華盛頓（George Washington, 1732-1799）和簽署廢奴宣言的亞伯拉罕・林肯總統也未能倖免被「取消」的命運：舊金山學區改換了以這兩位總統的名字命名的兩所學校，原因是一位是奴隸主，另一位推行過黑人殖民政

策。[61] 我下面將重點討論針對林肯的「取消文化」，並進一步解釋黑人殖民政策的問題。

首都華盛頓國會山上的「解放紀念」銅像（Emancipation Memorial）是由站立著的、手握廢奴宣言的林肯和一個單腿下跪、剛被解放的黑人奴隸這兩個形象組成的，設計和製作銅像的絕大部分資金來自曾經是奴隸的眾多黑人的捐贈，銅像於1876年林肯遇刺十一週年時正式落成。三年以後，獲益於波士頓博物館創始人的捐贈，這座銅像的複製品便豎立在波士頓的一個城市公園裡。儘管「解放紀念」作者托馬斯·波爾（Thomas Ball, 1819-1911）的原意是要塑造一個「正在向自由升起」的黑人形象，但在一百多年以後的今天，很多人都認為這個形象更像是在「下跪乞憐」，仍舊顯示了黑人低下的地位。在一萬兩千多名波士頓市民聯名呼籲之下，市藝術委員會在2020年底把銅像從公園挪進了倉庫。[62]

實際上，拆除波士頓的「解放紀念」銅像，並不僅僅是因為黑人處於低位的形象；更深層的原因是，在激進左派的眼中，林肯本人有嚴重的種族主義歷史問題，政審不過關，當屬清理對象。這就是為什麼威斯康辛大學麥迪遜校區的兩個學生組織在2020年6月聯名請願，呼籲校方拆除校園裡的林肯塑像。一位學生領袖說，林肯的確「做了些好事，但他幹的壞事肯定比好事多」；他在校園制高點的塑像是「獨一無二的白人至上的象徵」。[63]

近期對林肯歷史問題更為具體的清算見於前面提到的「1619課題」。「課題」發起者妮克爾·漢娜·瓊斯的關注點集中在1862年8月14日林肯和五位黑人領袖在白宮的約見。當時，美國的南北戰爭已經開始一年多，北方陷於困境，作為總統的林肯十分焦慮，正在考慮宣布解放南方各州的黑人奴隸，並允許他們參戰反抗奴隸主；但同時他又知道，當時北方和南方的白人大部分還不能同意黑人與他們平等。按照漢娜·瓊斯的敘述，林肯請黑人領袖入白宮議事，唯一的目的就是告訴他們他已經讓國會籌款，好將獲得自由的黑人殖民於由政府出資和民間捐款建立的殖民地，希望這幾位黑人領袖能夠同意。他還說，如果沒有奴役黑人的制度，這場戰爭也不會發生；但是，取締奴隸制，黑人獲得自由以後呢？現實的狀況是，白人和黑人共處，「雙方都痛苦」。由此，漢娜·瓊斯得出結論：「反對黑人的種族主義存在於這個國家的基因裡。同時，人們還相信，如林肯準確地表達的那樣：黑人是民族統一的障礙。」[64]

由於漢娜·瓊斯並沒有把林肯與黑人殖民問題放在具體的歷史和政治環境中來討論，給人的印象似乎是：林肯是黑人殖民政策的始作俑者，或者至少是在戰爭的危機中束手無策，孤注一擲。其實，這個殖民項目由來已久，始自1816成立的民間

組織「美國殖民協會」（American Colonization Society）。鑑於美國的種族衝突和迅速增長的自由黑人人口，協會的宗旨是在民間集資，在非洲和南美建立殖民地，在自願的前提下資助黑人移民。利比里亞就是在這個宗旨之下，由協會買下，按照美國的政體建立的黑人殖民地。這個殖民項目在啟動以後曾得到獨立宣言起草者傑佛遜、被稱為「憲法之父」的麥迪遜（James Madison Jr.,1751-1836）、在任總統詹姆斯・門羅（James Monroe, 1758-1831）、在任國會議員亨利・克雷（Henry Clay, 1777-1852）等著名政治家的支持，在19世紀30年代，麥迪遜還當過協會的主席。這都遠在林肯之前，而且傑佛遜和克雷又是林肯最敬重的前輩。作為總統的林肯，在南北戰爭早期，也是認同這個政策的。但是，在他簽署了解放宣言以後，畢竟放棄了這項政策。

據此，一些堅持從歷史和發展的角度看待林肯的學者，認為他在黑人殖民這個問題上的看法有一個逐漸成熟的過程，最終認識到這個政策不僅不現實，而且黑人有正當的權利居住在這片土地上，更不用說林肯是簽署解放宣言、結束奴隸制的總統，所以，他的基本立場是種族平等。更有學者從政治的角度來解釋為什麼在南北戰爭的緊要關頭，在1862年的最後一天，林肯一邊對廢奴宣言做最後的修改，準備次日正式簽署，一邊批准了一項資助五千黑人殖民海地附近一個島嶼的方案：「林肯利用黑人殖民的前景使保守派更容易接受廢奴的主張，而當他簽署解放宣言，走出廢除奴隸制的最有決定性意義的一步以後，便放棄了黑人殖民政策的所有措施。」[65]

林肯的「取消」者，如漢娜・瓊斯，不願意從以上所舉的發展的和政治的角度在具體的歷史環境中看待林肯，而是僅以黑人殖民政策為依據，判定林肯為種族主義者，罔顧林肯在歷史上的最偉大的功績：廢除奴隸制和維護國家的統一。這種攻其一點，不及其餘的大批判方式和以意識形態取代歷史認知的基本原則，也同樣用到了前面列舉的其他歷史人物身上，拆除諸多塑像的現象不過是這種激進思維方式最為粗略的表現形式而已。

說到大批判方式和政治取代歷史的原則，毛時代的無產階級文化大革命又何嘗不是一種「取消」文化呢？幾乎所有的歷史名人都屬於非無產者的剝削階級，因此都是清算對象。清算也是從掃蕩偶像的運動開始的，稱「破四舊」。釋迦牟尼在北京頤和園佛香閣內的塑像首當其衝，不久以後，孔夫子在山東曲阜的雕像也無一倖存。數年以後的批林批孔運動給孔子扣上了奴隸主階級代言人的帽子，他的「克己復禮」的仁道竟被說成是要復辟奴隸制……。

當然，美國當下的「取消」文化並非真正的文革，同當年中國的破四舊、大批

判不可同日而語，而且，把歷史送進倉庫畢竟還算是文明之舉，遠不像澈底砸爛和付之一炬那樣暴烈。但是，由於兩者的歷史虛無主義傾向是共同的，中國的文革應當被視為前車之鑑。

（四）不成文的「政治正確」語言規範導致禁言和自律

自從1791年美國憲法第一修正案通過，保護言論自由就成為美國民主的最重要的原則之一。約翰·密爾（John Stuart Mill, 1806-1873）在《論自由》（*On Liberty*）中對言論自由的寬度做過經典的界定：以不造成對他人的傷害為準。隨著時間的推移和社會的發展，這個界定的尺度由於「傷害」的進一步具體化而越加有爭議，比如，在種族、性別、性取向等問題上如何界定「仇恨言論」和「冒犯性言論」，如何在法律意義上判斷其傷害的程度，如何定義「有敵意的環境」等等。近年來隨著左翼思潮影響的逐步擴大，一套不成文的「政治正確」的語言規範也逐漸形成，以至於言論自由的寬容度縮小，語言禁區擴大，迫使人自律的壓力越強。[66]

在20世紀50年代右翼勢力猖獗的麥卡錫時代，很多人三緘其口，不敢公開政見，以至於有「沉默的一代」的說法。1954年，哈佛大學的一位社會學教授做了一個民調，提出的最關鍵的問題是：「你是否覺得可以像以前那樣自由地表達自己的想法？」有13%的人給出了否定的回答。同一個問題在以後的民調中多次重複，2019年的民調中竟有40%的人給出了否定的回答，三倍於1954年。最令人驚訝的是，教育程度越高，自律的程度越深：有27%的初中生、34%的高中畢業生，和45%的大學生給出了否定的回答。[67]卡托研究所2020年7月的民調顯示：有62%的美國人因為顧慮不良後果，不情願與人分享自己的政見。有三分之一的參調者，無論左右，都擔心，如果他們公開了自己的政見，就可能失去工作或求職機會。[68]《紐約時報》在近期以來第一次以編輯部名義發表長篇社論，專門討論美國的言論自由問題。[69]當下的這種在語言表達上讓人感到不自由的壓力多半來自左翼意識形態的影響，在文化、教育領域尤其明顯，在2021年春天的一個有一百五十九所大學的三萬七千學生參加的民調顯示，有80%以上的學生「至少在有些時候」三緘其口，有21%的學生說他們經常如此。[70]在傑佛遜一手創建的維吉尼亞大學，為傑佛遜辯護的話都需要關起門來說。[71]在高等院校，教授更須慎言，以下面的兩個個案為例。

在2021年9月的一次大學生作曲研討課上，為了讓學生熟悉義大利音樂家威爾第（Giuseppe Fortunino Francesco Verdi, 1813-1901）創作的歌劇《奧賽羅》（*Othello*）的背景，密西根大學音樂戲劇舞蹈學院的盛宗亮（Bright Sheng）教授放映了1965年根據莎士比亞悲劇《奧賽羅》改編的同名英文電影，主人翁奧賽羅由英國著名演

員勞倫斯・奧立佛（Laurence Olivier, 1907-1989）扮演。但是，由於奧立佛是把面部塗黑扮演摩爾人奧賽羅的，這個形象使觀眾中的一些黑人學生想起黑面走唱秀（blackface minstrelsy），即由塗黑臉的白人演員滑稽模仿的黑人奴隸歌舞，感覺受到了侮辱。[72] 當時就有一位學生以電郵的方式投訴音樂系，稱許多學生「因為這個錄影和教授不解釋選擇這個錄影的原因，在感情上受到極度傷害」。還有學生說，這個學習環境讓他們感到不安全。盛老師在幾小時之內就發電郵抱歉，在之後的幾週內又以正式致歉的公開信等方式表示歉意，說他對這件不幸事件「做了更多的研究和學習，意識到種族主義之根深柢固過去是、現在仍然是美國文化的一個危險部分」。儘管如此，他仍然受到來自校方、同事、大學部學生、研究生等各方面的指責，包括學生聯名的公開信，說盛老師致歉信不僅檢討不深刻，還為自己辯護。[73]

　　在事情發生二十天以後，校方宣布：盛宗亮將自願停授這門課，以便讓學生有一個「積極的學習環境」。然而，就在盛宗亮停課的一天前，一名選了這門課的四年級學生在一家網媒上發了一篇措詞尖刻的長文，文章在推特以及《新聞週刊》（Newsweek）、福斯新聞、《每日郵報》（Daily Mail）等媒體上轉發，使美國高校捲入了一場關於種族、學術自由和言論自由的激烈辯論。針對學校的處理方式，學生聯名寫了第二封公開信，譴責校方對此事件的反應「助長了造成恐懼和敵意的環境」。與此同時，將近七百名教授和一個學生組織分別寫信給音樂戲劇舞蹈學院，呼籲恢復盛宗亮在那門作曲研討課的教職，並要求校方公開向盛老師道歉。幾天以後，校方在學校的網站上發了一個聲明，說盛宗亮是學校「尊貴的成員」，並沒有受到懲罰，在繼續教作曲課（只是一對一的私人課程，那門研討課仍是同事代授）。但是，學校至今並未向盛老師道歉。[74]

　　我要討論的第二個例子發生在伊利諾大學芝加哥校區的法學院。在2020年12月的一次「民事訴訟」課期末考試中，有一道傑森・吉爾本（Jason J. Kilborn）教授近些年用過多次的考題：假設一家公司的前雇員曾經告訴公司律師：「在一次會議上，公司的一些管理人員對她不滿，稱她『n____』和『b___』」（對黑人和婦女的蔑稱，這兩個字只以首字母表示，並未全拼），會後她便辭職了。」在這個假設起訴公司種族歧視的案例中，被告是否必須向原告提供證據？這只是五十道考題中的一道，而且是有關律師在現實社會經常碰到的問題。但是，考題中的兩個暗示的蔑稱使一些學生不滿，一位考生說，她感到「極度不適」，甚至「心悸」。於是，法學院黑人學生會便在社交媒體譴責吉爾本先生，並投訴學校的機會與平等辦公室。吉爾本的直接反應是驚訝，但表示歉意，並同不滿的學生談了幾個小時，沒想到竟

被學生指責「以自殺相威脅」。校方對此的直接反應是暫時取消他的課程，停職留薪，不允許他涉足校園，並責成機會與平等辦公室調查此案。此後半年多的時間裡，這個辦公室在調查報告和給吉爾本的正式信件中有諸多不實之詞，並指責吉爾本老師對學生意見的反應顯示了他「對種族主義的麻木和對關注種族問題的聲音的敵視」，對調查的不滿「可以被解釋為製造恐懼和威脅」。儘管如此，雙方的交流和爭論一直在繼續，直到2021年11月4日法學院黑人學生說服了著名黑人領袖傑西・傑克遜牧師（Jesse Louis Jackson, Sr., 1941-）同他們一起示威遊行，要求校方開除吉爾本老師。傑克遜說：「學生應該有一個沒有敵意的學習環境。為此我們必須行動起來。」[75]

　　不知是否因為來自此次示威的壓力，12月中旬校方通知吉爾本老師2022年春季停課，要他在2022年1月去參加一個（被芝加哥大學法律教授萊特先生稱作「再教育」的）學習班。這是一個康乃爾大學開設的、針對種族、性別等問題的、關於如何搞「教學多樣化」（diverse classroom）的網上訓練班，歷時八週。在此課程的前五週，吉爾本老師需要完成五個規定題目之下的閱讀材料，並「針對具體的提示」寫五篇「自省」（self-reflection）文章；其間會有一位持有康乃爾「多樣和包容證書」（Certificate of Diversity and Inclusion）的執業律師教練幫助吉爾本，每星期規定60至90分鐘的時間討論他的閱讀和寫作，並評定他「在深入觀察、學習和能力方面，尤其是在將課程內容與他作為教師的責任相結合的問題上，是否有進步」。在以後的三週，還有更多的輔助材料要學習，同教練的每週討論還要繼續。最後，吉爾本教授也會在完成學習班課程以後獲得一個「多樣和包容證書」。校方在寫給吉爾本的律師的信裡說：安排吉爾本老師參加這個訓練班「並非對他的懲罰。但是，我們相信吉爾本教授會獲益於這樣一對一的訓練」，「我們的共同目標是讓吉爾本教授能夠重返課堂」。[76]吉爾本老師是否參加了這個學習班，尚未可知。但準確的消息是：吉爾本於2022年1月27日起訴伊利諾伊大學侵犯學術自由。[77]

　　從以上的兩個案例，以及前面提到的民調結果，可以看出，即便在一個民主體制之下，以政治掛帥的思想意識形態，無論左右，都可以走火入魔，培養過敏的神經，製造禁言的環境，走向民主的反面。盛宗亮是在少年時代經歷過文革的華裔教授。在給《紐約時報》的一封電子郵件中，他重申了自己的歉意：「我誠心誠意地說，我非常抱歉。」同時，他還寫道：「當然，我在這件事上作為教授判斷失誤而面臨批評，與許多中國教授在文化大革命中面對的經歷完全不同。但讓人感到不安的是，我們生活在一個有人可以試圖通過公開譴責來毀掉別人的事業和名譽的時代。我還沒老到不能學習的程度，這個錯誤已經讓我學到了很多東西。」[78]盛老師

的話耐人尋味：那個讓人感到不安的環境就是極左思潮造成的、逼人自律的社會環境，他的譴責者是那些「覺醒」的（或說「被洗腦」的）學生，而他要「學習」的就是如何按照「政治正確」的規範發言和行事。言詞中有多少自嘲、心酸、無奈！

三、極左極右殊途同歸的悖論

極左和極右本是政治上的兩個極端，兩者之間的距離似乎遠得不能再遠了。但它們卻又像孿生兄弟一樣形影相隨，即便不聯手，也是殊途而同歸。實際上，這種似非而是的現象在現代歷史上已經是屢見不鮮了。先以毛澤東時代的中國、納粹德國和史達林治下的蘇聯為例。

毛澤東的思想和政策，尤其是在文革中推行的一系列政策，連毛身後的中共中央都認為是極左，更不用說文革剛結束時的民眾的看法了。但是，以左派自居的毛澤東本人卻對美國總統尼克森說，他喜歡右派，喜歡右派掌權。[79]其實，左與右在他那裡從來都是手中雲雨，「左」放在引號中就成了右。在整肅他的左派同事或打擊他的同樣是左派的政敵時，他就會說，一種傾向掩蓋著另一種傾向，形「左」而實右嘛。周恩來藉林彪事件批極左，群眾大鬆了一口氣。但毛澤東明白這種傾向的危險，於是說，林彪是極右。是啊，家裡掛著孔子語錄，還能不是極右？有了這樣的最高指示，大批判立刻轉向：不光批林批孔，還影射周恩來。在十幾年前毛就說周就已經離右派只有五十步了。

在文革期間，有一本流傳於民間、頗有影響的「內部發行」讀物：威廉‧夏伊勒（William Lawrence Shirer, 1904-1993）所著《第三帝國的興亡：納粹德國史》（*The Rise and Fall of the Third Reich*）的中文譯本。這本「灰皮書」使一些知識青年看到：被視為極右的納粹政治竟然和他們開始懷疑，但尚未完全放棄的極左的文革政治如出一轍！他們看到：納粹德國和文革時的中國都不僅以強權高壓對付民眾，還以各種文化手段（包括頻繁的群眾集會和首長講話）發動群眾、宣傳群眾、教育群眾，造就了那些在「水晶之夜」（Kristallnacht）和「紅八月」之類的群眾運動中以革命的名義行暴的熱血青年。他們看到：兩時兩地的群眾狂熱都以領袖崇拜的形式出現，數十萬、上百萬人或一齊向前上方伸出右臂，或一齊揮動「紅寶書」高呼萬歲。當「紅寶書」裡的語錄成為聖旨，領袖的思想成為每個人的思想時，便沒有人感到不自由，而是相信萬眾一心才是真正的大民主。他們看到：納粹的種族主義和文革的階級路線同樣都是血統論，「劣等人種」和「黑五類」，「猶太豬」和「狗崽子」，在如此惡名之下，這一部分人就成了非人，牛鬼蛇神，可以

被任意處置……。也就是說，此書展示的納粹德國社會現實讓文革中的中國讀者看到了自身經歷的影子。那時，左是正，右是負，批左等於否定自己，何其難矣！所以，當一個左右契合的歷史見證出現在讀者眼前時，其震撼程度可以想見。這就是為什麼一部寫納粹德國的書會成為幫助中國讀者從文革噩夢中醒來的啟蒙讀物。

　　有「納粹桂冠法學家」稱號的卡爾‧施米特（Carl Schmitt, 1888-1985）自然是右翼，他曾對自由主義和民主政體做過細密的剖析，指出自由主義淡化政治、貌似中立、抽空道德價值、以妥協代替鬥爭、以議而不決的程序代替「實質性決斷」。西方當代文化理論界的左翼對施米特的敵我明辨論政治神學頗為欣賞，因為源自啟蒙傳統的自由主義是他們的共同敵人。在20世紀90年代和本世紀初，中國的「新左派」也亦步亦趨，大量譯介施米特，稱他為「整個20世紀最重要、最精彩的自由主義批評家」。[80]

　　在第二次世界大戰前夜，希特勒的德國和史達林的蘇聯簽訂條約，結成非神聖同盟，並非只出於戰略需要。早在威瑪時期，希特勒就曾談到在納粹運動中左右「兩極的匯合：左翼的共產主義者和右翼的軍人與學生」。希特勒對西方民主社會的敵視使他隨時準備與史達林的極權力量攜手，他並不掩飾對史達林的敬佩，並且認為納粹德國和共產主義蘇聯才是真正的對手。直到德蘇交戰已久的1943年，希特勒還在講，第二次世界大戰「是一場資產階級國家與革命國家之間的戰爭……，那些有意識形態的國家遠勝於資產階級國家……。我們東方的對手（即蘇聯）也有意識形態，只不過是錯誤的意識形態罷了」。[81]希特勒所謂資產階級國家沒有「意識形態」和施米特所批判的自由主義的各種缺失講的是同一個問題。

　　漢娜‧鄂蘭寫《極權主義的起源》，將極右的納粹德國和史達林的蘇聯同樣看作極權主義的典型。溫斯頓‧邱吉爾（Sir Winston Leonard Spencer-Churchill, 1874-1965）也說兩者是「同樣的東西，拼法不同而已」。[82]

　　以上的這些例子可以說是近期歷史對左右兩極針鋒相對卻又形影相隨、殊途同歸這一悖論的印證。在當下的現實中，如本文所討論的美國左右兩極的問題，兩者之間的衝突呈現於民間政見的分裂和激進化，似乎黑白分明到了非此即彼、水火不相容的地步。儘管如此，極左和極右之間的關聯和共性仍舊可見，試做簡單歸納如下：

　　兩者都與自由主義為敵，走向民主的反面。極左政治一方面以其原罪論、種族主義常態論之類的基本判斷挑戰基於傳統自由主義的平等、客觀、公允、中立、多元、任人唯賢等觀念，一方面將以同樣判斷為基礎的「正確」政治推向極端，排斥不同見解，壓縮寬容範圍，實際上形成了一種帽子滿天飛，威脅言論自由，逼人自

律的專制文化環境。在右翼浪潮推動下興起的「川普革命」則更為直接地挑戰美國
的民主體制本身：稱獨立於政府、為公民知情服務的主流媒體為「人民公敵」，把
民主體制下的政府機構看作需要排汙的沼澤，顛覆民主選舉和認證的程序，破壞和
平移交權力的傳統，動搖公民對民主的信心……。在這個意義上的左右之不同，有
如秀才筆墨和兵勇刀劍之比，後者，也就是極右勢力的發展，在當下的美國對民主
的威脅顯然更為直接，更為切近，顯然是更為明確而現實的危險。

　　政治掛帥，「事實」聽命。左右兩極都在不同程度上為自己的政治目的否認
事實或製造「事實」。如「1619課題」以「重構」為名，罔顧事實，創造美國歷
史起源；又如「種族批判理論」推出「種族主義並非反常，而是社會常態」之類
不可證偽的斷言。右翼的宣傳則更為直白：把新冠疫情爆發說成是欺騙；把經過
認證的大選結果說成是舞弊；在自己的斷言沒有任何事實支持的情況下編造謊言佐
證，美其名曰「另類事實」（alternative facts）；甚至製造如QAnon之類聳人聽聞的
陰謀論惑眾。在政治如此極端，民意如此分裂，相對主義如此流行的今天，如果唯
一能超越政治的事實這條最後的底線不能守住，作為民主基礎的知情公民（informed
citizenry）將會作為兩極政治的犧牲品而不復存在。

　　排斥理性，鼓動激情，將某種意識形態簡約為口號，作為發動群眾運動的工
具，這也是左右兩極共用的鬥爭方式。在與群眾運動相關的諸多激情中，憤怒居
首，一方在給予婦女墮胎選擇權、廢除死刑、使同性婚姻合法化等問題上的憤怒程
度並不亞於另一方對當今社會的貧富不均、種族偏見和警察施暴行為的憤怒程度。
這樣的憤怒不僅阻礙雙方理性的溝通，而且常常導致暴力，包括試圖推翻民選政府
的暴力和在民間發生的不分青紅皂白的打、砸、搶。在憤怒的背後，甚至還有可能
醞釀更大衝突的絕望，比如右翼的世界末日災難論和左翼的種族主義宿命論。

　　殊途同歸的審查方式：禁書、消毒、焚書。這個問題與「洗腦」的話題有更
為直接的聯繫。鑑於左翼思潮當下在文化界的影響，一些右翼政客列出一系列書
單，試圖禁止有關性認同、種族認同的少兒、成人讀物和理論書籍列為學校教程讀
物或被公共圖書館收藏。[83] 而某些激進左翼人士憂慮的則是在語言上和觀念上「不
乾淨」的經典著作。某大學的一位英文教授編輯出版了馬克・吐溫名著《哈克貝
利・芬歷險記》（*Adventures of Huckleberry Finn*，又譯《哈克歷險記》或《頑童
歷險記》）的「消毒版」，刪去出現兩百多次的對黑人的蔑稱「n……」字，儘管
這個字在當今黑人饒舌歌手的表演中仍舊頻繁出現。[84] 還有一位老師因為同樣的原
因建議從中學生讀書單中剔除《哈克貝利・芬歷險記》、妮爾・哈波・李（Nelle
Harper Lee, 1926-2016）的《梅岡城故事》（*To Kill a Mockingbird*）和約翰・斯坦

貝克（John Ernst Steinbeck, Jr., 1902-1968）的《人鼠之間》（*Of Mice And Men*）。[85] 更有一些讀者因為《哈利・波特》（*Harry Potter*）的作者發表過對一些有關跨性別問題的異見，便燒毀她的著作，並呼籲禁止發行基於此書情節的電子遊戲，以示抗議。[86] 我說這個涉嫌審查制度的問題與「洗腦」話題有直接聯繫，是因為左右兩極在這個問題上的關注點都與「教化」問題相關。

　　由此可見，儘管左右兩極在意識形態上針鋒相對，卻從各自不同的途徑走向現代民主的反面，在顛覆理性、客觀、寬容、自由等民主社會的基本價值方面，兩者是一致的。而且，兩者從各自不同的側面折射出極權政治的特色。這種相似匪夷所思，卻又十分真切。20世紀左右兩極的歷史教訓應該能夠成為對當下兩極分化的美國和國際社會的警示。

注釋

1　此文的部分內容曾以〈美國的左派文革和右派文革〉為題發表於《思想》第45期（2022年7月）。

2　Giulia Carbonaro, "40% of Americans Think 2020 Election Was Stolen, Just Days Before Midterms," *Newsweek*, 2 November 2022.

3　David Smith, "Belief in QAnon Has Strengthened in US Since Trump Was Voted Out, Study Finds," *Guardian*, 24 February 2022.

4　Ian Huff, "QAnon Beliefs Have Increased Since 2021 as Americans Are Less Likely to Reject Conspiracies," Public Religious Research Institute (PPRI), 24 June 2022. www.prri.org/spotlight/qanon-beliefs-have-increased-since-2021-as-americans-are-less-likely-to-reject-conspiracies/.

5　Kate Brumback, "Georgia Again Certifies Election Results Showing Biden Won," *AP News*, 7 December 2020.apnews.com/article/election-2020-joe-biden-donald-trump-georgia-elections-4eeea3b24f10de886bcdeab6c26b680a.

6　Giulia Carbonaro, "40% of Americans Think 2020 Election Was Stolen, Just Days Before Midterms," *Newsweek*, 2 November 2022.

7　"Exclusive: Read Judge Luttig's Statement to January 6 Committee," *CNN*, 16 June 2022.

8　Ryan Lizza and Eugene Daniels, "What Judge Luttig Told Us about Jan. 6," *POLITICO*, 17 June 2022.www.politico.com/newsletters/playbook/2022/06/17/what-judge-luttig-told-us-about-jan-6-00040446.

9　Walter Langer, *A Psychological Analysis of Adolph Hitler: His Life and Legend*, M. O. Branch, Office of Strategic Services, Washington, D. C.www.cia.gov/library/readingroom/docs/CIA-RDP78-02646R000600240001-5.pdf.

10　Adolf Hitler, *Mein Kampf* (1925-1926), trans. Ralph Manheim (Houghton Mifflin, 1943) 231.

11　Randall Bytwerk, "False Nazi Quotations," *German Propaganda Archive*. www.bytwerk.com/gpa/falsenaziquotations.htm.

12　Peter Baker and Susan Glasser, *The Divider: Trump in the White House, 2017-2021* (Doubleday, 2022). Amy B. Wang, "Trump Wanted 'Totally Loyal' Generals like Hitler's, New Book Says," *New York Times*, 8 August 2022.

13　Matthew Rozsa, "The Psychological Reason That So Many Fall for the 'Big Lie'," *Salon*, 3 February 2022. www.salon.com/2022/02/03/the-psychological-reason-that-so-many-fall-for-the-big-lie/.

14　*Oxford English Dictionary* entry: demagogue, *n*.

15　Michael Signer, *Demagogue: The Fight to Save Democracy from Its Worst Enemies* (Macmillan, 2009), 32-38. 參見 Reinhard Luthin, *American Demagogues: Twentieth Century* (Beacon Press, 1954). Allan Louis Larson, *Southern Demagogues: A Study in Charismatic Leadership* (Northwestern University Press, 1964).

16　Bob Woodward, *Fear: Trump in the White House* (Simon & Schuster, 2018).

17　川普2016年2月24日在內華達州發表的競選演說，https://www.youtube.com/watch?v=Vpdt7omPoa0。

18　Richard Hofstadter, *Anti-Intellectualism in American Life* (Vintage Books, 1962) 49.

19　Alvin Gouldner, *The Future of Intellectuals and the Rise of the New Class* (Macmillan, 1979).

20　Jeremy Diamond, "Trump: 'I could shoot somebody and I wouldn't lose voters'," *CNN*, 24 January 2016.

21　Karl Marx, *Das Kapital. Kritik der politischen Ökonomie* Erster Band (Capital. A Critique of Political Economy. Volume I), 1867.

22　William Blake, *The Marriage of Heaven and Hell*, 1793.

23　Gustave Le Bon, *La Psychologie des Foules* (Psychology of Crowds), 1895. Sigmund Freud, *Massenpsychologie und Ich-Analyse* (The Psychology of Crowds and the Analysis of the Ego), 1921. 又見Robert Zaretsky, "Donald Trump and the Myth of Mobocracy," *The Atlantic*, 27 July 2016.

24　Thomas Jefferson, January 16, 1787, letter to Edward Carrington, *The Works of Thomas Jefferson*, ed. Paul Leicester Ford, vol. 5 (New York: C. P. Putnam & Sons, 1904) 251-254.

25　川普2017年2月17日的推特，見Michael Grynbaum, "Trump Calls the News Media the 'Enemy of the American

People'," *New York Times*, 17 February 2017.

26　Emma Brown, et. al., "Trump-Allied Lawyers Pursued Voting Machine Data in Multiple States, Records Reveal," 15 August 2022, *Washington Post*. Christopher Giles and Jake Horton, "US Election 2020: Is Trump Right about Dominion Machines?" *BBC News*, 17 November 2020.

27　Alan Feuer, "Man at Center of Jan. 6 Conspiracy Theory Demands Retraction from Fox," *New York Times*, 23 March 2023.

28　Katie Robertson, "5 Times Tucker Carlson Privately Reviled Trump: 'I Hate Him'," *New York Times*, 25 April 2023.

29　Jim Rutenberg, et. al., "On Eve of Trial, Discovery of Carlson Texts Set off Crisis atop Fox," *New York Times*, 26 April 2023. Jeremy W. Peters, et. al., "Carlson's Text That Alarmed Fox Leaders: 'It's Not How White Men Fight'," *New York Times*, 2 May 2023.

30　Jason Zengerle, "Fox News Gambled, but Tucker Can Still Take Down the House," *New York Times*, 28 April 2023.

31　Dominick Mastrangelo, "McCarthy Gives Fox News's Tucker Carlson Access to Jan. 6 Capitol Surveillance Footage," *The Hill*, 20 February 2023. thehill.com/homenews/media/3866648-mccarthy-gives-fox-news-tucker-carlson-access-to-jan-6-capitol-surveillance-footage/. Katelyn Polantz, et. al., "Most January 6 Footage Aired by Tucker Carlson Wasn't Reviewed by Capitol Police First, USCP Attorney Says," *CNN*, 17 March 2023.

32　"Nearly All Fox Staffers Vaccinated for Covid Even as Hosts Cast Doubt on Vaccine," *Guardian*, 15 September 2021.

33　CDC COVID Data Tracker: covid.cdc.gov/covid-data-tracker/# datatracker-home. David Wallace-Wells, "Dr. Fauci Looks Back: 'Something Clearly Went Wrong'," *New York Times*, 24 April 2023.

34　Mike Pence, *So Help Me God* (Simon & Schuster, 2022). Brian Monahan and R. J. Maratea, "The Art of the Spiel: Analyzing Donald Trump's Tweets as Gonzo Storytelling," *Symbolic Interaction*, Volume 44, Issue 4 (November 2021) 699-727.

35　Tom Dreisbach, "How Trump's 'Will Be Wild!' Tweet Drew Rioters to the Capitol on Jan. 6," *NPR*, 13 July 2022. www.npr.org/2022/07/13/ 1111341161/how-trumps-will-be-wild-tweet-drew-rioters-to-the-capitol-on-jan-6. Kimberly Leonard, "Trump Told Pence He Didn't Think He Would Have Gotten Elected Without Twitter: Book," *Business Insider*, 15 November 2022. www.businessinsider.com/trump-told-pence-that-twitter-helped-him-get-elected-president-2022-11.

36　Matteo Cinelli, et. al., "The Echo Chamber Effect on Social Media," *PNAS* (Proceedings of the National Academy of Sciences), Vol. 118, No. 9 (February 2021). www.pnas.org/doi/full/10.1073/pnas.2023301118.

37　Paige Cabianca, et. al., "What is a Social Media Echo Chamber? And How You Break Out of It.," Moody College of Communication, University of Texas at Austin. advertising.utexas.edu/news/what-social-media-echo-chamber.

38　Nitish Pahwa, "What You'll Find on Truth Social, Where Trump Is Going Nuclear," *Slate*, 31 March 2023. slate.com/technology/2023/03/trump-indictment-truth-social-explained.html.

39　Bijan C. Bayne, "How 'woke' became the least woke word in U.S. English," *Washington Post*, 2 February 2022.

40　Aja Romano, "A History of 'Wokeness': Stay Woke: How a Black Activist Watchword Got Co-Opted in The Culture War," *Vox*, 9 October 2020. www.vox.com/culture/21437879/stay-woke-wokeness-history-origin-evolution-controversy. 在利德・貝利演唱的〈斯科茨伯勒男孩〉的歌曲錄音之後，可以聽到歌手說：「我建議大家，經過那裡時要小心一點──最好保持清醒，睜大眼睛。」（I advise everybody, be a little careful when they go along through there—best stay woke, keep their eyes open.）見John Ganz, "Philip Guston, Lead Belly, and 'Woke' Art," *Unpopular Front*, 6 April 2021. johnganz.substack.com/p/philip-guston-lead-belly-and-woke.

41　*Oxford English Dictionary* entry: woke, *adj2. Merriam-Webster Dictionary* entry: woke, *adjective 1, chiefly US slang*.

42　*Merriam-Webster Dictionary* entry: woke, *adjective 2, disproving*.

43　Ibram X. Kendi, *How to Be an Antiracist* (One World, 2019) 10.

44 "The 1619 Project," *The New York Times Magazine*, 14 August 2019. www.nytimes.com/interactive/2019/08/14/magazine/1619-america-slavery.html.

45 Nikole Hannah-Jones, "Our democracy's founding ideals were false when they were written. Black Americans have fought to make them true." *The New York Times Magazine*, 14 August 2019. www.nytimes.com/interactive/2019/08/14/magazine/black-history-american-democracy.html.

46 Jake Silverstein, "Why We Published the 1619 Project," *New York Times Magazine*, 20 December 2020. www.nytimes.com/interactive/2019/12/ 20/magazine/1619-intro.html.

47 同注46。

48 Victoria Bynum, et. al., Letter to the Editor, *New York Times*, 20 December 2020.

49 Nikole Hannah-Jones, et. al., editors, *The 1619 Project: A New Origin Story* (One World, 2021) 33.

50 Ta-Nehisi Coates, "The Case for Reparations," *The Atlantic*, June 2014. www.theatlantic.com/magazine/archive/2014/06/the-case-for-reparations/361631/.

51 John McWhorter, *Woke Racism: How a New Religion Has Betrayed Black America* (Portfolio/Penguin, 2021) 41.

52 Richard Delgado and Jean Stefancic, *Critical Race Theory: An Introduction* (New York University Press, 2001) 9.

53 Robin DiAngelo, *White Fragility: Why It's So Hard for White People to Talk about Racism* (Beacon Press, 2018) xiv.

54 Robin DiAngelo, "White Fragility," *International Journal of Critical Pedagogy*, Vol 3 (3) (2011) 54.

55 Robin DiAngelo, *White Fragility: Why It's So Hard for White People to Talk about Racism* (Beacon Press, 2018) 5.

56 Ta-Nehisi Coates, *Between the World and Me* (Spiegel & Grau, 2015) 43-44. 索爾‧貝婁，美國作家，數部小說多次獲獎，包括1976年的普立茲小說獎和諾貝爾文學獎。馬爾科姆，美國黑人領袖、民權活動家、牧師、黑人民族主義運動「伊斯蘭國」（the Nation of Islam）發言人。格里格‧塔特，美國作家、音樂家、文化批評家，《鄉村之聲》撰稿人，為推廣黑人文化和藝術，尤其是嘻哈（hip-hop）音樂和街頭藝術，做出卓越貢獻。毛主席即毛澤東（1893-1876），其思想，尤其是文革理論，對當代西方文化批評理論有相當的影響。夢‧漢普頓，美國作家、紀錄片製作人、馬爾科姆草根運動（Malcolm X Grassroots Movement）成員。製作過多部進步派紀錄片，數部獲獎，入選2019年《時代》雜誌百位名人榜。漢普頓名「夢」，小寫，取自馬丁‧路德‧金的著名演講〈我有一個夢〉。

57 James Atlas, "Chicago's Grumpy Guru," *The New York Times*, 3 January 1988.

58 Ta-Nehisi Coates, *Between the World and Me* (Spiegel & Grau, 2015) 86-87.

59 DeNeen L. Brown, "Martin Luther King Jr. Met Malcolm X Just Once. The Photo Still Haunts Us with What Was Lost." *The Washington Post*, 14 January 2018.

60 Richard Delgado and Jean Stefancic, *Critical Race Theory: An Introduction* (New York University Press, 2001) 3-12.

61 "Lincoln, Washington, Feinstein, Lowell — San Francisco will rename 42 schools", *Los Angeles Times*, 28 January 2021.

62 Gillian Brockell, "Controversial Lincoln Statue Is Removed in Boston, but Remains in D.C.", *The Washington Post*, 29 December 2020.

63 "Students Push to Remove UW-Madison's Lincoln Statue," *PBS Wisconsin*, 29 June 2020. pbswisconsin.org/news-item/students-push-to-remove-uw-madisons-lincoln-statue/#:~:text=A%20group%20of%20students%20are,Hans%20Christian%20Heg. Kelly Meyerhofer, "University of Wisconsin Students Call for Removal of Abraham Lincoln Statue on Madison Campus", *Chicago Tribune*, 30 June 2020. https://www.chicagotribune.com/midwest/ct-wisconsin-madison-lincoln-statue-bascom-hill-20200630-hhfadge53fethiobylwvklz24q-story.html.

64 Nikole Hannah-Jones, "Our democracy's founding ideals were false when they were written. Black Americans have fought to make them true." *The New York Times Magazine*, 14 August 2019. 又見Nikole Hannah-Jones, et. al., editors, *The 1619 Project: A New Origin Story* (One World, 2021) 22-29.

65 Michael Vorenberg, "Abraham Lincoln and the Politics of Black Colonization," *Journal of the Abraham Lincoln Association*, Volume 14, Issue 2, (Summer 1993) 22-45.

66　這裡需要說明一下：「政治正確」（political correctness）這個說法本始於左派自嘲，接著又被右派借用嘲笑左派，所以是一個從開始就有諷刺意味的貶義詞。但是，不幸被這個詞的通俗用法所指稱的某些政策，如平權法案（affirmative action），的確在提高婦女和少數族裔公民的入學、就業機會和社會地位等方面起到了積極的作用。我在這裡用這個詞，無意討論「政治正確」的政策含義和各種歧義，只是狹義指稱左翼所提倡的「包容語言」（inclusive language）在種族、性別、性取向等問題上的界規，並討論這些不成文的、潛移默化的界規同言論自由原則的衝突。

67　James L. Gibson and Joseph L. Sutherland, "Americans Are Self-Censoring at Record Rates," *Persuasion*, 31 July 2020. www.persuasion.community /p/americans-are-self-censoring-at-record?utm_source=url.

68　Emily Ekins, 22 July 2020 Survey Reports, "Poll: 62% of Americans Say They Have Political Views They're Afraid to Share," Cato Institute.www.cato.org/survey-reports/poll-62-americans-say-they-have-political-views-theyre-afraid-share#introduction.

69　The Editorial Board, "America Has a Free Speech Problem," *The New York Times*, 18 March 2022.

70　reports.collegepulse.com/college-free-speech-rankings-2021。

71　Emma Camp, "I Came to College Eager to Debate. I Found Self-Censorship Instead." *The New York Times*, 7 March 2022.

72　實際上這個表演形式的起源是中世紀歐洲，1833年才傳入美國。當時，《奧賽羅》在美國東北部巡迴演出，主人翁也是由塗黑臉的白人扮演的。有一次在此劇演出中間休息時，一位後來以「老爹賴斯」聞名於世的美國白人演員塗黑臉演了一段叫〈Jump Jim Crow〉的歌舞，此即美國塗黑臉走唱秀的開端。見 "The Othello Whisperer: A Q&A with Ayanna Thompson": https:// research.asu.edu/othello-whisperer-qa-ayanna-thompson.

73　Jennifer Schuessler, "A Blackface 'Othello' Shocks, and a Professor Steps Back from Class," *The New York Times*, 15 October 2021.

74　George Weykamp, "Nearly 700 UMich faculty, 60 students petition for SMTD Professor Bright Sheng to be reinstated," *The Michigan Daily*, 31 October 2021. www.michigandaily.com/news/academics/nearly-700-umich-faculty-60-students-petition-for-smtd-professor-bright-sheng-to-be-reinstated/.

75　Andrew Koppelman, "Yes, This Is a Witch-Hunt: A University's Office for Access and Equity Launches a Full-Scale Persecution Campaign," *The Chronicle of Higher Education*, 17 November 2021. www.chronicle.com/article/yes-this-is-a-witch-hunt?cid2.

76　Brian Leiter, "Univ of Illinois-Chicago has gone crazy: the latest on the Kilborn case", leiterlawschool.typepad.com/leiter/2021/12/univ-of-illinois-chicago-has-gone-crazy-the-latest-on-the-kilborn-case.html 參見伊利諾大學律師信：leiterlawschool.typepad.com/files/21-12.16-from-alsterda.pdf.

77　www.thefire.org/lawsuit-professor-suspended-for-redacted-slurs-in-law-school-exam-sues-university-of-illinois-chicago/.

78　同注73。

79　〈毛澤東和尼克森對談紀錄〉（1972年2月21日），宋永毅等編：《中國文化大革命文庫》第3版（香港：香港中文大學中國研究大學服務中心，2013年）。

80　張旭東：〈施米特的挑戰——讀《議會民主制的危機》〉，香港：《開放時代》2005年第2期，頁127。關於中國新左派與施米特思想的關係，參見郭建：〈為了打擊共同的敵人——施米特及其左翼盟友〉，《二十一世紀》第94期（2006年4月），頁19-25。

81　Konrad Heiden, *Der Führer: Hitler's Rise to Power* (Houghton Miflin Company, 1944) 147. Joseph Goebbels, *The Goebbels Diaries 1942-1943*, ed. Louis Lochner (Doubleday, 1948) 355. 又見 Hannah Arendt, *The Origins of Totalitarianism* (Harcourt, Brace & World, 1966) 309.

82　Hannah Arendt, *The Origins of Totalitarianism* (Harcourt, 1966). Winston Churchill, "The Defence of Freedom and Peace" (broadcast speech, 16 October 1938).

83　Jennifer Martin, "The 50 Most Banned Books in America," *CBS News*, 10 November 2022. https://www.cbsnews.com/pictures/the-50-most-banned-books-in-america/.

84　Michiko Kakutani. "Light Out, Huck, They Still Want to Sivilize You," *New York Times*, 6 January 2011.

85　John Foley, "Time to Update Schools' Reading Lists," *Seattle Post-Intelligencer*, 5 January 2009. www.seattlepi.com/local/opinion/article/Guest-Colum nist-Time-to-update-schools-reading-1296681.php.

86　Emma Nolan, "J.K. Rowling Book Burning Videos Are Spreading like Wildfire Across TikTok," *Newsweek*, 16 September 2020. Keza MacDonald, "Pushing Buttons: 'We Can Survive Without It' —The Gamers Boycotting Hogwarts Legacy," *Guardian*, 8 February 2023.

金正恩的偶像化

齊維章、權準澤

在金氏家族三代人之後，朝鮮政權已經從獨裁政權轉變為王朝獨裁政權。關於這個政權的困惑之一是，儘管經濟上極端貧困、在國際外交中被孤立、擁有一個獨裁政府，其政權還是相當穩定的。儘管政治鎮壓和軍事控制有助於維持穩定，但這還遠遠不夠。與伊拉克、利比亞和敘利亞等其他具有類似特徵的國家相比，朝鮮是一個特殊的案例。原因是朝鮮政權不僅在兩位經驗豐富的統治者金日成（1912-1994）和金正日（1941-2011）的統治下維持了穩定，而且在年少且沒有太多理政經驗，又缺乏國內支持的金正恩（1982-）的領導下，朝鮮政權仍然保持穩定。

筆者認為，金正恩通過一系列精心策劃、循序漸進的有效宣傳活動，成功地鞏固了對政權的控制，這些宣傳活動是由他對於政治生存的考慮所驅動的。雖然有些宣傳方法是在他統治初期從他的前任那裡借鑑的，但有些是他最近發起的，以標誌著他的時代的開始。

本文的其餘部分將首先討論為什麼獨裁領導人會關心在民眾中的合法性，以及有利於有效宣傳的條件。然後，重點介紹和比較金日成、金正日和金正恩在宣傳方式上的異同，以及這些宣傳方式背後的政治邏輯。

一、政權合法性問題

因為獨裁社會缺乏自由、公平、定期和競爭性的選舉、法治和各種自由，所以獨裁者不關心人們的想法，這一論斷是不正確的。相反，宣傳在這些社會中通常比在更民主的社會中更為普遍的這一事實表明，正是因為專制領導人關心人們的想法，因此他們想要影響和控制它。

在各種民意的議題中，領導者最關心的是自己在民眾心目中的執政的合法性。事實上，每一種政治制度都試圖產生和維持其合法性。合法性可以被定義為「統治權」或「對一個政權（或一個人）的合法性的信念，即它有權發出命令，使命令得到遵守。人們遵守法令不僅僅是出於恐懼或自身利益，而是因為人們相信這些命令具有道德權威，而且他們相信他們應該遵守」。[1] 在民主國家中，領導人和政權的

合法性來自選舉。在威權社會，領導人也關心他們的合法性。畢竟，正如盧梭所說：「再強大的人也永遠不可能強大到足以在任何時候保持自己的統治，除非他把自己的力量變成權利，把服從變成責任。」[2]

二、如何獲得政權合法性的策略

統治者產生政治合法性的策略有兩種：一種是滿足民眾需求的策略，另一種是通過意識形態促進信仰體系。第一個戰略是以績效為基礎的，其定義包括國家安全、社會福利和司法職能，而不僅僅是經濟績效。正確有效地利用權力促進政治共同體的集體福祉，可以產生政權的合法性。統治者的不佳表現會鼓勵人們挑戰現任的領導權威。

基於績效的戰略是有風險的，因為績效受到國內外各種因素的影響。長期穩定的優良表現更難維持。表現不佳會減少領導人在支持者中可分配的利益，並削弱後者的支持。這種損害在一個擁有較小的獲勝聯盟（winning coalition）的政治體制中尤其嚴重，因為集中的損失（或利益）更有可能觸發行為者之間的集體行動（collective action），以採取行動並保護其利益。[3]

選擇理論（selectorate theory）從功利主義的角度解釋了領導者是如何獲得合法性的。它指出，領導人最關心的是保持自己的權力和政治地位，他們依靠其他政治角色來實現這些目標。領導者的政治生存策略取決於政治系統中的選民（selectorate）規模和獲勝聯盟。選民是一群有權選擇領導人的人，獲勝聯盟是選民的一個子群體，是領導人繼續掌權的必要條件。[4] 為了繼續掌權，領導人必須通過提供物質或政治利益來獲得獲勝聯盟的支持。

在選民和獲勝聯盟人數眾多的民主國家，領導人被激勵以公共產品的形式提供利益。相比之下，威權政權中的選民和獲勝聯盟通常是個小團體。領導者被激勵向獲勝聯盟提供專有利益（private goods），使他們依賴領導者來獲取利益。然而，當選民規模較小時，獲勝聯盟中的潛在異議者不容易被替代，這意味著他們的忠誠度得不到保證。當一位領導人質疑獲勝聯盟的支持或忠誠時，他或她需要找到另一種合法性來源。

以績效為基礎的合法性更多的是一個功利的和物質的問題。第二種策略依賴於一個統治意識形態和信仰體系。[5] 根據馬克斯·韋伯（Max Weber, 1864-1920）的觀點：「每一種權威體系的基礎，以及相應的每一種服從意願的基礎，都是一種信念。憑藉這種信念，行使權威的人可以獲得威望。」[6] 因此，統治者需要努力說服

民眾，並試圖在民眾中建立一種信仰體系。人們對政權的認同和忠誠是建立在這種信仰體系之上的。因此，這種信仰體系「是通過各種[政治]社會化（或洗腦）的工具傳播的，特別是那些政權可以直接控制的因素，如大眾媒體和教育系統」。[7]

　　領導者傾向於同時選擇以上兩種策略。但是相比之下，基於意識形態的戰略更容易被採用和維持，因而受到政治領導人的更多關注。

三、輿論宣傳和媒體作為獲取合法性的工具

　　領導者可以通過控制大眾媒體、政治資訊、資訊流、敘事手段和其他傳播形式（如教育）來影響和塑造公眾輿論。[8] 他們還可以利用愛國主義和民族主義來爭取支持，為他們的統治和行動辯護。

　　在獨裁政權中，統治者常常用輿論宣傳來操控群眾並最終維持權力。[9] 政權可以利用宣傳，通過扭曲或有選擇地提供資訊（審查制度）來塑造輿論，從而創造虛假的現實。它還可以用來操縱情緒和引發非理性的信仰和欲望，如恐懼、民族主義、對於領導人的個人崇拜，來獲得支持和忠誠。[10]

　　宣傳的一個重要方面是為領導塑造一個英雄的、正確的、不可或缺的、仁慈的、為人民謀利益的公眾形象。[11] 為了塑造這一形象，有時領導人可能會通過操縱歷史或文化符號、誇大或編造有關其成就的敘述、將政治對手或不同聲音誣衊為對國家的威脅或國家的敵人，圍繞其統治創造神話或傳說。當一個領導人能夠在社會中產生緊迫感和危機感或者能夠利用人民的挫折和不滿時，如果他／她能為人們的問題提供簡單而令人信服的解釋和明確的前進道路，這種策略能有效地為他／她贏得執政合法性。[12]

四、金日成和金正日統治下的合法性宣傳

（一）金日成的個人崇拜宣傳

　　金日成和金正日都採取過上述的宣傳策略。為了塑造一個完美的公眾形象，據朝鮮媒體稱，金日成在1926年為了反對日本帝國主義成立了朝鮮勞動黨（和其前身組織）。當時他僅十幾歲。後來他又單槍匹馬地打敗了日本侵略者，領導國家獲得獨立。而事實是，第一，儘管金日成確實參與了在滿洲與日本軍的戰鬥，但他並沒有參與解放朝鮮。金日成在東北當了一段時間游擊隊的野戰指揮官之後，就成了蘇聯軍隊朝鮮營的指揮官。第二，金日成原名金成柱。根據布賴恩・邁爾斯（Brian

Myers, 1985-）的說法，真正的金日成是一位傑出的游擊隊指揮官，金成柱是在金日成被殺後獲得了後者的身分。[13] 第三，勞動黨組織是在1945年南北朝鮮共產黨人一起成立朝鮮共產黨時才成立的。由於與蘇聯的緊密關係，當朝鮮勞動黨成立時，金日成被蘇聯任命為一個由游擊隊員、中蘇朝鮮僑民和韓國共產黨人組成的政治聯盟的領導人。由於金日成的大部分青春都在中國度過並接受中文教育，蘇聯不僅要指導他閱讀韓文演講，還要「從零開始建立（金日成領導層）」。這包括通過宣傳讓朝鮮民眾相信，這個留著中國式髮型的年輕人就是他們聽說的「金日成將軍」。

「八月派系事件」發生後，一群黨內高層發動政變反對金日成，但沒有成功。金日成清洗了每一個可疑的官員，鞏固了權力，並建立了社會中和黨內的個人崇拜。在他的統治下，朝鮮媒體授予他諸如「太陽」、「偉大的主席」、「天國領袖」、「首領」等頭銜。「首領」是金正日被任命負責宣傳事務後為他父親創造的頭銜。1994年金正日去世後，朝鮮媒體授予他「永遠的領袖」和「永遠的主席」等頭銜。

金日成個人崇拜要求：（1）對金日成本人的忠誠和臣服；（2）在朝鮮，保護他的威望是最高優先事項。例如，金日成的巨大青銅雕像和馬賽克壁畫遍布全國。在他死後，每個城鎮和學校都建造了紀念他的永生塔。他的肖像（又稱為太陽像）幾乎可以在每棟建築中看到，包括家庭中。金日成的生日（太陽節）是朝鮮最重要的國定假日之一。1997年，朝鮮還將公曆改為主體曆，金日成的出生年份作為元年（2023年是朝鮮主體112年）。在學校裡，孩子們被教導，他們的衣食都是金日成的恩典。[14]

（二）金日成時期的政績與意識形態合法性宣傳

金日成上臺後，除了他自己塑造的超人形象外，他還利用了人民對經濟增長和民族主義的需求來獲得政治合法性。在金日成被蘇聯任命為朝鮮的新領導人之際，他向朝鮮人民承諾要給他們一個「吃米飯和肉湯，穿絲綢衣服，住瓦屋」的未來。[15]

顯然，這一承諾在他的統治期間從未實現。但是金日成借用民族主義意識形態來維護自己的合法性。[16] 自朝鮮勞動黨成立以來，金日成對黨內不同的政治派別持謹慎態度。這種戒心在朝鮮戰爭後更加嚴重，因為親中國派，也就是所謂的「延安派」，由於中國對戰爭的干預而獲得了巨大的影響力，而「延安派」成員大都是高級軍官。這使金日成感覺到了其政治影響力的衰退。

於是，金日成在1955年宣布了主體思想。這成為此後朝鮮的官方意識形態。主

體思想強調自力更生、政治獨立，不受外來干涉。這一思想由三個基本原則組成：自主、自立和自衛。它所強調的「必須把自己的國家利益和特點放在首位」[17] 顯示出強烈的民族主義特質。

主體思想的一個政治功能是削弱甚至消除外國（即中國）在朝鮮勞動黨內的影響。另一個功能是在民眾中宣傳民族主義。畢竟，朝鮮的歷史是一部被外國欺壓的歷史。所以，早期朝鮮共產黨人的目標之一就是將朝鮮從外國勢力中解放出來。不幸的是，第二次世界大戰後，由於外國干涉，朝鮮不僅沒有獲得解放而且還被一分為二。因此，在朝鮮人中有著強烈的民族主義情緒。

金日成的民族主義論調有幾個組成部分。首先，金日成政權推行高度種族化的意識形態。它高度重視傳統儒家的孝道和「三綱五常」以及朝鮮族人的純潔性和獨特性。金日成將朝鮮人描繪成一個不斷受到外敵威脅的善良的、無辜的民族。這種基於民族優越感的宣傳幫助金日成鞏固其個人在國內政治中的合法性。

第二，金日成把自己和他的政權描繪成保護朝鮮人民免受外國壓迫的唯一救世主。需要指出的是，朝鮮政權從來沒有使用「國家安全」這一詞彙來解釋其合法性。相反，它使用諸如「捍衛主權」「領土完整」或「國家根本利益」等詞彙來指代其安全職能。因此，朝鮮人民將金日成及其政權視為能將美國趕出朝鮮半島、將兄弟姐妹從美國和其韓國傀儡政權手中解放出來的正義力量。

此外，金日成政權出於宣傳目的歪曲事實。例如，根據朝鮮官方的說法：（1）朝鮮戰爭是由美國入侵發動的；所以，朝鮮打的是一場防禦戰。（2）朝鮮仍然受到美國的軍事威脅；因此，為了生存，人民必須團結在政權之下。

（三）金正日的個人崇拜宣傳

作為接班人，金正日很早就開始樹立自己的形象。與有戰爭經驗的金日成不同，金正日（在他父親的支持下）依靠的是一個神話般的執政基礎。例如，據稱金正日出生於長白山（又稱白頭山，朝鮮民間傳說中的一個神聖的地方）。他的出生使得氣候從冬天變為春天，同時又有星星照亮了天空，出現了一道彩虹。[18] 又據朝鮮媒體報導，金正日三週大時就學會了走路，在大學期間，他在三年內寫了一千五百本書和六部歌劇。[19] 這些「故事」被納入朝鮮課本作為必修科目。

1973年，三十二歲的金正日被任命為勞動黨組織指導部部長。組織指導部是負責執行「首領」（即金日成）指令和教導的勞動黨機關首領。他創造了「首領」一詞，並建立了「首領」體系來服務於他父親的宣傳。由於金正日對電影的熱愛，他熱衷於利用電影進行宣傳。在他的指導下，不僅製作了許多宣傳片，而且他還寫了

一本名為《電影藝術》的書，其中討論了如何利用電影作為工具來「教育」民眾。除了宣傳工作，他還跟著父親，在每一個拍照的機會都站在他身邊。

應該指出的是，當金日成還活著的時候，金正日的合法性依賴於金日成的合法性。例如，儘管金正日被提升為「黨的中心」，但在媒體上卻必須讓他父親以「偉大的首領和黨的中心」的形式出現。當他被指定為金日成的「唯一繼承人」時，官方的理由僅僅是他是金日成的忠實僕人，和他繼承了偉大領袖的所有美德。

1994年金日成去世後，金正日開始追求自己的個人崇拜。造成這種變化的一個原因是，朝鮮的外部經濟和安全環境在1990年代初發生了巨大變化。一個最主要的變化是蘇聯的解體（蘇聯是朝鮮經濟和安全的主要來源）。另一個變化是美國在海灣戰爭中的勝利。這兩起事件加劇了金正日對政權生存的擔憂。第三個原因是，在依賴金日成幾十年並專注於維護個人崇拜之後，金正日在朝鮮沒有自己的崇拜或神性地位。例如，金日成被稱為「偉大領袖」，但金正日只能被稱為「親愛的領袖」或僅僅是「領袖」。

於是，金正日將宣傳機器的焦點從金日成轉移到他本人身上。例如，在金日成還在世時，金正日禁止官方建造自己的銅像，也不鼓勵在他父親在世時懸掛他的肖像。但在金日成去世兩年後，全國各地都被命令修建金正日銅像，所有學校都必須有一間專門用於教學和研究金正日的教室。教科書中有關金正日的內容也增加到與金日成相同的程度。朝鮮媒體把他描繪成一個仁慈的、關心人民的領導人，並不知疲倦地試圖改善他們的生活。

（四）金正日執政時期的政績與意識形態合法性

儘管有幾十年的執政經驗，金正日根本上只是金日成手下的高層領導人之一。所以金日成之死造成了朝鮮勞動黨內的權力真空，而且金日成的獲勝聯盟成員也看到了在朝鮮獲得更多影響力的機會。此外，由蘇聯解體引發的經濟衰退加上全國饑荒（朝鮮官方稱其為「苦難行軍」）進一步動搖了黨內官員對金正日的忠誠。鑑於僅靠老式的宣傳不足以確保金正日的權力，而且他的政權在經濟上表現慘淡，他知道他必須找到其他合法性來源。

金正日答案是他的「先軍」政策。「先軍」顧名思義，就是軍事和安全事務優先。這一政策幫助金正日鞏固了自己的控制權。在金日成執政期間，他依靠勞動黨進行政治控制。因此，他的獲勝聯盟主要由政黨官員組成。金正日的先軍政策將軍隊權力擴大到幾乎所有政府職能，包括但不限於經濟發展、社區治理和公共衛生。他還顯著提高了軍隊的物質待遇和社會和政治利益。通過加強軍隊的影響力，金正

日削弱了勞動黨在執政中的力量，並與軍方形成了新的聯盟，任命軍方將領取代原有獲勝聯盟中的勞動黨官員。此外，金正日利用軍隊作為準凱恩斯主義的經濟干預手段（例如使用軍隊派發糧食、建造基礎設施、提供即時便利醫療服務等等），減輕了一些地區，尤其是居住在平壤的城市人口，的經濟壓力。

　　儘管朝鮮國內政治力量平衡發生了重大轉變，但先軍原則被宣傳為是主體思想的發展和延伸。這是金正日對日益惡化的國際安全環境的回應。在安全政策方面，先軍體系下的主要政策變化之一就是恢復朝鮮的核計畫。[20] 成功的核試驗也增強了金正日政權在民族主義層面的合法性。首先，儘管受到國際制裁，但朝鮮的成功的核計畫和核試驗被宣傳為一個小國對帝國主義列強的抵抗。這個符合自主和自衛的主體原則。此外，獲得核武器技術本身使朝鮮人感到自豪，因為它讓朝鮮成為少數幾個可以加入「核俱樂部」的小國之一。這同時加強了朝鮮政府對於朝鮮人是一個優越種族的民族主義宣傳。

五、金正恩的個人崇拜宣傳

　　2011年金正日去世後，金正恩接任了大位。與他父親接任時相比，金正恩接任時所面臨的形勢大不相同。金正恩是金正日的第三個兒子，他童年的大部分時間都在瑞士度過。鑑於金正恩在金氏家族中的地位和金正日為他設計的成長路線，有理由懷疑金正恩從沒有被當成接班人訓練。相比之下，金正日的長子金正男雖然也在瑞士學習過，但在十七歲時（1988年）被召回朝鮮，為擔任未來的領導人做準備。不幸的是，2001年，金正男在日本因使用假護照被捕，原因是他想帶家人去迪士尼樂園。這一醜聞令金正日非常難堪，以至於他取消了金正男的繼承人資格。至於金正日的二兒子，據說金正日沒有考慮他做接班人原因是他看起來太「女性化」了。

　　金正恩出人意料地被選中繼承領導人時，他已二十多歲，沒有任何執政經驗，在朝鮮的時間也不長。所以，在朝鮮很少有人知道他是誰，也不知道他長什麼樣。他的合法性的唯一來源就是他是被金正日欽點的繼承人。因此，在金正日死後，金正恩面臨著一項艱鉅的任務，即建立個人崇拜，建立自己的獲勝聯盟，並在人民中建立合法性。然而，由於金正恩特殊的經歷，他採取的策略也與其前任稍有不同。

（一）建立個人崇拜

　　2009年，當金正恩首次在媒體上被介紹給公眾時，他被稱作為一個「傑出的同志」。人們還被政府教唱讚美金正恩的歌曲。之後，金正日開始了對金正恩的「火

箭提拔」。2010年9月28日，金正恩被「提拔」為大將（相當於上將級別）。儘管金正恩從未在軍隊服役，也沒有任何軍事經驗。媒體對其稱呼變為「少將」。一天後，他被任命為勞動黨黨中央委員會副主席。兩週後，金正恩陪同金正日出席了勞動黨成立六十五週年的慶祝活動，空前數量的國際媒體被邀請參加這次活動見證金正日的新繼任者。

在金正日的葬禮過後，朝鮮最高人民代表大會主席團主席宣布：「尊敬的金正恩同志是我們黨、軍隊和國家的最高領導人，他繼承了偉大的金正日同志的思想、領導、品格、美德和勇氣。」[21] 在媒體上，他被譽為「主體革命事業的偉大接班人」、「黨、軍、民的傑出領袖」、「與金正日最高統帥一模一樣的受人尊敬的同志」、「天生一世的偉人」。

在政治上，2011年12月，金正恩當選為朝鮮最高軍事指揮官，並擔任中央軍事委員會主席。他的頭銜也改為「尊敬的將軍」。需要注意的是，金正恩的迅速掌權（至少在頭銜上）並不一定反映出他在黨內的政治實力。相反，金正日在世時，如果金正恩得到了黨內官員表面上的尊重，這種尊重在金正日去世後很快就會消失，因為金正恩年輕而缺乏經驗。例如，在2012年3月的勞動黨第四次會議上，金正日被宣布為勞動黨的「永遠的總書記」，而金正恩被任命為「第一任總書記」。這是一個專門為金正恩創造的頭銜，意味著他還沒有達到金正日的級別。在會前，金正日也宣布「向全社會灌輸金正日主義是我們黨的最高綱領」。這意味著當時金正恩在政治上還沒有足夠的影響力，需要依賴其父親留下的政治遺產。

當然，之後我們將看到他是如何克服這個弱點的。但在當時，金正恩面臨的政治挑戰之一來自高級軍事將領。就像金正日受到金日成領導下的黨內高級領導人的威脅一樣，金正恩也把他父親手下的軍事將領視為潛在威脅。所以他需要一個新的獲勝聯盟。在這過渡過程中發揮了重要作用的一個人是張成澤，他是金正日的妹夫和金正恩的導師。作為金家的一員，張成澤是金正日政權中權力僅次於金正日的第二號人物，負責黨務和經濟發展。他幫助了金正恩遏制軍方的勢力，並選擇核部隊和勞動黨作為他新的獲勝聯盟。2012年7月，金正恩被提升為元帥，朝鮮軍隊的最高現役軍銜（金日成和金正日的軍銜為大元帥）。而後他解除了當時的總參謀長的職務，表明了他完成對軍隊的控制。

張成澤對金正恩的幫助並非無私的，他是為了追求自己的政治利益。他得到的一個利益是勞動黨在朝鮮政治中的影響力被提高；另一個利益是，由於他與中國的關係，張成澤在黨內的個人影響力也得到提高。自「苦難行軍」以後，金正日積極改善與中國的關係。到金正日時代結束時，中國已經成為朝鮮的主要、甚至是唯一

的經濟和政治命脈。這一變化使在金日成時代沉寂了幾十年的朝鮮親中國派系復活。張成澤負責對華經濟合作多年，自然成為親中派的領袖。考慮到中國的實力和張成澤本人在朝鮮的影響力以及其作為金氏家族一員的身分，金正恩開始質疑他的忠誠，並最終逮捕並處決了他和他的追隨者，原因是他們組成一個反對金正恩的政治派系。金正恩除掉朝鮮第二號人物等於向所有人發出了一個明確的信號：金正恩才是真正的統治者。在此後不久，金正恩就把朝鮮最高人民代表大會中55%的成員替換為自己的心腹。

第三個政治挑戰來自金正男，金正恩的同父異母的哥哥和前繼承人。在被剝奪繼任者頭銜後，金正男大部分時間都在中國度過。然而，金正恩仍對金正男這一潛在的合法挑戰者感到擔憂。尤其是當朝鮮核計畫取得重大進展導致朝中關係惡化後，他害怕中國在失去張成澤後會用金正男來替代他。儘管金正男多次表示對領導層不感興趣，但金正恩仍下令多次暗殺，並於2017年在馬來西亞將金正男成功暗殺。

隨著最後一個政治競爭者的死去，金正恩完成了個人崇拜的準備工作，並開始了政治統治的新階段。2021年，金正恩被選為勞動黨總書記。他也第一次在報紙上被稱為「總書記」和「首領」（這些頭銜以前只被用來稱呼金日成，金日成死後才擁有這些頭銜）。

（二）黨就是家

需要指出的是，金正恩並沒有簡單地回到金日成個人崇拜的模式。在目睹和經歷了各種背叛之後，金正恩將家庭成員植入勞動黨內高層，並依靠他們來控制黨和政府。一個很好的例子是金正恩同父異母的妹妹金與正。相比於金正恩與其兩個兄弟的關係，金正恩曾和金與正一起在瑞士留學，所以對她特別信任。

在金正恩準備接班時，金與正被任命為勞動黨的一名初級幹部（很可能在他父親手下擔任私人祕書）。金正恩上臺後，她先在國防委員會協助金正恩，而後並被迅速提拔為勞動黨黨中央「高級官員」和宣傳鼓動部第一副部長。在宣傳鼓動部，她負責偶像化宣傳金正恩。以下所述的宣傳策略據報導正是由金與正設計的。

六、「現代」領導者的宣傳

在宣傳方面，金正恩遵循了前任的劇本。在媒體上，金正恩被描述為一個天賦異稟的孩子，擅長航海和音樂，三歲時就學會了駕駛汽車。金正日去世後，全國各地張貼了許多標語和海報。據報導，其中一個標語有五百六十米長，上面寫著：

「金正恩將軍萬歲，燦爛的太陽！」[22] 金正恩的個人雕像和馬賽克壁畫在金正男被殺後也被迅速建立起來了。[23]

　　為了進一步提高人民對他的認可程度，金正恩試圖從他祖父那裡獲得合法性。他改變了自己髮型和外貌，通過模仿金日成來提醒人們他和金日成的關係並利用人們懷念金日成時代的情感來獲得支持。

　　除了老式的宣傳手段外，金正恩還試圖為自己塑造一個新的形象，一個「現代」領導人，一個更平易近人、更友好的「人民首領」的形象。他把他的年輕化為優勢。例如，金日成認為，為了維護權威，領導人不能讓公眾看到他們的私生活。[24] 同樣，金正日也避免在公共場合講話。他從不發表電視講話。[25] 相比之下，金正恩會與所有人擁抱和牽手，與家人一起公開露面。他也能自在地發表公開講話和電視講話。[26] 儘管金正恩像他的前任一樣繼續「現場指導」，他也做了很多的「常規」的活動，比如拔草和坐雲霄飛車。他還被描繪為擅長於科學技術。

　　此外，金正恩試圖建立一個更加透明和負責的政權形象。例如，他有一次公開承認發射衛星失敗。這是朝鮮領導人第一次這樣做。2014年平壤一棟公寓樓倒塌後，媒體也罕見地被允許發布詳細的傷亡資訊，並發表了金正恩的「深切慰問和道歉」。[27] 在2021年黨的第八次代表大會上，他也承認他的經濟政策失敗了。[28]

七、基於績效的合法性

　　與他的宣傳策略類似，金正恩借鑑了金日成的策略。2013年3月，金正恩宣布了「並進政策」。這一政策由金日成首先提出，該政策提出要同時發展常規軍事和經濟。與金日成的朝鮮不同，金正恩從他父親那裡繼承了一個擁有核能力的朝鮮。雖然他的「並進政策」同樣提出要發展軍事和經濟，但是他側重於發展核武能力。

　　核武能力一方面使得金正恩可以繼續通過核武民族主義來獲得人民支持。另一方面，核武器發展允許金正恩去更多地關注經濟。他說：「過去，只要我們有子彈，沒有食物也行。但是現在，我們必須有食物，但不一定非要有子彈。」[29] 2012年，在金日成總統誕辰一百週年之際，他宣布「我絕不讓人民再勒緊褲帶」，並在次年的新年致詞中強調「建設經濟強國是建設社會主義強國事業的重中之重」。他也重申了金日成給人民一個「白米肉湯」的未來的承諾。2016年5月，他將國防委員會更名為國務委員會，標誌著金正恩政府重點從軍事發展轉向社會發展。在其他治理領域，金正恩採用更多的問責機制。例如，朝鮮在2020年遭受颱風襲擊後，他更換了地方官員，並承諾懲罰那些未能保護居民免受災害的人。

　　不幸的是，由於國際和國內的各種原因，金正恩的經濟政策未能產生預期的成果。2022年，朝鮮政府在紀錄片《2021年，偉大的勝利之年》中說，金正恩在2021年中因為為人民「受苦」，完成了迄今尚未公開的任務，應對朝鮮面臨的「挑戰」和「有史以來最嚴重的困難」。結果，他的身體「完全枯萎」。[30]

八、基於意識形態的合法性

　　由於經濟崩潰，黑市和走私等非正規經濟活動在朝鮮再次興起。政府開始失去對國內經濟活動的控制，因此促使金正恩加強意識形態控制。於是，金正恩主義誕生了。

　　金正恩主義的出現是不可避免的。作為一個首領，金正恩需要有自己的思想體系。一方面，金正恩主義被認為是建立在主體思想的基礎上。另一方面，「主體」一詞在金正恩的演講中已經逐漸消失。金正恩主義強調「以人為本」和「國家第一」的原則。前者著眼於經濟發展，後者強調加強政府對社會的控制。2021年是金正恩執政十週年，也是金正日誕辰八十週年和金日成誕辰一百一十週年。慶祝活動的計畫提前一年就開始。《勞動新聞》（朝鮮勞動黨黨報）將金正恩及其革命思想描述為「真正的忠誠者，將革命思想變成信仰和憲法」，「一部完美解答所有理論和實踐問題的偉大百科全書」。紀念活動也在全國開展，包括朝鮮革命博物館開放金正恩檔案館、發行慶祝郵票，和在各地舉行關於金正恩主義的講座。

　　與此同時，由於媒體技術的進步，許多外國媒體內容（主要來自韓國，一些來自美國）被走私到朝鮮，並在朝鮮中產階級和菁英中傳播。朝鮮人多年來一直被教導他們是世界上最幸福和最好的國家之一。但是，當他們通過外國媒體看到真正的現實時，這會破壞金氏政權的績效合法性。於是，金正恩首先將觀看外國媒體定為比金正日時代更嚴重的罪行。[31] 第二，他把宣傳論調的重點放在關注資本主義社會的黑暗面上面。引導輿論批評韓國文化不純潔和資本主義社會的道德敗壞。

九、總結

　　金氏政權已經從一個獨裁政府轉變為一個王朝式的獨裁政府。本文回顧了三個政權的宣傳歷史和手法，並展示了金氏家族的政治算計是如何影響其國內宣傳策略的。金日成依靠他的戰爭英雄形象和蘇聯的支持獲得執政合法性。為了加固自己的控制權，他創立了主體思想並在金正日的幫助下的建立了「首領」統治體系。金正

日時代朝鮮失去了蘇聯的支持，而且面臨著危險的國際環境和日益惡化的國內經濟環境。而且金正日不像當時的許多黨內高級領導人那樣有革命戰爭經歷。他唯一的合法性就是他是金日成的好兒子。因此，為了政治生存，他為他的政權合法性創造出神話故事，並與軍方結成政治聯盟。

金正恩經歷與其父輩不同。他出人意料地成為接班人，他毫無準備，沒有經驗，也不為人所熟知。他的政治弱點吸引了許多挑戰者。面對朝不保夕的環境，他在後來背叛他的姑丈的幫助下重建了一個對他有利的政治體系。他一方面模仿金日成的樣子，進行傳統的宣傳活動，贏得民眾的好評。另一方面，他和他的妹妹創造出一個新的、親民的形象來贏得大眾的支持。他放棄了一個嚴肅、完美、神聖的朝鮮領導人的傳統形象。相反，他揭開了父輩們為統治而設計的神祕面紗。他把自己描繪成一個友好、平易近人的領導者，同時也是一個丈夫和父親。

儘管如此，「人民領袖」的角色可能只是金正恩為達到政治目的披上的外表。比如，儘管金正恩和他九歲的女兒多次在公開場合露面，包括參加導彈試射，但據信他其實有三個孩子，而且另外兩個很可能是男孩。如果這是真的，那麼金正恩和他的前任其實並沒有太大的不同。他的女兒只是他用來塑造公眾形象的一個工具。真正的未來接班人卻對所有人保密，包括大多數的黨和國家領導人。

相同地，儘管金正恩表現得似乎比過去的政府更加透明，並且將經濟發展列為優先事項和在公共政策中引入了更多的問責機制，但這並不意味著人們可以真正參與到決策中或者評論政府決策。事實上，在金正恩經濟政策失敗後，他加強了意識形態控制，繼續監禁持不同政見者，並且逐漸把黨和政府變成家族事業。這樣看來，金正恩的「主義」和其看似「進步」言詞似乎只是空談了。

注釋

1　Rodney S. Barker, *Political Legitimacy and the State* (Oxford; New York: Clarendon Press; Oxford University Press, 1990), p. 11.

2　Muthiah Alagappa, Ed. *Political Legitimacy in Southeast Asia: The Quest for Moral Authority* (Stanford University Press, 1995), p.1

3　Mancur Olson, *The Logic of Collective Action: Public goods and the theory of groups* (Harvard University Press, 1965).

4　Bruce Bueno de Mesquita, Alastair Smith, Randolph M Siverson, and James D Morrow, *The Logic of Political Survival* (Cambridge, MA: MIT Press, 2003).

5　Han S. Park, *Human Needs and Political Development: A Dissent to Utopian Solutions* (Cambridge: Schenkman Publishing Company, 1984).

6　Stanford Encyclopedia of Philosophy, "Political Legitimacy," April 24, 2017, https://plato.stanford.edu/entries/legitimacy/#:~:text=According%20to%20Weber%2C%20that%20a,virtue%20of%20which%20persons%20exercising.

7　Park, *Human Needs and Political Development*, p.70.

8　C. Wright Mills, *The Power Elite* (Oxford University Press, 1956).

9　Jacques Ellul, *Propaganda: The Formation of Men's Attitudes* (Vintage Books, 1973).

10　Edward Herman & Noam Chomsky, *Manufacturing Consent: The Political Economy of the Mass Media* (Pantheon Books, 1988).

11　Bruce Bueno de Mesquita, *The Dictator's Handbook: Why Bad Behavior is Almost Always Good Politics* (Public Affairs, 2011).

12　Eric Hoffer, *The True Believer: Thoughts on the Nature of Mass Movements* (Harper & Brothers, 1951).

13　Jasper Becker, *Rogue Regime: Kim Jong Il and the Looming Threat of North Korea* (Oxford University Press, 2006), p. 44.

14　KBS World Radio, "Kim Il-sung (1912-1994)," web.archive.org/web/20130319020430/http://world.kbs.co.kr/english/event/nkorea_nuclear/general_04a.htm.

15　Andrei Lankov, *The Real North Korea: Life and Politics in the Failed Stalinist Utopia* (Oxford University Press, 2013), chapter 1.

16　B.R. Myers, *The Cleanest Race: How North Koreans See Themselves and Why It Matters* (Melville House, 2010).

17　Andrei Lankov, *Real North Korea.*

18　Jasper Becker, *Rogue Regime,* p. 91.

19　Global Post, "Kim Jong Il: 10 weird facts, propaganda," *CBS News*, 19 December 2011, www.cbsnews.com/media/kim-jong-il-10-weird-facts-propaganda/.

20　朝鮮的核計畫始於20世紀50年代，但在蘇聯的壓力下停止了。

21　"Kim Jong Un Named N. Korea 'Supreme Leader'," CBN.com. December 29, 2011,https://web.archive.org/web/20140309031235/http://www.cbn.com/cbnnews/world/2011/December/Kim-Jong-Un-Named-NKorea-Supreme-Leader-/.

22　Staff, "Half-kilometre long Kim Jong-un propaganda message," national post.com/news/half-kilometre-long-kim-jong-un-propaganda-message-visible-from-space e visible from space," *National Post*, 23 November 2012. nationalpost.com/news/half-kilometre-long-kim-jong-un-propaganda-message-visible-from-space.

23　Hamish Mcdonald, "North Korea to erect first major monument to Kim Jong Un," *NK News*, 12 January 2017. www.nknews.org/2017/01/north-korea-to-erect-first-major-monument-to-kim-jong-un/.

24　"KIM IL SUNG", Archive.today. archive.ph/20140828045348/ http:/ndfsk.dyndns.org/kuguk8/rem/rem-1.htm.

25　Jethro Mullen and Tim Schwarz, "In first New Year speech, North Korea's Kim Jong Un calls for economic revamp," *CNN*, 2 January 2013. www.cnn.com/2013/01/01/world/asia/north-korea-kim-speech/index.html.

26　Jung H. Park, "The education of Kim Jong-un," *Brookings Institute*, www.brookings.edu/essay/the-education-of-kim-jong-un/.

27　同上。

28　Mitch Shin, "North Korea Party Congress Begins with Kim Jong Un's Confession of Failure on the Economy," *The Diplomat*, 7 January 2021. thediplomat.com/2021/01/north-korea-party-congress-begins-with-kim-jong-uns-confession-of-failure-on-the-economy/

29　"Kim Jong-Un Adopts Grandfather's Old Slogan," *Chosun Ilbo*, 7 December 2010. http://english.chosun.com/site/data/html_dir/2010/12/07/2010120700297.html

30　Colin Zwirko, "Kim Jong Un's body 'withered' as he 'suffered' for the people, state TV says,"*NK News,* 1 February 2022. www.nknews.org/2022/02/kim-jong-un-completely-withered-as-he-suffered-for-the-people-state-tv-says/

31　Joe McDonald, "China Trade with North Korea Up but Imports Off," *Associated Press*, 6 July 2017, www.apnews.com/0e6c59c30aaf483bba441d9bdbe4757b/China-trade-with-North-Korea-up-but-imports-off.

法西斯主義新人與共產主義新人：
探討思想改造的新視角

程映虹

共產黨革命在實踐中的最終目的是改造人性、塑造共產主義「新人」。[1]

這個問題在馬克思和恩格斯那裡並沒有充分的論述或者強調，但卻成為從列寧尤其是蘇俄共產主義領導人開始經由毛澤東、卡斯楚（Fidel Alejandro Castro Ruz, 1926-2016-）等為代表的在落後國家發動共產革命、建立共產黨國的重要意識形態口號和社會政策甚至制度目標。之所以有這種差別，是因為前者只是從理論上推演共產主義作為人類社會發展之終極階段的必然性，雖然他們聲稱這個革命必須和一切舊傳統和觀念澈底決裂，在明確要對社會進行全盤改造的同時暗含對人實行改造的推論，但他們畢竟還沒有面對這樣的現實。而作為共產黨革命的實踐者，後者充分意識到其「革命」在社會和個人層面遭遇的阻力和反抗，於是改造人性、塑造新人不但在理論上，而且在現實中就變得突出了。

所謂塑造新人，其理論根據是用所謂「澈底的」唯物主義來看待人性，把人視為具有可塑性的原材料，經過制度性的外在的強制和引導，使之最終成為符合體制要求的、具有生命的政治產品。

中國式的思想改造可以說是毛主義革命的特色，雖然它的實質和某些形式在史達林主義體制下也已經產生，但作為一個完整的概念和系統性的實踐則是毛主義革命的特色，是塑造毛式新人的必要手段和必經途徑。這個概念也出現於受毛主義模式影響的其他共產黨革命，例如越南和柬埔寨革命。它既用於經過了「舊社會」的社會成員，也用於出生並成長於「新社會」的一代；既用於黨外的社會成員，也用於黨員和黨的幹部，因為根據毛主義理論，黨外的各種思想和觀點會反映到黨內，所以黨員必須不斷自我改造，黨必須不斷自我革新。

思想改造和塑造新人二者的關係是前者服務於後者。前者是手段，而後者是整個體制最終的政治目標。思想改造的形式和手段是多種多樣的，既有思想層面的，也有行動層面的，既有以個人為對象的，也有以集體（階級、階層等等）為對象的。廣義來說，毛式體制下所有的政治組織、學習形式和政治運動都包含從思想改

造入手達到改造人性、塑造新人的目的。

　　對於共產黨體制下的思想改造和塑造新人，學術界已經有很多討論，既有以國別為基礎的，也有跨國界的比較研究，在相關問題上也有比較一致的認識。但是作為20世紀上半期全球範圍內突出的政治現象，共產黨革命通過改造思想去重塑人性，從而塑造共產主義新人這段歷史，其實還有一個重要方面有待認識，這就是與它在時間上幾乎重合的法西斯主義和納粹主義運動也有改造人性、塑造法西斯／納粹主義「新人」的理論和實踐。對後者的一定了解有助於用全球史的背景加深我們對前者的認識。探討這個問題涉及兩個關鍵詞，一是「思想改造」，二是「塑造新人」。雖然「思想改造」一詞在法西斯主義和納粹主義運動中沒有完全對應的正式的用法，但在其領袖人物的言論中可以說表達得非常充分，其實質都是用政治權力改造人性，其目標都是消除「資產階級」意識形態和「小資產階級思想」對個人的影響。而它們的很多手段，尤其是利用各種組織形式和通過運動的方式改造人的思想，和共產黨革命是如出一轍的。而「塑造新人」這個說法不但公開見之於法西斯主義義大利和納粹德國的意識形態話語中，而且一些西方學者對該概念在兩國政治實踐中的具體表現已經有過相當的研究。

　　第一次世界大戰後崛起於義大利的法西斯主義和德國的納粹主義，是歐洲極右翼民族主義勢力奪取國家政權並稱霸世界的政治運動和國家實踐。它們和共產黨革命分別從右翼和左翼兩個方面挑戰從啟蒙運動以來在西方國家確立的自由、民主、人權的觀念和憲政體制，是兩次世界大戰之間歐洲政治中兩個互相呼應、相互啟發的、被精心操控的大眾政治運動。對共產黨國家的思想改造和塑造新人有一定了解的人，如果從探討這些問題的全球史背景出發，則不難看出這兩個運動在體制與個人關係上的相似：法西斯主義要建立的新義大利、納粹要建立的新德國，和布爾什維克要建立的新俄羅斯以及中共要建立的新中國都提出塑造各自新人類的口號，都為此做過大規模社會實驗。兩個反民主的政治運動都自認為在「新時代」（「民族／種族生死存亡的時代」和「社會主義革命和勝利的時代」）裡彼此都面臨建立「新國家」（帝國的復興／種族國家和「無產階級國家」）和塑造「新人類」（共產主義和法西斯／納粹主義新人）的任務。

　　如果說共產黨革命的塑造新人是用共產主義意識形態改造人性，首先確立馬克思主義世界觀，強調用階級觀點分析問題；那麼，法西斯主義和納粹主義的塑造新人則強調確立民族主義和種族主義的世界觀，用民族和種族的觀點來分析人類社會。正如西方學者所言：「新人」是20世紀極權主義國家一個集體性的存在，這個集體性的存在，於蘇聯而言，是無階級的共產主義社會；於德國而言，則是種族共

同體。[2]

　　除了這個意識形態的差別，二者在其他重要方面都非常類似。首先，它們在對人性的認識上共享一個哲學基礎：都把人性視為可塑的物質材料，用在體制下培養的「自覺性」取代人的「自發性」，把其發動的政治運動和所控制的國家政權視為重塑人性的工具，並把這種重塑比附於藝術家在原材料的基礎上的創造。其次，它們都批判所謂「資產階級」和「小資產階級」的人性表現（例如軟弱、同情、憐憫、多愁善感、優柔寡斷等等），要用類似於思想改造的方法和手段將其從人心中徹底排除，否定這些情感所反映的普世人性，用所謂的「種族」、「民族」和「國家」這些宏大的抽象概念和與此相關聯的堅定果斷、殘酷無情這些為民族和種族的生存所必需的品質取而代之。這和共產主義新人出於「階級利益」對所謂階級敵人必須仇恨到「如嚴冬一樣殘酷無情」如出一轍。培養對階級和種族「異己」的仇恨教育是這兩種極權體制共有的現象。再次，它們都通過各種組織和儀式控制個人生活，樹立和推廣新人的模範，其極致是生活軍事化，崇拜戰爭英雄，培養以服從和犧牲為美德的倫理道德觀念，灌輸法西斯美學和黨文化理念。

　　西方研究法西斯主義和納粹主義的學者認為，有關新人的神話是法西斯主義運動和體制的關鍵因素。墨索里尼早在1917年，即他奪取政權之前五年就說過：「義大利人民是寶貴的礦藏和原材料。我們必須塑造它，溶化它，加工它。這是可以實現的藝術家的工作。」塑造他們的過程「既要有藝術家的敏感和細膩，也要有武士的力量和頑強」。[3] 1924年5月，他上臺後兩年在一次採訪中又聲稱：法西斯主義代表了義大利歷史上塑造「新義大利人」的最偉大的努力，這個人類學意義上的實驗既是手段也是目的。[4] 在另外一個場合他還說，法西斯主義要把「整個國家變成一個巨大的學校，通過改變他們的習慣、生活方式、心態、個性，最後是構成他們體質的要素，把全體義大利人培養成完整的法西斯主義者，新人類」。[5] 墨索里尼認為出生和成長於「舊社會」的義大利人在法西斯制度的「新社會」裡首先需要經過一個思想上的改宗或者皈依（conversion，即「脫胎換骨」）的過程，接受法西斯主義的世界觀和人生觀，而出生於「新社會」的義大利人則從一開始就置於體制的系統性的思想灌輸和人格培育之下，更應該成為他所設計的「新人」。[6] 法西斯黨中央委員會書記斯塔雷斯（Achille Starace, 1889-1945）1939年卸任時對繼任者強調：黨「始終注重塑造新人的任務，黨必須為實現這個目標而全力以赴」。[7] 戈培爾也說：「從事改造現代德國的政治，我們感到自己就像經過授權的藝術家，肩負將德國大眾作為原材料塑造成完美的德國種族的重任。」

　　這些言論和同一歷史時期布爾什維克領導人有關塑造蘇維埃新人的說教和具體

設想非常類似。為了把「工人階級」轉化為「無產階級」，列寧強調要用階級的自覺性取代個人的自發性。托洛茨基（Leon Trotsky, 1879-1940）說，布爾什維克對人的改造不只是用自覺性取代自發性，用階級覺悟取代個人意識，而是要深入人作為有機體的一面，甚至控制其半意識和下意識，使得生理機制完全服從理性和意志的操控。史達林也說共產黨人是「特殊材料製成的人」，布哈林說布爾什維克革命的目的是要改變人的實際心理等等。同樣，經歷過「舊社會」的人首先需要清除舊的人生觀和世界觀，即所謂「思想改造」，而出生於新社會的一代相比之下則是一張白紙，只需要灌輸。兩種體制下的意識形態話語中，「青年」都成為一種政治隱喻，意為新人。

　　和共產黨新人話語稍有不同的是，上文中所謂的「人類學」一詞在中文語境下似乎有些突兀，但卻反映了法西斯運動的歐洲文化歷史背景。作為研究人類行為的知識和理論，人類學在19世紀的歐洲產生後助長了種族主義理論，先後被殖民主義和帝國主義利用於種族和群體分類，論證其優劣，導致通過培育理想種族建設理想社會的烏托邦，或者退而其次，為維護「優秀」種族和群體的支配地位而限制「劣等」種族和群體的權利，為達此目的對某些種族和群體的成員必須實行社會意義上的排斥、限制甚至肉體消滅。在德國，納粹體制以優生學為理論對某些群體實行強制節育，將他們排除出德國民族的基因庫，防止其「汙染」塑造中的雅利安「新人」，還剝奪其財產，限制其就業範圍。這和共產黨革命聲稱建立無階級社會，為此把敵對階級的成員排除出「人民」的範疇、剝奪其「公民」權利（即社會意義上的排斥），限制本人和子女的就業和居住範圍，甚至下獄和肉體消滅本質上一樣。所以，西方學者用「人類學實驗」來描述法西斯和納粹政權改造人性的實驗，強調其烏托邦本質、人為設計和強制性這些特徵。墨索里尼的上述言論就充分說明在這個歷史背景下，作為法西斯運動的開山祖師，他對重塑人性的「歷史自覺」。義大利法西斯的「新人」概念首先是繼承歷史上曾經偉大過的羅馬帝國的傳統和羅馬人的血統，肩負在當代復興羅馬帝國的使命，其次是在法西斯運動中崇拜墨索里尼為領袖、完全認同法西斯主義意識形態和法西斯國家共同體、拒絕自啟蒙運動和美、法革命以來個人主義、自由主義和民主主義這些「西方意識形態」對義大利人精神上的腐蝕，把人完全變成法西斯國家的工具。

　　在德國，納粹運動領導人對於何謂人、何謂人性、人「應該」是什麼樣的、人的現狀又是如何、怎樣去改變等等這些哲學或者人類學的話題有著特殊的興趣，希特勒尤其如此。《我的奮鬥》充斥著這些內容，在此意義上就是一本有關「人」的書。法西斯體制要把「德意志人」塑造成「雅利安人」，意思是僅僅做一個「德意

志人」是不夠的，必須把國民意義上的德意志人改造成種族意義上的雅利安人。為此，德國人首先要牢固樹立雅利安人是最優秀的人種、負有世界歷史性的使命這樣的信念。在納粹意識形態語言中，一般情況下「德國人」和「雅利安人」是混用的，尤其是在和其他人種、其他國民對照的語境下。但細分之下，尤其是在塑造德國新人的問題上，那麼德國人和雅利安人就是兩個概念或者等級。身為德國人並不等於就是雅利安人，雅利安人是充分意識到自我使命的德國「新人」。正如在共產黨話語中，出身工人、農民或者身為工人、農民雖然已經優越於資產階級或者地主、富農，但並不就等於「社會主義新人」或者甚至「共產主義戰士」，要想成為後者還需要通過自我努力去完成。所以在共產黨體制下僅僅滿足於做工人階級或者農民階級的一員是不夠的，每個人應該有更高的理想目標。

在共產黨國家，「自我」必須不斷改造；而在納粹體制下，「自我」是一個以優秀雅利安人為目標的不斷發展的「生物工程項目」（意為思想和體格都要轉變為「新人」），也是一種自我改造。法西斯意識形態話語中的「精神革命」、「心靈革命」、「個性改造」都有中國歷次思想改造運動，尤其是文革中「脫胎換骨」「靈魂深處爆發革命」的意思。納粹理論家們認為要把全部國民轉變成超級的雅利安人是非常艱鉅的任務，可能需要幾代人才能完成，其勝敗成否取決於持久的種族規訓和全體人民自我種族覺悟的不斷提高。[8]

希特勒雖然沒有使用「新人」這個名詞，但在《我的奮鬥》中，他對如何培養理想的「雅利安人」有長達幾十頁的長篇大論，強調教育就是把「人類原材料」加工成實現「雅利安人」所需要的「精神成就」的先決條件。[9] 納粹國家強調教育必須為種族政治服務，通過思想上幫助學生確立種族主義的世界觀，培養雅利安人的種族本能和種族思維，鍛鍊其意志和決心，以及從完成任務中得到人生快樂這些途徑來造就德國下一代的特殊人性。相比之下，改造教育也是共產黨國家從一開始就貫徹的全盤改造社會從而塑造新人的序幕，之所以如此，既和教育對這些體制的重要性有關，也和教育制度似乎是最能發揮國家權力的領域、革命領導人也最能發揮自己想像力的領域有關，他們甚至在奪取政權前就對將來應該有怎樣的教育有了充分的設想甚至規劃。毛澤東在其青年時期就留下了很多關於教育的「論述」。卡斯楚也是如此，他在馬埃特臘山區打游擊時就對美國記者暢談過他對未來教育的設想，其核心是教育社會化，把它從舊的學校制度中解放出來，新的一代必須從幼年開始就和家庭分離，其成長過程置於國家的直接控制之下，所有課程設置必須符合國家的現實需求，學校教育要通過勞動和軍訓鍛鍊學生的體格體能。在這些方面，墨索里尼和希特勒可以說和他們不謀而合。墨索里尼強調把新一代的成長置於完全

的國家控制下，最理想的是「從搖籃開始就把他們奪走，一分鐘也不給他們以自由 [發展的機會]」（take the child in the cradle, and never again leave him one moment of freedom）。[10] 希特勒也是如此。他有關教育的觀點是在1920年代中期形成的，那時他領導的納粹革命能否執掌政權還完全是個未知數，然而在《我的奮鬥》中，他對未來教育的設想甚至到了對學校教育和課程設置、時間安排做出具體安排的地步。

　　希特勒在《我的奮鬥》裡強調和培養意志、鍛鍊體魄相比，獲取科學知識應該處於學校教育的最末端。他對德國傳統教育的批判和共產黨領袖對舊教育和「資產階級教育」的態度幾乎一模一樣，說：在重理論的德國文化傳統和唯個人主義為重的資產階級倫理道德影響下，德國高等教育完全脫離社會現實，培養的不是「人」，而是「意志力薄弱」的官員、工程師、技師、化學家、法官、記者，以及教授，而教授的任務就是維持上述這些職業長生不老（意為在舊制度下高等教育的目的，就是為了維護上面這些菁英的利益）。他對德國傳統教育的厭惡和批判和共產黨領袖對舊教育和「資產階級教育」的態度幾乎一模一樣，認為培養出來的都是「肩不能挑手不能提」，麥稗不分、風吹即倒的「精神貴族」。

　　種族主義強調優秀種族的生理和體格特徵，所以希特勒對教育在培養雅利安新人具有健康和強壯的「種族軀體」（our national body）這個方面非常著迷，認為雅利安人的內在品質必須表現為外在的完美。按照他的設想，為了保證培養意志和體魄在教育中的優先地位，學校課程設置應該每天上、下午各安排一個小時的體育或者體操，這已經等於或者超過了現代教育制度下主課的課時安排。他甚至也有「首要的是防止青年一代成為溫室裡的花朵」（It must above all prevent the rearing of a generation of hothouse plants）[11] 的說法。[12] 納粹上臺後，德國青少年教育中除了軍事訓練，還充斥著野營、長途行軍（類似於中國文革時的「拉練」）和團體操，這些集體性的活動成了常規。希特勒的所有這些說法和想法，經歷過毛時代的中國人都是耳熟能詳的。所謂「溫室裡的花朵」這樣的說法更是和毛如出一轍。

　　這張政治漫畫刊於1933年，希特勒剛上臺時，德國的輿論界還容許政治諷刺存在，標題是「希特勒塑造德國新人」，描述大權在握的希特勒面對一個資產階級的庸人（似有一定的猶太人特徵）向他展示的「原材料」（一堆混亂中互相纏鬥的「德國人」）充滿鄙視和不屑，他先用鐵拳將他們砸碎揉捏在一起，然後從中塑造出「雅利安新人」。[13]

　　納粹和共產黨體制下塑造新人還有一點貌「離」神「合」之處，就是在婚姻問題上要求個人感情服從於階級／種族標準。共產黨體制在其全盛時期，或者說是塑

造新人最轟轟烈烈的時候，對個人的婚姻對象要求在階級成分上「門當戶對」，不然會影響個人甚至子女的「政治前途」。納粹則要求查婚姻對象的三代種族成分，最理想的是純粹的「雅利安血統」，以保證後代血統的純正，否則，或者政府不會批准，或者會影響當事人的事業和職業。此外，在納粹上臺前結婚成家的納粹黨、政、軍人員如果配偶三代之內有一定的猶太血統，則會面臨離婚的壓力。黨衛軍頭子希姆萊（Heinrich Luitpold Himmler, 1900-1945）則說：「過去說你應該結婚，而我們現在說你應該和雅利安人結婚。」

　　法西斯和納粹改造人性、塑造「新人」還有一個重要方面值得在和共產黨革命改造新人的對比中提出來討論，這就是從性別政治角度對所謂「陽剛之氣」和男性氣概的推崇。[14] 這個問題在德國和義大利都有一定的民族主義背景。德意是西方主要國家中最晚建立民族國家並加入帝國主義對殖民地的瓜分的，民族意識和擴張要求都非常強烈，國家危機感是其民族主義的要素，也是其國民教育的要素。「喚醒民族」、「向民族軀體注入青春活力」這些口號表面上看超越階級和社會集團的差異，表達了全民族的利益，不難在民族主義精神強烈的民眾中獲得同情。所以德、義近代民族主義宣傳中都強調尚武精神，和同一時期的日本類似。義大利法西斯運動和德國納粹運動都繼承了這種尚武精神，把剛成為歷史的參加一次大戰的經歷視為重要歷史資源，象徵著對西方精神的反抗，是本國精神的復活和「國民軀體」的再生，主張和平年代要保持和發揚這種精神。在這兩個運動中，一次大戰的老兵都是重要甚至骨幹力量。

　　尚武精神在男權主義社會中必然強調傳統的男性氣概和強健體魄，反對任何被認為是女性氣質的表現。而民族主義又是典型的集體主義意識形態，必然導致對個人主義和個人價值的壓制。法西斯和納粹都是本國近代極端民族主義意識形態的繼承者，它們的反西方主義由此帶有先天的性別政治加集體主義的色彩。它們都反對從基本人權和人人平等這些啟蒙運動的原則發展起來的女權要求，主張婦女回歸家庭，認為女性參與社會公共事務、發出自己的聲音會帶來對所謂男性氣質和陽剛之氣的侵蝕。它們認為現代西方文化充斥著基於個人主義的頹廢情緒、悲觀主義和對身邊各種瑣碎事物的關注，以及小資產階級多愁善感、優柔寡斷的女性特徵和女性氣質，它不但是西方社會衰敗沒落的表現，是現代性帶來的城市化和各種不需要體力的職業的興起和擴張造成男性陽剛氣質的缺乏，也是西方的文化戰略，用來對他人實行文化閹割（即「去男性化」）的工具，目的是要讓它們變得軟弱無力、對國家大事漠不關心。所以義大利和德國，尤其是後者，雖然曾經是二戰後西方流行文化的重要發源地，但在法西斯和納粹上臺後都經過了文化革命，清算西方文化的影

響。其重要表現之一，就是它們理想中的「新人」形象都是充滿陽剛之氣和集體主義的，男性性別主義話語在這些體制下和國家復興的民族主義話語，甚至是培育理想種族後裔的種族主義話語結合在一起。

前文已經提到法西斯尤其是納粹的新人具有種族主義的特徵，即義大利人和德國人都是社會達爾文主義優勝劣汰生存下來的人類種群，不但其社會性優秀，其生物性也優秀，所以理想的新人應該是體格強壯、比例勻稱健美的。在義大利，法西斯主義宣傳把墨索里尼本人塑造成不言自明的理想。他體格強健，據說喜歡運動，男子氣概十足。法西斯媒體迴避任何反映他家庭和私人生活的細節，因為這些都被認為不符合「新人」的男子氣概。作為新人教育的重要國家項目，法西斯政權建立了專門培養青年領導人的體育學院或稱法西斯學院（義大利文：Accademia Fascista Della Farnesina；英文：The Fascist School of Physical Education），從中學畢業生中挑選來自「政治上可靠家庭的」、初具「法西斯靈魂與信念」的，由地方法西斯黨的幹部篩選並推薦的申請者入學。校園布滿了強健的古羅馬人雕像，把體育教育、體格鍛鍊和思想灌輸、品格培養相結合，可見其重要性。通過兩年的學習後，畢業生分配到全國各地作為法西斯青年組織的骨幹。

圖一：代表法西斯「新人」的義大利法西斯學院學員。[15]
制帽代表法西斯政治身份，裸露上身顯示法西斯體格理想，武器顯示尚武精神和軍國主義
（來自網路）

　　在德國，納粹領導人中，其個人形象符合理想中「雅利安人」的乏善可陳，西方有學者認為唯一能上得了檯面的，可能就是在德國占領下的布拉格被暗殺的黨衛軍首領、策劃對猶太人「最後解決」方案的萊因哈特・海德里希（Reinhard Tristan Eugen Heydrich, 1904-1942），但他又不是納粹領導集團的核心人物。所以在納粹宣傳中，黨衛軍的集體形象成為了新人的樣板。八十萬黨衛軍都是精心挑選的忠於納粹意識形態、有「純粹」的雅利安血統、體格強健的男性青年，其雄赳赳、氣昂昂的形象充斥著各種視覺空間，成為德國青少年膜拜的對象。納粹宣傳著力從體格的角度突出理想的男性新人，上承希臘雕像的古典傳統，下接雅利安人的完美種族理想，正如希特勒鑑賞他親手塑造的「新人」。希特勒在《我的奮鬥》中設想，將來的德國人從童年和少年開始，必須先經過少年團、青年團、社區服務最後是服兵役這些階段，全部合格後拿到兩張證書，一張是公民資格證，說明持證者在政治思想上是合格的雅利安人，另外一張是體格合格證，證明持證者在血統和健康方面也是純正的雅利安人，符合結婚並生育後代的條件。[16] 這其實就是納粹「新人」的出生證了。

　　相比之下，共產黨國家的「新人」形象也在很大程度上具有性別主義和身體政治的因素。共產黨意識形態表面上反男權主義，提倡婦女走出家庭，貌似激進的反傳統主義，實際上是在解放婦女的口號下最大程度實現資源動員和社會原子化，打碎傳統社會中家庭對私人生活的保護。這個意圖下社會化的「新婦女」形象，在宣傳中往往是被男性化了的，被強行賦予男性氣質，女性的生理和心理特徵被遮蔽，強調「男女都一樣」。法西斯和納粹公共活動中展示的強壯的男性身體，在蘇聯和中國這些體制下就成為展示男女兩性相似的強壯體格，炫耀女性大量從事甚至取代傳統上被認為是只適合於男性的體力活動。在塑造共產主義新人的高峰期，例如20世紀30年代的蘇聯和50、60年代的中國，共產黨宣傳中的男女新人典型，往往是缺乏性別特徵，其私人生活狀況被遮蔽的階級代表。在文化上，和法西斯以及納粹一樣，共產黨的文化宣傳也反西方主義，認為西方現代文化和各種先鋒藝術的表現充斥了頹廢情緒和靡靡之音，是腐蝕人的精神毒品，和「新人」精神格格不入。

　　此外，義大利法西斯政權和德國納粹政權的新人實踐都建立了符合法西斯極權主義美學的形式，用外在的威武雄壯和整齊劃一壓制個人主義和獨立個性，把個人在外表上完全溶入集體。法西斯和納粹都對服裝非常重視。在義大利，墨索里尼身體力行，在公眾場合基本都是身穿軍裝。義大利法西斯的青少年準軍事組織國家巴利拉組織〔Opera Nazionale Balilla, ONB，類似希特勒青年團（Hitler Jugned）〕有專門的制服。在德國，希特勒在公眾場合也是基本穿軍裝，並直接干預青少年的日

常服裝。在《我的奮鬥》中，他特意提出反對德國一戰後在西方影響下出現的「奇裝異服」和各種時裝潮流，例如夏天的瘦腿褲（stove trousers），也就是中國文革初期街頭強行剪掉的那種「小腳褲管」，還有高領衫，認為它們都不利於運動。他說：「假如古話云『衣著反映人』是真的話，那麼『這種潮流』的後果就是災難性的。」「尤其在青年時期，服裝必須為教育的目的服務。」[17] 納粹體制也為少年和青年組織設計了以軍服為模版的各種制服，配有鞋帽，另外還有領巾、臂章或者胸章等等。年歲更長的如果加入了形形色色的法西斯組織，也都會有相應的制服。每個德國人根據其制服就可以知道他／她的政治和社會身分，在強調「精神面貌」的口號下實現了對日常生活的軍事化。義大利和德國反對西方的時裝潮流，提倡並強制推行軍事化的制服；在同一時期的蘇聯有著完全對應的做法，蘇聯的少先隊、共青團都在服裝和配飾上有特殊的規定。毛時代的中國在這方面雖然強制性稍遜，但文革時期對「綠軍裝」和軍帽、解放鞋的迷戀至少可以說滲透了全社會，正在成長中的青少年尤其受影響。

（https://www.historytoday.com/archive/hitler-youth-and-italian-fascists）

　　上左圖，1940年在義大利北部的城市帕杜阿，一個納粹希特勒青年團的成員（當中）和兩個義大利青少年組織Balilla的成員在交談。1933年，希特勒上臺不久，納粹就和義大利簽署協定，兩國青少年組織定期互相訪問和交流。當年社會主義陣營內共青團組織之間的定期交流與此同出一轍。而右圖則呈現Balilla成員在接受檢閱。

　　綜上所述，所謂塑造「新人」不僅僅是共產黨革命的特色，也出現於法西斯運動和納粹革命。20世紀世界範圍內反對自由、民主、人權、憲政的左右兩級在有關「人」的問題上共享哲學基礎、價值理念和很多具體表現，這一點值得我們深思。西方學者注意到很多人對所謂「新人」在法西斯主義／納粹主義研究中的重要性的認識仍然存在誤區，視之為一個缺乏政治意義的空洞的意識形態口號，或者雖然注意到了其在法西斯／納粹主義話語中的政治意義，但忽視其在日常運作中的實在性。[18] 換句話說，所謂「塑造新人」云云，究竟是意識形態的構建，止於空中樓閣式的想像和說教，還是現實中的政治運作，似乎還是一個問題。其實同樣的困惑也存在於對共產黨國家塑造新人的看法。很多人或許會說：新人根本就是個神話，不可能實現的，蘇聯和中國一個解體、一個被迫走上改革之途，就是新人實驗失敗的明證。同樣的情況也存在於對思想改造的認識上。如果就其最終的失敗來否認或者貶低它在共產黨革命中曾經占有的重要地位，顯然不符合歷史的實際。對比義大利、德國和共產黨國家塑造新人的努力，可以看出，雖然其成效不能在整體上一概而論，而是取決於具體個人以及時間，例如1943-1944年既有很多義大利和德國青年仍然效忠於法西斯主義和納粹主義，也有很多人逐漸認清戰爭已敗的現實，正如1980年代甚至更早在蘇聯和中國就有越來越多的青年與體制離心離德了。但是最終的成敗並不是我們判斷一個歷史現象重要與否的根據，我們不但要看它在具體歷史進程中是否在當事人的意識和行為中受到的重視，也要看它和同時代的其他歷史現象之間的關聯，從而在更廣闊的人類經驗的背景下達到對它更準確的定位。何況，同樣的目的、手段和方法完全可以在新的歷史條件下重演，為體制服務，以前可以是社會主義和共產主義，今天可以是民族復興和國家強大，這和義大利和德國當年的情況又非常雷同。所以，本文認為，要全面深入理解共產黨革命中的思想改造和塑造新人問題，從它們和法西斯／納粹運動中類似的目標理念和方法手段的對比入手，可能會有新的啟發。

注釋

1　有關這個課題，筆者在英文專著*Creating the New Man: from Enlightenment Ideals to Socialist Realities*（《創造新人：從啟蒙理想到社會主義現實》，檀香山：夏威夷大學出版社，2009年）中有過系統介紹和對比研究，也有中文文章〈「塑造新人」：蘇聯、中國和古巴共產黨革命的比較研究〉發表於程曉農先生主編的《當代中國研究》2005年第3期。這篇文章可以視為對「新人」話題從20世紀世界史的角度的擴展。

2　Peter Fritzsche and Jochen Hellbeck, "The New Man in Stalinist Russia and Nazi Germany," Micheal Geyer, ed., *Beyond Totalitarianism* (Cambridge: Cambridge University Press 2012), p. 302.

3　Thomas J. Saunders, "'A New Man': Fascism, Cinema and Image Creation," *International Journal of Politics, Culture and Society*, Vol. 12, No. 2 1998. pp. 27-246, 227.

4　Jorge Dagnino, "The Myth of the New Man in Italian Fascist Ideology," *Fascism* 2016, volume 5 issue 2, 130-148, p. 131.

5　Saunders, "'A New Man': Fascism, Cinema and Image Creation," p. 234.

6　Alessio Ponzio, *Shaping the New Man: Youth Training Regimes in Fascist Italy and Nazi Germany* (Madison: The University of Wisconsin Press, 2015), p. 5.

7　George Mosse, *The Creation of Modern Masculinity* (Oxford: Oxford University Press: 1998), pp. 163-164.

8　Fritzsche and Hellbeck, "The New Man in Stalinist Russia and Nazi Germany," p. 326.

9　Adolf Hitler, *Mein Kampf* (Boston: Houghton Mifflin Company, 1971), pp. 407-409.

10　Ponzio, *Shaping the New Man,* p. 7.

11　Hitler, *Mein Kampf,* pp. 408-409.

12　同上，頁409。

13　"German Sculptor: Hitler Creates the New German" *Kladderadatsch* 86, no. 49, 1933. In Mosse, *The Creation of Modern Masculinity,* p. 166.

14　Mosse, *The Creation of Modern Masculinity*, p. 158.

15　Ponzio, *Shaping the New Man,* p. 69.

16　Hitler, *Mein Kampf,* p. 414.

17　同上，頁412。

18　Jorge Dagnino, "The Myth of the New Man in Italian Fascist Ideology," *Fascism* 2016, volume 5 issue 2, p. 130; Peter Fritzsche and Jochen Hellbeck, "The New Man in Stalinist Russia and Nazi Germany," Micheal Geyer, ed., *Beyond Totalitarianism* (Cambridge: Cambridge University Press 2012), p. 303.

本書作者介紹

（以論文順序排列）

宋永毅

　　美國加州州立大學洛杉磯分校榮休教授，長期從事中國當代政治運動史研究。主編有《中國文化大革命數據庫》、《中國反右運動數據庫》和《中國大躍進──大饑荒數據庫》等大型數據庫。英文著作有 *Historical Dictionary of the Chinese Cultural Revolution*（《中國文化大革命歷史詞典》，與人合著）等；中文著作有《毛澤東和文化大革命：政治心理和文化基因的新闡釋》等。

林培瑞

　　1966年畢業於哈佛大學，博士，主修西洋哲學系，副修東亞語文系。1973年起在普林斯頓大學的東亞系任教，2008年普大退休以後再到加州大學河濱分校教書，任多學科講座教授。他準備2024年退休。教學與研究範圍包括現代中國語言、文學、通俗文化（相聲）、政治文化與人權問題。

周澤浩

　　在上海出生和長大，童年和青少年時期都在毛時代度過。從1973到1979年經歷了「上山下鄉」。1979至1983年在華師大就學。畢業後在中國大學任教四年後於1987年來美，先後獲得了圖書館資訊和教育碩士學位和歷史學博士學位，從1992年迄今在賓夕法尼亞州約克學院任職。他的學術和研究興趣包括現代中國、中華人民共和國歷史、文化大革命和儒家思想。

夏　明

　　紐約城市大學研究生中心（CUNY-GC）和斯德頓島學院政治學教授。曾在復

旦大學、新加坡國立大學（東亞研究所／亞洲研究所）、喬治‧華盛頓大學、威爾遜國際學者中心任職。著有《二元發展型國家》（英文，2000/2017）、《中國人民代表大會和治理》（英文，2008/2013）、《政治維納斯》（2012）、《紅太陽帝國》（2015）、《高山流水論西藏》（2019）、《明察政道》（2021）等著作。

陳奎德

1946年生於南京，1985年獲上海復旦大學哲學博士學位，留校任教。1988年1月，他應聘任現華東理工大學文化研究所所長，並任上海《思想家》雜誌主編。1989年6月5日起陳奎德歷任美國波士頓學院訪問教授，美國普林斯頓大學訪問學者，《觀察》網站主編主筆，2005至2007國際筆會—獨立中文筆會副會長。現任普林斯頓中國學社執行主席兼《縱覽中國》網刊主編，勞改研究基金會理事以及自由亞洲電臺《中國透視》專題節目主持人。

胡　平

生於北京，長於四川，現居美國。文革期間曾辦小報刊載遇羅克文章。下鄉插隊當臨時工；1978年考入北京大學哲學系研究生班，獲哲學碩士學位；1979年投入民主牆運動，於民間刊物《沃土》上發表〈論言論自由〉長文。1980年參加地方人大代表選舉，當選為北京大學海淀區人大代表；1987年赴美國哈佛大學攻讀博士；1988至1991年當選中國民主團結聯盟主席，先後在《中國之春》和《北京之春》雜誌任主編。現為北京之春榮譽主編。著有《論言論自由》、《人的馴化、躲避與反叛》、《犬儒病》、《毛澤東為什麼發動文化大革命》等。

裴毅然

1954年出生於杭州，大興安嶺知青，復旦文學博士，上海財經大學人文學院教授，普林斯頓高研院歷史所訪問學者（2018），哥倫比亞大學東亞所副研究員（2020），美國歷史協會會員，獨立中文筆會會長（第九屆）。研究領域：中國當代政治運動。

李榭熙

　　現為美國紐約市佩斯大學（Pace University）歷史系教授和環球亞洲研究所（Global Asia Institute）執行主任。主要研究興趣為中國基督教歷史及近代政教關係。主要著作有*The Bible and the Gun: Christianity in South China (1860-1900)*〔中譯本：《聖經與槍炮：基督教與潮州社會（1860-1900）》〕；（與周翠珊合著）《處境與視野：潮汕中外交流的光影記憶》。近作包括：*Christianizing South China: Mission, Development, and Identity in Modern Chaoshan*（《南中國基督教化：現代潮汕的使命、發展與認同》）；（與Jeff Kyong-McClain合編）*From Missionary Education to Confucius Institutes*（從傳教士教育到孔子學院）；（與Amy Freedman合編）*Empire Competition: Southeast Asia as a Site of Imperial Contestation*（《帝國競爭：東南亞作為帝國競爭的場所》）；（與Lars P. Laamann合編）*The Church as Safe Haven: Christian Governance in China*（《教會作為避風港：中國的基督教治理》）；（與Satish Kolluri合編）*Hong Kong and Bollywood*（《香港和寶萊塢》）等。

周翠珊

　　美國普林斯神學院宗教及社會博士學位，專研當代中國新教運動，在美國、香港、臺灣任教美國教會史與中國教會史，著有*Schism: Seventh-day Adventism in Post-Denominational China*（《分裂：後宗派中國的基督復臨安息日會》）；最近期著作是〈From Persecution to Exile: The Church of Almighty God in China〉（〈從迫害到流亡：中國全能神教會〉），載*Global Visions of Violence*（《全球暴力願景》）；〈Contextualizing a Mission Radio: The Chinese Seventh-day Adventists in Hong Kong（1977-2003）〉（〈宣教電臺的背景：香港的華人基督復臨安息日會（1977-2003）〉），載*Chinese Christian Witness: Identity, Creativity and Transmission*（《中國基督教見證：認同、創造力與傳承》）。

丁　抒

　　1944年出生於四川小城合川，抗戰勝利後隨家人遷居上海。1962年入北京清華大學，1968年赴安徽當塗農場。1970年赴遼寧，任職某研究所。1979年入中國科學

院研究生院。1980年赴美，入紐約市立大學獲物理學博士，畢業後以授課為業。著有《陽謀》、《人禍》等歷史著作。現已退休。

裴敏欣

　　加州克萊蒙學院政府系講座教授。他的研究領域包括民主轉型，中國改革的政治經濟，和中共的監視系統。他的主要學術著作有英文版的《從改良到革命：共產主義在中國和蘇聯的消亡》、《中國掉入陷阱的改革：專制發展政權的侷限》、《中國的權貴資本主義：政權潰敗的態勢》和《維護專政：中國的監視國家》。他曾經在普林斯頓大學任教和在卡內基基金會擔任資深研究員。

吳國光

　　普林斯頓大學政治學哲學博士，中國社會科學院研究生院法學碩士，北京大學文學學士。曾任《人民日報》評論員、中國政治體制改革研究室研究員、哈佛大學尼曼研究員、哥倫比亞大學東亞研究所魯斯研究員、哈佛大學費正清中心王安博士後研究員、香港中文大學政治與行政學系助理教授、副教授，加拿大維多利亞大學中國研究與亞太關係講座教授。現任史丹佛大學中國經濟與制度研究中心高級研究員、亞洲協會政策研究所中國分析中心高級研究員。

徐　賁

　　江蘇蘇州人，1950年出生，美國加州聖瑪麗學院英語系榮休教授。著作包括*Situational Tensions of Critic-Intellectuals*（《批評─知識分子的情境張力》）、*Disenchanted Democracy*（《失望的民主》）、《知識分子和公共政治》、《人以什麼理由來記憶》、《通往尊嚴的公共生活》、《統治與教育》、《頹廢與沉默：透視犬儒文化》、《犬儒與玩笑》、《暴政史》、《閱讀經典》、《經典之外的閱讀》、《人文的互聯網》、《與時俱進的啟蒙》、《人文啟蒙的知識傳播原理》等。

郝志東

　　山西省平定縣人。澳門大學社會學系榮休教授，紐約市立大學社會學博士。著有《生死存亡十二年：平定縣的抗戰、內戰與土改》、*Academic Freedom under Siege: Higher Education in East Asia, the U.S., and Australia*（《圍困下的學術自由：東亞、美國和澳洲的高等教育》，編著）、*Macau History and Society*（《澳門歷史與社會》）、《十字路口的知識分子：中國知識工作者的政治變遷》（著譯）、《遙望星空：中國政治體制改革的困境與出路》（編著）、《平定縣裡不平定：山西省平定縣文革史》（合著）、《兩岸四地政治與社會剖析》、*Whither Taiwan and Mainland China: National Identity, the State, and Intellectuals*（《臺灣與中國大陸何去何從：民族認同、國家與知識分子》）等近二十本書以及多篇中國政治與社會研究方面的學術期刊和普通報刊雜誌文章。

喬晞華

　　社會學博士，德州司法部資料分析師，研究領域：社會運動學、犯罪學、研究方法論、統計學。論著：《上山下鄉與大返城》、《文革群眾運動的動員、分裂和滅亡》、《既非一個文革，也非兩個文革》、《社會問題40問》、《總統製造：美國大選》、《星火可以不燎原：中國社會問題雜論》、《中國電影與時裝時尚》、《我的美國公務員之路》、*Mobilization, Factionalization and Destruction of Mass Movements/Violence, Periodization and Definition of the Cultural Revolution*（《群眾運動的動員、派系化和破壞／文化大革命的暴力、分期和定義》）等。

楊子立

　　1989年就讀西安交通大學力學系，1998年獲北京大學理學碩士並從事IT工作。2001年3月因創辦思想網站及參加學生社團「新青年學會」被捕，其後判刑八年。2009年3月出獄後在北京傳知行社會經濟研究所任研究員，從事農民工權利研究和倡導。2018年獲里根・法塞爾獎學金來美訪學。現任獨立中文筆會祕書長、《議報》副主編，在中國民主轉型研究所工作。

余茂春

柏克萊加州大學博士。自1994年以來，他一直擔任位於馬里蘭州安納波利斯的美國海軍學院當代中國和軍事史教授，及該校的區域研究中心主任。現任哈德遜研究所高級研究員及其中國中心主任。他曾在川普政府期間擔任美國國務卿蓬佩奧的中國政策及規劃首席顧問，其間就與中國有關的所有重大問題向國務卿及白宮提供政策建議，並參與了美國政府關於對中國和其他東亞國家（包括日本、韓國和臺灣）的重大政策和政府行動的審議和制定。他的學術研究主要集中在當代中國史和軍事暨情報歷史。他的主要著作包括《美國戰略情報局二戰在華行動》（紐黑文：耶魯大學出版社，1997年）和《龍之戰爭：盟軍行動與中國的命運，1937-1947》（安納波利斯：美國海軍學院出版社，2006年）。他是眾多獎項的獲得者，包括美國海軍學院的最優研究成果獎、美國海軍特別行動獎和美國海軍功勳獎。

李酉潭

現任臺灣國立政治大學國家發展研究所兼任教授，高中公民與社會科教科書翰林版主編，前政大社會科學院副院長、國家發展研究所所長。研究主題：政治思想、民主政治、自由主義、民主化、人權、生態主義。長期關心臺灣民主化與中國民主化議題，大量參與中國海外民主運動會議。

楊琇晶

臺灣三立電視臺主持人，博士。

郭伊萍

出生於浙江省杭州市，獲中國浙江大學電子工程系學士學位和美國德克薩斯州理工大學物理碩士學位。現定居於美國，長期在美國高科技公司從事電子器件研發工作。自2008年起，開始嘗試中文業餘寫作，以筆名伊萍，在網上發表了大量討論中美及其他國家政治和社會問題的部落格，並於2019年和2020年自行出版了《雙魔記：毛澤東與斯大林的故事》和《川普是美國生病的症狀》兩本書。

郭　建

　　美國威斯康辛大學白水校區英文系榮休教授。研究和寫作領域包括英美文學、比較文學、1960年代世界思想史、當代文化批評理論及中國現代史。他是 *Historical Dictionary of the Chinese Cultural Revolution:1966-1976*（《中國文化大革命歷史辭典：1966-1976》，2006年、2015年）的作者（與宋永毅、周原合作）；《中國當代政治運動史數據庫》的編者（宋永毅主編）。他還同Stacy Mosher合作，將楊繼繩的《墓碑》、高華的《紅太陽是怎樣升起的》及譚合成的《血的神話》三部歷史著作譯成英文出版。

齊維章

　　美國波士頓某大學的政治學教授。他的研究興趣是封閉社會中的政治和經濟自由化（重點是朝鮮和中國）以及東亞的國際關係。

權準澤

　　紐約州尤蒂卡大學（Utica University）政治學系的副教授。他在喬治亞大學獲得了政治學博士學位，在康乃爾大學獲得亞洲研究碩士。他的研究興趣在於比較政治學和國際關係，重點是東亞（包括中國、臺灣、朝鮮、韓國和日本）。

程映虹

　　美國德拉瓦州立大學歷史教授。出版有《毛主義革命——二十世紀的中國與世界》、《卡斯特羅傳》、《紅朝小史》、*Creating the New Man─From Enlightenment Ideals to Socialist Realities, Discourses of Race and Rising China*（《創造新人——從啟蒙理想到社會主義現實、種族論述和崛起的中國》）。在劍橋：《中國季刊》（*The China Quarterly*）、北卡羅來納州德罕：《亞洲研究期刊》（*The Journal of Asian Studies*）、《中國歷史學刊》（*Journal of Chinese History*）、劍橋：《現代亞洲研究》（*Modern Asian Studies*）、檀香山：《世界歷史雜誌》（*Journal of World History*）、《當代中國雜誌》（*Journal of Contemporary China*）等英文學

術刊物上發表過多篇論文。曾獲美國國家人文基金（National Endowment for the Humanities）全年資助和美國全國人文研究中心駐會學者（National Humanities Center Residential Fellow）。

新‧座標42　PF0348

新銳文創
INDEPENDENT & UNIQUE

洗腦：
毛澤東和後毛時代的中國與世界

作　　者	宋永毅、夏明
責任編輯	尹懷君
圖文排版	楊家齊
封面設計	魏振庭

出版策劃	新銳文創
發 行 人	宋政坤
法律顧問	毛國樑　律師
製作發行	秀威資訊科技股份有限公司
	114 台北市內湖區瑞光路76巷65號1樓
	電話：+886-2-2796-3638　傳真：+886-2-2796-1377
	服務信箱：service@showwe.com.tw
	http://www.showwe.com.tw
郵政劃撥	19563868　戶名：秀威資訊科技股份有限公司
展售門市	國家書店【松江門市】
	104 台北市中山區松江路209號1樓
	電話：+886-2-2518-0207　傳真：+886-2-2518-0778
網路訂購	秀威網路書店：https://store.showwe.tw
	國家網路書店：https://www.govbooks.com.tw

出版日期	2024年1月　BOD一版
定　　價	620元

國家圖書館出版品預行編目

洗腦：毛澤東和後毛時代的中國與世界 / 宋永毅,
夏明主編. -- 一版. -- 臺北市：新銳文創,
2024.01
　　面；　公分. -- (新.座標；42)
BOD版
ISBN 978-626-7326-14-5(平裝)

1. CST: 洗腦　2. CST: 思想史

541.825　　　　　　　　　　　　　112021622